# Integrated Chinese

final
50% multiple choice
50% writing

www. att.com/GoPhone.

mandarintools.com
zhongwen.com

# Integrated Chinese

# 中文听说读写

## Simplified Character Edition

**TEXTBOOK**

Expanded 2nd Edition

**Tao-chung Yao and Yuehua Liu**

Liangyan Ge, Yea-fen Chen,
Nyan-Ping Bi, Xiaojun Wang and Yaohua Shi

CHENG & TSUI COMPANY ▲ BOSTON

Expanded Second Edition

14 13 12 11 10 09 08     10 9 8 7 6 5 4 3 2

*Published by*
Cheng & Tsui Company, Inc.
25 West Street
Boston, MA 02111-1213 USA
Fax (617) 426-3669
www.cheng-tsui.com
"Bringing Asia to the World"™

Library of Congress Cataloging-in-Publication Data

Integrated Chinese = [Zhong wen ting shuo du xie].
Simplified character edition. Level 1, part 2/Tao-chung Yao ... [et al.].— 2nd ed.
    p. cm. — (C&T Asian language series)
Chinese and English.
Includes index.
ISBN 0-88727-532-X (Simplified ed. : pbk.) — ISBN 0-88727-477-3 (Traditional ed. : pbk.)
1. Chinese language—Textbooks for foreign speakers—English. I. Title: Zhong wen ting shuo du xie. II. Yao, Daozhong. III. Series: C&T Asian languages series.
PL1129.E5I683 2004b
495.1'82421—dc22

                                                                2005047085

ISBN-13: 978-0-88727-532-6

The *Integrated Chinese* series includes textbooks, workbooks, character workbooks, audio products, multimedia products, teacher's resources, and more. Visit www.cheng-tsui.com for more information on the other components of *Integrated Chinese*.

Printed in the United States of America

# THE INTEGRATED CHINESE SERIES

The *Integrated Chinese* series is a two-year course that includes textbooks, workbooks, character workbooks, audio CDs, CD-ROMs, DVDs and teacher's resources.

**Textbooks** introduce Chinese language and culture through a series of dialogues and narratives, with culture notes, language use and grammar explanations, and exercises.

**Workbooks** follow the format of the textbooks and contain a wide range of integrated activities that teach the four language skills of listening, speaking, reading and writing.

**Character Workbooks** help students learn Chinese characters in their correct stroke order. Special emphasis is placed on the radicals that are frequently used to compose Chinese characters.

**Audio CDs** include the narratives, dialogues and vocabulary presented in the textbooks, as well as pronunciation and listening exercises that correspond to the workbooks.

**Teacher's Resources** contain helpful guidance and additional activities online. Email service@cheng-tsui.com to obtain the latest teacher resources.

**Multimedia CD-ROMs** are divided into sections of listening, speaking, reading and writing, and feature a variety of supplemental interactive games and activities for students to test their skills and get instant feedback.

**Workbook DVD** shows listening comprehension dialogues from the Level 1 Part 1 Workbook, presented in contemporary settings in color video format.

# PUBLISHER'S NOTE

When *Integrated Chinese* was first published in 1997, it set a new standard with its focus on the development and integration of the four language skills (listening, speaking, reading, and writing). Today, to further enrich the learning experience of the many users of *Integrated Chinese* worldwide, the Cheng & Tsui Company is pleased to offer the revised, updated and expanded second edition of *Integrated Chinese*. We would like to thank the many teachers and students who, by offering their valuable insights and suggestions, have helped *Integrated Chinese* evolve and keep pace with the many positive changes in the field of Chinese language instruction. *Integrated Chinese* continues to offer comprehensive language instruction, with many new features.

The Cheng & Tsui Asian Language Series is designed to publish and widely distribute quality language learning materials created by leading instructors from around the world. We welcome readers' comments and suggestions concerning the publications in this series. Please contact the following members of our Editorial Board, in care of our editorial Department (e-mail: **editor@cheng-tsui.com**):

## FOR STUDENTS LEARNING BOTH SIMPLIFIED AND TRADITIONAL CHARACTERS

The index in this textbook contains both character forms. Traditional character versions of the dialogues are available in the "Alternative Character Appendix," located on page 425.

# CONTENTS

## Lesson 12:  Dining    1

## Lesson 13:  At the Library    27

## Lesson 14:   Asking Directions      53

## Lesson 15:   Birthday Party      81

▼▼▼▼▼▼▼▼▼▼▼▼▼▼▼▼▼▼▼▼▼▼▼▼▼▼▼▼▼▼▼▼▼▼▼▼

## Lesson 16:  Seeing a Doctor      111

## Lesson 17:  Dating      145

## Lesson 18:  Renting an Apartment                    169

## Lesson 19:  At the Post Office                       191

▼▼▼▼▼▼▼▼▼▼▼▼▼▼▼▼▼▼▼▼▼▼▼▼▼▼▼▼▼▼▼▼▼▼▼▼▼▼▼▼▼▼

## Lesson 20:  Sports     211

## Lesson 21:  Travel     235

## Lesson 22:  Hometown   257

## Lesson 23:  At the Airport   289

## Indices and Appendices 313

# PREFACE

The *Integrated Chinese* series is an acclaimed, best-selling introductory course in Mandarin Chinese. With its holistic, integrated focus on the four language skills of listening, speaking, reading, and writing, it teaches all the basics beginning and intermediate students need to function in Chinese. *Integrated Chinese* helps students understand how the Chinese language works grammatically, and how to use Chinese in real life.

The Chinese title of *Integrated Chinese*, which is simply 中文听说读写 (*Zhōngwén Tīng Shuō Dú Xiě*), reflects our belief that a healthy language program should be a well-balanced one. To ensure that students will be strong in all skills, and because we believe that each of the four skills needs special training, the exercises in the *Integrated Chinese* Workbooks are divided into four sections of listening, speaking, reading, and writing. Within each section, there are two types of exercises, namely, traditional exercises (such as fill-in-the-blank, sentence completion, translation, etc.) to help students build a solid foundation, and communication-oriented exercises to prepare students to face the real world.

## How *Integrated Chinese* Has Evolved

*Integrated Chinese* (IC) began, in 1993, as a set of course materials for beginning and intermediate Chinese courses taught at the East Asian Summer Language Institute's Chinese School, at Indiana University. Since that time, it has become a widely used series of Chinese language textbooks in the United States and beyond. Teachers and students appreciate the fact that IC, with its focus on practical, everyday topics and its numerous and varied exercises, helps learners build a solid foundation in the Chinese language.

## What's New in the Second Edition

Thanks to all those who have used *Integrated Chinese* and given us the benefit of their suggestions and comments, we have been able to produce a second edition that includes the following improvements:

- ▲ Typographical errors present in the first edition have been corrected, and the content has been carefully edited to ensure accuracy and minimize errors.

- ▲ The design has been revised and improved for easier use, and the Textbooks feature two colors.

- ▲ **Revised illustrations** and **new photos** provide the reader with visual images and relevant cultural information.

- ▲ Many **new culture notes** and examples of **functional expressions** have been added.

▲ **Grammar and phonetics explanations** have been rewritten in more student-friendly language.

▲ **Workbook listening and reading sections** have been revised.

▲ **A new flexibility for the teaching of characters** is offered. While we believe that students should learn to read all of the characters introduced in the lessons, we are aware that different Chinese programs have different needs. Some teachers may wish to limit the number of characters for which students have responsibility, especially in regards to writing requirements. To help such teachers, we have identified a number of lower-frequency Chinese characters and marked them with a pound sign (#) in the vocabulary lists. Teachers might choose to accept *pinyin* in place of these characters in homework and tests. The new edition adds flexibility in this regard.

▲ **The Level 1 Workbooks** have been reorganized. The Workbook exercises have been divided into two parts, with each part corresponding to one of the dialogues in each lesson. This arrangement will allow teachers to more easily teach the dialogues separately. They may wish to use the first two or three days of each lesson to focus on the first dialogue, and have students complete the exercises for the first dialogue. Then, they can proceed with the second dialogue, and have students complete the exercises for the second dialogue. Teachers may also wish to give separate quizzes on the vocabulary associated with each dialogue, thus reducing the number of new words students need to memorize at any one time.

▲ **Level 2 offers full text in simplified and traditional characters.** The original Level 2 Textbook and Workbook, which were intended to be used by both traditional- and simplified-character learners, contained sections in which only the traditional characters were given. This was of course problematic for students who were principally interested in learning simplified characters. This difficulty has been resolved in the new edition, as we now provide both traditional and simplified characters for every Chinese sentence in both the Textbook and the Workbook.

## Basic Organizational Principles

In recent years, a very important fact has been recognized by the field of language teaching: the ultimate goal of learning a language is to communicate in that language.

*Integrated Chinese* is a set of materials that gives students grammatical tools and also prepares them to function in a Chinese language environment. The materials cover two years of instruction, with smooth transitions from one level to the next. They first cover everyday life topics and gradually move to more abstract subject matter. The materials are not limited to one method or one approach, but instead they blend several teaching approaches that can produce good results. Here are some of the features of *Integrated Chinese* which make it different from other Chinese language textbooks:

### Integrating Pedagogical and Authentic Materials

All of the materials are graded in *Integrated Chinese*. We believe that students can grasp the materials better if they learn simple and easy to control language items before the more difficult or complicated ones. We also believe that students should be taught some authentic materials even in the first year of language instruction. Therefore, most of the pedagogical materials are actually simulated authentic materials. Real authentic materials (written by native Chinese speakers for native Chinese speakers) are incorporated in the lessons when appropriate.

### Integrating Written Style and Spoken Style

One way to measure a person's Chinese proficiency is to see if s/he can handle the "written style" (书面语, shūmiànyǔ) with ease. The "written style" language is more formal and literal than the "spoken style" (口语, kǒuyǔ); however, it is also widely used in news broadcasts and formal speeches. In addition to "spoken style" Chinese, basic "written style" expressions are gradually introduced in *Integrated Chinese*.

### Integrating Traditional and Simplified Characters

We believe that students should learn to handle Chinese language materials in both the traditional and the simplified forms. However, we also realize that it could be rather confusing and overwhelming to teach students both the traditional and the simplified forms from day one. A reasonable solution to this problem is for the student to concentrate on one form, either traditional or simplified, at the first level, and to acquire the other form during the second level. Therefore, for Level 1, *Integrated Chinese* offers two editions of the Textbooks and the Workbooks, one using traditional characters and one using simplified characters, to meet different needs.

We believe that by the second year of studying Chinese, all students should be taught to read both traditional and simplified characters. Therefore, the text of each lesson in Level 2 is shown in both forms, and the vocabulary list in each lesson also contains both forms. Considering that students in a second-year Chinese language class might come from different backgrounds and that some of them may have learned the traditional form and others the simplified form, students should be allowed to write in either traditional or simplified form. It is important that the learner write in one form only, and not a hybrid of both forms.

### Integrating Teaching Approaches

Realizing that there is no one single teaching method which is adequate in training a student to be proficient in all four language skills, we employ a variety of teaching methods and approaches in *Integrated Chinese* to maximize the teaching results. In addition to the communicative approach, we also use traditional methods such as grammar-translation and direct method.

## Online Supplements to Integrated Chinese

*Integrated Chinese* is not a set of course materials that employs printed volumes only. It is, rather, a network of teaching materials that exist in many forms. Teacher keys, software, and more are posted for *Integrated Chinese* users at www.webtech.cheng-tsui.com, Cheng & Tsui Company's online site for downloadable and web-based resources. Please visit this site often for new offerings.

Other materials are available at the IC website, http://eall.hawaii. edu/yao/icusers/, which was set up by Ted Yao, one of the principal *Integrated Chinese* authors, when the original edition of *Integrated Chinese* was published. Thanks to the generosity of teachers and students who are willing to share their materials with other *Integrated Chinese* users, this website is constantly growing, and has many useful links and resources. The following are some of the materials created by the community of *Integrated Chinese* users that are available at the *Integrated Chinese* website.

- ▲ Links to resources that show how to write Chinese characters, provide vocabulary practice, and more.
- ▲ *Pinyin* supplements for all *Integrated Chinese* books. Especially useful for Chinese programs that do not teach Chinese characters.
- ▲ Preliminary activities for an activity book for *Integrated Chinese* Level 1 (in progress), by Yea-fen Chen, Ted Yao and Jeffrey Hayden. (http://eall. hawaii.edu/yao/AB/default.htm)
- ▲ Teacher's resources.

## About the Format

Considering that many teachers might want to teach their students how to speak the language before teaching them how to read Chinese characters, we decided to place the *pinyin* text before the Chinese-character text in each of the eleven lessons of the Level 1 Part 1 Textbook.

Since *pinyin* is only a vehicle to help students learn the pronunciation of the Chinese language and is not a replacement for the Chinese writing system, it is important that students can read out loud in Chinese by looking at the Chinese text and not just the *pinyin* text. To train students to deal with the Chinese text directly without relying on *pinyin*, we moved the *pinyin* text to the end of each lesson in the Level 1 Part 2 Textbook. Students can refer to the *pinyin* text to verify a sound when necessary.

We are fully aware of the fact that no two Chinese language programs are identical and that each program has its own requirements. Some schools will cover a lot of material in one year while some others will cover considerably less. Trying to meet the needs of as many schools as possible, we decided to cover a wide range of material, both in terms of vocabulary and grammar, in *Integrated Chinese*. To facilitate oral practice and to allow students to communicate in real-life situations, many supplementary vocabulary items are added to each lesson. However, the characters in the supplementary vocabulary sections are not included in the Character Workbooks. In the Character Workbooks, each of the characters is given a frequency indicator based on the *Hànyǔ Pínlǜ Dà Cídiǎn* (汉语频率大辞典). Teachers can decide for themselves which characters must be learned.

## Acknowledgments

Since publication of the first edition of *Integrated Chinese*, in 1997, many teachers and students have given us helpful comments and suggestions. We cannot list all of these individuals here, but we would like to reiterate our genuine appreciation for their help. We do wish to recognize the following individuals who have made recent contributions to the *Integrated Chinese* revision. We are indebted to Tim Richardson, Jeffrey Hayden, Ying Wang and Xianmin Liu for field-testing the new edition and sending us their comments and corrections. We would also like to thank Chengzhi Chu for letting us try out his "Chinese TA," a computer program designed for Chinese teachers to create and edit teaching materials. This software saved us many hours of work during the revision. Last, but not least, we want to thank Jim Dew for his superb professional editorial job, which enhanced both the content and the style of the new edition.

As much as we would like to eradicate all errors in the new edition, some will undoubtedly remain, so please continue to send your comments and corrections to editor@cheng-tsui.com, and accept our sincere thanks for your help.

## ABBREVIATIONS FOR GRAMMAR TERMS

| | |
|---|---|
| abbr | *Abbreviation* |
| adj | *Adjective* |
| adv | *Adverb* |
| av | *Auxiliary verb* |
| ce | *Common expression* |
| coll | *Colloquialism* |
| conj | *Conjunction* |
| excl | *Exclamation* |
| interj | *Interjection* |
| m | *Measure word* |
| n | *Noun* |
| np | *Noun phrase* |
| nu | *Numeral* |
| p | *Particle* |
| pn | *Proper noun* |
| pr | *Pronoun* |
| prefix | *Prefix* |
| prep | *Preposition* |
| ono | *Onomatopoeic* |
| qp | *Question particle* |
| qpr | *Question pronoun* |
| qw | *Question word* |
| suffix | *Suffix* |
| t | *Time word* |
| v | *Verb* |
| vc | *Verb plus complement* |
| vo | *Verb plus object* |

▼▼▼▼▼▼▼▼▼▼▼▼▼▼▼▼▼▼▼▼▼▼▼▼▼▼▼▼▼▼▼▼▼▼▼▼▼▼▼▼▼▼

## ABOUT NOTE REFERENCES

Different types of notes provide explanations for selected expressions in the text. In the dialogues, expressions followed by a superscript numeral are explained in notes directly below the text; expressions followed by a superscript "G" plus a numeral are explained in grammar notes in the grammar section of the lesson. "F" refers to "Functional Expressions" explained in the pages that follow the dialogues.

# LESSON 12 ▲ Dining
# 第十二课 ▲ 吃饭
*Dì shí'èr kè* ▲ *Chī fàn*

## Dialogue I: Dining in a Restaurant

## VOCABULARY

| | | | | |
|---|---|---|---|---|
| 1. | 饭馆(儿) 飯 館兒 | fànguǎn(r) | n | restaurant |
| 2. | 服务员 務員 | fúwùyuán | n | waiter; attendant |
| | 服务 服務 | fúwù | v | to serve; to provide service |
| 3. | 好像 | hǎoxiàng | v | to seem; to be like |
| 4. | 位子 | wèizi | n | seat |
| 5. | 桌子 | zhuōzi | n | table |

菜怎麼樣

How is the food?

| | | | | |
|---|---|---|---|---|
| 6. | 点菜點菜 | diǎn cài | vo | to order dishes (in a restaurant) |
| | 菜菜 | cài | n | (of food) dish; course |
| 7. | 饺子餃 | jiǎozi | n | dumplings (with vegetable and/or meat stuffing) |
| 8. | 素 | sù | adj | vegetarian; of vegetables |
| 9. | 盘盤 | pán | m | (plate; dish) |
| 10. | 家常#豆#腐 | jiācháng dòufu | n | home-style tofu |
| | 豆腐 | dòufu | n | tofu; bean curd |
| 11. | 肉 | ròu | n | meat (usually pork, when unmodified) |
| 12. | #碗 | wǎn | m | (bowl) |
| 13. | #酸#辣#汤湯 | suānlàtāng | n | hot and sour soup |
| | 酸酸 | suān | adj | sour |
| | 辣 | là | adj | spicy; hot |
| | 汤湯 | tāng | n | soup |

*What does the number "30" in this picture represent?*
*(You will find the answer in Dialogue I.)*

▼▼▼▼▼▼▼▼▼▼▼▼▼▼▼▼▼▼▼▼▼▼▼▼▼▼▼▼▼▼▼▼▼▼▼▼▼

| | | | | |
|---|---|---|---|---|
| 14. | 放 | fàng | v | to put in |
| 15. | 味精 | wèijīng | n | monosodium glutamate (MSG) |
| 16. | #渴 | kě | adj | thirsty |
| 17. | 这些 這 | zhè(i)xiē | pr | these |
| | 些 | xiē | m | (some [measure word for an indefinite amount]) |
| 18. | 够 夠 | gòu | adj | enough |
| 19. | #饿 餓 | è | adj/v | hungry; to starve |
| 20. | 上菜 菜 | shàng cài | vo | to serve dishes |
| 21. | 好 | hǎo | adj | (indicating that something is ready) |

## DIALOGUE I

(在⁽ᶠ⁾饭馆儿)

服务员⁽¹⁾：请进，请进。

李小姐：人怎么这么多？好像一个位子都⁽ᴳ¹⁾没有了。

王先生：请问，还有没有位子？

服务员：有，有，有。那张桌子没有人。

▲▲▲▲▲▲▲▲▲▲▲▲▲▲▲▲▲▲▲▲▲▲▲▲▲▲▲▲▲▲▲▲▲▲

服务员：二位要吃一点(儿)什么？

李小姐：老王你点菜吧。

王先生：好。先给我们三十个饺子，要素的。

服务员： 除了饺子以外，还要什么？

李小姐： 还要一盘家常豆腐，不要肉，我
们吃素。

服务员： 我们的家常豆腐没有肉。

李小姐： 还要两碗酸辣汤，请不要放味精。

服务员： 好，两碗酸辣汤。那喝点(儿)(2)
什么呢？

王先生： 我要一瓶啤酒。

李小姐： 我很渴，给我一杯可乐。

服务员： 好，三十个饺子，一盘家常豆腐，
两碗酸辣汤，一瓶啤酒，一杯可
乐。还要别的吗？

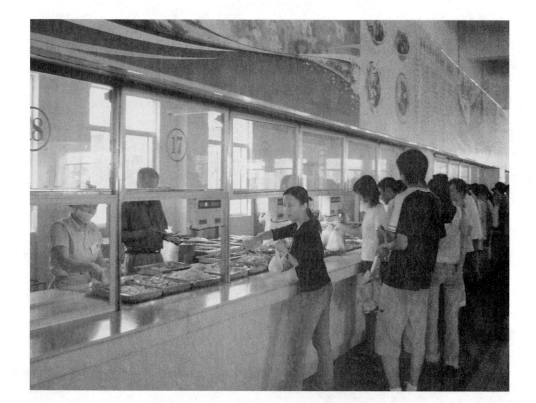

▼▼▼▼▼▼▼▼▼▼▼▼▼▼▼▼▼▼▼▼▼▼▼▼▼▼▼▼▼▼▼▼▼▼▼▼▼▼▼▼▼▼▼▼▼▼

李小姐： 不要别的了，这些够了。小姐，
　　　　 我们都饿了，请上菜快一点(儿)。

服务员： 没问题，菜很快就能做好(G2)。

### Notes

▲**1**▲ It is proper to address a waiter or waitress as 先生 (xiānsheng) or 小姐 (xiǎojie). Until recently, people in mainland China tended to call a waiter/waitress simply 服务员 (fúwùyuán, literally, a person who serves), which is, despite its call-a-spade-a-spade candor, no longer considered polite enough.

▲**2**▲ 点(儿) (diǎn[r]) here is the abbreviated form of 一点(儿) (yìdiǎn[r]).

## Culture Notes ▲

**1**▾ The word 中国饭 (Zhōngguófàn) covers all varieties of Chinese food in different styles. There are—aside from numerous minor styles—four principal schools of Chinese cuisine: Mandarin, originated in the north; Cantonese, based in the south; Shanghainese, favored by people in the lower Yangtze Valley; and Sichuanese, preferred by people in central provinces such as Sichuan and Hunan. A Chinese restaurant usually specializes in only one of those cooking styles, but some are more eclectic and syncretic.

**2**▾ For a Chinese meal, rice, sometimes substituted by noodles or dumplings, is the 主食 (zhǔshí, "staple," or principal food). Everything else is called 副食 (fùshí, non-staple food). However, a Chinese hostess will usually be more elaborate with her 菜 (cài, dishes), which are considered 副食 (fùshí), in order to demonstrate her hospitality to the guest.

**3**▾ In Chinese food culture, knives (刀 dāo) belong to the kitchen, not to the dining table. The cook preempts the diner's need for a knife by cutting the food, especially the meat, into small pieces before cooking. As everyone knows, most Chinese eat not with a fork but a pair of chopsticks (筷子 kuàizi).

**4▾** Since the 1990s, American fast food restaurants such as KFC, McDonald's and Pizza Hut have been popping up in Chinese cities like mushrooms. Many of them have enjoyed flourishing business. The dubious reputation of American fast food as a "fattener" does not scare most Chinese diners away, and it is hip, especially among the young people, to hang out with their friends in an American fast food restaurant.

## Dialogue II : Eating in a Cafeteria

### VOCABULARY

| | | | | |
|---|---|---|---|---|
| 1. | 好吃 | hǎochī | adj | delicious |
| 2. | 师#傅师 | shīfu | n | master worker |
| 3. | 中餐 | Zhōngcān | n | Chinese food |
| 4. | 西#餐 | Xīcān | n | Western food |
| 5. | #糖#醋鱼鱼 | tángcùyú | n | fish in sweet and sour sauce |
| | 糖 | táng | n | sugar |

*Who is the* 师傅 *(shīfu) in the picture?*

▼▼▼▼▼▼▼▼▼▼▼▼▼▼▼▼▼▼▼▼▼▼▼▼▼▼▼▼▼▼▼▼▼▼▼▼▼▼

|  | 醋 | cù | n | vinegar |
|---|---|---|---|---|
|  | 鱼 魚 | yú | n | fish |
| 6. | #甜 舌甘 | tián | adj | sweet |
| 7. | 极(了)極 | jí (le) | adv | extremely (usually with le as a complement of degree) |
| 8. | 红烧 紅燒 | hóngshāo |  | to braise in soy sauce |
| 9. | 牛肉 | niúròu | n | beef |
|  | 牛 | niú | n | cow; ox |
| 10. | 卖完(了)賣 | mài wán (le) | vc | to be sold out |
|  | 卖 賣 | mài | v | to sell |
|  | 完 | wán | v | to finish; to run out of |
| 11. | 凉#拌 | liángbàn |  | (of food) cold and dressed with sauce |
| 12. | 黄#瓜黃 | huánggua | n | cucumber |
| 13. | 再 | zài | adv | in addition |
| 14. | 两 | liǎng | m | (a Chinese traditional unit of weight, 50 grams) |
| 15. | 米饭 | mǐfàn | n | cooked rice |
| 16. | 错 | cuò | adj | wrong |
| 17. | 明儿 | míngr | n | tomorrow |

## DIALOGUE II

(在学生餐厅)

学生：　请问今天晚饭有什么好吃的？

师傅[1]：　中餐还是西餐？

学生：　中餐。

师傅： 我们今天有糖醋鱼，<u>酸酸的、甜甜的</u><sup>(G3)</sup>，好吃<u>极了</u><sup>(G4)</sup>，你买一个吧。

学生： 好。今天有没有红烧牛肉？

师傅： 红烧牛肉<u>卖完</u><sup>(G5)</sup>了。今天天气热，<u>来</u><sup>(G6)</sup>个凉拌黄瓜吧？

学生： 好极了。再来二两<sup>(2)</sup>米饭。一共多少钱？

师傅： 糖醋鱼，十块五，凉拌黄瓜，四块五；二两米饭，五毛钱。一共十五块五。

学生： 这是二十块。

师傅： 找你四块五。

学生： 对不起，钱你找错了，这是五块五，<u>多找了我一块钱</u><sup>(G7)</sup>。

师傅： 对不起，谢谢。

学生： 明儿<sup>(3)</sup>见。

师傅： 明儿见。

## Notes

▲**1**▲ In recent years in China, 师傅 (shīfu, master textworker) has become a popular term by which to address a stranger, especially a blue-collar worker.

▲**2**▲ Rice is sold in 两 (liǎng, 50 grams) only in institutional cafeterias.

▲**3**▲ People in north China, especially the Beijing area, speak with an 儿 (ér) ending quite often. For example, some people say 明儿 (míngr) for tomorrow instead of the more common 明天 (míngtiān). However, in other parts of China, people seldom use the 儿 (ér) ending. For example, people in south China use 这里 (zhèlǐ) rather than 这儿 (zhèr) for the word "here."

## FUNCTIONAL EXPRESSIONS

在 zài **(to exist; to be in a certain place)**

1.　A: 老师，我的功课在你那儿吗？

(Teacher, do you have my homework?)

Lǎoshī: Wǒ de gōngkè zài nǐ nàr ma?

B: 我已经给你了。 (I gave it to you already.)

Wǒ yǐjīng gěi nǐ le.

A: 是吗？对不起，我再找找。

(Oh you did? Sorry, I'll look for it again.)

Shì ma? Duì bu qǐ, wǒ zài zhǎozhao.

2.　A: 妈妈，我的飞机票在您那儿吗？

(Mom, do you have my plane ticket?)

Māma, wǒ de fēijīpiào zài nín nàr ma?

B: 在我这儿。给你吧。 (I have it. Here it is.)

Zài wǒ zhèr. Gěi nǐ ba.

## SUPPLEMENTARY VOCABULARY

| | | | | |
|---|---|---|---|---|
| 1. | 鸡　雞 | jī | n | chicken |
| 2. | 烤鸭 | kǎoyā | n | roast duck |
| | 烤 | kǎo | v | to roast; to bake |

| 3. | 猪肉 | zhūròu | n | pork |
| 4. | 羊肉 | yángròu | n | mutton; lamb |
| 5. | 汉堡包 | hànbǎobāo | n | hamburger |
| 6. | 麦当劳 | Màidāngláo | n | McDonald's |
| 7. | 比萨饼 | bǐsàbǐng | n | pizza |
| 8. | 必胜客 | Bìshèngkè | n | Pizza Hut |
| 9. | 炸鸡 | zhájī | n | fried chicken |
| 10. | 肯德基 | Kěndéjī | n | KFC |
| 11. | 快餐 | kuàicān | n | fast food |

## Grammar

**1. 一...也/都...不/没... (yī...yě/dōu...bù/méi)**

These patterns are used to form an emphatic negation meaning "not at all."

*For example:*

(1) 小黄一个朋友都没有。

Xiǎo Huáng yí ge péngyou dōu méiyǒu.

(Little Huang does not have a single friend.)

(2) 这些电影我一个也不喜欢。

Zhè xiē diànyǐng wǒ yí ge yě bù xǐhuan.

(I don't like any of these movies.)

(3) 他去了餐厅，可是一点儿饭也没吃。

Tā qùle cāntīng. Kěshì yì diǎnr fàn yě méi chī.

(He went to the cafeteria, but he didn't eat anything at all.)

If the noun after 一 (yī) is countable, a proper measure word should be used between 一 (yī) and the noun, as in (1) and (2). If the noun is uncountable, the phrase 一点儿 (yì diǎnr) is usually used instead, as in (3). See the patterns below.

*Pattern for (1):*

Subject + yī + (Measure word) + Object + yě/dōu + bù/méi + Verb

Subject + 一 + (Measure word) + Object + 也/都 + 不/没 + Verb

*Pattern for (2):*

Topic (Object) + Subject + yī + (Measure word) + yě/dōu + bù/méi + Verb

Topic (Object) + Subject + 一 + (Measure word) + 也/都 + 不/ 没 + Verb

*Pattern for (3):*

Subject + yìdiǎnr + Object+ yě/dōu + bù/méi + Verb

Subject + 一点儿 + Object+ 也/都 + 不/没 + Verb

**Note:** The following sentences are incorrect:

(1a) * 小黄没有一个朋友。

　　　*Xiǎo Huáng méiyǒu yí ge péngyou.

(2a) * 这些电影我不喜欢一个。

　　　*Zhè xiē diànyǐng wǒ bù xǐhuan yí ge.

(3a) * 他饭没吃一点。

　　　*Tā fàn méi chī yì diǎnr.

## 2. 好 (hǎo) as a Verb Complement

好 (hǎo) can serve as a complement following a verb, indicating the completion of an action as expected or scheduled. It also indicates that something is ready to be used, or that the next action is about to take place.

*For example:*

(1) 明天开晚会, 我的衣服已经买好了。

　　　Míngtiān kāi wǎnhuì, wǒ de yīfu yǐjīng mǎi hǎo le.

　　　(I've already bought my dress for the party tomorrow evening.)

▼▼▼▼▼▼▼▼▼▼▼▼▼▼▼▼▼▼▼▼▼▼▼▼▼▼▼▼▼▼▼▼▼▼▼▼▼

(2) 饭做好了，快来吃吧。

Fàn zuò hǎo le, kuài lái chī ba.

(The food is ready. Come and eat.)

## 3. Reduplication of Adjectives

Adjectives can be used in reduplication. When monosyllabic adjectives are reduplicated, the accent usually falls at the second occurence of the adjective. Reduplication of monosyllabic adjectives often suggests an approving and appreciative attitude on the speaker's part:

*For example:*

(1) 啤酒凉凉的，很好喝。

Píjiǔ liángliáng de, hěn hǎo hē.

(The beer is nicely chilled and tastes good.)

(2) 酸辣汤酸酸的，辣辣的，很好喝。

Suānlàtāng suānsuān de, làlà de, hěn hǎo hē.

(The hot and sour soup tastes good, a bit sour and a bit hot.)

(3) 我想要一碗酸酸的，辣辣的汤。

Wǒ xiǎng yào yì wǎn suānsuān de, làlà de tāng.

(I'd like to have a soup that's a bit sour and a bit hot.)

**Note:** Reduplication of adjectives usually does not occur in the negative form.

## 4. 极了 (jíle)

When used after an adjective, 极了 (jíle) usually indicates the superlative degree:

*For example:*

(1) 这个电影有意思极了。

Zhège diànyǐng yǒu yìsi jíle.

(This movie is extremely interesting.)

好 极了

(2) 今天热极了。

Jīntiān rè jíle.

(It is extremely hot today.)

(3) 那个孩子漂亮极了。

Nàge háizi piàoliang jíle.

(That child is extremely cute.)

(4) 他高兴极了。

Tā gāoxìng jíle.

(He is overjoyed.)

## 5. Resultative Complements (I)

Following a verb, an adjective or another verb can be used to denote the result of an action:

*For example:*

(1) 你找错钱了。

Nǐ zhǎo cuò qián le.

(You gave me the incorrect change.)

(2) 这个字你写错了。

Zhège zì nǐ xiě cuò le.

(You wrote this character incorrectly.)

(3) 那个人是谁你看清楚了吗?

Nàge rén shì shéi nǐ kàn qīngchu le ma?

(Did you see clearly who that person was?)

(4) 红烧牛肉卖完了。

Hóng shāo niúròu mài wán le.

(Beef braised in soy sauce is sold out.)

In (1), 错 (cuò, wrong) is the result of the action 找 (zhǎo, to find), in (2) 错 (cuò) is the result of the action 写 (xiě, to write), in (3) 清楚 (qīngchu, clear) is the result of the action 看 (kàn, to look), and in (4) 完 (wán, finish) is the result of the action 卖 (mài, to sell).

Generally, the negative form of a resultative complement is formed by placing 没 (méi, no; not) or 没有 (méiyǒu, have not) before the verb.

*For example:*

(5) 我没找错钱。

Wǒ méi zhǎo cuò qián.

(I didn't give the wrong change.)

(6) 这个字你没有写错。

Zhège zì nǐ méiyǒu xiě cuò.

(You didn't write this character incorrectly.)

(7) 红烧牛肉还没卖完。

Hóng shāo niúròu hái méi mài wán.

(Beef braised in soy sauce is not sold out yet.)

Sometimes the collocation of a verb with the resultative complement following is fixed. In those cases it is a good idea to take the combination of the verb and the complement as a whole unit.

**6.** 来 (lái)

In colloquial expressions, the verb 来 (lái) can serve as a substitute for some other verbs, mostly in imperative sentences:

*For example:*

(1)   A: 服务员： 先生，你们想吃点儿什么？

Fúwùyuán: Xiānsheng, nǐmen xiǎng chī diǎnr shénme?

(Waiter: Are you ready to order, sir?)

     B: 王先生： 来一盘糖醋鱼，一碗酸辣汤，和一碗米饭。

Wáng Xiānsheng: Lái yì pán tángcù yú, yì wǎn suānlà tāng, hé yì wǎn mǐfàn.

(Mr. Wang: Give me a sweet and sour fish, a hot and sour soup, and a bowl of rice, please.)

(2)   (At a party, when someone has sung a song) 再来一个！

Zài lái yí ge.

(Encore!)

**Note:** The use of 来 (lái) in this sense is rather limited. It is usually used in restaurants and stores, especially when ordering food, buying small things, or coaxing someone to sing a song.

**7.** 多／少 (duō/shǎo) **+ Verb**

When 多 or 少 is used before a verb, sometimes it means a deviation from the correct amount or number.

*For example:*

(1) 你多找了我一块钱。

Nǐ duō zhǎole wǒ yí kuài qián.

(You gave me one dollar too much.)

(2) 老师说要写五十个字，我写了四十五个，少写了五个。

Lǎoshī shuō yào xiě wǔshí ge zì, wǒ xiěle sìshíwǔ ge, shǎo xiěle wǔ ge.

(The teacher told us to write fifty characters. I wrote forty-five. I was five short.)

## PATTERN DRILLS

A. 一…也/都…不/没… (yī…yě/dōu…bù/méi…)

EXAMPLE: 没，写字，个

→ 我一个字也没写。

méi, xiězì, ge

→ Wǒ yí ge zì yě méi xiě.

| 1. | 不 | 买衣服 | 件 |
|---|---|---|---|
| 2. | 不 | 看电影 | 个 |
| 3. | 没 | 有钱 | 块 |
| 4. | 没 | 吃饭 | 碗 |
| 5. | 没 | 买鞋 | 双 |
| 6. | 没 | 上中文课 | 节 |
| 7. | 没 | 学汉字 | 个 |
| 8. | 没 | 写日记 | 篇 |
| 9. | 没 | 问问题 | 个 |
| 10. | 不 | 认识朋友 | 个 |

| 1. | bù | mǎi yīfu | jiàn |
|---|---|---|---|
| 2. | bù | kàn diànyǐng | ge |
| 3. | méi | yǒu qián | kuài |

▼ ▼ ▼ ▼ ▼ ▼ ▼ ▼ ▼ ▼ ▼ ▼ ▼ ▼ ▼ ▼ ▼ ▼ ▼ ▼ ▼ ▼ ▼ ▼ ▼ ▼ ▼ ▼ ▼ ▼ ▼ ▼ ▼

| 4. | méi | chī fàn | wǎn |
| 5. | méi | mǎi xié | shuāng |
| 6. | méi | shàng Zhōngwén kè | jié |
| 7. | méi | xué Hànzì | ge |
| 8. | méi | xiě rìjì | piān |
| 9. | méi | wèn wèntí | ge |
| 10. | bù | rènshi péngyou | ge |

## B. ...极了 (...jíle)

**EXAMPLE:** 中国啤酒　　好喝　　极了。

Zhōngguó píjiǔ　　hǎo hē　　jíle.

| 1. | 我 | 高兴 |
| 2. | 李老师 | 忙 |
| 3. | 第八课的语法 | 容易 |
| 4. | 今天的天气 | 暖和 |
| 5. | 王先生的弟弟 | 帅 |
| 6. | 学校图书馆 | 大 |
| 7. | 图书馆的书 | 多 |
| 8. | 那条裤子 | 便宜 |
| 9. | 电脑课 | 有意思 |
| 10. | 糖醋鱼 | 好吃 |

| 1. | Wǒ | gāoxìng |
| 2. | Lǐ lǎoshī | máng |
| 3. | Dì bā kè de yǔfǎ | róngyì |
| 4. | Jīntiān de tiānqì | nuǎnhuo |

5.  Wáng xiānsheng de dìdi          shuài

6.  Xuéxiào túshūguǎn               dà

7.  Túshūguǎn de shū                duō

8.  Nà tiáo kùzi                    piányi

9.  Diànnǎo kè                      yǒu yìsi

10. Tángcù yú                       hǎo chī


## C. 来 (lái)

**EXAMPLE:** 中国啤酒　　两瓶

　　→ 来两瓶中国啤酒。

　　　Zhōngguó píjiǔ　　liǎng píng

　　→ Lái liǎng píng Zhōngguó píjiǔ.


1.  可乐　　　　三瓶

2.  酸辣汤　　　两碗

3.  红烧牛肉　　一碗

4.  咖啡　　　　一杯

5.  米饭　　　　四两


1.  kělè                sān píng

2.  suānlà tāng         liǎng wǎn

3.  hóng shāo niúròu    yì wǎn

4.  kāfēi               yì bēi

5.  mǐ fàn              sì liǎng

## D. Resultative Complements

EXAMPLE: 找 钱 错

→ 你找错钱了。

→ 我没找错钱。

zhǎo qián    cuò

→ Nǐ zhǎo cuò qián le.

→ Wǒ méi zhǎo cuò qián.

1. 写字　　　　　错
2. 说话　　　　　错
3. 买衣服　　　　错
4. 找书　　　　　到
5. 找王老师　　　到
6. 做功课　　　　完
7. 吃饭　　　　　完
8. 听他的话　　　懂
9. 看这本书　　　懂

| | | |
|---|---|---|
| 1. | xiě zì | cuò |
| 2. | shuō huà | cuò |
| 3. | mǎi yīfu | cuò |
| 4. | zhǎo shū | dào |
| 5. | zhǎo Wáng lǎoshī | dào |
| 6. | zuò gōngkè | wán |
| 7. | chī fàn | wán |
| 8. | tīng tā de huà | dǒng |
| 9. | kàn zhè běn shū | dǒng |

▼▼▼▼▼▼▼▼▼▼▼▼▼▼▼▼▼▼▼▼▼▼▼▼▼▼▼▼▼▼▼▼▼▼▼▼▼▼▼▼

**E.** 多／少 + Verb + Numeral + Measure Word + Noun
(duō/shǎo + **Verb** + **Numeral** + **Measure Word**)

**EXAMPLE:** 找钱　一块

　　　→ 你多找了一块钱。

　　　→ 你少找了一块钱。

　　zhǎo qián　　yí kuài

　　→　Nǐ duō zhǎole yí kuài qián.

　　→　Nǐ shǎo zhǎole yí kuài qián.

1. 给钱 　　　一块
2. 上课 　　　一节
3. 写字 　　　五个
4. 吃饭 　　　一碗
5. 唱歌 　　　一个
6. 看书 　　　两本
7. 写日记 　　两篇
8. 穿衣服 　　一件
9. 喝啤酒 　　两杯

1. gěi qián 　　　yí kuài
2. shàng kè 　　　yì jié
3. xiě zì 　　　　wǔ ge
4. chī fàn 　　　yì wǎn
5. chàng gē 　　　yí ge
6. kàn shū 　　　liǎng běn
7. xiě rìjì 　　　liǎng piān
8. chuān yīfu 　　yí jiàn
9. hē píjiǔ 　　　liǎng bēi

Fighting for the Bill ▲

When Chinese people go out to eat with friends, they rarely split the check at the end of a meal. Usually, someone will insist on picking up the tab. The next time someone else will offer to pay. Often more than one person reaches for the bill and there might be a little struggle over who gets to pay.

## Pinyin Texts

### DIALOGUE I

*(Zài*[F] *fànguǎn)*

| | |
|---|---|
| Fúwùyuán[1]: | Qǐng jìn, qǐng jìn. |
| Lǐ xiǎojie: | Rén zěnme zhème duō? Hǎoxiàng <u>yí</u> ge wèizi <u>dōu</u>[G1] méiyǒu le. |
| Wáng xiānsheng: | Qǐng wèn, hái yǒu méiyǒu wèizi? |
| Fúwùyuán: | Yǒu, yǒu, yǒu. Nà zhāng zhuōzi méiyǒu rén. |

▲▲▲▲▲▲▲▲▲▲▲▲▲▲▲▲▲▲▲▲▲▲▲▲▲▲▲▲▲▲▲▲▲

| | |
|---|---|
| Fúwùyuán: | Èr wèi yào chī yìdiǎn(r) shénme? |
| Lǐ xiǎojie: | Lǎo Wáng nǐ diǎn cài ba. |

| Wáng xiānsheng: | Hǎo. Xiān gěi wǒmen sānshí ge jiǎozi, yào sù de. |
| Fúwùyuán: | Chúle jiǎozi yǐwài, hái yào shénme? |
| Lǐ xiǎojie: | Hái yào yì pán jiācháng dòufu, bú yào ròu, wǒmen chī sù. |
| Fúwùyuán: | Wǒmen de jiācháng dòufu méiyǒu ròu. |
| Lǐ xiǎojie: | Hái yào liǎng wǎn suānlàtāng, qǐng bú yào fàng wèijīng. |
| Fúwùyuán: | Hǎo. Liǎng wǎn suānlàtāng. Nà hē diǎn(r)[2] shénme ne? |
| Wáng xiānsheng: | Wǒ yào yì píng píjiǔ. |
| Lǐ xiǎojie: | Wǒ hěn kě, gěi wǒ yì bēi kělè. |
| Fúwùyuán: | Hǎo, sānshí ge jiǎozi, yì pán jiācháng dòufu, liǎng wǎn suānlàtāng, yì píng píjiǔ, yì bēi kělè. Hái yào bié de ma? |
| Lǐ xiǎojie: | Bú yào biéde le, zhèxiē gòu le. Xiǎojie, wǒmen dōu è le, qǐng shàng cài kuài yìdiǎn(r). |
| Fúwùyuán: | Méi wèntí, cài hěn kuài jiù néng zuò hǎo[G2]. |

## DIALOGUE II

*(Zài xuésheng cāntīng)*

| Xuésheng: | Qǐng wèn jīntiān wǎnfàn yǒu shénme hǎochī de? |
| Shīfu[1]: | Zhōngcān háishi Xīcān? |
| Xuésheng: | Zhōngcān. |

*Explain this picture in detail. Who are the two people in the picture?*

*Review the two dialogues in this lesson. Try to find the passages corresponding to the pictures above.*

| | |
|---|---|
| Shīfu: | Wǒmen jīntiān yǒu tángcùyú, <u>suānsuān de, tiántián de</u>(G3), hǎochī <u>jíle</u>(G4), nǐ mǎi yí ge ba. |
| Xuésheng: | Hǎo. Jīntiān yǒu méiyǒu hóngshāo niúròu? |
| Shīfu: | Hóngshāo niúròu <u>mài wán</u>(G5) le. Jīntiān tiānqì rè, <u>lái</u>(G6) ge liángbàn huánggua ba? |
| Xuésheng: | Hǎojí le. Zài lái èr liǎng(2) mǐfàn. Yígòng duōshǎo qián? |
| Shīfu: | Tángcùyú, shí kuài wǔ, liángbàn huánggua, sì kuài wǔ; èr liǎng mǐfàn, wǔ máo qián. Yígòng shíwǔ kuài wǔ. |
| Xuésheng: | Zhè shì èrshí kuài. |
| Shīfu: | Zhǎo nǐ sì kuài wǔ. |
| Xuésheng: | Duìbuqǐ, qián nǐ zhǎo cuò le, zhè shì wǔ kuài wǔ, <u>duō zhǎole wǒ yí kuài qián</u>(G7). |
| Shīfu: | Duìbuqǐ, xièxie. |
| Xuésheng: | Míngr(3) jiàn. |
| Shīfu: | Míngr jiàn. |

## English Texts

### DIALOGUE I

*(At a restaurant)*

| | |
|---|---|
| Waitress: | Please come in. |
| Miss Li: | How come there are so many people? It looks like there is not a single seat (table) left. |
| Mr. Wang: | Excuse me, are there any tables left? |
| Waitress: | Yes. That table is vacant. |

| | |
|---|---|
| Waitress: | What would you two like? |
| Miss Li: | Why don't you order, Old Wang? |
| Mr. Wang: | All right. First give us thirty dumplings. Vegetarian ones. |
| Waitress: | Anything else besides the dumplings? |
| Mr. Wang: | A plate of home-style tofu. Don't put any meat in it. We are vegetarians. |
| Waitress: | There's no meat in our home-style tofu. |
| Miss Li: | Two hot and sour soups. Don't put MSG in them. |
| Waitress: | O.K. Two hot and sour soups. What would you like to drink? |
| Mr. Wang: | I'd like a bottle of beer. |
| Miss Li: | I'm really thirsty. Give me a cola. |
| Waitress: | Sure. Thirty dumplings, a plate of home-style tofu, two hot and sour soups, a bottle of beer, a cola. Anything else? |

*Describe the drinks above in Chinese using the appropriate measure words.*

Miss Li:      We don't want anything else. That's enough. Miss, we are both very hungry. Could you rush the order?

Waitress:    No problem, the dishes will be ready in no time.

## DIALOGUE II

*(In the student dining hall)*

Student:     What's good for dinner tonight?

Worker       Chinese or Western food?

Student:     Chinese food.

Worker:      We have sweet and sour fish. It's a little bit sour and a little bit sweet, and extremely delicious. Why don't you have one?

Student:     Good. Do you have beef braised in soy sauce today?

Worker:      Beef braised in soy sauce is sold out. It's hot today. How about a cucumber salad?

Student:     Great. And two *liang* of rice. How much altogether?

Worker:      Ten-fifty for the sweet and sour fish. The cucumber salad is four-fifty. Two *liang* of rice, that's fifty cents. Fifteen-fifty altogether.

Student:     Here is twenty.

Worker:      Four-fifty is your change.

Student:     I'm sorry. This is not the correct change. This is five-fifty. You gave me one dollar too much.

Worker:      I'm sorry. Thank you.

Student:     See you tomorrow.

Worker:      See you tomorrow.

## ▲ ▲ ▲ *Exercise* ▲ ▲ ▲

*Find the Chinese names for the food items in English and write the numbers in the parentheses next to the correct Chinese.*

1. Tofu Soup              5. Sweet and Sour Pork       8. Home-style Tofu

2. Fish Dumplings         6. Hot and Sour Soup         9. Cucumber Salad

3. Roast Duck             7. Roast Chicken             10. Cold Tofu Salad

4. Braised Mutton

(　　) a. 素饺            (　　) k. 红烧羊肉

(　　) b. 烤鸭            (　　) l. 素鸡

(　　) c. 酸辣汤           (　　) m. 红烧鱼

(　　) d. 红烧(猪)肉      (　　) n. 甜酸鸡

(　　) e. 红烧牛肉         (　　) o. 红烧鸭

(　　) f. 家常豆腐         (　　) p. 鱼饺

(　　) g. 凉拌豆腐         (　　) q. 甜酸肉

(　　) h. 红烧豆腐         (　　) r. 糖醋鱼

(　　) i. 烤鸡            (　　) s. 凉拌黄瓜

(　　) j. 鸡饺            (　　) t. 豆腐汤

*How many of the Chinese dishes above have you tried? Circle them.*

# LESSON 13 ▲ At the Library
# 第十三课 ▲ 在图书馆
### *Dì shísān kè* ▲ *Zài túshūguǎn*

## Dialogue I: Borrowing Audio Tapes

### VOCABULARY

1. #借      jiè      v      to borrow; to lend

[**Note:** 借 (jiè) is a "two-way" verb. It can mean either "to borrow" or "to lend." When it means "to borrow," it is often used with 跟 (gēn) as in 我跟她借书 (Wǒ gēn tā jiè shū; I am borrowing books from her). When it means "to lend", it is often used with 给 (gěi) as in 我借给她三本书 (Wǒ jiè gěi tā sān běn shū; I am lending three books to her.)]

2. 盘      pán      m      coil; plate; platter; a measure word for things wound flat or things that have something to do with a plate or board

| | | | |
|---|---|---|---|
| 3. 录音带 | lùyīndài | n | audio tape |
| 4. #职员 | zhíyuán | n | staff member; office worker |
| 5. 把 | bǎ | prep | used to indicate how a thing or person is disposed of, dealt with or affected |
| 6. 学生证 | xuéshēngzhèng | n | student ID card |
| 7. 留 | liú | v | to leave behind |
| 8. 语言 | yǔyán | n | language |
| 9. 实#验室 | shíyànshì | n | laboratory |
|    实验 | shíyàn | n/v | experiment |
| 10. #楼下 | lóuxià | n | downstairs |
| 11. 再 | zài | adv | then and only then |
| 12. 还 | huán | v | to return (something to someone or some place) |
| 13. 忘 | wàng | v | to forget |
| 14. 带 | dài | v | to bring; to take |
| 15. 其他的 | qítā de | adj | other |
| 16. 证件 | zhèngjiàn | n | identification; credentials |
| 17. 信用#卡 | xìnyòngkǎ | n | credit card |
|    信用 | xìnyòng | n | trustworthiness; credit |
|    卡(片) | kǎ(piàn) | n | card |
| 18. 开到… | kāi dào… | vc | open till… |
|    开 | kāi | v | to open |
| 19. 关门 | guān mén | vo | to close the door |
|    关 | guān | v | to close |
|    门 | mén | n | door |

▼▼▼▼▼▼▼▼▼▼▼▼▼▼▼▼▼▼▼▼▼▼▼▼▼▼▼▼▼▼▼▼▼▼▼▼▼▼▼▼▼▼▼▼▼▼▼

| 20. | 剩 | shèng | v | to remain; to be left over |
| 21. | 钟头 | zhōngtóu | n | hour |
| 22. | 可能 | kěnéng | av | possibly; perhaps; maybe |
| 23. | 来不及 | lái bu jí | | there is not enough time (to do something) |

## Culture Notes ▲

In some libraries in China, the reader is not allowed to browse in the stacks. To check out a book, one has to give the title to the staff, who will then go to the stacks to retrieve the book. However, the reader can pick any book from the shelves in the reading room.

## DIALOGUE I

学生： 我要借这两盘录音带⁽¹⁾。

职员： 请你把⁽ᴳ¹⁾学生证留在⁽ᴳ²⁾这儿。语言实验室在楼下，你可以去那儿听。还录音带的时候，我再把学生证还给你。

学生： 糟糕⁽ᶠ⁾，学生证我忘了带了。

职员： 你有没有其他的证件？

学生： 信用卡可以吗？

职员： 不行。

学生： 语言实验室开到几点？

职员： 我们五点关门。

学生： 只剩<u>半个钟头</u><sup>(2)(G3)</sup>了，可能来不及了，我明天再来吧。

## *Notes*

▲1▲ In China, 录音带 (lùyīndài, audio tape) is also called 磁带 (cídài), which literally means "magnetic tape."

Some of the Chinese expressions for time units have to be preceded by the measure word 个 (ge) while some others do not: e.g., 半个钟头 (bàn ge zhōngtóu, half an hour), 一个月 (yí ge yuè, a month), 两个星期 (liǎng ge xīngqī, two weeks), 半分钟 (bàn fēnzhōng, half minute), 三天 (sān tiān, three days), and 五年 (wǔ nián, five years). No measure words are needed when counting days (tiān, 天) and years (nián, 年).

In China, unlike in the United States, driver's licenses are not the most commonly used and most effective proof of one's personal identification. Rather, one is often asked to produce one's student ID (学生证 xuéshēngzhèng), employee's ID (工作证 gōngzuòzhèng), or the more generic identification card (身份证 shēnfènzhèng) that the government issues to each citizen at age 16.

## FUNCTIONAL EXPRESSIONS

糟糕 zāogāo ([It's] awful/too bad.)

1.  A: 糟糕，我的信用卡不见了。

    (Shoot! My credit card has disappeared.)

    Zāogāo, wǒ de xìnyòngkǎ bújiàn le.

    B: 快给你爸爸打电话吧。 (Call your dad quickly.)

    Kuài gěi nǐ bàba dǎ diànhuà ba.

2.  A: 糟糕，图书馆要关门了，我的书还没还。

    (Darn it. The library is closing. I haven't returned the books yet.)

    Zāogāo, túshūguǎn yào guān mén le, wǒ de shū hái méi huán.

    B: 过期了吗？ (Are they overdue?)

    Guòqī le ma?

    A: 对。 (Yes.)

    Duì.

    B: 那你就等着罚钱吧。

    (Then you'll just have to wait to be fined.)

    Nà nǐ jiù děngzhe fá qián ba.

## Dialogue II: Borrowing Books

## VOCABULARY

| | | | |
|---|---|---|---|
| 1. | 本 | běn | m | (measure word for books) |
| 2. | 图书馆员 | túshūguǎnyuán | n | librarian |
| 3. | 进去 | jìn qu | vc | to go into |
| 4. | 找到 | zhǎo dào | vc | to find |

| 5. | 借书证 | jièshūzhèng | n | library card |
| 6. | 多久 | duō jiǔ | qpr | how long |
| 7. | 如果 | rúguǒ | conj | if |
| 8. | 过期 | guòqī | v | to be overdue |
| 9. | 罚 | fá | v | to fine; to punish |
| 10. | 续借 | xùjiè | v | to renew |
| 11. | 必须 | bìxū | av | must |
| 12. | 字典 | zìdiǎn | n | dictionary |

## DIALOGUE II

学生:          我想要借这四本书。

图书馆员:    请你在这儿等一下,我进去找。

*(A few minutes later.)*

图书馆员:    四本书都找到了。

学生:          谢谢你。

图书馆员:    请你把借书证给我。

学生:          请问, 书可以借多久<sup>(G4)</sup>?

图书馆员:    可以借半个月。如果过期, 每
              天罚五毛。

学生:          可以续借吗?

图书馆员:    可以。可以续借半个月, 可是
              一个月以后必须还。

学生： 可以借字典吗？

图书馆员：不行。你还要借别的书吗？

学生： 不借别的书了。谢谢，再见！

图书馆员：不谢，再见<sup>(F)</sup>！

## FUNCTIONAL EXPRESSIONS

-见 -jiàn (**See you....**)

| 再见！ | (Good-bye!) |
|---|---|
| Zàijiàn! | |

| 明儿见！ | (See you tomorrow!) |
|---|---|
| Míngr jiàn! | |

| 回见！ | (See you soon!) |
|---|---|
| Huí jiàn! | |

| 回头见！ | (See you soon!) |
|---|---|
| Huítóu jiàn! | |

| 下个星期见！ | (See you next week!) |
|---|---|
| Xiàge xīngqī jiàn! | |

| 北京见！ | (See you in Beijing!) |
|---|---|
| Běijīng jiàn! | |

| 机场见！ | (See you at the airport!) |
|---|---|
| Jīchǎng jiàn! | |

## SUPPLEMENTARY VOCABULARY

| 1. | 办法 | bànfǎ | n | method | *academic* |
|---|---|---|---|---|---|
| 2. | 方法 | fāngfǎ | n | method | |

*What is he doing?*

*Can you identify the two people
in the above picture?*

*Can you name this card in Chinese?*

*The word 银行 (yínháng) in the picture above
is not in this lesson, but you can probably guess
its meaning if you know who issues credit
cards. You will learn this word in Lesson 19.*

| | | | | |
|---|---|---|---|---|
| 3. | 小时 | xiǎoshí | t | hour |
| 4. | 分钟 | fēnzhōng | t | minute |
| 5. | 楼上 | lóushàng | n | upstairs |
| 6. | 词典 | cídiǎn | n | dictionary |
| 7. | 研究生 | yánjiūshēng | n | graduate student |
| 8. | 声音 | shēngyīn | n | sound |
| 9. | 到期 | dàoqī | v | to become due |

## Grammar

### 1. 把 (bǎ) Construction

Sentences with 把 (bǎ) are common in Chinese. The basic construction is as follows:

**Subject (Noun1) + 把 (bǎ) + Object (Noun2) + Verb + Complement/ 了 (le)...**

In the 把 (bǎ) construction, the noun following 把 (bǎ) is both the object of the preposition 把 (bǎ) and the object of the verb. Most sentences with the 把 (bǎ) construction denote the subject's disposal of or impact upon the object, with the result of the disposal or impact indicated in the complement following the verb. For example, in sentence (1) below, the subject 我 (wǒ) exerts an impact on the book through the action of 找 (zhǎo), of which 到 (dào) is the result; in (2) the subject 你 (nǐ, you) wrote the object 字 (zì, character) incorrectly; (4, 5, 6) suggest what the listener should do to the objects (the pants, the book and the coffee); and in (3), it is the classmate who caused the change to the book (it is no longer there) through the action of borrowing. Following the verb, there is always a complement or some other element. The other element could be an indirect object (4), a reduplicated verb (5), or the particle 了 (6, 7).

*For example:*

(1) 我把你要的书找到了。

Wǒ bǎ nǐ yào de shū zhǎo dào le.

(I have found the books that you wanted.)

[到 (dào) is a resultative complement.]

(2) 你把这个字写错了。

Nǐ bǎ zhège zì xiě cuò le.

(You wrote this character wrong.)

[错 (cuò) is a resultative complement.]

(3)  A: 小弟，我的中文书呢？

Xiǎo dì, wǒ de Zhōngwén shū ne?

(Little Brother, where is my Chinese book?)

B: 你的同学把你的中文书借走了。

Nǐ de tóngxué bǎ nǐ de Zhōngwén shū jiè zǒu le.

(One of your classmates borrowed it.)

[走 (zǒu) is a resultative complement.]

(4)  请把那条裤子给我。

Qǐng bǎ nà tiáo kùzi gěi wǒ.

(Please pass me that pair of pants.)

[我 (wǒ) is the indirect object.]

(5)  请你把这本书看看。

Qǐng nǐ bǎ zhè běn shū kànkan.

(Would you please take a look at this book.)

[In the above sentence, the reduplicated verb 看 (kàn) serves as the other element.]

(6)  把这杯咖啡喝了！　把这 盘 牛肉 吃了！   *hong shao*

Bǎ zhè bēi kāfēi hē le!

(Finish this cup of coffee!)

(7)  你怎么把女朋友的生日忘了？

Nǐ zěnme bǎ nǚpéngyou de shēngrì wàng le?

(How did you manage to forget your girlfriend's birthday?)

[In sentences (6) and (7), the particle 了 (le) serves as the other element.]

In sentences with the 把 (bǎ) construction, the object often refers to some-thing already known to both the speaker and the listener. For example, 你要的书 (nǐ yào de shū) in (1), 这个字 (zhège zì) in (2), 那条裤子 (nà tiáo kùzi) in (4), 女朋友的生日 (nǚpéngyou de shēngrì) in (7), and 你的中文书 (nǐ de Zhōngwén shū) in (3) are all things already known. Now compare the following two sentences:

(8) 老王给了小张一些钱。

Lǎo Wáng gěile Xiǎo Zhāng yìxiē qián.

(Old Wang gave Little Zhang some money.)

(9) 老王把钱给小张了。

Lǎo Wáng bǎ qián gěi Xiǎo Zhāng le.

(Old Wang gave the money to Little Zhang.)

While the listener might not know what money is being talked about in (8), he or she would know what money the speaker is referring to in (9). Please note that the word order in (9) is S + 把 (bǎ) + O + V rather than the common S + V + O as in (8).

Let's compare the word order in the two following sentences.

(10) 她做完功课就去睡觉了。

Tā zuò wán gōngkè jiù qù shuì jiào le.

(She went to sleep after finishing her homework.)

[i.e., whatever homework she had for the evening in question. To do some homework is a regular part of her evening routine.]

(11) 她把功课做完就去睡觉了。

Tā bǎ gōngkè zuò wán jiù qù shuì jiào le.

(She went to sleep after finishing the homework.)

[i.e., a specific assignment.]

The word order in (10), which does not have the 把 construction, runs as follows:

| Subject + | Verb + | Complement + | Object +... |
|---|---|---|---|
| Tā | zuò | wán | gōngkè... |
| 她 | 做 | 完 | 功课... |

while the word order in (11), which DOES have the 把 construction, looks like this:

| Subject + | 把 (bǎ) + | Object + | Verb + | Complement +... |
|-----------|-----------|----------|--------|-----------------|
| Tā | bǎ | gōngkè | zuò | wán... |
| 她 | 把 | 功课 | 做 | 完... |

我把电影看完wán

While the homework in (10) is indefinite, the homework in (11) is definite. The listener is expected to know what homework the speaker is talking about in (11).

## 2. 在、到、给 (zài, dào, gěi) Used in Complements

在、到、给 (zài, dào, gěi) can be used after verbs as part of a complement. They must be followed by nouns.

A: "Verb + 在 (zài) + Place Word" signifies the location of an object after the completion of an action.

*For example:*

(1) 放在桌子上。

Fàng zài zhuōzi shang.

(Put it on the table.)

(2) 别坐在地上。

Bié zuò zài dì shang.

(Don't sit on the floor.)

B: "Verb + 到 (dào) + Time/Place Word"

B1: Indicating the end point of the duration of an action:

(1) 图书馆开到九点。

Túshūguǎn kāi dào jiǔ diǎn.

(The library is open till nine o'clock.)

(2) 今天早上我睡到十点。

Jīntian zǎoshang wǒ shuì dào shí diǎn.

(This morning I slept till ten o'clock.)

B2: Indicating the location of a person or object after the completion of an action:

(1) 我每天走到教室。

Wǒ měi tiān zǒu dào jiàoshì.

(I walk to the classroom everyday.)

(2) 他把汽车开到飞机场。

Tā bǎ qìchē kāi dào fēijīchǎng.

(He drove the car to the airport.)

C: "Verb + 给 + A Person/People"

(1) 我把学生证还给你。

Wǒ bǎ xuéshēngzhèng huán gěi nǐ.

(I am returning your student ID to you.)

(2) 请你把你的字典借给我。

Qǐng nǐ bǎ nǐ de zìdiǎn jiè gěi wǒ.

(Please lend me your dictionary.)

(3) 这件黄衬衫送给你。

Zhè jiàn huáng chènshān sòng gěi nǐ.

(This yellow shirt is for you.)

## 3. Time-When and Time-Duration Expressions Compared

Time expressions in Chinese can be divided into two major groups, namely, "time-when" expressions and "time-duration" expressions. A "time-when" expression indicates when an action takes place, and a "time-duration" expression tells how long an action lasts. Please compare the "time-when" expressions on the left with the "time-duration" expressions on the right.

| **Time-when expressions** | **Time-duration expressions** |
|---|---|
| 一点钟  one o'clock | 一个钟头  one hour |
| (yì diǎnzhōng) | (yí ge zhōngtóu) |
| 两点半 | 两个半钟头 |
| two thirty | two and a half hours |
| (liǎng diǎn bàn) | (liǎng ge bàn zhōngtóu) |
| 三点十分 | 三个钟头又十分钟 |
| ten after three | three hours and ten minutes |
| (sān diǎn shí fēn) | (sān ge zhōngtóu yòu shí fēnzhōng.) |
| 差五分六点 | 六个钟头差五分钟 |
| five to six | five minutes short of six hours |
| (chà wǔ fēn liù diǎn) | (liù ge zhōngtóu chà wǔ fēnzhōng) |

Although a time-when expression is normally placed before the verb, a time-duration expression has to be placed after the verb or at the end of a sentence.

*For example:*

Sentences with time-when expressions:

(1) 我六点钟起床。

Wǒ liù diǎnzhōng qǐ chuáng.

(I get up at six o'clock.)

(2) 她十二点半吃中饭。

Tā shí'èr diǎn bàn chī zhōngfàn.

(She eats lunch at 12:30.)

(3) 白老师每天上午九点钟上中文课。

Bái Lǎoshī měi tiān shàngwǔ jiǔ diǎnzhōng shàng Zhōngwén kè.

(Teacher Bai has Chinese class every day at 9:00 A.M.)

Sentences with time-duration expressions:

(4) 她写字写了两个钟头。

Tā xiě zì xiěle liǎng ge zhōngtóu.

(She wrote Chinese characters for two hours.)

(5) 你可以借四个星期。

Nǐ kěyǐ jiè sì ge xīngqī.

(You may borrow it for four weeks.)

(6) 小高昨天晚上唱歌唱了三个小时。

Xiǎo Gāo zuótiān wǎnshang chàng gē chàngle sān ge xiǎoshí.

(Little Gao sang for three hours last night.)

Additional discussion of time-duration sentences is in the next section.

## 4. Duration of an Action

To indicate the duration of an action, the following construction is used:

**Subject + Verb + (Object + Verb) + ( 了 ) + Duration of time**

**Subject + Verb + (Object + Verb) + (le) + Duration of time**

*For example:*

(1) 我刚才睡了二十分钟。

Wǒ gāngcái shuìle èrshí fēnzhōng.

(I slept for twenty minutes just now.)

(2) 老高想在上海玩一个星期。

Lǎo Gāo xiǎng zài Shànghǎi wán yí ge xīngqī.

(Old Gao wishes to have a good time in Shanghai for a week.)

(3) 昨天晚上我看书看了三个小时。

Zuótiān wǎnshang wǒ kàn shū kànle sān ge xiǎoshí.

(I read for three hours last night.)

(4) 你学中文学了多长时间？

Nǐ xué Zhōngwén xuéle duō cháng shíjiān?

(How long did you study Chinese?)

**Note:** Sentences in this pattern must be in the affirmative. If the verb takes an object, the verb has to be repeated, as in (3) and (4). Note also that if there is an object, the following alternative pattern can be used to express the same idea.

**Subject + Verb + ( 了 ) + Duration of time + (的) + Object**

**Subject + Verb + (le) + Duration of time + (de) + Object**

(5) 昨天晚上我看了三个小时的书。

Zhuótiān wǎnshang wǒ kànle sān ge xiǎoshí de shū.

(I read for three hours last night.) [Compare with (3) above.]

(6) 他每天听半个小时的录音。

Tā měi tiān tīng bàn ge xiǎoshí de lùyīn.

(He listens to the recording for half an hour every day.)

(7) 下了两天雨。

Xiàle liǎng tiān yǔ.

(It rained for two days.)

(8) 我学了一年半中文。

Wǒ xuéle yì nián bàn Zhōngwén.

(I studied Chinese for one and a half years.)

**Note:** The phrase for the length of time must not be put before the verb:

(8a) *我一年半学了中文。

*(Wǒ yì nián bàn xuéle Zhōngwén.)

## PATTERN DRILLS

**A. 把** (bǎ)

**A.1 EXAMPLE:** 字　写错

→ 他把字写错了。

zì　xiě cuò

→ Tā bǎ zì xiě cuò le.

| 1. | 钱 | 找错 |
|----|----|----|
| 2. | 话 | 说错 |
| 3. | 那本书 | 找到 |

| | |
|---|---|
| 4. 王老师 | 找到 |
| 5. 那瓶啤酒 | 喝完 |
| 6. 这本书 | 看完 |
| 7. 那碗饭 | 吃完 |
| 8. 今天的功课 | 做完 |
| 9. 明天的中文课 | 预习好 |
| 10. 我的话 | 听清楚 |

| | |
|---|---|
| 1. Qián | zhǎo cuò |
| 2. Huà | shuō cuò |
| 3. Nà běn shū | zhǎo dào |
| 4. Wáng lǎoshī | zhǎo dào |
| 5. Nà píng píjiǔ | hē wán |
| 6. Zhè běn shū | kàn wán |
| 7. Nà wǎn fàn | chī wán |
| 8. Jīntiān de gōngkè | zuò wán |
| 9. Míngtiān de Zhōngwén kè | yù xí hǎo |
| 10. Wǒ de huà | tīng qīngchu |

**A.2 EXAMPLE:** 书　放　在桌子上

　　→ 你把书放在桌子上。

　　　　shū　　fàng　zài zhuōzi shang

　　→ Nǐ bǎ shū fàng zài zhuōzi shang.

| | | |
|---|---|---|
| 1. 电影票 | 放 | 在桌子上 |
| 2. 衬衫 | 放 | 在床上 |
| 3. 书 | 放 | 在办公室 |

| | | |
|---|---|---|
| 4. 电脑 | 放 | 在宿舍 |
| 5. 学生证 | 留 | 在这儿 |
| 6. 钱 | 付 | 给售货员 |
| 7. 钱 | 找 | 给客人 |
| 8. 那本书 | 还 | 给图书馆 |
| 9. 录音带 | 还 | 给语言实验室 |
| 10. 车 | 开 | 到飞机场 |

| | | | |
|---|---|---|---|
| 1. | Diànyǐng piào | fàng | zài zhuōzi shang |
| 2. | Chènshān | fàng | zài chuángshang |
| 3. | Shū | fàng | zài bàngōngshì |
| 4. | Diànnǎo | fàng | zài sùshè |
| 5. | Xuéshēngzhèng | liú | zài zhèr |
| 6. | Qián | fù | gěi shòuhuòyuán |
| 7. | Qián | zhǎo | gěi kèrén |
| 8. | Nà běn shū | huán | gěi túshūguǎn |
| 9. | Lùyīndài | huán | gěi yǔyán shíyàn shì |
| 10. | Chē | kāi | dào fēijīchǎng |

## B. Verb + 到 (dào)

B.1 EXAMPLE: 语言实验室 八点

→ 语言实验室开到八点。

yǔyán shíyàn shì        bā diǎn

→ Yǔyán shíyàn shì kāi dào bā diǎn.

| | |
|---|---|
| 1. 学生餐厅 | 七点半 |
| 2. 图书馆 | 半夜 |

3. 那家咖啡馆　　　　十一点

4. 这家中国餐馆　　　　十点钟

1. Xuéshēng cāntīng　　　　qī diǎn bàn

2. Túshūguǎn　　　　bànyè

3. Nà jiā kāfēi guǎn　　　　shíyī diǎn

4. Zhè jiā Zhōngguó cānguǎn　　　　shī diǎnzhōng

**B.2 EXAMPLE:** 跳舞　十一点

→ 我们跳舞跳到十一点。

tiào wǔ　shíyī diǎn

→ Wǒmen tiào wǔ tiào dào shíyī diǎn.

1. 唱歌　　　　九点半

2. 做功课　　　　半夜一点

3. 聊天　　　　下午两点

4. 打球　　　　晚上八点

5. 吃午饭　　　　下午三点

6. 睡觉　　　　早上九点

7. 写汉字　　　　吃晚饭的时候

8. 等朋友的电话　　　　睡觉的时候

1. chàng gē　　　　jiǔ diǎn bàn

2. zuò gōngkè　　　　bànyè yì diǎn

3. liáo tiān　　　　xiàwǔ liǎng diǎn

4. dǎ qiú　　　　wǎnshang bā diǎn

5. chī wǔfàn　　　　xiàwǔ sān diǎn

▼ ▼ ▼ ▼ ▼ ▼ ▼ ▼ ▼ ▼ ▼ ▼ ▼ ▼ ▼ ▼ ▼ ▼ ▼ ▼ ▼ ▼ ▼ ▼ ▼ ▼ ▼ ▼ ▼ ▼ ▼ ▼ ▼ ▼ ▼

6.  shuì jiào                              zǎoshang jiǔ diǎn

7.  xiě Hànzì                             chī wǎnfàn de shíhou

8.  děng péngyou de diànhuà              shuì jiào de shíhou

**B.3 EXAMPLE:**  回　宿舍　晚上十点

　　　　　　→ 我晚上十点回到宿舍。

huí   sùshè   wǎnshang shí diǎn

　→ Wǒ wǎnshang shí diǎn huí dào sùshè.

| | | |
|---|---|---|
| 1. 来 | 公园 | 早上八点 |
| 2. 走 | 那家中国餐馆 | 下午六点 |
| 3. 开车 | 飞机场 | 中午十二点 |
| 4. 坐公共汽车 | 学校 | 每天 |
| 5. 回 | 教室 | 下午一点半 |

1.  lái                    gōngyuán                     zǎoshang bā diǎn

2.  zǒu                    nà jiā Zhōngguó cānguǎn       xiàwǔ liù diǎn

3.  kāi chē                fēijīchǎng                   zhōngwǔ shí'èr diǎn

4.  zuò gōnggòng qìchē      xuéxiào                      měi tiān

5.  huí                    jiàoshì                      xiàwǔ yì diǎn bàn

## C. Duration of an Action

**EXAMPLE:** 学中文　多久　两年

　　　　　　→ A: 你学中文学了多久?

　　　　　　→ B: 我学中文学了两年。

xué Zhōngwén   duō jiǔ   liǎng nián

　→ A: Nǐ xué Zhōngwén xuéle duō jiǔ?

　→ B: Wǒ xué Zhōngwén xuéle liǎng nián.

| 1. | 看电影 | 几个小时 | 两个半小时 |
| 2. | 吃饭 | 多久 | 一个小时 |
| 3. | 跳舞 | 多久 | 四个钟头 |
| 4. | 聊天 | 几个小时 | 一个小时 |
| 5. | 学日文 | 几个月 | 五个月 |
| 6. | 看这本书 | 几天 | 三天 |
| 7. | 听录音 | 多长时间 | 五十分钟 |
| 8. | 写汉字 | 多长时间 | 一个半小时 |
| 9. | 学法文 | 几年 | 五年半 |
| 10. | 写中文日记 | 几个星期 | 两个星期 |

| 1. | kàn diànyǐng | jǐ ge xiǎoshí | liǎng ge bàn xiǎoshí |
| 2. | chī fàn | duō jiǔ | yí ge xiǎoshí |
| 3. | tiào wǔ | duō jiǔ | sì ge zhōngtóu |
| 4. | liáo tiān | jǐ ge xiǎoshí | yí ge xiǎoshí |
| 5. | xué Rìwén | jǐ ge yuè | wǔ ge yuè |
| 6. | kàn zhè běn shū | jǐ tiān | sān tiān |
| 7. | tīng lùyīn | duō cháng shíjiān | wǔshí fēnzhōng |
| 8. | xiě Hànzì | duō cháng shíjiān | yí ge bàn xiǎoshí |
| 9. | xué Fǎwén | jǐ nián | liǎng nián bàn |
| 10. | xiě Zhōngwén rìjì | jǐ ge xīngqī | liǎng ge xīngqī |

### D. Verb + 给 (gěi)

EXAMPLE: 你的学生证 还 你

→ 我把你的学生证还给你。

nǐ de xuéshēngzhèng    huán    nǐ

→ Wǒ bǎ nǐ de xuéshēngzhèng huán gěi nǐ.

| | | | | |
|---|---|---|---|---|
| 1. | 你的钱 | | 还 | 你 |
| 2. | 这本书 | | 还 | 图书馆 |
| 3. | 这盘录音带 | | 还 | 语言实验室 |
| 4. | 他的学生证 | | 还 | 他 |
| 5. | 图书馆的书 | | 借 | 他朋友 |
| 6. | 他朋友的录音带 | | 借 | 他妹妹 |
| 7. | 她买的字典 | | 送 | 王朋 |
| 8. | 他的新衬衫 | | 送 | 他的同学 |

| | | | |
|---|---|---|---|
| 1. | nǐ de qián | huán | nǐ |
| 2. | zhè běn shū | huán | túshūguǎn |
| 3. | zhè pán lùyīndài | huán | yǔyán shíyàn shì |
| 4. | tā de xuéshēngzhèng | huán | tā |
| 5. | túshūguǎn de shū | jiè | tā péngyou |
| 6. | tā péngyou de lùyīndài | jiè | tā mèimei |
| 7. | tā mǎi de zìdiǎn | sòng | Wáng Péng |
| 8. | tā de xīn chènshān | sòng | tā de tóngxué |

## Pinyin Texts

### DIALOGUE I

Xuésheng:  Wǒ yào jiè zhè liǎng pán lùyīndài[1].

Zhíyuán:  Qǐng nǐ bǎ[G1] xuéshēngzhèng liú zài[G2] zhèr. Yǔyán shíyànshì zài lóuxià, nǐ kěyǐ qù nàr tīng. Huán lùyīndài de shíhòu, wǒ zài bǎ xuéshēngzhèng huán gěi nǐ.

Xuésheng:  Zāogāo[F], xuéshēngzhèng wǒ wàngle dài le.

Zhíyuán:  Nǐ yǒu méiyǒu qítā de zhèngjiàn?

Xuésheng:  Xìnyòngkǎ kěyǐ ma?

Zhíyuán:  Bùxíng.

| Xuésheng: | Yǔyán shíyànshì kāi dào jǐ diǎn? |
|---|---|
| Zhíyuán: | Wǒmen wǔ diǎn guānmén. |
| Xuésheng: | Zhǐ shèng <u>bàn ge zhōngtóu</u><sup>(G3)</sup> le, kěnéng lái bu jí le, wǒ míngtiān zài lái ba. |

## DIALOGUE II

| Xuésheng: | Wǒ xiǎng yào jiè zhè sì běn shū. |
|---|---|
| Túshūguǎnyuán: | Qǐng nǐ zài zhèr děng yí xià, wǒ jìnqu zhǎo. |

*(A few minutes later.)*

| Túshūguǎnyuán: | Sì běn shū dōu zhǎodào le. |
|---|---|
| Xuésheng: | Xièxie nǐ. |
| Túshūguǎnyuán: | Qǐng nǐ bǎ jièshūzhèng gěi wǒ. |
| Xuésheng: | Qǐng wèn, shū kěyǐ jiè duō jiǔ<sup>(G4)</sup>? |
| Túshūguǎnyuán: | Kěyǐ jiè bàn ge yuè. Rúguǒ guòqī, měi tiān fá wǔ máo. |
| Xuésheng: | Kěyǐ xùjiè ma? |
| Túshūguǎnyuán: | Kěyǐ. Kěyǐ xùjiè bàn ge yuè, kěshì yí ge yuè yǐhòu bìxū huán. |
| Xuésheng: | Kěyǐ jiè zìdiǎn ma? |
| Túshūguǎnyuán: | Bùxíng. Nǐ hái yào jiè biéde shū ma? |
| Xuésheng: | Bú jiè biéde shū le. Xièxie, zàijiàn. |
| Túshūguǎnyuán: | Bú xiè, zàijiàn<sup>(F)</sup>. |

## English Texts

### DIALOGUE I

| Student: | I want to borrow these two tapes. |
|---|---|
| Clerk: | Please leave your student ID here. The language lab is downstairs, and you can go and listen to the tapes there. I'll give you your student ID back when you return the tapes. |
| Student: | Oh, shoot! I forgot to bring my student ID! |
| Clerk: | Do you have any other ID with you? |
| Student: | Will a credit card do? |
| Clerk: | No. |
| Student: | When does the language lab close? (Lit., "the language lab is open until when?") |

Clerk:      We close at five.

Student:    Only half an hour left, perhaps there is not enough time. Well, I'll come back tomorrow.

## DIALOGUE II

Student:    I'd like to borrow these four books.

Librarian:  Please wait here a moment while I go inside to look for them.

*(A few minutes later.)*

Librarian:  I found all four of the books that you wanted.

Student:    Thank you.

Librarian:  Please let me have your library card.

Student:    May I ask how long books can be checked out for?

Librarian:  You can keep them for half a month. There is a fine of fifty cents for each day overdue.

Student:    Can I renew them?

Librarian:  Yes, you can renew them for half a month. But you must return them after a month.

Student:    Can dictionaries be checked out?

Librarian:  No. Would you like to check out any other books?

Student:    No, thanks. Bye.

Librarian:  You're welcome. Good-bye.

# LESSON 14 ▲ Asking Directions
## 第十四课 ▲ 问路
### *Dì shísì kè* ▲ *Wèn lù*

## Dialogue I: Where Are You Going?

### VOCABULARY

| | | | | |
|---|---|---|---|---|
| 1. | 上 | shàng | v | (coll) to go |
| 2. | 中心 | zhōngxīn | n | center |
| 3. | 运动 | yùndòng | n | sports |
| 4. | 场 | chǎng | n | field |
| 5. | 旁边 | pángbiān | n | side |
| 6. | 那么 | nàme | adv | that; so; so much; to that degree |
| 7. | 远 | yuǎn | adj | far |

| | | | |
|---|---|---|---|
| 8. 哪里 | nǎli | qpr | where |
| 9. 住 | zhù | v | to live |
| 10. 地方 | dìfang | n | place |
| 11. 离 | lí | prep | from; away from |
| 12. 近 | jìn | adj | near |
| 13. 就 | jiù | adv | just...; right... (indicating physical or conceptual immediacy) |
| 14. 活动中心 | huódòng zhōngxīn | n | activity center |
| 活动 | huódòng | v/n | to move about; exercise; activity |
| 15. 中间 | zhōngjiān | n | middle |
| 16. 书店 | shūdiàn | n | bookstore |
| 店 | diàn | n | store; shop |
| 17. 里头 | lǐtou | n | inside |
| 18. 早知道 | zǎo zhīdao | ce | had known earlier |

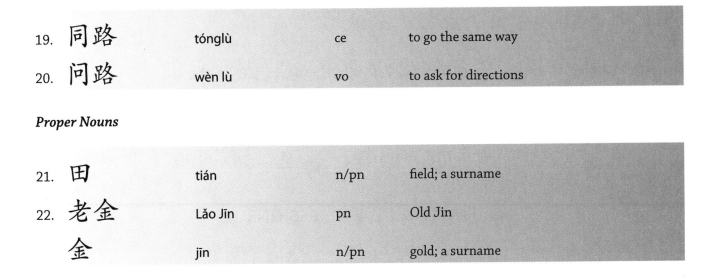

| 19. | 同路 | tónglù | ce | to go the same way |
| 20. | 问路 | wèn lù | vo | to ask for directions |

*Proper Nouns*

| 21. | 田 | tián | n/pn | field; a surname |
| 22. | 老金 | Lǎo Jīn | pn | Old Jin |
|     | 金 | jīn | n/pn | gold; a surname |

## DIALOGUE I

田小姐： 老金，你上哪儿去？

金先生： 我想去学校的电脑中心。你知
道怎么走吗？是不是在运动场
旁边<sup>(G1)</sup>？

田小姐： 电脑中心没有<sup>(G2)</sup>运动场那么<sup>(G3)</sup>
远。你知道学校图书馆在哪里
吗？

金先生： 知道。我住的地方离图书馆不太
远。

田小姐： 电脑中心离图书馆很近，就在图
书馆和学生活动中心中间。

金先生： 小田，你去哪儿呢？

田小姐： 我想到学校书店去买书<sup>(G4)</sup>。

金先生： 书店在什么地方？

田小姐： 就在学生活动中心里头。我们一起走吧。

金先生： 早知道<sup>(F)</sup>同路，我就<sup>(G5)</sup>不问路了。

## FUNCTIONAL EXPRESSIONS

早知道 zǎo zhīdao ([if I] had known earlier)

A: 你知道吗？老师没来，今天不考试了。

(Do you know? The teacher didn't come. There'll be no exam today.)

Ni zhīdao ma? Lǎoshī méi lái, jīntiān bù kǎo shì le.

B: 真的啊？早知道今天不考试，我昨天晚上就出去玩了。

(Really? Had I known earlier that there would be no exam today, I would have gone out last night.)

Zhēnde a? Zǎo zhīdao jīntiān bù kǎo shì, wǒ zuótiān wǎnshang jiù chū qu wán le.

A: 电脑好学吗？ (Are computers easy to learn?)

Diànnǎo hǎo xué ma?

B: 不好学。早知道电脑这么难，我就不选电脑课了。

(It's not easy. Had I known earlier that computers were so hard, I wouldn't have taken the computer class.)

Bù hǎo xué. Zǎo zhīdao diànnǎo zhème nán, wǒ jiù bù xuǎn diànnǎo kè le.

## Dialogue II: Going to Chinatown

### VOCABULARY

| | | | | |
|---|---|---|---|---|
| 1. | 过 | guo | p | (used after a verb to indicate a past experience) |
| 2. | 中国城 | Zhōngguóchéng | n | Chinatown |
| | 城 | chéng | n | city; town |
| 3. | 地图 | dìtú | n | map |
| 4. | 闭着 | bìzhe | | to close; to be closed [more on 着 (zhe) in L.22] |
| | 闭 | bì | v | to shut; to close |
| 5. | 眼睛 | yǎnjing | n | eye |
| 6. | 都 | dōu | adv | (used as an emphatic expression indicating that what goes before it is an extreme or hypothetical instance of something) |

| 7. | 从 | cóng | prep | from |
|----|-----|------|------|------|
| 8. | 一直 | yìzhí | adv | straight; continuously |
| 9. | 往 | wàng/wǎng | prep | towards |
| 10. | 南 | nán | n | south |
| 11. | 过 | guò | v | to pass |
| 12. | 路口 | lùkǒu | n | intersection |
| 13. | 西 | xī | n | west |
| 14. | 一...就... | yī...jiù... | | as soon as..., then... |
| 15. | #拐 | guǎi | v | to turn |
| 16. | #哎 | āi | exc | (expresses surprise or dissatisfaction) |
| 17. | 东 | dōng | n | east |
| 18. | 北 | běi | n | north |
| 19. | 前 | qián | n | forward; ahead |
| 20. | 红绿灯 | hónglǜdēng | n | traffic light |
| 21. | 灯 | dēng | n | light |
| 22. | 右 | yòu | n | right |
| 23. | 单行道 | dānxíngdào | n | one-way street |
| | 单 | dān | adj | one; single; odd |
| | 行 | xíng | v | to walk; to go |
| 24. | 左 | zuǒ | n | left |
| 25. | 前面 | qiánmian | n | ahead; in front of |
| | 面 | miàn | suffix | (used to form a noun of locality) |
| 26. | 日文 | Rìwén | n | Japanese (language) |

▼▼▼▼▼▼▼▼▼▼▼▼▼▼▼▼▼▼▼▼▼▼▼▼▼▼▼▼▼▼▼▼▼▼▼▼▼▼▼▼▼▼▼▼

*Proper Nouns*

| 27. 东京 | Dōngjīng | pn | Tokyo |
| 京 | jīng | n | capital (of a country) |

### Culture Notes ▲

**1** ▾ In many cities in China, the array of traffic lights includes an electronic display of the number of seconds before the light turns from green to red, which enables drivers and pedestrians to better manage their time in getting through the intersection.

**2** ▾ One conspicuous difference between Chinese and American systems of traffic signs is that there are fewer "Stop" signs in the former. In America, it is mandatory for a driver to stop in front of a "Stop" sign at an intersection with no traffic lights, but in China it is left to the discretion of the driver.

### DIALOGUE II

老王： 我没去过<sup>(G6)</sup>中国城，不知道中国城
在哪儿。我开车，你得告诉我怎么
走。

老李： 没问题。

老王： 你带地图了没有？

老李： 不用地图，中国城我去过很多次，
闭着眼睛都能走到<sup>(G7)</sup>。你从这儿一
直往南开，过三个路口，往西一拐<sup>(1)</sup>
就<sup>(G8)</sup>到了。

老王： 哎，我不知道东西南北。

老李：　那你一直往前开，过三
　　　　个红绿灯，往右一拐就
　　　　到了。

（过了三个路口）

老王：　不对，不对。你看，这
　　　　个路口是单行道，只能
　　　　往左拐，不能往右拐。

老李：　那就是下一个路口。到
　　　　了，到了，往右拐，往
　　　　前开。你看，前面不是
　　　　有很多中国字吗？

老王：　那不是中文，那是日文，我们到了
　　　　小东京了。

### Notes

▲**1**▲ 拐 (guǎi), in the sense of "to turn," is used mainly in northern China. In the south, 转 (zhuǎn) is more commonly used instead, which is also the more formal substitute for 拐 (guǎi) even in the north.

### SUPPLEMENTARY VOCABULARY

| | | | | |
|---|---|---|---|---|
| 1. | 左边(儿) | zuǒbian(r) | n | left side |
| 2. | 右边(儿) | yòubian(r) | n | right side |
| 3. | 上边(儿)/面 | shàngbian(r)/mian | n | top |
| 4. | 下边(儿)/面 | xiàbian(r)/mian | n | bottom |

| 5. | 前边(儿)/面 | qiánbian(r)/mian | n | front |
| 6. | 后边(儿)/面 | hòubian(r)/mian | n | back |
| 7. | 东边(儿)/面 | dōngbian(r)/mian | n | east side |
| 8. | 西边(儿)/面 | xībian(r)/mian | n | west side |
| 9. | 南边(儿)/面 | nánbian(r)/mian | n | south side |
| 10. | 北边(儿)/面 | běibian(r)/mian | n | north side |
| 11. | 外头(边, 面) | wàitou(bian, mian) | n | outside |
| 12. | 东北 | dōngběi | n | northeast |
| 13. | 东南 | dōngnán | n | southeast |
| 14. | 西北 | xīběi | n | northwest |
| 15. | 西南 | xīnán | n | southwest |
| 16. | 只好 | zhǐhǎo | adv | have to; be forced to |
| 17. | 黑板 | hēibǎn | n | blackboard |
| 18. | 墙 | qiáng | n | wall |
| 19. | 方向 | fāngxiàng | n | direction |
| 20. | 医院 | yīyuàn | n | hospital |
| 21. | 电影院 | diànyǐngyuàn | n | movie theater |
| 22. | 中国话* | Zhōngguóhuà | n | Chinese (language) |
| 23. | 法语** | Fǎyǔ | n | French (language) |

* Both 中国话 (Zhōngguóhuà) and 中文 (Zhōngwén) are used when referring to the Chinese language. While 中文 (Zhōngwén) covers both spoken and written Chinese, 中国话 (Zhōngguóhuà) stresses spoken Chinese.

** Both 法语 (Fǎyǔ) and 法文 (Fǎwén) mean "the French language." While 法文 (Fǎwén) covers both spoken and written French, 法语 (Fǎyǔ) stresses spoken French. 法国话 (Fǎguóhuà) is synonymous with 法语 (Fǎyǔ), but it is more informal.

## Grammar

### 1. Direction and Location Words

Direction Words:

上 / 下 / 前 / 后 / 左 / 右 / 东 / 南 / 西 / 北 /
里 / 外 / 旁

(shàng/xià/qián/hòu/zuǒ/yòu/dōng/nán/xī/běi/lǐ/wài/páng)

Direction words are often used in conjunction with suffixes like 边、面、头 (lǐ, biān, tóu). Together they form a place word.

*For example:*

| | |
|---|---|
| 上边 / 面 / 头 | (shàngbian/mian/tou) |
| 下边 / 面 / 头 | (xiàbian/mian/tou) |
| 前边 / 面 / 头 | (qiánbian/mian/tou) |
| 后边 / 面 / 头 | (hòubian/mian/tou) |
| 里边 / 面 / 头 | (lǐbian/mian/tou) |
| 外边 / 面 / 头 | (wàibian/mian/tou) |
| 左边 / 面 | (zuǒbian/mian) |
| 右边 / 面 | (yòubian/mian) |
| 东边 / 面 | (dōngbian/mian) |
| 南边 / 面 | (nánbian/mian) |
| 西边 / 面 | (xībian/mian) |
| 北边 / 面 | (běibian/mian) |
| 旁边 | (pángbian) |
| 中间 | (zhōngjiān) |

▼▼▼▼▼▼▼▼▼▼▼▼▼▼▼▼▼▼▼▼▼▼▼▼▼▼▼▼▼▼▼▼▼▼▼▼▼▼▼▼▼▼▼▼▼▼▼▼▼▼

**Note:** The combination of a noun with 上 (shàng, on) or 里 (lǐ, in) often occurs in location words: e.g., 桌子上 (zhuōzi shang), 黑板上 (hēibǎn shang), 墙上 (qiáng shang), 书上 (shū shang); 学校里 (xuéxiào li), 办公室里 (bàngōngshì li), 教室里 (jiàoshì li), 电视里 (diànshì li). The word 里 (lǐ) cannot be used after some proper nouns such as the name of a country or a city.

| | |
|---|---|
| *中国里 | *(Zhōngguó li) |
| *台湾里 | *(Táiwān li) |
| *上海里 | *(Shànghǎi li) |

The combination of a direction word + 边/面/头 (biān/miàn/tóu) can follow a noun to indicate a location: e.g., 图书馆(的)旁边; 学校(的)里面; 桌子(的)上头; 教室(的)外面; 医院(的)北边 (túshūguǎn [de] pángbian; xuéxiào [de] lǐmian; zhuōzi [de] shàngtou; jiàoshì [de] wàimian; yīyuàn [de] běibian). *hospital*

In these expressions the particle 的 (de) following the noun is optional.

## 2. Comparative Sentences with 没有 (méiyǒu)

We can also use 没有 (méiyǒu) to make comparisons. In a comparative sentence with 没有 (méiyǒu), the pronoun 那么 (nàme) is sometimes added to the sentence. [See more on 那么 (nàme) below.]

*For example:*

(1) 我弟弟没有我高。

Wǒ dìdi méiyǒu wǒ gāo.

(My younger brother is not as tall as I am. [I am taller than my brother.])

(2) 上海没有台北热。

Shānghǎi méiyǒu Táiběi rè.

(It is not as hot in Shanghai as in Taipei.)

(3) 他姐姐没有他妹妹那么喜欢买衣服。

Tā jiějie méiyǒu tā mèimei nàme xǐhuan mǎi yīfu.

(His older sister does not like to buy clothes as much as his younger sister does. [His older sister might like to buy clothes also, but not as much as his younger sister.])

(4) 我没有她那么喜欢看电影。

Wǒ méiyǒu tā nàme xǐhuan kàn diànyǐng.

(I'm not as fond of movies as she is. [I don't dislike movies, but she certainly likes movies more than I do.])

While 没有 (méiyǒu)... is used to say that one thing is of a lesser degree than another, 不比 (bù bǐ)... means "not more than..." The two things being compared may be equal, but what is specifically stated is that A is *not more than* B. Compare the following sentences.

(5) A: 你弟弟比你高吗？

Nǐ dìdi bǐ nǐ gāo ma?

(Is your younger brother taller than you?)

B: 我弟弟不比我高。

Wǒ dìdi bù bǐ wǒ gāo.

(My younger brother is not taller than I am. [My brother could be shorter than I am or could be as tall as I am.])

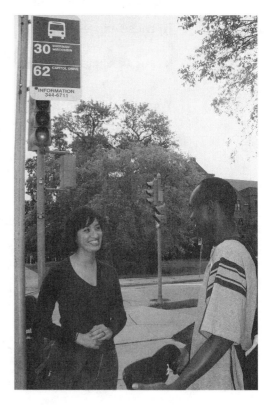

C: 我弟弟没有我高。

Wǒ dìdi méiyǒu wǒ gāo.

(My younger brother is not as tall as I am. [My brother is shorter than I am.])

(6) A: 今天比昨天热吗？

Jīntiān bǐ zuótiān rè ma?

(Is today hotter than yesterday?)

B: 今天不比昨天热。

Jīntiān bù bǐ zuótiān rè.

(Today is not [that much] hotter than yesterday. [It's about the same.])

C: 今天没有昨天热。

Jīntiān méiyǒu zuótiān rè.

(Today is not as hot as yesterday. [Today is cooler.])

*A Quick Summary of Comparative Sentences*

A 比 (bǐ)    B    大 (dà)    *A > B*

A 不比 (bǐ)    B    大 (dà)    *A < B or A = B*

A 没有 (bǐ)    B    大 (dà)    *A < B*

## 3. 那么 (nàme) Indicating Degree

那么 (nàme) is an intensifier. It is placed before adjectives or verbs to denote degree.

*For example:*

(1) 王朋那么喜欢看球赛，你就让他看吧？

Wáng Péng nàme xǐhuan kàn qiú sài, nǐ jiù ràng tā kàn ba?

([Since] Wang Peng likes to watch ball games so much, why don't you just let him watch?)

没有那么 (méiyǒu nàme) means "not reaching the point of."

(2) 弟弟没有哥哥那么高。

Dìdi méiyǒu gēge nàme gāo.

(The younger brother is not as tall as the older brother.)

(3) 今天没有昨天那么冷。

Jīntiān méiyǒu zuótiān nàme lěng.

(Today it is not as cold as yesterday.)

(4) 中文没有你说的那么难。

Zhōngwén méiyǒu nǐ shuō de nàme nán.

(Chinese is not as difficult as you said.)

(5) 北京夏天没有上海那么热。

Běijīng xiàtiān méiyǒu Shànghǎi nàme rè.

(It's not as hot in Beijing in the summer as it is in Shanghai.)

In the sentences above, 那么 (nàme) intensifies the attributes indicated by the adjectives. In (2), for instance, the use of 那么 (nàme) emphasizes that the older brother is very tall.

## 4. 到 (dào) + Place + 去 (qù) + Action

In this structure, the combination of "到 (dào) + Place + 去 (qù) + Action" denotes going somewhere for a given purpose.

*For example:*

(1) 我要到中国去学中文。

Wǒ yào dào Zhōngguó qù xué Zhōngwén.

(I want go to China to study Chinese.)

(2) 他到图书馆去借书了。

Tā dào túshūguǎn qù jiè shū le.

(He went to the library to check out some books.)

(3) 我们到飞机场去送李小姐。

Wǒmen dào fēijīchǎng qù sòng Lǐ xiǎojie.

(We went to the airport to see Miss Li off.)

## 5. The Conjunction 就 (jiù)

As a conjunction, 就 (jiù) is used in the second clause of a conditional sentence.

*For example:*

(1) 如果你喜欢这本书，就给你吧。

Rúguǒ nǐ xǐhuan zhè běn shū, jiù gěi nǐ ba.

(If you like this book, I'll give it to you.)

(2) 红烧肉卖完了，就给我一个家常豆腐吧。

Hóngshāo ròu mài wán le, jiù gěi wǒ yí ge jiācháng dòufu ba.

(If the pork in soy sauce is sold out, give me family-style tofu, please.)

(3) 你不喜欢看电影，我们就去看红叶吧。

Nǐ bù xǐhuan kàn diànyǐng, wǒmen jiù qù kàn hóng yè ba.

(If you don't like movies, let's go see the red leaves.)

**Note:** If there is a subject in the second clause, it must precede 就 (jiù).

## 6. The Dynamic Particle 过 (guo)

The dynamic particle 过 (guo) is used to denote a past experience or occurrence that did not continue to the present but, typically, had an impact on the present.

*For example:*

(1) 我在中国城住过一年，所以我知道怎么走。

Wǒ zài Zhōngguóchéng zhùguo yì nián, suǒyǐ wǒ zhīdao zěnme zǒu.

(I lived in Chinatown for a year, so I know how to get there.)

[The fact that the speaker lived in Chinatown for a year is the reason why he or she knows how to get there.]

(2) 我见过李友，(所以知道)她很高。

Wǒ jiànguo Lǐ Yǒu, [suǒyǐ zhīdao] tā hěn gāo.

(I've met Li You before, [so I know] she is very tall.)

(3) A: 图书馆远不远，你知道吗？

Túshūguǎn yuǎn bù yuǎn, nǐ zhīdao ma?

(Do you know if the library is far from here?)

B: 图书馆我去过，（所以我知道）不远。

Túshūguǎn wǒ qùguo, [suǒyǐ wǒ zhīdao] bù yuǎn.

(I've been to the library, [so I know] it is not far away.)

In this kind of sentence, temporal expressions are often either unspecified or completely absent. If the latter is the case, the implied time for the action or event is 以前 (yǐqián). Sometimes 以前 (yǐqián) can appear in the sentence as well.

(4) 我以前去过中国城，还记得怎么走。

Wǒ yǐqián qùguo Zhōngguóchéng, hái jìde zěnme zǒu.

(I've been to Chinatown before. I still remember how to get there.)

(5) 以前我们见过面，可是没说过话。

Yǐqián wǒmen jiànguo miàn, kěshì méi shuōguo huà.

(We've met before, but we've never spoken to each other.)

An expression indicating a specific time can also occasionally appear in a sentence with 过 (guo).

(6) A: 你见过李小姐吗？

Nǐ jiànguo Lǐ Xiǎojie ma?

(Have you ever met Miss Li?)

B: 见过，上个月还见过她。

Jiànguo, shàngge yuè hái jiànguo tā.

(Yes. I even saw her as recently as last month.)

## 7. Resultative Complements (II)

The following are resultative compounds that we have come across so far. Note that each compound consists of a verb followed by a resultative complement.

买错     (mǎi cuò)     (buy the wrong thing)

找错     (zhǎo cuò)     (give the wrong change)

| | | |
|---|---|---|
| 写错 | (xiě cuò) | (write incorrectly) |
| 说错 | (shuō cuò) | (say it wrong) |
| 看完 | (kàn wán) | (finish reading) |
| 吃完 | (chī wán) | (finish eating) |
| 考完 | (kǎo wán) | (finish an exam) |
| 喝完 | (hē wán) | (finish drinking) |
| 找到 | (zhǎo dào) | (find something successfully) |
| 做好 | (zuò hǎo) | (do something successfully) |
| 买好 | (mǎi hǎo) | (buy something successfully) |
| 听懂 | (tīng dǒng) | (comprehend something by listening) |
| 看懂 | (kàn dǒng) | (comprehend something by reading) |

What follows is a list of some additional resultative compounds that can be formed from verbs and complements that we have learned:

| | | |
|---|---|---|
| 走错 | (zǒu cuò) | (take the wrong way) |
| 学会 | (xué huì) | (learn something successfully) |
| 看到 | (kàn dào) | (see) |
| 看见 | (kàn jiàn) | (see) |
| 听到 | (tīng dào) | (hear) |
| 听见 | (tīng jiàn) | (hear) |
| 买到 | (mǎi dào) | (buy something successfully) |
| 买完 | (mǎi wán) | (finish buying) |

As we have mentioned before, the collocation of a verb with its resultative complement is not random; one has to memorize a verb together with its resultative complement. Usually, a resultative complement is semantically related to the object of the verb. In the sentence 我写错了字 (Wǒ xiě cuòle zì; I wrote the character wrong), for instance, it is the object "the character" 字 (zì) that is "wrong" 错 (cuò). Sometimes, however, a resultative complement is related to the subject; e.g., in the sentence 我学会了 (Wǒ xué huì le; I have learned it), the complement 会 (huì) is semantically related to 我 (wǒ), the subject of the sentence.

### 8. 一...就... (yī...jiù...)

This structure connects two actions. The second action is the immediate result of the first.

*For example:*

(1) 这课的语法很容易，我一看就懂。

Zhè kè de yǔfǎ hěn róngyì, wǒ yí kàn jiù dǒng.

(The grammar in this lesson is very easy. I understood it the moment I read it.)

(2) 我姐姐一高兴就唱歌。

Wǒ jiějie yì gāoxìng jiù chàng gē.

(My older sister sings whenever she is happy.)

(3) 那个中国饭馆不远，到第二个路口，往右一拐就到了。

Nàge Zhōngguó fànguǎn bù yuǎn, dào dì èr ge lùkǒu, wàng yòu yì guǎi jiù dào le.

(That Chinese restaurant is not far. Turn right at the second intersection, and you are right there.)

(4) 小张一喝酸辣汤就不舒服。

Xiǎo Zhāng yì hē suānlà tāng jiù bù shūfu.

(Little Zhang feels funny as soon as he has hot and sour soup.)

(5) 他一上课就想睡觉。

(Tā yí shàng kè jiù xiǎng shuì jiào.)

(He feels sleepy as soon as classes start.)

## PATTERN DRILLS

### A. 没有...那么 (méiyǒu...name)

**EXAMPLE:** 电脑中心　没有　运动场　那么　远。

Diànnǎo zhōngxīn　méiyǒu　yùndòngchǎng　nàme　yuǎn.

| | | |
|---|---|---|
| 1. 今天 | 昨天 | 冷。 |
| 2. 我的中文 | 妹妹 | 好。 |
| 3. 这篇课文 | 那篇 | 有意思。 |
| 4. 中文 | 日文 | 难。 |
| 5. 我 | 你哥哥 | 高。 |
| 6. 我 | 你 | 喜欢跳舞。 |
| 7. 今年 | 去年 | 热。 |
| 8. 我家 | 你家 | 漂亮。 |

| | | |
|---|---|---|
| 1. Jīntiān | zuótiān | lěng. |
| 2. Wǒ de Zhōngwén | mèimei | hǎo. |
| 3. Zhè piān kèwén | nà piān | yǒu yìsi. |
| 4. Zhōngwén | Rìwén | nán. |
| 5. Wǒ | nǐ gēge | gāo. |
| 6. Wǒ | nǐ | xǐhuan tiào wǔ. |
| 7. Jīn nián | qù nián | rè. |
| 8. Wǒ jiā | nǐ jiā | piàoliang. |

### B. 离...近/远 (lí...jìn/yuǎn)

**EXAMPLE:** 电脑中心　离　图书馆　很近。

Diànnǎo zhōngxīn　lí　túshūguǎn　hěn jìn.

| 1. | 我家 | 那儿 | 不远。 |
|----|------|------|--------|
| 2. | 飞机场 | 学校 | 不太远。 |
| 3. | 中国城 | 这儿 | 很近。 |
| 4. | 餐厅 | 宿舍 | 很远。 |
| 5. | 电脑中心 | 图书馆 | 很远。 |
| 6. | 学生活动中心 | 电脑中心 | 很近。 |

| 1. | Wǒ jiā | nàr | bù yuǎn. |
|----|--------|-----|----------|
| 2. | Fēijīchǎng | xuéxiào | bú tài yuǎn |
| 3. | Zhōngguóchéng | zhèr | hěn jìn. |
| 4. | Cāntīng | sùshè | hěn yuǎn. |
| 5. | Diànnǎo zhōngxīn | túshūguǎn | hěn yuǎn. |
| 6. | Xuéshēng huódòng zhōngxīn | diànnǎo zhōngxīn | hěn jìn. |

## C. 到 (dào) + Place + 去 (qù) + Action

**EXAMPLE:** 我下午　　到　　图书馆　　去　　看书。

　　　　　Wǒ xiàwǔ　dào　túshūguǎn　qù　kàn shū.

| 1. | 我们明天 | 书店 | 买书。 |
|----|----------|------|--------|
| 2. | 他要 | 语言实验室 | 听录音。 |
| 3. | 我想 | 学校 | 打球。 |
| 4. | 他晚上 | 咖啡馆 | 聊天。 |
| 5. | 我们星期日 | 朋友家 | 吃晚饭。 |
| 6. | 他 | 餐厅 | 吃饭了。 |

▼▼▼▼▼▼▼▼▼▼▼▼▼▼▼▼▼▼▼▼▼▼▼▼▼▼▼▼▼▼▼▼▼▼▼▼▼▼▼▼

| 7. | 你想 | 中国城 | 吃中国饭吗？ |
| 8. | 妈妈冬天 | 英国 | 看哥哥。 |

1. Wǒmen míngtiān            shūdiàn              mǎi shū.

2. Tā yào                    yǔyán shíyàn shì      tīng lùyīn.

3. Wǒ xiǎng                  xuéxiào              dǎ qiú.

4. Tā wǎnshang               kāfēiguǎn            liáo tiān.

5. Wǒmen xīngqīrì            péngyou jiā           chī wǎnfàn.

6. Tā                        cāntīng              chī fàn le.

7. Nǐ xiǎng                  Zhōngguóchéng        chī Zhōngguó fàn ma?

8. Māma dōngtiān             Yīngguó              kàn gēge.

## D. Conditional Sentences with 就 (jiù)

**EXAMPLE:** 要是明天不下雨，　　我　　就　　去你家。

　　　　　　Yàoshì míngtiān bú xià yǔ,        wǒ    jiù    qù nǐ jiā.

| 1. | 这件衣服要是你不喜欢， | 给我吧。 |
| 2. | 要是星期天没有事， | 跟你去跳舞。 |
| 3. | 你每天练习，你的发音 | 好了。 |
| 4. | 这篇课文你多念几次 | 懂了。 |
| 5. | 我姐姐很好，你见到她以后 | 会喜欢她了。 |

1. Zhè jiàn yīfu yàoshì nǐ bù xǐhuan,              gěi wǒ ba.

2. Yàoshì xīngqītiān méiyǒu shì,                   gēn nǐ qù tiào wǔ.

3. Nǐ měitiān liànxí, nǐ de fāyīn                  hǎo le.

4. Zhè piān kèwén nǐ duō niàn jǐ cì                dǒng le.

5. Wǒ jiějie hěn hǎo, nǐ jiàn dào tā yǐhòu         huì xǐhuan tā le.

**E.** 过 (guo)

EXAMPLE: A: 你知道中国城在哪儿吗？

B: (中国城我去，很多次，闭着眼睛都能走到)

→ 中国城我去过很多次，闭着眼睛都能走到。

A: Nǐ zhīdao Zhōngguóchéng zài nǎr ma?

B: (Zhōngguóchéng wǒ qù, hěn duō cì, bìzhe yǎnjing dōu néng zǒu dào)

→ Zhōngguóchéng wǒ qùguo hěn duō cì, bìzhe yǎnjing dōu néng zǒu dào.

1. A: 你知道中国城在哪儿吗？

B: (我没去，中国城，不知道中国城在哪儿)

2. A: 你会说中国话吗？

B: (我没学，中文，不会说中国话)

3. A: 你想去英国吗？

B: (我去，英国，不想去了，想去法国)

4. A: 那个女孩子法语说得真好。

B: (她学，十年法语，所以她法语说得很好)

5. A: 你知道飞机场怎么走吗？

B: (我去，飞机场，知道怎么走)

1. A: Nǐ zhīdao Zhōngguóchéng zài nǎr ma?

   B: (Wǒ méi qù, Zhōngguóchéng, bù zhīdao Zhōngguóchéng zài nǎr)

2. A: Nǐ huì shuō Zhōngguóhuà ma?

   B: (Wǒ méi xué, Zhōngwén, bú huì shuō Zhōngguóhuà.)

3. A: Nǐ xiǎng qù Yīngguó ma?

   B: (Wǒ qù, Yīngguó, bù xiǎng qù le, xiǎng qù Fǎguó)

▼▼▼▼▼▼▼▼▼▼▼▼▼▼▼▼▼▼▼▼▼▼▼▼▼▼▼▼▼▼▼▼▼▼▼▼▼▼▼▼▼▼▼▼▼▼▼▼▼

4. A: Nàge nǚháizi Fǎyǔ shuō de zhēn hǎo.

   B: (Tā xué, shí nián Fǎyǔ, suǒyǐ tā Fǎyǔ shuō de hěn hǎo)

5. A: Nǐ zhīdao fēijīchǎng zěnme zǒu ma?

   B: (Wǒ qù, fēijīchǎng, zhīdao zěnme zǒu)

## F. 从...一直往... (cóng... yìzhí wàng...)

**EXAMPLE:** 从这儿 一直 往南开，往西一拐 就 到 了。

Cóng zhèr    yìzhí    wàng nán kāi, wàng xī yì guǎi    jiù    dào    le.

| | | | |
|---|---|---|---|
| 1. | 从书店 | 往前走，过两个路口 | 到我家 |
| 2. | 从学校门口 | 往东开，往右拐 | 到机场 |
| 3. | 从这儿 | 往前走，过红绿灯 | 到学校 |
| 4. | 从图书馆 | 往北走， | 到餐厅 |
| 5. | 从你家 | 往北走， | 到电脑中心 |
| 6. | 从这儿 | 开， | 到中国城 |

1. Cóng shūdiàn         wàng qián zǒu, guò liǎng ge lùkǒu         dào wǒ jiā
2. Cóng xuéxiào ménkǒu  wàng dōng kāi, wàng yòu guǎi            dào jīchǎng
3. Cóng zhèr            wàng qián zǒu, guò hónglǜdēng           dào xuéxiào
4. Cóng túshūguǎn       wàng běi zǒu,                           dào cāntīng
5. Cóng nǐ jiā          wàng běi zǒu,                           dào diànnǎo zhōngxīn
6. Cóng zhèr            kāi,                                     dào Zhōngguóchéng

## G. 往...拐 (wàng...guǎi)

**EXAMPLE:** 到下一个路口 往 右 拐， 就 到了。

Dào xià yí ge lùkǒu    wàng    yòu    guǎi,    jiù    dào le.

| | | | |
|---|---|---|---|
| 1. | 到第一个红绿灯 | 右 | 是学校。 |
| 2. | 到第三个路口 | 左　不远 | 到我家了。 |
| 3. | 到第三个红绿灯 | 左　再往前开 | 到机场了。 |
| 4. | 到第一个红绿灯 | 右　过一个路口 | 是我家。 |

| | | | |
|---|---|---|---|
| 1. | Dào dì-yí ge hónglǜdēng | yòu | shì xuéxiào. |
| 2. | Dào dì-sān ge lùkǒu | zuǒ　bù yuǎn | dào wǒ jiā le. |
| 3. | Dào dì-sān ge hónglǜdēng | zuǒ　zài wàng qián kāi | dào jīchǎng le. |
| 4. | Dào dì-yí ge hónglǜdēng | yòu　guò yí ge lùkǒu | shì wǒ jiā. |

## H. 一…就… (yī…jiù…)

**EXAMPLE:** 老师教得很好，我　一　听　就　懂。

Lǎoshī jiào de hěn hǎo, wǒ　yì　tīng　jiù　dǒng.

| | | | |
|---|---|---|---|
| 1. | 夏天我 | 放假 | 回家。 |
| 2. | 我不喜欢他，他 | 来，我 | 走。 |
| 3. | 我每天 | 起床 | 去上课。 |
| 4. | 我哥哥 | 洗澡 | 唱歌。 |
| 5. | 他弟弟 | 打球 | 高兴。 |
| 6. | 我妹妹 | 写功课 | 想睡觉。 |

| | | | |
|---|---|---|---|
| 1. | Xiàtiān wǒ | fàng jià | húi jiā. |
| 2. | Wǒ bù xǐhuan tā, tā | lái, wǒ | zǒu. |
| 3. | Wǒ měitiān | qǐchuáng | qù shàngkè. |
| 4. | Wǒ gēge | xǐ zǎo | chàng gē. |
| 5. | Tā dìdi | dǎ qiú | gāoxìng. |
| 6. | Wǒ mèimei | xiě gōngkè | xiǎng shuì jiào. |

▼▼▼▼▼▼▼▼▼▼▼▼▼▼▼▼▼▼▼▼▼▼▼▼▼▼▼▼▼▼▼▼▼▼▼▼▼▼▼▼▼▼▼

## Pinyin Texts

### DIALOGUE I

| | |
|---|---|
| Tián Xiǎojie: | Lǎo Jīn, nǐ shàng nǎr qù? |
| Jīn Xiānsheng: | Wǒ xiǎng qù xuéxiào de diànnǎo zhōngxīn. Nǐ zhīdao zěnme zǒu ma? Shì bu shì zài yùndòngchǎng pángbiān(G1)? |
| Tián Xiǎojie: | Diànnǎo zhōngxīn <u>méiyǒu</u>(G2) yùndòngchǎng <u>nàme</u>(G3) yuǎn. Nǐ zhīdao xuéxiào túshūguǎn zài nǎli ma? |
| Jīn Xiānsheng: | Zhīdao. Wǒ zhù de dìfang lí túshūguǎn bú tài yuǎn. |
| Tián Xiǎojie: | Diànnǎo zhōngxīn lí túshūguǎn hěn jìn, jiù zài túshūguǎn hé xuéshēng huódòng zhōngxīn zhōngjiān. |
| Jīn Xiānsheng: | Xiǎo Tián, nǐ qù nǎr ne? |
| Tián Xiǎojie: | Wǒ xiǎng <u>dào xuéxiào shūdiàn qù mǎi shū</u>(G4). |
| Jīn Xiānsheng: | Shūdiàn zài shénme dìfang? |
| Tián Xiǎojie: | Jiù zài xuéshēng huódòng zhōngxīn lǐtou. Wǒmen yìqǐ zǒu ba. |
| Jīn Xiānsheng: | Zǎo zhīdao(F) tónglù, wǒ jiù(G5) bú wèn lù le. |

*Fill in the blanks with directional expressions. (Answers are at the end of the next dialogue.)*

| 西北 | | |
|---|---|---|
| | | |
| | | |

### DIALOGUE II

| | |
|---|---|
| Lǎo Wáng: | Wǒ méi qù<u>guo</u>(G6) Zhōngguóchéng, bù zhīdao Zhōngguóchéng zài nǎr. Wǒ kāi chē, nǐ děi gàosu wǒ zěnme zǒu. |
| Lǎo Lǐ: | Méi wèntí. |
| Lǎo Wáng: | Nǐ dài dìtú le méiyǒu? |
| Lǎo Lǐ: | Bú yòng dìtú, Zhōngguóchéng wǒ qùguo hěn duō cì, bìzhe yǎnjing dōu néng <u>zǒudào</u>(G7). Nǐ cóng zhèr yìzhí wàng nán kāi, guò sān ge lùkǒu, wàng xī yì guǎi(1) <u>jiù</u>(G8) dào le. |
| Lǎo Wáng: | Āi, wǒ bù zhīdao dōng xī nán běi. |
| Lǎo Lǐ: | Nà nǐ yìzhí wàng qián kāi, guò sān ge hónglǜdēng, wàng yòu yì guǎi jiù dào le. |

*(Guòle sān ge lùkǒu)*

Lǎo Wáng:   Bú duì, bú duì. Nǐ kàn, zhège lùkǒu shì dānxíngdào, zhǐ néng wàng zuǒ guǎi, bù néng wàng yòu guǎi.

Lǎo Lǐ:   Nà jiù shì xià yí ge lùkǒu. Dào le, dào le, wàng yòu guǎi, wàng qián kāi. Nǐ kàn, qiánmian bú shì yǒu hěn duō Zhōngguózì ma?

Lǎo Wáng:   Nà bú shì Zhōngwén, nà shì Rìwén. Wǒmen dàole Xiǎo Dōngjīng le.

| 西北 | 北 | 东北 |
|---|---|---|
| 西 | 中间 | 东 |
| 西南 | 南 | 东南 |

# English Texts

## DIALOGUE I

Miss Tian:   Old Jin, where are you going?

Mr. Jin:   I'm going (I'd like to go) to the school computer center. Do you know how to get there? Is it next to the sports field?

Miss Tian:   The computer center is not as far away as the sports field. Do you know where the school library is?

Mr. Jin:   Yes, I do. My place (the place where I live) is not far from the library.

Miss Tian:   The computer center is very close to the library, right between the library and the student activities center.

Mr. Jin:   Little Tian, where are you going?

Miss Tian:   I'm going (I'd like to go) to the campus bookstore to buy some books.

Mr. Jian:   Where is the bookstore?

Miss Tian:   Right inside the student activities center. Let's go together.

Mr. Jin:   If I had known that we are going the same way, I wouldn't have had to ask directions.

## DIALOGUE II

| | |
|---|---|
| Old Wang: | I've never been to Chinatown. I don't know where Chinatown is. I'll drive; (but) you have to tell me how to get there. |
| Old Li: | No problem. |
| Old Wang: | Did you bring a map? |
| Old Li: | There's no need for a map. I have been to Chinatown many times. I could get there with my eyes closed. From here keep driving southward, pass three intersections, make a turn toward the west, and you will be there. |
| Old Wang: | Oh, I can't tell east from west, north from south. |
| Old Li: | In that case, keep driving (straight ahead), pass three traffic lights, turn right, and we'll be there. |

*(After three intersections)*

| | |
|---|---|
| Old Wang: | It's wrong. It's wrong. Look, this is a one-way street. We can only turn left. We can't turn right. |
| Old Li: | Then it must be the next intersection. Here, here. Turn right. Keep driving. See, aren't there a lot of Chinese characters up ahead? |
| Old Wang: | That's not Chinese. That's Japanese. We're in Little Tokyo. |

# LESSON 15 ▲ Birthday Party

## 第十五课 ▲ 生日晚会

*Dì shíwǔ kè* ▲ *Shēngrì wǎnhuì*

## Dialogue I: Inviting Someone to a Party

### VOCABULARY

| | | | |
|---|---|---|---|
| 1. | 呢 | ne | p | (sentence-final particle indicating a continued state or action) |
| 2. | 过生日 | guò shēngrì | vo | to celebrate a birthday |
| | 过 | guò | v | to celebrate (a birthday; a holiday) |
| 3. | 舞会 | wǔhuì | n | dance; ball |
| 4. | 女朋友 | nǚpéngyou | n | girlfriend |
| 5. | 表姐 | biǎojiě | n | older (female) cousin (see Note 1 below) |

| 6. | 班 | bān | n | class |
|---|---|---|---|---|
| 7. | 做饭 | zuò fàn | vo | cook |
| 8. | 汽水(儿) | qìshuǐ(r) | n | (carbonated) soft drink |
| 9. | 水果 | shuǐguǒ | n | fruit |
| 10. | 果汁 | guǒzhī | n | fruit juice |
| 11. | 接 | jiē | v | to receive; to welcome; to go meet |
| 12. | 走路 | zǒu lù | vo | to walk |

**Proper Noun**

| 13. | 林 | lín | | woods; a surname |
|---|---|---|---|---|

## DIALOGUE I

(李友给王朋打电话)。

李友： 王朋，你做什么呢<sup>(G1)</sup>？

王朋： 我在看书呢<sup>(G1)</sup>。

李友： 今天小林过生日，晚上我们在小林
家开舞会，你能来吗？

王朋： 几点钟？

李友： 七点钟。我们先吃饭，吃完饭再唱
歌跳舞。

王朋： 哪些人会去？

李友： 小林的女朋友，我的表姐<sup>(1)</sup>，还有
我们中文班<sup>(2)</sup>的几个同学。

王朋：　要带什么东西？你知道我不会做
　　　　饭。

李友：　汽水儿或者水果都可以。

王朋：　那我带几瓶果汁吧。

李友：　你没有车，要不要我来接你？

王朋：　不用，<u>我住的地方</u><sup>(G2)</sup>离小林那儿不
　　　　远，我走路去，可以运动一下。

### *Notes*

▲**1**▲ The kinship term 表姐 (biǎojiě) is more narrowly defined than its translation "older female cousin" would suggest. One's "older female cousin" will be a 表姐 (biǎojiě) if she is a daughter of one's father's sister or one's mother's sister or brother, but if she is the daughter of one's paternal uncle, she will then be a 堂姐 (tángjiě) instead of 表姐 (biǎojiě). For more Chinese kinship terms, see the chart in Lesson 22.

▲**2**▲ The Chinese words 班 (bān) and 课 (kè) denote two different concepts that are represented by the same word "class" in English. While 课 (kè) refers to a course or the meeting time for the course, 班 (bān) is the term for the aggregate of students who take the course together. Thus one says "我今天有电脑课" (Wǒ jīntiān yǒu diànnǎo kè; I have a computer class today), but "我的电脑班有二十个人" (Wǒ de diànnǎo bān yǒu èrshí ge rén; There are twenty people in my computer class).

Culture Notes ▲

**1**▽ Some Chinese people, especially of the older generation, still celebrate their birthdays according to the lunar calendar. Based on the Chinese way of counting age, one may be actually celebrating his forty-ninth birthday while calling it his fiftieth. See also the culture notes in Dialogue I of Lesson 3.

**2 ▼** Potluck is not such a popular form of dinner party in China as it is in America. The Chinese host or hostess will usually prepare everything for the dinner and not count on the guests for any contributions. But a visitor can still bring something as a token of appreciation, such as a fruit basket, bottle of wine, or bouquet of flowers.

**3 ▼** Nowadays, when the Chinese sing, many of them sing karaoke (卡拉 OK, **kǎlā'ōukēi**) style. Many people in China and Taiwan regularly go to karaoke bars to have a good time. Some of them even have karaoke equipment at home.

## Dialogue II: Attending a Birthday Party

### VOCABULARY

| | | | | |
|---|---|---|---|---|
| 1. | #礼物 | lǐwù | n | gift; present |
| 2. | 说到 | shuōdào | | to talk about; to mention |
| 3. | #聪明 | cōngming | adj | bright; intelligent; clever |
| 4. | 用功 | yònggōng | adj | hard working; diligent; studious |
| 5. | #暑期学校 | shǔqī xuéxiào | | summer school |
| 6. | 长得 | zhǎng de | | to grow in such a way as to appear |
| 7. | 可爱 | kě'ài | adj | lovely; lovable; cute |
| | 爱 | ài | v | to love |
| 8. | 前年 | qiánnián | t | the year before last |
| 9. | #属 | shǔ | v | to belong to |
| 10. | #狗 | gǒu | n | dog |
| 11. | #鼻子 | bízi | n | nose |
| 12. | #嘴 | zuǐ | n | mouth |
| 13. | 像 | xiàng | v | to be like; to look like; to take after |
| 14. | 将来 | jiānglái | t | in the future |

▼▼▼▼▼▼▼▼▼▼▼▼▼▼▼▼▼▼▼▼▼▼▼▼▼▼▼▼▼▼▼▼

| 15. | 一定 | yídìng | adj/adv | certain(ly), definite(ly) |
| 16. | 脸 | liǎn | n | face |
| 17. | #腿 | tuǐ | n | leg |
| 18. | 长 | cháng | adj | long |
| 19. | 手指 | shǒuzhǐ | n | finger |
| 20. | 以后 | yǐhòu | t | afterwards; later; in the future |
| 21. | 应该 | yīnggāi | av | should |
| 22. | #弹 | tán | v | to play (a musical instrument such as piano or guitar) |
| 23. | #钢#琴 | gāngqín | n | piano |

*Proper Nouns*

| 24. | #海#伦 | Hǎilún | pn | Helen |
| 25. | #汤#姆 | Tāngmǔ | pn | Tom |

## DIALOGUE II

（在小林家）

王朋： 小林，祝你生日快乐！

小林： 谢谢。王朋，快进来，李友正在问
我，你怎么还<sup>(G3)</sup>没来！

王朋： 这是送给你的生日礼物<sup>(G2)</sup>。

小林： 你太客气了，真不好意思。

李友： 王朋，你怎么现在才来？来，我给
　　　 你们介绍一下，这是我表姐海伦，
　　　 这是她的儿子汤姆。

王朋： 你好，海伦。

海伦： 你好，王朋。李友常常说到你，说
　　　 你又聪明⁽¹⁾又用功。

王朋： 哪里，哪里。你的中文说得真好，
　　　 是在哪儿学的⁽ᴳ⁴⁾？

海伦： 在暑期学校学的。

王朋： 哎，汤姆长⁽²⁾得真可爱⁽ᶠ⁾！你们看，
　　　 他正在笑呢。他几岁了？

海伦：　他是前年生的，属狗的，下个月就
　　　　两岁了。

小林：　你们看，他的眼睛大大的，鼻子高
　　　　高的，嘴不大也不小，很像海伦。
　　　　妈妈这么漂亮，儿子将来一定也
　　　　很帅。

海伦：　大家都说汤姆的脸长<sup>(2)</sup>得像我，但
　　　　是笑的时候很像他爸爸。

王朋：　汤姆的腿很长<sup>(2)</sup>，一定会长得很高。

李友：　你看看，汤姆的手指这么长，以后
　　　　应该让他学弹钢琴<sup>(G5)</sup>。

## Notes

▴1▴ If we analyze the adjective 聪明 (cōngming, intelligent), we see that 聪 (cōng) literally means "able to hear well," and 明 (míng) means "able to see clearly," among other things.

▴2▴ The character 长 (zhǎng) represents two different words that are pronounced in two different ways. As a verb, it is pronounced zhǎng, meaning, "to grow." When used as an adjective, it is pronounced cháng, which means "long."

## FUNCTIONAL EXPRESSIONS

可爱 kě'ài **(lovely; lovable; cute) and other words on someone's appearance**

那个小女孩真可爱。    (That little girl is really cute.)

Nàge xiǎo nǚhái zhēn kě'ài.

李友长得很漂亮。    (Li You looks very pretty.)

Lǐ Yǒu zhǎng de hěn piàoliang.

王朋真帅。    (Wang Peng is really handsome.)

Wáng Péng zhēn shuài.

那个男孩子很酷。    (That boy is very cool.)

Nàge nánháizi hěn kù.

## The Chinese Zodiac ▲

There are twelve animal signs in the Chinese zodiac, each representing a year in a twelve-year cycle. According to a popular but unscientific theory, one's personality and temperament have much to do with the animal that represents the year of one's birth. It might be surprising that the twelve-year cycle should start with the year of the rat, the smallest and perhaps the least likable of the twelve animals. At the beginning, as the story goes, there was a bitter quarrel among the animals as to who should represent the first year of the cycle. Finally, they decided to settle the dispute with a race. The robust ox was in the lead all the way, but he did not notice that the tiny rat was taking a ride on his back. As the ox was approaching the end, the rat jumped down and hit the finish line first, while the disappointed ox had to settle for second place. The indolent pig finished last in the race, and accordingly was assigned to the final year of the cycle. The following is a list of the twelve animal signs and the years in recent decades that each of them represents:

| | | | | |
|---|---|---|---|---|
| 1. | 鼠 | shǔ | rat | 1948, 1960, 1972, 1984, 1996 |
| 2. | 牛 | niú | ox; cow | 1949, 1961, 1973, 1985, 1997 |
| 3. | 虎 | hǔ | tiger | 1950, 1962, 1974, 1986, 1998 |
| 4. | 兔 | tù | rabbit; hare | 1951, 1963, 1975, 1987, 1999 |
| 5. | 龙 | lóng | dragon | 1952, 1964, 1976, 1988, 2000 |
| 6. | 蛇 | shé | snake; serpent | 1953, 1965, 1977, 1989, 2001 |
| 7. | 马 | mǎ | horse | 1954, 1966, 1978, 1990, 2002 |
| 8. | 羊 | yáng | sheep; goat | 1955, 1967, 1979, 1991, 2003 |
| 9. | 猴 | hóu | monkey | 1956, 1968, 1980, 1992, 2004 |
| 10. | 鸡 | jī | rooster; chicken | 1957, 1969, 1981, 1993, 2005 |
| 11. | 狗 | gǒu | dog | 1958, 1970, 1982, 1994, 2006 |
| 12. | 猪 | zhū | pig; boar | 1959, 1971, 1983, 1995, 2007 |

## SUPPLEMENTARY VOCABULARY

| | | | | |
|---|---|---|---|---|
| 1. | 身高 | shēngāo | n | height |
| 2. | 公分 | gōngfēn | m | (centimeter) |
| 3. | 尺 | chǐ | m | (foot [measure of length]) |

| 4. | 寸 | cùn | m | (inch) |
| 5. | 体重 | tǐzhòng | n | weight (of a person) |
| 6. | 磅 | bàng | m | (pound [measure of weight]) |
| 7. | 公斤 | gōngjīn | m | (kilogram) |
| 8. | 脚 | jiǎo | n | foot; leg (of a person, animal, table, etc.) |
| 9. | 庆祝 | qìngzhù | v | to celebrate |
| 10. | 站 | zhàn | v | to stand |
| 11. | 男朋友 | nánpéngyou | n | boyfriend |

## Grammar

### 1. 呢 (ne) Indicating an Action in Progress

At the end of a sentence, 呢 (ne), like 在 (zài) (which is never used at the end of a sentence, but rather before the action or location), indicates that the action is in progress.

*For example:*

(1) 你写什么呢？

Nǐ xiě shénme ne?

(What are you writing?)

(2) 你找什么呢？

Nǐ zhǎo shénme ne?

(What are you looking for?)

呢 (ne) can be used in conjunction with 在 (zài):

(3) 你在写什么呢？

Nǐ zài xiě shénme ne?

(What are you writing?)

*Study Dialogue II and put the six pictures above in the correct order by numbering them.*

(4) 你在找什么呢？

Nǐ zài zhǎo shénme ne?

(What are you looking for?)

在 (zài) can be preceded by 正 (zhèng). The phrase 正在 (zhèngzài) places extra emphasis on the progressive nature of an action.

(5) 我昨天打电话给他的时候，他正在写功课呢。

Wǒ zuótiān dǎ diànhuà gěi tā de shíhou, tā zhèngzài xiě gōngkè ne.

(When I called him yesterday, he was just in the middle of doing his homework.)

(6) 我去找他的时候，他正在睡觉呢。

Wǒ qù zhǎo tā de shíhou, tā zhèngzài shuì jiào ne.

(When I went to see him, he was sleeping.)

**Note:** 在 (zài) alone indicates that an action is in progress; therefore, the 呢 (ne) in (3) and (4) above can be omitted.

## 2. Verbal Phrases and Subject-Predicate Phrases Used as Attributives

In Chinese, attributives always appear before the elements that they modify. The particle 的 (de) is often used to link the two. Verbs, verbal phrases, and subject-object phrases can all serve as attributives.

*For example:*

(1) 吃的东西

chī de dōngxi

(something to eat)

(2) 穿的衣服

chuān de yīfu

(clothes to wear, or clothes being worn)

(3) 买的书

mǎi de shū

(the books that are bought)

(4) 写的字

xiě de zì

(the characters that are written)

(5) 新买的衣服

xīn mǎi de yīfu

(newly-bought clothes)

(6) 昨天来的同学

zuótiān lái de tóngxué

(the classmate(s) who came yesterday)

(7) 以前认识的朋友

yǐqián rènshi de péngyou

(the friend(s) one got acquainted with in the past)

(8) 我妈妈做的菜

wǒ māma zuò de cài

(the dishes that my mother makes/made)

(9) 老师给我们的功课

lǎoshī gěi wǒmen de gōngkè

(the homework assigned by the teacher)

(10) 朋友送的礼物

péngyou sòng de lǐwù

(the gift given by a friend)

(11) 请你跳舞的那个人

qǐng nǐ tiào wǔ de nàge rén

(the person who asked you to dance)

(12) 我爱的那个很帅的男人

wǒ ài de nàge hěn shuài de nánren

(that very handsome man that I love)

### 3. 还 (hái)

还 (hái), as an adverb, can mean "still."

*For example:*

(1) 上午十一点了，他还在睡觉。

Shàngwǔ shíyī diǎn le, tā hái zài shuì jiào.

(It's 11 a.m., and he is still in bed.)

(2) 我写功课写了两个钟头了，还没写完。

Wǒ xiě gōngkè xiěle liǎng ge zhōngtóu le, hái méi xiě wán.

(I've been doing my homework for two hours so far, and I'm still not done.)

(3) 这个语法老师教了，可是我还不懂。

Zhège yǔfǎ lǎoshī jiāo le, kěshì wǒ hái bù dǒng.

(The teacher has taught this grammar point, but I still don't understand it.)

### 4. Sentences with 是...的 (shì...de)

When describing or inquiring about the time, the place, the manner, or the initiator of an action that we know already happened, we need to use the 是...的 (shì...de) construction. The use of 是 (shì), however, is optional.

*For example:*

(1) A: 你去过中国吗？

Nǐ qùguo Zhōngguó ma?

(Have you been to China?)

B: 我去过中国。

Wǒ qùguo Zhōngguó.

(Yes, I've been to China.)

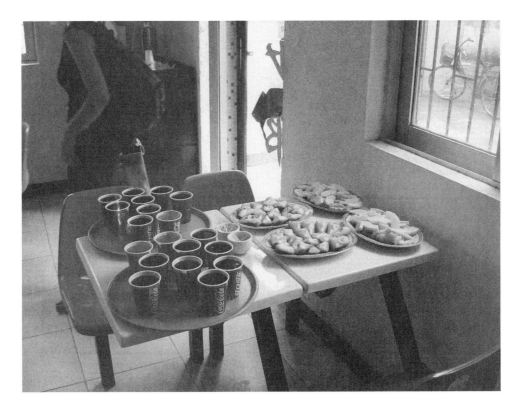

A: 你是跟谁一起去的？

Nǐ shì gēn shéi yìqǐ qù de?

(With whom did you go?)

B: 我是跟王朋一起去的 。

Wǒ shì gēn Wáng Péng yìqǐ qù de.

(I went with Wang Peng.)

A: 你们是什么时候去的？

Nǐmen shì shénme shíhou qù de?

(When did you go?)

B: 我们是去年去的。

Wǒmen shì qùnián qù de.

(We went last year.)

A: 你们是怎么去的？

Nǐmen shì zěnme qù de?

(How did you go?)

*What's going on in this picture? Study Dialogue I if you need help.*

B: 我们是坐飞机去的。

Wǒmen shì zuò fēijī qù de.

(We went by airplane.)

(2)  A: 你看过这本书吗？

Nǐ kànguo zhè běn shū ma?

(Have you read this book?)

B: 看过。

Kànguo.

(Yes, I have.)

A: 是什么时候看的？

Shì shénme shíhou kàn de?

(When did you read it?) [The action 看 (kàn) was completed.]

B: 去年看的。

Qùnián kàn de.

(I read it last year.) [It was last year that I read it.]

(3)  你这条裤子是在哪儿买的？

Nǐ zhè tiáo kùzi shì zài nǎr mǎi de?

(Where did you buy this pair of pants?)

[It's assumed one generally buys pants (as opposed to making them at home, etc.), so the action 买 (mǎi) is known.]

(4)  A:  你吃饭了吗？

Nǐ chī fàn le ma?

(Have you eaten yet?)

B:  吃了。

Chī le.

(Yes, I have.) [The action 吃 (chī) is now known.]

A:  在哪儿吃的？

Zài nǎr chī de?

(Where did you eat?)

B:  在餐厅吃的。

Zài cāntīng chī de.

(In the dining hall.)

(5)  A:  你学过电脑吗？

Nǐ xuéguo diànnǎo ma?

(Have you ever studied computers?)

B:  学过。

Xuéguo.

(Yes, I have.)

A:  是跟谁学的？

Shì gēn shéi xué de?

(With whom did you study?)

B: 是跟王老师学的。

Shì gēn Wáng Lǎoshī xué de.

(With Teacher Wang.)

## 5. More on Pivotal Sentences [see also L.3, G4]

A pivotal sentence has the following structure:

**N1 +** 让／叫／请 **+ N2 + V2...**

N1 + ràng/jiào/qǐng + N2 + V2...

For example, if N2 is both the object of V1 and the subject of V2:

(1) 我三岁的时候，妈妈就让我学弹钢琴。

Wǒ sān suì de shíhou, māma jiù ràng wǒ xué tán gāngqín.

(When I was only three, my mother made me learn to play the piano.)

(2) 老师让我们一个字写五次。

Lǎoshī ràng wǒmen yí ge zì xiě wǔ cì.

(The teacher has us write each character five times.)

(3) 姐姐叫我明天去帮她买东西。

Jiějie jiào wǒ míngtiān qù bāng tā mǎi dōngxi.

(My older sister asked me to help her with her shopping tomorrow.)

(4) 昨天白老师请我们去他家吃饭。

Zuótiān Bái Lǎoshī qǐng wǒmen qù tā jiā chī fàn.

(Teacher Bai invited us to dinner at his home yesterday.)

## PATTERN DRILLS

A. 在...呢 (zài...ne)

EXAMPLE: 他 在 看书 呢。

tā    zài    kàn shū    ne.

▼▼▼▼▼▼▼▼▼▼▼▼▼▼▼▼▼▼▼▼▼▼▼▼▼▼▼▼▼▼▼▼▼▼

1. 弟弟和他的朋友     聊天(儿)

2. 她          睡觉

3. 中文班的同学     唱歌跳舞

4. 他的姐姐       弹钢琴

5. 妹妹         学中文

6. 他的妈妈       做饭

7. 你          找什么

8. 你          做什么

1. dìdi hé tā de péngyou          liáo tiān

2. tā          shuì jiào

3. Zhōngwén bān de tóngxué        chàng gē tiào wǔ

4. tā de jiějie          tán gāngqín

5. mèimei          xué Zhōngwén

6. tā de māma          zuò fàn

7. nǐ          zhǎo shénme

8. nǐ          zuò shénme

## B. Verbal Phrases used as Attributives

*Combine the two short sentences into one, using the underlined verb or verb phrase as an attributive.*

**B.1 EXAMPLE:** 他买了衣服，衣服很贵

→ 他买的衣服很贵。

tā mǎile yīfu, yīfu hěn guì

→ Tā mǎi de yīfu hěn guì.

1. 他写了字，        字很漂亮

2. 她买了衬衫，      衬衫是红的

3. 我妹妹借了书，　　　书是中文书

4. 我哥哥给了我笔，　　　笔是黑的

5. 我认识那位律师，　　　他去了中国

1. tā xiěle zì,                          zì hěn piàoliang

2. tā mǎile chènshān,           chènshān shì hóng de

3. wǒ mèimei jièle shū,         shū shì Zhōngwén de

4. wǒ gēge gěile wǒ bǐ,         bǐ shì hēi de

5. wǒ rènshi nà wèi lǜshī,      tā qùle Zhōngguó

**B.2 EXAMPLE:** 他是学生，他学中文

→ 他是学中文的学生。

tā shì xuésheng, tā xué Zhōngwén

→ Tā shì xué Zhōngwén de xuésheng.

1. 我爸爸是老师，　　　我爸爸教英文

2. 那个人是服务员，　　　那个人喜欢打球

3. 他就是那位老师，　　　那位老师教我们语法

4. 他不会唱那个歌，　　　我喜欢那个歌

5. 他喜欢吃日本饭，　　　他妈妈做日本饭

1. wǒ bàba shì lǎoshī,            wǒ bàba jiāo Yīngwén

2. nàge rén shì fúwùyuán,     nàge rén xǐhuan dǎ qiú

3. tā jiù shì nà wèi lǎoshī,      nà wèi lǎoshī jiāo wǒmen yǔfǎ

4. tā bú huì chàng nàge gē,   wǒ xǐhuan nàge gē

5. tā xǐhuan chī Rìběn fàn,     tā māma zuò Rìběn fàn

**B.3 EXAMPLE:** 那个人在写字，那个人是我哥哥

→ 写字的那个人是我哥哥。

nàge rén zài xiě zì, nàge rén shì wǒ gēge

→ Xiě zì de nàge rén shì wǒ gēge.

| | |
|---|---|
| 1. 那位老师在唱歌， | 那位老师教日文 |
| 2. 那个人昨天晚上请你跳舞， | 他是一个服务员 |
| 3. 那个人喜欢开车， | 他是我的同学 |
| 4. 那个学生昨天买了衣服， | 那个学生叫王朋 |

1. nà wèi lǎoshī zài chàng gē,                nà wèi lǎoshī jiāo Rìwén

2. nàge rén zuótiān wǎnshang qǐng nǐ tiào wǔ,        tā shì yí ge fúwùyuán

3. nàge rén xǐhuan kāi chē,                tā shì wǒ de tóngxué

4. nàge xuésheng zuótiān mǎile yīfu,            nà gè xuésheng jiào Wáng Péng

## C. 还 (hái)

**EXAMPLE:** 我去我朋友的宿舍的时候，他      还      在睡觉。

Wǒ qù wǒ péngyou de sùshè de shíhou, tā        hái        zài shuì jiào.

| | |
|---|---|
| 1. 我们吃晚饭的时候，他 | 在给朋友打电话。 |
| 2. 已经十点了，你怎么 | 没有起床？ |
| 3. 明天有中文考试，你怎么 | 不复习？ |
| 4. 生日晚会开始了，他为什么 | 没来？ |

1. Wǒmen chī wǎnfàn de shíhou, tā            zài gěi péngyou dǎ diànhuà.

2. Yǐjīng shí diǎnle, nǐ zěnme                méiyǒu qǐ chuáng?

3. Míngtiān yǒu Zhōngwén kǎoshì, nǐ zěnme            bú fùxí?

4. Shēngrì wǎnhuì kāishǐ le, tā wèishénme            méi lái?

## D. 是...的 (shì...de)

EXAMPLE   A: 你是星期几来的？(星期五)

    → B: 我是星期五来的。

     A: Nǐ shì xīngqī jǐ lái de ? (xīngqīwǔ)

     → B: Wǒ shì xīngqīwǔ lái de.

1.   A: 你的中文是在哪儿学的？(学校)

    B:

2.   A: 你的老师是从哪儿来的？(中国)

    B:

3.   A: 这件衣服是谁给你买的？(我的朋友)

    B:

4.   A: 他是什么时候来的？(上个星期)

    B:

5.   A: 你姐姐是怎么去飞机场的？(开车)

    B:

6.   A: 你昨天看电影是跟谁一起去的？(我的男朋友)

    B:

1.     A: Nǐ de Zhōngwén shì zài nǎr xué de ? (xuéxiào)

     B:

2.     A: Nǐ de lǎoshī shì cóng nǎr lái de? (Zhōngguó)

     B:

*Find the sentences in this lesson that best correlate with the pictures above.*

3.  A: Zhè jiàn yīfu shì shéi gěi nǐ mǎi de? (wǒ de péngyou)

    B:

4.  A: Tā shì shénme shíhou lái de? (shàng ge xīngqī)

    B:

5.  A: Nǐ jiějie shì zěnme qù fēijīchǎng de? (kāi chē)

    B:

6.  A: Nǐ zuótiān kàn diànyǐng shì gēn shéi yìqǐ qù de? (wǒ de nánpéngyou)

    B:

## E. 一定 (yídìng)

**EXAMPLE:** 明天有考试，她　　一定　　在图书馆复习。

Míngtiān yǒu kǎoshì, tā　　yídìng　　zài túshūguǎn fùxí.

1. 他弟弟腿很长，将来　　　　　　很高。

2. 她常常练习中文，她的中文　　　　不错。

3. 她的妈妈很漂亮，她将来　　　　　也很好看。

4. 电脑课的人很多，学电脑　　　　　很有意思。

5. 他的日文说得很好，他　　　　　去过日本。

1. Tā dìdi tuǐ hěn cháng, jiānglái              hěn gāo.

2. Tā chángcháng liànxí Zhōngwén, tā de Zhōngwén              búcuò.

3. Tā de māma hěn piàoliang, tā jiānglái              yě hěn hǎokàn.

4. Diànnǎo kè de rén hěn duō, xué diànnǎo              hěn yǒu yìsi.

5. Tā de Rìwén shuō de hěn hǎo, tā              qùguo Rìběn.


## F. Pivotal Sentences

**EXAMPLE:** 老师    让    学生    念课文。

Lǎoshī    ràng    xuésheng    niàn kèwén.

1. 老师          学生          预习生词。

2. 我妈妈        弟弟          早点睡觉。

3. 中文老师      我们          听录音。

4. 我的朋友      我            给她打电话。

5. 他表姐        他            来接她。

6. 小林          大家          去他的家玩。


1. Lǎoshī              xuésheng        yùxí shēngcí.

2. Wǒ māma            dìdi            zǎo diǎn shuì jiào.

3. Zhōngwén lǎoshī    wǒmen           tīng lùyīn.

4. Wǒ de péngyou      wǒ             gěi tā dǎ diànhuà.

5. Tā biǎojiě         tā             lái jiē tā.

6. Xiǎo Lín           dàjiā           qù tā de jiā wán.

*Who is the child in the pictures above? What is being said about him?*

## Pinyin Texts

### DIALOGUE I

*(Lǐ Yǒu gěi Wáng Péng dǎ diànhuà.)*

Lǐ Yǒu:      Wáng Péng, nǐ zuò shénme ne<sup>(G1)</sup>?

Wáng Péng:   Wǒ zài kàn shū ne<sup>(G1)</sup>.

Lǐ Yǒu:      Jīntiān Xiǎo Lín guò shēngrì, wǎnshang wǒmen zài Xiǎo Lín jiā kāi wǔhuì, nǐ néng lái ma?

Wáng Péng:   Jǐ diǎnzhōng?

Lǐ Yǒu:      Qī diǎnzhōng. Wǒmen xiān chī fàn, chīwán fàn zài chàng gē tiào wǔ.

Wáng Péng:   Nǎ xiē rén huì qù?

Lǐ Yǒu:      Xiǎo Lín de nǚpéngyou, wǒ de biǎojiě<sup>(1)</sup>, hái yǒu wǒmen Zhōngwén bān<sup>(2)</sup> de jǐ ge tóngxué.

Wáng Péng:   Yào dài shénme dōngxi? Nǐ zhīdao wǒ bú huì zuò fàn.

Lǐ Yǒu:      Qìshuǐr huòzhě shuǐguǒ dōu kěyǐ.

Wáng Péng:   Nà wǒ dài jǐ píng guǒzhī ba.

Lǐ Yǒu:      Nǐ méiyǒu chē, yào bu yào wǒ lái jiē nǐ?

Wáng Péng:   Bú yòng, wǒ zhù de dìfang<sup>(G2)</sup> lí Xiǎo Lín nàr bù yuǎn. Wǒ zǒu lù qù, kěyǐ yùndòng yí xià.

▼▼▼▼▼▼▼▼▼▼▼▼▼▼▼▼▼▼▼▼▼▼▼▼▼▼▼▼▼▼▼▼▼▼▼▼▼▼▼

## DIALOGUE II

*(Zài Xiǎo Lín jiā.)*

| | |
|---|---|
| Wáng Péng: | Xiǎo Lín, zhù nǐ shēngrì kuàilè! |
| Xiǎo Lín: | Xièxie. Wáng Péng, kuài jìnlai, Lǐ Yǒu zhèngzài wèn wǒ, nǐ zěnme hái<sup>(G3)</sup> méi lái! |
| Wáng Péng: | Zhè shì sòng gěi nǐ de shēngrì lǐwù<sup>(G2)</sup>. |
| Xiǎo Lín: | Nǐ tài kèqi le, zhēn bù hǎoyìsi. |
| Lǐ Yǒu: | Wáng Péng, nǐ zěnme xiànzài cái lái? Lái, wǒ gěi nǐmen jièshào yí xià, zhè shì wǒ de biǎojiě Hǎilún, zhè shì tā de érzi Tāngmǔ. |
| Wáng Péng: | Nǐ hǎo, Hǎilún. |
| Hǎilún: | Nǐ hǎo, Wáng Péng. Lǐ Yǒu chángcháng shuōdào nǐ, shuō nǐ yòu cōngming<sup>(1)</sup> yòu yònggōng. |
| Wáng Péng: | Nǎli, nǎli. Nǐ de Zhōngwén shuō de zhēn hǎo, <u>shì</u> zài nǎr xué <u>de</u><sup>(G4)</sup>? |
| Hǎilún: | Zài shǔqī xuéxiào xué de. |
| Wáng Péng: | Āi, Tāngmǔ zhǎng<sup>(2)</sup> de zhēn kě'ài<sup>(F)</sup>! Nǐmen kàn, tā zhèng zài xiào ne. Tā jǐ suì le? |
| Hǎilún: | Tā shì qiánnián shēng de, shǔ gǒu de, xiàge yuè jiù liǎng suì le. |
| Xiǎo Lín: | Nǐmen kàn, tā de yǎnjing dàdà de, bízi gāogāo de, zuǐ bú dà yě bù xiǎo, hěn xiàng Hǎilún. Māma zhème piàoliang, érzi jiānglái yídìng yě hěn shuài. |
| Hǎilún: | Dàjiā dōu shuō Tāngmǔ de liǎn zhǎng<sup>(2)</sup> de xiàng wǒ, dànshì xiào de shíhou hěn xiàng tā bàba. |

*Who are the two people talking on the phone? What are they talking about?*
*Please act out the conversation with a partner.*

▼ ▼ ▼ ▼ ▼ ▼ ▼ ▼ ▼ ▼ ▼ ▼ ▼ ▼ ▼ ▼ ▼ ▼ ▼ ▼ ▼ ▼ ▼ ▼ ▼ ▼ ▼ ▼ ▼ ▼ ▼ ▼ ▼ ▼ ▼ ▼ ▼ ▼ ▼ ▼ ▼

Wáng Péng:     Tāngmǔ de tuǐ hěn cháng[2], yídìng huì zhǎng de hěn gāo.

Lǐ Yǒu:     Nǐ kànkan, Tāngmǔ de shǒuzhǐ zhème cháng, yǐhòu yīnggāi ràng tā xué tán gāngqín.

## English Texts

### DIALOGUE I

*(Li You is talking to Wang Peng on the phone.)*

Li You:     Wang Peng, what are you doing?

Wang Peng:     I'm reading.

Li You:     Today is Little Lin's birthday. This evening we are having a party at Little Lin's place. Can you come?

Wang Peng:     When?

Li You:     Seven o'clock. We'll eat first. After dinner we'll (then) sing and dance.

Wang Peng:     Who will be going?

Li You:     Little Lin's girlfriend, my cousin, and several classmates from our Chinese class.

Wang Peng:     What shall I bring? You know I can't cook.

Li You:     Soda or some fruit will do.

Wang Peng:     Then I'll bring some fruit juice.

Li You:     You don't have a car. Shall I come and pick you up?

Wang Peng:     That won't be necessary. My place (the place where I live) is not far from Little Lin's. I'll walk. I can get some exercise [this way].

### DIALOGUE II

*(At Little Lin's Place.)*

Wang Peng:     Little Lin, happy birthday!

Little Lin:     Thank you. Wang Peng, please come in. Li You was asking me how come you're not here yet.

Wang Peng:     This is a birthday gift for you.

Little Lin:     Oh, you shouldn't have (lit. you're being too polite). I'm embarrassed.

| | |
|---|---|
| Li You: | Wang Peng, how come you just got here? Come, let me introduce you. This is my cousin, Helen. This is her son, Tom. |
| Wang Peng: | Hello, Helen. |
| Helen: | Hello, Wang Peng. Li You often speaks of you. She says you are intelligent and diligent. |
| Wang Peng: | That's very nice of her. You really speak very good Chinese. Where did you learn it? |
| Helen: | In summer school. |
| Wang Peng: | Ah, Tom is really cute. Look, he's smiling. How old is he? |
| Helen: | He was born two years ago, in the year of the dog. He'll be two next month. |
| Little Lin: | Look, he's got big eyes, and a straight [high] nose. His mouth is not too big, not too small. He looks just like Helen. With such a beautiful mom, the son will definitely be very handsome. |
| Helen: | They all say Tom's face looks like mine, but when he smiles, he really looks like his father. |
| Wang Peng: | Tom has long legs. Certainly he will grow to be tall. |
| Li You: | Look, Tom's got such long fingers. You should let him learn to play the piano. |

## ▲ ▲ ▲ *Exercise* ▲ ▲ ▲

*Study the map and fill in the blanks with appropriate directional expressions.*

1. 上海在北京的＿＿＿＿＿＿＿。

2. 台湾在上海的＿＿＿＿＿＿＿。

3. 香港在中国的＿＿＿＿＿＿＿。

4. 海口在香港的＿＿＿＿＿＿＿。

5. 台北在香港的＿＿＿＿＿＿＿。

中 国 地 图

# LESSON 16 ▲ Seeing a Doctor

## 第十六课 ▲ 看病

*Dì shíliù kè* ▲ *Kàn bìng*

## Dialogue I: A Stomachache

### VOCABULARY

| | | | | |
|---|---|---|---|---|
| 1. | 看病 | kàn bìng | vo | to see a doctor; (of a doctor) to see a patient |
| | 病 | bìng | n/v | illness; to become ill |
| 2. | 病人 | bìngrén | n | patient |
| 3. | #肚子 | dùzi | n | stomach |
| 4. | #疼死 | téng sǐ | vc | to really hurt |
| | 疼 | téng | v | to be painful |
| | 死 | sǐ | v | to die (in this lesson used as a complement indicating an extreme degree) [see G1] |

| 5. | 一些 | yìxiē | | some |
| 6. | 剩菜 | shèng cài | np | leftovers |
| 7. | 好几 | hǎo jǐ | | quite a few |
| 8. | #厕所 | cèsuǒ | n | restroom; toilet |
| 9. | 放 | fàng | v | to put; to place |
| 10. | #躺下 | tǎng xià | vc | to lie down |
| | 躺 | tǎng | v | to lie |
| 11. | 检#查 | jiǎnchá | v | to examine |
| 12. | 吃#坏 | chī huài | vc | to get sick because of bad food |
| | 坏 | huài | adj | bad |
| 13. | 打针 | dǎ zhēn | vo | to get a shot |
| | 针 | zhēn | n | needle |
| 14. | 种 | zhǒng | m | (kind) |
| 15. | 药 | yào | n | medicine |

▼▼▼▼▼▼▼▼▼▼▼▼▼▼▼▼▼▼▼▼▼▼▼▼▼▼▼▼▼▼▼▼▼▼▼▼▼▼▼▼▼▼

| 16. | 片 | piàn | m | (tablet; slice) |
| 17. | 小时 | xiǎoshí | n | hour |
| 18. | 饿死 | è sǐ | vc | to starve to death (often used figuratively) |
| 19. | 办法 | bànfǎ | n | method; way (of doing something) |

## DIALOGUE I

（看病）

病人： 医生，我肚子疼死(G1)了。

医生： 你昨天吃什么东西了？

病人： 我昨天没时间做饭，吃了一些剩菜。一天上了好几次(G2)厕所。

医生： 菜放了几天了？

病人： 不知道。

医生： 你躺下。我给你检查一下。

▲▲▲▲▲▲▲▲▲▲▲▲▲▲▲▲▲▲▲▲▲▲▲▲▲▲▲▲▲▲▲▲▲▲

医生： 你是吃坏肚子了。

病人： 要不要打针？

医生： 不用打针，吃这种药就可以。一天三次，一次两片。

病人： 好！是饭前(1)吃还是饭后吃？

医生： 饭前吃。不过，你最好二十四小时不吃饭。

*Review Dialogue I and put the above pictures in the correct order by numbering them.*

病人：  那我不是要饿死了吗？这个办法不
        好！

## Notes

▲1▲ About 饭前 (fàn qián, before meals) and 饭后 (fàn hòu, after meals): Here, 前 (qián, before) and 后 (hòu, after) are the shortened forms for 以前 (yǐqián, before) and 以后 (yǐhòu, after) respectively. Thus one can abbreviate 晚饭以前 (wǎnfàn yǐqián, before dinner) to 晚饭前 (wǎnfàn qián), and 吃饭以前 (chī fàn yǐqián, before eating) to 吃饭前 (chī fàn qián). Also, 开会以前 (kāi huì yǐqián, before the meeting) can be abbreviated to 开会前 (kāi huì qián) and 跳舞以后 (tiào wǔ yǐhòu, after the dance) to 跳舞后 (tiào wǔ hòu). However, if 以前 (yǐqián, before) or 以后 (yǐhòu, after) follows a monosyllabic "time marker," the shortened form 前 (qián, before) or 后 (hòu, after) is preferred. Thus one usually says 饭前 (fàn qián, before meals) rather than 饭以前 (fàn yǐqián), and 会后 (huì hòu, after the meeting) rather than 会以后 (huì yǐhòu).

Culture Notes ▲

**1**▽ Before Western medicine (西医 Xīyī) was first introduced to China during the seventeenth century by European missionaries, the Chinese had relied exclusively on traditional Chinese medicine (中医 Zhōngyī). Even now, some Chinese still prefer their indigenous ways of medical treatment. Although by no means omnipotent, traditional Chinese medicine can be surprisingly effective. Many of the reasons for the effectiveness of therapies such as acupuncture and cupping remain unexplained by modern science.

**2**▽ While injections (打针 dǎ zhēn) are seldom used in American hospitals for outpatients, they are a much more common treatment for outpatients in Chinese hospitals, clinics and doctors' offices, even for common ailments like a cold.

**3**▽ An outpatient in China usually picks up prescribed medicine from the pharmacy within the hospital itself. However, there are also pharmacies unaffiliated with any hospitals.

## Dialogue II: Allergies

### VOCABULARY

| | | | |
|---|---|---|---|
| 1. 想家 | xiǎng jiā | vo | to miss home; to be homesick |
| 2. 身体 | shēntǐ | n | body; health |
| 3. 流 | liú | v | to flow; to shed (blood, tears, sweat) |
| 4. 眼#泪 | yǎnlèi | n | tear |
| 5. #痒 | yǎng | v/adj | to itch; itchy |
| 6. 对…过#敏 | duì…guòmǐn | | to be allergic to… |
| 过敏 | guòmǐn | v/n | to have an allergy; allergy |

| 7. | 药店 | yàodiàn | n | pharmacy, drug store |
| 8. | 拿 | ná | v | to take; to get |
| 9. | 赶快 | gǎnkuài | adv | right away; quickly; hurriedly |
| 10. | 要不然 | yàoburán | conj | otherwise |
| 11. | 越来越... | yuè lái yuè... | conj | more and more |
| 12. | 重 | zhòng | adj | serious (base meaning is 'heavy') |
| 13. | 花钱 | huā qián | vo | to spend money; to cost money |
| 14. | 花时间 | huā shíjiān | vo | to take up time; to spend time |
| 15. | 试 | shì | v | to try |
| 16. | 再说 | zàishuō | conj | (coll.) moreover |
| 17. | 生病 | shēng bìng | vo | to get sick |
| 18. | #健#康保险 | jiànkāng bǎoxiǎn | np | health insurance |
| | 健康 | jiànkāng | adj/n | healthy; health |
| | 保险 | bǎoxiǎn | n | insurance |

因为
在

| 19. 猜 | cāi | v | to guess |

*Proper Noun*

| 20. 马 | mǎ | n/pn | horse; a surname |

## DIALOGUE II

马： 小谢，你怎么了[F]？怎么眼睛红红的，是不是想家了？

谢： 不是想家。我也不知道为什么，最近这几天身体很不舒服。一直流眼泪。眼睛又红又痒。

马： 你一定是对[G3]什么过敏了。

谢： 我想也是。所以我去药店买回来[G4]一些药。已经吃过四、五种了，都没有用。

马： 把你买的药拿出来给我看看。

谢： 这些就是。

马： 这些药没有用。你得赶快去看医生[1]。要不然病会越来越重。

谢： 我这个学期功课很多。看医生不但花钱，而且得花很多时间。我想再吃点

儿别的药试试。再说<sup>(G5)</sup>我上次生病，
没去看医生，最后也好了。

马： 你一定是没买健康保险，对不对<sup>(G6)</sup>？

谢： 你猜对了。

## Notes

▲1▲ The two phrases, 看医生 (kàn yīshēng) and 看病 (kàn bìng), are interchangeable, although in northern China 看病 (kàn bìng) is much more common than 看医生 (kàn yīshēng).

## FUNCTIONAL EXPRESSIONS

怎么了 zěnme le (What's the matter?)

A: 你怎么了？你怎么这么不高兴？

(What's the matter? Why are you so unhappy?)

Nǐ zěnme le? Nǐ zěnme zhème bù gāoxìng?

B: 我的女朋友不喜欢我了。

(My girlfriend no longer loves me.)

Wǒde nǚpéngyou bù xǐhuan wǒ le.

A: 怎么了？眼睛怎么这么红？

(What's wrong? Why are your eyes so red?)

Zěnme le? Yǎnjīng zěnme zhème hóng?

B: 我想家了。 (I feel homesick.)

Wǒ xiǎng jiā le.

## SUPPLEMENTARY VOCABULARY

| 1. | 头疼 | tóuténg | v | to have a headache |
|----|------|---------|---|--------------------|
|    | 头   | tóu     | n | head               |

▼▼▼▼▼▼▼▼▼▼▼▼▼▼▼▼▼▼▼▼▼▼▼▼▼▼▼▼▼▼▼▼▼▼▼▼▼▼▼

| | | | |
|---|---|---|---|
| 2. 咳嗽 | késòu | v | to cough |
| 3. 打喷嚏 | dǎ pēnti | vo | to sneeze |
| 4. 发烧 | fā shāo | vo | to run a fever |
| 5. 感冒 | gǎnmào | n/v | cold; to have a cold |
| 6. 生气 | shēng qì | vo | to be angry |
| 7. 搬 | bān | v | to move |
| 8. 对…有兴趣 | duì…yǒu xìngqu | | to be interested in… |
| 兴趣 | xìngqu | n | interest |

## Grammar

### 1. 死 (sǐ) Indicating Extreme Degree

死 (sǐ) can be used as an adjective complement to indicate an extreme degree of the condition named by the adjective.

*For example:*

(1) 疼死了。

Téng sǐ le.

(It's extremely painful.)

(2) 我饿死了。

Wǒ è sǐ le.

(I'm starving.)

(3) 今天热死了。

Jīntiān rè sǐ le.

(It's awfully hot today.)

### 2. Measure Word 次 (cì) for Actions

When used as a measure word for actions, 次 (cì) follows the verb.

*For example:*

(1) 上午我打了两次电话。

Shàngwǔ wǒ dǎle liǎng cì diànhuà.

(I made two phone calls this morning.)

(2) 昨天我吃了三次药。

Zuótiān wǒ chīle sān cì yào.

(I took the medicine three times yesterday.)

If the object is a regular noun, 次 (cì) should be placed between the verb and the object; if the object represents a person or a place, 次 (cì) can go either between the verb and the object or after the object.

(3) A: 去年我去了一次中国。

Qùnián wǒ qùle yí cì Zhōngguó.

(Last year I went to China once.)

B: 去年我去了中国两次。

Qùnián wǒ qùle Zhōngguó liǎng cì.

(Last year I went to China twice.)

(4) A: 昨天我找了三次王老师。

Zuótiān wǒ zhǎole sān cì Wáng Lǎoshī.

(I looked for Teacher Wang three times yesterday.)

B: 昨天我找了王老师三次。

Zuótiān wǒ zhǎole Wáng Lǎoshī sān cì.

(I looked for Teacher Wang three times yesterday.)

If the object is a personal pronoun, however, 次 (cì) must follow the object.

*For example:*

(5) 我昨天找了他两次，他都不在。

Wǒ zuótiān zhǎole tā liǎng cì, tā dōu bú zài.

(Yesterday I looked for him twice, but he was not in either time.)

▼▼▼▼▼▼▼▼▼▼▼▼▼▼▼▼▼▼▼▼▼▼▼▼▼▼▼▼▼▼▼▼▼▼▼▼▼▼▼▼

## 3. The Preposition 对 (duì)

The preposition 对 (duì) introduces the person or thing that is the object of a certain effect. Note that it will translate as one or another English preposition depending on the various expressions involved in the translation.

*For example:*

(1) 这本书对你很有用。

Zhè běn shū duì nǐ hěn yǒuyòng.

(This book is very useful to you.)

(2) 他的电脑对他很有帮助。

Tā de diànnǎo duì tā hěn yǒu bāngzhù.

(His computer is a big help to him.)

(3) 我对打球没有兴趣。

Wǒ duì dǎ qiú méiyǒu xìngqu.

(I'm not interested in playing ball.)

(4) 你一定对什么东西过敏。

Nǐ yídìng duì shénme dōngxi guòmǐn.

(You must be allergic to something.)

## 4. Directional Complements (II)

A directional verb such as 上、下、进、出、回、过、起、开、到、来 or 去 (shàng, xià, jìn, chū, huí, guò, qǐ, kāi, dào, lái or qù) can be placed after another verb to become what is known as a "simple directional complement." When 上、下、进、出、回、过、起、开 or 到 (shàng, xià, jìn, chū, huí, guò, qǐ, kāi or dào) is combined with 来 or 去 (lái or qù), we have what is called a "compound directional complement." Directional complements indicate the direction in which a person or object moves.

An example of a "simple directional complement":

(1) 他走进饭馆 。

Tā zǒu jìn fànguǎn.

(He walked into the restaurant.) [He walked, and he entered the restaurant.]

An example of a "compound directional complement":

(2)  我拿出一本书来。(我拿，书出来)

Wǒ ná chū yì běn shū lái.

(I took out a book.) [I took the book, and the book was out as a result.]

In the following we will discuss some sentence patterns where directional complements are used. In the pattern formulas we will use C to represent a "simple directional complement," and in a "compound directional complement," we will use C1 for 上、下、进、出、回、起、开 or 到 (shàng, xià, jìn, chū, huí, guò, qǐ, kāi or dào), and C2 for 来 or 去 (lái or qù).

### Pattern I: Subject + Verb + Place Word + Complement

(3)  他下楼来。

Tā xià lóu lái.

(He is coming downstairs.)

(4)  我上楼去。

Wǒ shàng lóu qù.

(I am going upstairs.)

*Pattern II:* **a. Subject + Verb + Noun + Complement or**

  **b. Subject + Verb + Complement + Noun**

(5)  请你买一些水果来。

Qǐng nǐ mǎi yìxiē shuǐguǒ lái.

(Please get some fruit [and bring it] here.)

(6)  他买来了一些水果。

Tā mǎi láile yìxiē shuǐguǒ.

(He bought some fruit [and brought it here] for us.)

*Pattern III:* **Subject + Verb + Complement 1 + Place Word +**

  **Complement 2**

(7)  她走下楼来。

Tā zǒu xià lóu lái.

(She is walking [coming] downstairs.)

(8)  你们快回家去吧。

Nǐmen kuài huí jiā qù ba.

(You'd better go back home right away.)

*Pattern IV:*

  **a. Subject + Verb + Complement 1 + Complement 2 + Noun**

  **b. Subject + Verb + Complement 1 + Noun + Complement 2**

(9)  他买回来了一些水果。

Tā mǎi huíláile yìxiē shuǐguǒ.

(He bought some fruit and brought it back here.)

(10)  你买回一些水果来。

Nǐ mǎi huí yìxiē shuǐguǒ lái.

(Buy some fruit and bring it back here.)

Where a simple directional complement is used, the object can be placed
after the verb and the directional complement, particularly when the

▽▽▽▽▽▽▽▽▽▽▽▽▽▽▽▽▽▽▽▽▽▽▽▽▽▽▽▽▽▽▽▽▽▽▽▽▽▽▽▽▽▽

object is a location word as in the case of (1). When 来 (lái) or 去 (qù) is the directional complement as in (3) and (4), the object must be placed between the verb and the complement. In a sentence where a compound directional complement is involved, the object can be placed, as in (7) and (8), between the verb and the complement. When the object involved is a location word, it must be placed between the verb and the complement.

The meanings of the directional complements are as follows:

来 (lái) indicates movement towards the speaker.

(11) 你去给我买几瓶啤酒来。

    Nǐ qù gěi wǒ mǎi jǐ píng píjiǔ lái.

    (Go and buy me a few bottles of beer.)

去 (qù) signifies movement away from the speaker.

(12) 你给他送一点吃的东西去。

    Nǐ gěi tā sòng yìdiǎn chī de dōngxi qù.

    (Take some food to him.)

上 (shàng) signifies movement from a lower position to a higher position.

(13) 我走上楼。

    Wǒ zǒu shàng lóu.

    (I am going upstairs.)

下 (xià) signifies downward movement.

(14) 他走下楼。

    Tā zǒu xià lóu.

    (He is walking downstairs.)

进 (jìn) signifies movement from outside to inside.

(15) 老师走进教室。

    Lǎoshī zǒu jìn jiàoshì.

    (The teacher is walking into the classroom.)

出 (chū) signifies movement from inside to outside.

(16) 他拿出一本书。

Tā ná chū yì běn shū.

(He is taking out a book.)

回 (huí) signifies returning to an original position, such as one's home, homeland, hometown, etc.

(17) 快把车开回家。

Kuài bǎ chē kāi huí jiā.

(Drive the car back home immediately.)

过 (guò) signifies passage through a particular point.

(18) 汽车从我旁边开过。

Qìchē cóng wǒ pángbiān kāi guò.

(The car is being driven (right) past me.)

起 (qǐ) signifies movement from a lower point to a higher point.

(19) 我拿起一本书，又放下了。

Wǒ ná qǐ yì běn shū, yòu fàng xià le.

(I picked up a book and then put it down.)

The difference between 上 (shàng) and 起 (qǐ) is that 上 (shàng) is followed by a location word that indicates the end point of a movement, while 起 (qǐ) cannot precede a location word.

(20) 走上楼

zǒu shàng lóu

(to go upstairs)

*走起楼

*zǒu qǐ lóu

开 (kāi) signifies departure from a point.

(21) 你走开！

Nǐ zǒu kāi!

(Go away!)

到 (dào) signifies arrival at a point.

(22) 我八点才回到家。

Wǒ bā diǎn cái huí dào jiā.

(I didn't get back home until three o'clock.)

The examples above are sentences constructed with simple directional complements. The meanings of the compound directional complements correspond to those of the simple directional complements. The only difference between them is the addition of a reference point of movement to the compound complements:

(23) 上来: 他走上楼来。

shàng lái: Tā zǒu shàng lóu lái.

(He came upstairs.) [The speaker is upstairs.]

(24) 上去: 他走上楼去。

shàng qù: Tā zǒu shàng lóu qù.

(He went upstairs.) [The speaker is downstairs.]

(25) 下来: 他走下楼来。

xià lái: Tā zǒu xià lóu lái.

(He came downstairs.) [The speaker is downstairs.]

(26) 下去: 他走下楼去。

xià qù: Tā zǒu xià lóu qù.

(He went downstairs.) [The speaker is upstairs.]

(27) 进来: 老师走进教室来。

jìn lái: Lǎoshī zǒu jìn jiàoshì lái.

(The teacher came into the classroom.) [The speaker is inside.]

(28) 进去: 老师走进教室去。

jìn qù: Lǎoshī zǒu jìn jiàoshì qù.

(The teacher went into the classroom.) [The speaker is outside.]

(29) 出来: 他从宿舍拿出一个电脑来。

chū lái: Tā cóng sùshè ná chū yí ge diànnǎo lái.

(He brought out a computer from the dorm.) [The speaker is outside.]

(30) 出去: 他从家里搬出去一张桌子。

chū qù: Tā cóng jiāli bān chū qù yì zhāng zhuōzi.

(He took a table out of the room.) [The speaker is inside.]

(31) 回来: 快把车开回家来。

huí lái: Kuài bǎ chē kāi huí jiā lái.

(Bring the car back home right away.) [The speaker is home.]

(32) 回去: 快把车开回家去。

huí qù: Kuài bǎ chē kāi huí jiā qù.

(Take the car home right away.)[The speaker is not at home.]

过来 (guòlai) signifies movement towards the speaker.

(33) 请你走过来。

Qǐng nǐ zǒu guòlai.

(Please come over here.) [The other person is asked to walk towards the speaker.]

过去 (guòqu) signifies movement away from the speaker.

(34) 他往她那儿走过去。

Tā wàng tā nàr zǒu guòqu.

(He walked towards her.)

(35) 起来：我把书拿起来，又放下了。

qǐlai: Wǒ bǎ shū ná qǐlai, yòu fàng xià le.

(I picked up a book and then put it down.)

**Note:** 起来 (qǐlai) is the same as 起 (qǐ). 起 (qǐ), however, does not go with 去 (qù).

(36) 到…来：我回到宿舍来。

dào…lái: Wǒ huí dào sùshè lái.

(I came back to the dormitory.) [The speaker is in the dormitory.]

(37) 到…去：我回到学校去。

Dào…qù: Wǒ huí dào xuéxiào qù.

(I went back to the school.) [The speaker is not in the school.]

A location word is always necessary between 到 (dào) and 来 (lái) or 去 (qù).

## 5. 再说 (zàishuō)

The expression 再说 (zàishuō) appears before the sentence and provides additional reason or reasons for an action taken or decision made. It is different from 再 + 说, (zài + shuō, to say it again).

*For example:*

(1)   A:  你为什么不去中国？

Nǐ wèishénme bú qù Zhōngguó?

(Why aren't you going to China?)

B:  我没有时间，再说，也没有钱。

Wǒ méiyǒu shíjiān, zàishuō, yě méiyǒu qián.

(I don't have the time or the money.)

(2)   我不喜欢这个电影，没有意思，再说也太长。

Wǒ bù xǐhuan zhège diànyǐng, méiyǒu yìsi, zàishuō yě tài cháng.

(I don't like the movie. It's too dull. Besides, it is too long.)

Like 再说 (zàishuō), 而且 (érqiě, moreover; in addition) also conveys the idea of "furthermore, additionally," etc., but the clause that follows it may or may not be explanatory in nature. Compare the following sentences:

(3)   A:  你为什么不去中国？

Nǐ wèishénme bú qù Zhōngguó?

(Why are you not going to China?)

B:  我没有时间，而且，也没有钱。

Wǒ méiyǒu shíjiān, érqiě, yě méiyǒu qián.

(I don't have the time. Besides, I don't have the money.)

(4)   这是王先生，他不但是我的老师，而且是我的朋友。

Zhè shì Wáng Xiānsheng, tā búdàn shì wǒ de lǎoshī, érqiě shì wǒ de péngyou.

(This is Mr. Wang. He is not only my teacher but also my friend.)

**Note:** In (4) 而且 (érqiě) cannot be replaced with 再说 (zàishuō):

(4a) * 这是王先生，他不但是我的老师，再
说是我的朋友。

* Zhè shì Wáng Xiānsheng, tā búdàn shì wǒ de lǎoshī, zàishuō shì wǒ de péngyou.

## 6. Questions with 是不是/对不对 (shì bu shì/duì bu duì)

是不是/对不对 (shì bu shì/duì bu duì) can be used to form a question. 是不是 (shì bu shì) may appear at the beginning, middle or end of a sentence. When it appears at the beginning or in the middle of a sentence, whatever comes after it is being questioned. When it comes at the end of a sentence, what comes before it is being questioned.

*For example:*

(1) 飞机票是不是你的？

Fēijīpiào shì bu shì nǐ de?

(Is the plane ticket yours?)

*What is the surname of the woman in the picture?*

▼▼▼▼▼▼▼▼▼▼▼▼▼▼▼▼▼▼▼▼▼▼▼▼▼▼▼▼▼▼▼▼▼▼▼▼▼▼▼▼▼

(2) 是不是你哥哥明天要去中国？

Shì bu shì nǐ gēge míngtiān yào qù Zhōngguó?

(Is your older brother going to China tomorrow?)

(3) 你感冒了，是不是？

Nǐ gǎnmào le, shì bu shì?

(You've caught a cold, haven't you?)

A short pause often precedes the phrase 是不是 (shì bu shì) when it appears at the end of the sentence.

Unlike 是不是 (shì bu shì), which can be placed at different positions, 对不对 (duì bu duì) appears only at the end of a sentence:

*For example:*

(1) A: 今天是星期一，对不对？

Jīntiān shì xīngqīyī, duì bu duì?

(It's Monday today, isn't it?)

B: 对/是，今天是星期一。

Duì/shì, jīntiān shì xīngqīyī.

(Yes, it's Monday today.)

(2) A: 他是你的哥哥，对不对？

Tā shì nǐ de gēge, duì bu duì?

(He's your older brother, isn't he?)

B: 对/是。

Duì/shì.

(Yes.)

## Health Care in China ▲

Until the 1980s, employees in all state-owned enterprises and institutions in China were offered free medical care, which became a huge financial burden for the government. That practice was discontinued in the 1990s. The cities in China are currently in a transitional period toward a better-regulated system of medical insurance, while most people in the rural areas are still without any insurance coverage for their health care.

## PATTERN DRILLS

### A. 死 (sǐ) as a Complement

**EXAMPLE:** 我没有吃早饭，现在 饿 死了。

Wǒ méiyǒu chī zǎofàn, xiànzài è sǐ le.

| | | |
|---|---|---|
| 1. | 昨天的天气 | 热 |
| 2. | 一件衬衫五十块， | 贵 |
| 3. | 这篇课文 | 难 |
| 4. | 小张吃了剩菜，他的肚子 | 疼 |
| 5. | 她不喜欢打针，她说打针 | 疼 |

| | | |
|---|---|---|
| 1. | Zuótiān de tiānqì, | rè |
| 2. | Yí jiàn chènshān wǔshí kuài, | guì |
| 3. | Zhè piān kèwén, | nán |
| 4. | Xiǎo Zhāng chīle shèng cài, tā de dùzi | téng |
| 5. | Tā bù xǐhuan dǎ zhēn, tā shuō dǎ zhēn | téng |

### B. 对 (duì) as a Preposition

**EXAMPLE:** 我 对 这种药 过敏。

Wǒ duì zhè zhǒng yào guòmǐn.

| | | | |
|---|---|---|---|
| 1. | 他 | 中文 | 很有兴趣。 |
| 2. | 他妹妹 | 啤酒 | 过敏。 |
| 3. | 这本书 | 我 | 很有用。 |

▼▼▼▼▼▼▼▼▼▼▼▼▼▼▼▼▼▼▼▼▼▼▼▼▼▼▼▼▼▼▼▼▼▼▼▼

| | | |
|---|---|---|
| 4. 念课文 | 发音 | 有帮助。 |
| 5. 她姐姐 | 打球 | 没有兴趣。 |
| 6. 他的朋友 | 她 | 很好。 |
| 7. 写日记 | 学中文 | 有帮助。 |
| 8. 打针 | 这种病 | 没有用。 |

| | | | |
|---|---|---|---|
| 1. | Tā | Zhōngwén | hěn yǒu xìngqu. |
| 2. | Tā mèimei | píjiǔ | guòmǐn. |
| 3. | Zhè běn shū | wǒ | hěn yǒuyòng. |
| 4. | Niàn kèwén | fāyīn | yǒu bāngzhù. |
| 5. | Tā jiějie | dǎ qiú | méiyǒu xìngqu. |
| 6. | Tā de péngyǒu | tā | hěn hǎo. |
| 7. | Xiě rìjì | xué Zhōngwén | yǒu bāngzhù. |
| 8. | Dǎ zhēn | zhè zhǒng bìng | méiyǒu yòng. |

## C. Directional Complements

**EXAMPLE:** 他　走　教室　出

→ 他走出教室。

Tā　zǒu　jiàoshì　chū

→ Tā zǒu chū jiàoshì.

*C.1:*

| | | | |
|---|---|---|---|
| 1. 他 | 拿 | 一本书 | 来。 |
| 2. 你弟弟 | | 一张照片 | 出。 |
| 3. 我 | | 一枝笔 | 起。 |
| 4. 她妈妈 | | 一条裤子 | 去。 |

| 5. | 哥哥 | | 一些钱 | 回。 |
|---|---|---|---|---|
| 6. | 姐姐 | | 一张信用卡 | 来。 |
| 7. | 你妹妹 | 搬 | 一张桌子 | 进。 |

**C.1:**

| 1. | Tā | ná | yì běn shū | lái. |
|---|---|---|---|---|
| 2. | Nǐ dìdi | | yì zhāng zhàopiàn | chū. |
| 3. | Wǒ | | yì zhī bǐ | qǐ. |
| 4. | Tā māma | | yì tiáo kùzi | qù. |
| 5. | Gēge | | yìxiē qián | huí. |
| 6. | Jiějie | | yì zhāng xìnyòngkǎ | lái. |
| 7. | Nǐ mèimei | bān | yì zhāng zhuōzi | jìn. |

**C.2:**

| 1. | 你 | 站 | 起来。 |
|---|---|---|---|
| 2. | 你们 | 走 | 进去。 |
| 3. | 你们 | 跳 | 下去。 |
| 4. | 我 | 坐 | 过去。 |
| 5. | 你 | 走 | 下来。 |
| 6. | 你 | 走 | 出去。 |

**C.2:**

| 1. | Nǐ | zhàn | qǐlai. |
|---|---|---|---|
| 2. | Nǐmen | zǒu | jìnqu. |
| 3. | Nǐmen | tiào | xiàqu. |
| 4. | Wǒ | zuò | guòqu. |
| 5. | Nǐ | zǒu | xiàlai. |
| 6. | Nǐ | zǒu | chūqu. |

▼▼▼▼▼▼▼▼▼▼▼▼▼▼▼▼▼▼▼▼▼▼▼▼▼▼▼▼▼▼▼▼▼▼▼▼▼▼▼▼▼▼▼▼

C.3:

| | | | | |
|---|---|---|---|---|
| 1. 她 | 走 | 进 | 教室 | 去。 |
| 2. 老师 | 走 | 进 | 教室 | 来。 |
| 3. 妹妹 | 走 | 上 | 楼 | 去。 |
| 4. 王朋 | 走 | 出 | 宿舍 | 去。 |
| 5. 高老师 | 走 | 回 | 办公室 | 来。 |

C.3:

| | | | | |
|---|---|---|---|---|
| 1. Tā | zǒu | jìn | jiàoshì | qù. |
| 2. Lǎoshī | zǒu | jìn | jiàoshì | lái. |
| 3. Mèimei | zǒu | shàng | lóu | qù. |
| 4. Wáng Péng | zǒu | chū | sùshè | qù. |
| 5. Gāo Lǎoshī | zǒu | huí | bàngōngshì | lái. |

## D. 要不然 (yàoburán)

**EXAMPLE:** 你得多写汉字， 要不然 写不好。

Nǐ děi duō xiě Hànzì, yàoburán xiě bu hǎo.

| | |
|---|---|
| 1. 你得去看医生， | 病会越来越重。 |
| 2. 我们最好早一点儿走， | 就晚了。 |
| 3. 快给女朋友打电话， | 她要不高兴了。 |
| 4. 我得预习课文， | 明天上课听不懂。 |
| 5. 我们得多听录音， | 说不好中文。 |
| 6. 你得常常运动， | 身体会越来越坏。 |
| 7. 你应该吃早饭， | 上课的时候会饿。 |

1.  Nǐ děi qù kàn yīshēng,                    bìng huì yuè lái yuè zhòng.

2.  Wǒmen zuìhǎo zǎo yìdiǎnr zǒu,             jiù wǎn le.

3.  Kuài gěi nǚpéngyǒu dǎ diànhuà,           tā yào bù gāoxìng le.

4.  Wǒ děi yùxí kèwén,                        míngtiān shàngkè tīng bu dǒng.

5.  Wǒmen děi duō tīng lùyīn,                shuō bu hǎo Zhōngwén.

6.  Nǐ děi chángcháng yùndòng,               shēntǐ huì yuè lái yuè huài.

7.  Nǐ yīnggāi chī zǎofàn,                    shàngkè de shíhòu huì è.


**E.** 越来越…. (yuè lái yuè …)

**EXAMPLE:** 弟弟长得　　越来越　　高了。

　　　　Dìdi zhǎng de　　yuè lái yuè　　gāo le.


1.  功课                                    容易了。

2.  我认识的中国字                          多了。

3.  他的中文                                好了。

4.  我要考试了，最近我                      忙了。

5.  他昨天吃了一些剩饭，现在肚子            不舒服了。

6.  最近菜                                  贵了。


1.  Gōngkè                                  róngyì le.

2.  Wǒ rènshi de Zhōngguózì                duō le.

3.  Tā de Zhōngwén                          hǎo le.

4.  Wǒ yào kǎoshì le, zuìjìn wǒ            máng le.

5.  Tā zuótiān chī le yìxiē shèng fàn, xiànzài dùzi    bù shūfu le.

6.  Zuìjìn cài                              guì le.

*Li You is chatting with her Chinese friends. Review the sentences in the Pattern Drills to see if you can find the sentence that describes this picture.*

**F.** 再说 (zàishuō)

**EXAMPLE:** (我不买这件衣服， 太贵， 也不好看)

→ 我不买这件衣服， <u>因为</u>太贵， <u>再说</u>也不好看。

(wǒ bù mǎi zhè jiàn yīfu, tài guì, yě bù hǎokàn)

→ Wǒ bù mǎi zhè jiàn yīfu, <u>yīnwèi</u> tài guì, <u>zàishuō</u> yě bù hǎokàn.

| | | |
|---|---|---|
| 1. 我没有去打球， | 不喜欢打球， | 也没有时间。 |
| 2. 他的中文进步得很快， | 他的老师很好， | 他常常练习。 |
| 3. 他不想去看医生， | 他的病不重， | 他没有保险。 |
| 4. 我想吃糖醋鱼， | 糖醋鱼好吃极了， | 也不贵。 |

5. 她喜欢在图书馆 图书馆很舒服, 书也很多。
看书,

6. 我常常跟中国朋 可以练习中文, 也很有意思。
友聊天,

1. Wǒ méiyǒu qù dǎ qiú,      bù xǐhuan dǎqiú,      yě méiyǒu shíjiān.

2. Tā de Zhōngwén jìnbù de hěn kuài,      tā de lǎoshī hěn hǎo,      tā chángchang liànxí.

3. Tā bù xiǎng qù kàn yīshēng,      tā de bìng bú zhòng,      tā méiyǒu bǎoxiǎn.

4. Wǒ xiǎng chī tángcùyú,      tángcùyú hǎochī jíle,      yě bú guì.

5. Tā xǐhuan zài túshūguǎn kànshū,      túshūguǎn hěn shūfu,      shū yě hěn duō.

6. Wǒ chángchang gēn Zhōngguó péngyǒu liáo tiān,      kěyǐ liànxí Zhōngwén,      yě hěn yǒu yìsi.

## G. Questions with 是不是 (shí bu shì) at Various Positions

*Ask questions using the clues provided.*

**EXAMPLE:** (他感冒了)

→ 是不是他感冒了?

→ 他是不是感冒了?

→ 他感冒了,是不是?

(Tā gǎnmào le)

→ Shì bu shì tā gǎnmào le?

→ Tā shì bu shì gǎnmào le?

→ Tā gǎnmào le, shì bu shì?

1. (今天你      要练习中文)

2. (你哥哥      会法文)

3. (你的朋友      明年去上海)

▼▼▼▼▼▼▼▼▼▼▼▼▼▼▼▼▼▼▼▼▼▼▼▼▼▼▼▼▼▼▼▼▼▼▼▼▼▼▼▼▼▼▼▼

4. (他                                          想去跳舞)

5. (你的姐姐                                     说日文说得很好)

1.  (Jīntiān nǐ                                 yào liànxí Zhōngwén)

2.  (Nǐ gēge                                    huì Fǎwén)

3.  (Nǐ de péngyou                              míngnián qù Shànghǎi)

4.  (Tā                                         xiǎng qù tiàowǔ)

5.  (Nǐ de jiějie                               shuō Rìwén shuō de hěn hǎo)


## H. Questions with 是不是/对不对 (shí bu shì/duì bu duì)

**EXAMPLE:** 她喜欢听音乐，     是不是/对不对？

Tā xǐhuan tīng yīnyuè,     shì bu shì / duì bu duì?

1. 你的朋友要去中国，

2. 明天是他的生日，

3. 这篇课文很难，

4. 那双鞋有点儿小，

1.  Nǐ de péngyou yào qù Zhōngguó,

2.  Míngtiān shì tā de shēngrì,

3.  Zhè piān kèwén hěn nán,

4.  Nà shuāng xié yǒu diǎnr xiǎo,

*Find and underline the sentence on this page
that corresponds to this picture.*

## Pinyin Texts

### DIALOGUE I

*(Kàn bìng)*

Bìngrén:     Yīshēng, wǒ dùzi téng sǐ[G1] le.

Yīshēng:     Nǐ zuótiān chī shénme dōngxi le?

*Find and underline the sentence on this page that corresponds to this picture.*

| Bìngrén: | Wǒ zuótiān méi shíjiān zuò fàn, chīle yìxiē shèng cài. Yì tiān shàngle hǎo jǐ cì[G2] cèsuǒ. |
|---|---|
| Yīshēng: | Cài fàngle jǐ tiān le? |
| Bìngrén: | Bù zhīdao. |
| Yīshēng: | Nǐ tǎng xià. Wǒ gěi nǐ jiǎnchá yí xià. |

▲▲▲▲▲▲▲▲▲▲▲▲▲▲▲▲▲▲▲▲▲▲▲▲▲▲▲▲▲▲▲▲

| Yīshēng: | Nǐ shì chī huài dùzi le. |
|---|---|
| Bìngrén: | Yào bu yào dǎ zhēn? |
| Yīshēng: | Bú yòng dǎ zhēn, chī zhè zhǒng yào jiù kěyǐ. Yì tiān sān cì, yí cì liǎng piàn. |
| Bìngrén: | Hǎo! Shì fàn qián[1] chī háishi fàn hòu chī? |
| Yīshēng: | Fàn qián chī. Búguò, nǐ zuìhǎo èrshísì xiǎoshí bù chī fàn. |
| Bìngrén: | Nà wǒ bú shì yào è sǐ le ma? Zhège bànfǎ bù hǎo. |

## DIALOGUE II

| Mǎ: | Xiǎo Xiè, nǐ zěnme le[F]? Zěnme yǎnjing hónghóng de, shì bu shì xiǎng jiā le? |
|---|---|
| Xiè: | Bú shì xiǎng jiā. Wǒ yě bù zhīdao wèishénme. Zuìjìn zhè jǐ tiān shēntǐ hěn bù shūfu. Yìzhí liú yǎnlèi. Yǎnjing yòu hóng yòu yǎng. |

▼▼▼▼▼▼▼▼▼▼▼▼▼▼▼▼▼▼▼▼▼▼▼▼▼▼▼▼▼▼▼▼▼▼▼▼▼

Mǎ:    Nǐ yídìng shì duì[G3] shénme guòmǐn le.

Xiè:    Wǒ xiǎng yě shì. Suǒyǐ wǒ qù yàodiàn mǎi huilai[G4] yìxiē yào. Yǐjīng chīguo sì, wǔ zhǒng le, dōu méiyǒu yòng.

Mǎ:    Bǎ nǐ mǎide yào ná chulai gěi wǒ kànkan.

Xiè:    Zhèxiē jiù shì.

Mǎ:    Zhèxiē yào méiyǒu yòng. Nǐ děi gǎnkuài qù kàn yīshēng[1]. Yàoburán bìng huì yuè lái yuè zhòng.

Xiè:    Wǒ zhège xuéqī gōngkè hěn duō. Kàn yīshēng búdàn huā qián, érqiě děi huā hěn duō shíjiān. Wǒ xiǎng zài chī diǎnr biéde yào shìshi. Zàishuō[G5] wǒ shàng cì shēng bìng, méi qù kàn yīshēng, zuìhòu yě hǎo le.

Mǎ:    Nǐ yídìng shì méi mǎi jiànkāng bǎoxiǎn, duì bu duì[G6]?

Xiè:    Nǐ cāi duì le.

## English Texts

### DIALOGUE I

*(Seeing a Doctor)*

Patient:    Doctor, my stomach really hurts.

Doctor:    What did you eat yesterday?

*Find and underline the sentence on this page that corresponds to this picture.*

Patient:   I didn't have time to cook yesterday, so I had some leftovers.
I had to go to the restroom many times.

Doctor:   How many days had the food been there?

Patient:   I don't know.

Doctor:   Lie down. I'll have a look at you.

▲▲▲▲▲▲▲▲▲▲▲▲▲▲▲▲▲▲▲▲▲▲▲▲▲▲▲▲▲▲

Doctor:   You ate spoiled food.

Patient:   Will I need shots?

Doctor:   That won't be necessary. You can just take this medicine. Three
times a day, two pills at a time.

Patient:   All right. Shall I take them before or after meals?

Doctor:   Before meals, but you'd better not eat anything for twenty-four
hours.

Patient:   Then won't I starve to death? That's not a good way to handle it.

## DIALOGUE II

Ma:   Little Xie, what's the matter with you? How come your eyes are so
red? Are you homesick?

*Review Dialogue II and put these pictures in the correct order by numbering them.*

▼ ▼ ▼ ▼ ▼ ▼ ▼ ▼ ▼ ▼ ▼ ▼ ▼ ▼ ▼ ▼ ▼ ▼ ▼ ▼ ▼ ▼ ▼ ▼ ▼ ▼ ▼ ▼ ▼ ▼ ▼ ▼ ▼ ▼ ▼ ▼ ▼ ▼ ▼ ▼ ▼

Xie:     No, I'm not homesick. I don't know why, but recently I haven't been feeling well. My eyes are watery all the time, and they are red and itchy.

Ma:     You must be allergic to something.

Xie.     That's what I thought. So I went to a drugstore and got some medicine. I've already taken four or five different kinds. They've all been useless.

Ma:     Show me the medicine that you bought.

Xie:     Here they are.

Ma:     These medications are all useless. You should hurry and see a doctor. Otherwise the illness will get more and more serious.

Xie:     I've got a lot of school work. It not only costs money but also takes time to see a doctor. I'd like to try some more medicine. Besides, last time when I got sick, I didn't go to see a doctor, and eventually I got well.

Ma:     I'll bet you don't have health insurance. [It must be that you didn't buy health insurance.] Is that right?

Xie:     You guessed it.

# 第十七课 ▲ 约会

*Dì shíqī kè* ▲ *Yuēhuì*

## Dialogue I: Seeing a Chinese Movie

## VOCABULARY

| | | | | |
|---|---|---|---|---|
| 1. | 同 | tóng | adj | same; alike |
| 2. | 学习 | xuéxí | v | to study; to learn |
| 3. | 参加 | cānjiā | v | to take part in |
| 4. | 印#象 | yìnxiàng | n | impression |
| 5. | 成 | chéng | v | to become |
| 6. | 演 | yǎn | v | to show (a film); to perform |
| 7. | 《活着》 | Huózhe | | *To Live* (name of a movie) |

| | | | | |
|---|---|---|---|---|
| | 活 | huó | v | to live; to be alive |
| 8. | 费 | fèi | v | to spend; to take (effort) |
| 9. | 力气 | lìqi | n | strength |
| 10. | 才 | cái | adv | (used in the second clause of a compound sentence to indicate that what is stated in the first clause is a necessary condition for the result or conclusion stated in the second clause) |
| 11. | 早就 | zǎojiù | adv | long since; long ago |
| 12. | 别人 | biérén | pr | others; other people |
| 13. | 就 | jiù | adv | just; only (indicating a small number) |
| 14. | #俩 | liǎ | m | ([coll] two [people]) |
| 15. | 后天 | hòutiān | t | the day after tomorrow |
| 16. | 一言为定 | yì yán wéi dìng | ce | that settles it; that's settled; it's decided |

## DIALOGUE I

王朋跟李友在同一个学校学习，他们认识已经快三个月了。王朋常常帮助李友练习说中文。上个星期他们参加小林的生日舞会，玩儿得(G1)很高兴。李友对王朋的印象(1)很好，王朋也很喜欢李友，他们成了好朋友。

▲▲▲▲▲▲▲▲▲▲▲▲▲▲▲▲▲▲▲▲▲▲▲▲▲

王朋：这个周末学校演(2)新电影，我们一起去看，好吗？

李友：什么电影？

王朋： 中国电影《活着》。

李友： 好啊！不过，听说看电影的人很多，买得到[G2]票吗？

王朋： 票已经买了，我费了很大的力气才买到。

李友： 好极了！我早就想看这个电影了。还有别人跟我们一起去吗？

王朋： 没有，就[G3]我们俩。

李友： 好啊。什么时候？

王朋： 后天晚上八点。

李友： 看电影以前，我请你吃晚饭。

王朋： 好，一言为定[3][F]。

## Notes

▲**1**▲ For the use of the word 印象 (yìnxiàng, impression), compare these two sentences:

a) 李友对王朋的印象很好。

(Li You has a very good impression of Wang Peng.)

Lǐ Yǒu duì Wáng Péng de yìnxiàng hěn hǎo.

b) 李友给王朋的印象很好。

(Li You made a good impression on Wang Peng.)

Lǐ Yǒu gěi Wáng Péng de yìnxiàng hěn hǎo.

▲**2**▲ The phrase 演电影 (yǎn diànyìng, to show a film) in our text is interchangeable with 放电影 (fàng diànyǐng), but the former expression has another meaning that the latter does not: to play an acting role in a film.

▲**3**▲ 一言为定 (yì yán wéi dìng), which literally means, "achieving certainty with one word," is one of the numerous four-character idioms that have their origins in classical Chinese but continue to be on the lips of almost every native speaker of the language.

## FUNCTIONAL EXPRESSIONS

一言为定 yì yán wéi dìng **(that settles it; that's settled; it's decided)**

1.  A: 明年我们去中国，怎么样？

(Let's go to China next year, shall we?)

Míngnián wǒmen qù Zhōngguó, zěnmeyàng?

B: 好啊！ (That's great!)

Hǎo a!

A: 一言为定。 (That settles it.)

Yì yán wéi dìng.

2.  A: 考完试我们开个晚会庆祝庆祝，好吗？

(After the exam let's have a party to celebrate. What do you think?)

Kǎo wán shì wǒmen kāi ge wǎnhuì qìngzhu qìngzhu, hǎoma?

B: 太好了。在你家？ (Wonderful! At your place?)

Tài hǎo le. Zài nǐ jiā?

A: 没问题。 (No problem.)

Méi wèntí.

B: 一言为定。 (It's decided then.)

Yì yán wéi dìng.

A: 一言为定。 (That settles it.)

Yì yán wéi dìng.

## Culture Notes ▲

**1** ▾  In the past, marriages were almost invariably arranged by the parents. Intimate contact between unmarried young men and women was strictly prohibited. Traditionally, the Chinese shied away from any public displays of affection. Even as recent as the 1980s one seldom saw a couple walking on the street hand-in-hand, but today people do not make much fuss about couples hugging and kissing each other in public.

**2**▼ Valentine's Day, a Western holiday, is becoming popular in China now, especially among the young people in the cities.

**3**▼ Seeing movies is still a big part of the nightlife in Chinese cities, especially for those who are out on dates. Meanwhile, Peking (Beijing) opera (京剧 jīngjù), a traditional form of nightly entertainment, is quickly losing ground in the competition with film and TV.

## Dialogue II: Refusing an Invitation

## VOCABULARY

| | | | | |
|---|---|---|---|---|
| 1. | 记得 | jìde | v | to remember |
| 2. | 最后 | zuìhòu | adv | the last; final |
| 3. | 想起来 | xiǎng qilai | vc | to remember; to recall |
| 4. | 号#码 | hàomǎ | n | number |
| 5. | 歌#剧 | gējù | n | opera |
| 6. | 好好儿 | hǎohāor | ce | (coll.) all out; to one's heart's content |
| 7. | #庆祝 | qìngzhù | v | to celebrate |
| 8. | 打#扫 | dǎsǎo | v | to clean up (a room, apartment or house) |
| | 扫 | sǎo | v | to sweep |
| 9. | 房子 | fángzi | n | house |
| 10. | 整理 | zhěnglǐ | v | to put in order |
| 11. | 房间 | fángjiān | n | room |
| 12. | #旅行 | lǚxíng | v | to travel |
| 13. | 没关系 | méi guānxi | ce | It doesn't matter. |

▼▼▼▼▼▼▼▼▼▼▼▼▼▼▼▼▼▼▼▼▼▼▼▼▼▼▼▼▼▼▼▼▼▼▼▼▼▼▼▼▼▼▼▼

*Proper Nouns*

| 14. | 白健明 | Bái Jiànmíng | pn | a personal name |
| 15. | #纽约 | Niǔyuē | pn | New York |

"Saving Face" ▲

The Chinese are very concerned about "saving face," not only for themselves but for other people as well. That is the reason a Chinese person usually tries to find excuses when turning down a request or an offer, instead of rejecting it bluntly. In that sense, it may be said that Li You, in our text, declines the invitation the Chinese way.

## DIALOGUE II

白健明: 喂，请问李友小姐在吗？

李友:　 我就是。请问你是哪一位？

白健明: 我是白健明，你还记得我吗？

李友:　 白健明？

白健明: 你还记得上个星期小林的生日舞
　　　　会吗？我就是最后请你跳舞的那
　　　　个人。你想起来了吗？

李友:　 对不起，我想不起来。你怎么知
　　　　道我的电话号码？

白健明: 是小林告诉我的。

李友:　 白先生，你有什么事吗？

白健明：　我想请你看歌剧，这个周末你有
　　　　　空儿吗？

李友：　　这个周末不行，下个星期我有三
　　　　　个考试。

白健明：　那下个周末怎么样？你考完试，
　　　　　我们好好儿庆祝庆祝<sup>(G4)</sup>。

李友：　　下个周末也不行，我得帮我妈妈
　　　　　打扫房子，整理房间。

白健明：　你看<sup>(1)</sup>下下个周末，好不好？

李友：　　对不起，下下个周末更不行了，
　　　　　我要跟我的男朋友去纽约旅行。

白健明：　没关系，那就算了吧。

## Notes

▴**1**▴ The word 看 (kàn, to see) is used here in a figurative sense, meaning "as you see it" or "in your view." Some more examples include: 你看他会不会来？(Nǐ kàn tā huì bu huì lái? Do you think he will come or not?) and 我看你买不到电影票 (Wǒ kàn nǐ mǎi bu dào diànyǐng piào; I don't think you can get the movie tickets).

## SUPPLEMENTARY VOCABULARY

| | | | |
|---|---|---|---|
| 1. 记不住 | jì bu zhù | vc | unable to remember |
| 2. 累 | lèi | adj | tired |
| 3. 对象 | duìxiàng | n | boyfriend or girlfriend; fiancé or fiancée |

| 4. | 年纪 | niánjì | n | age |
| 5. | 结婚 | jié hūn | vo | to get married |

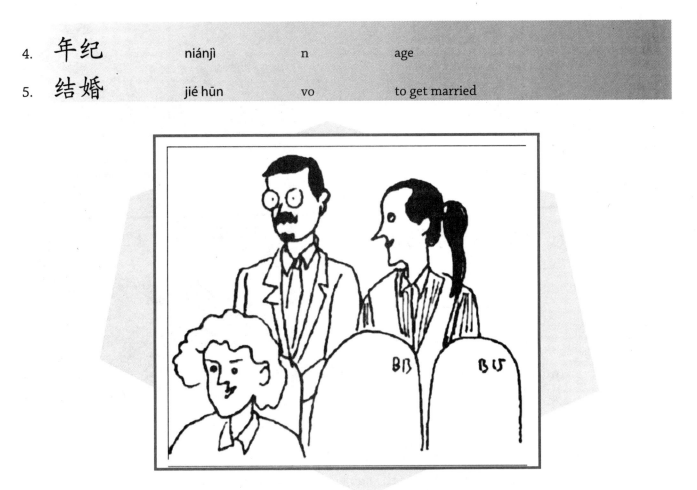

### ▲▲▲ *Exercise* ▲▲▲

*Examine this picture and answer the questions below. Please give reasons to support your answers.*

他们在看电影还是在看歌剧？

(Tāmen zài kàn diànyǐng háishi zài kàn gējù?)

他们结婚了吗？

(Tāmen jié hūn le ma?)

## Grammar

### 1. Descriptive Complements (II)

Semantically, a complement following 得 (de) may describe the subject.

(1)  我们玩得很高兴。

Wǒmen wán de hěn gāoxìng.

(We had a very good time.)

(2) 孩子笑得很可爱。

Háizi xiào de hěn kě'ài.

(The child has a very cute smile.)

(3) 他走得很累。

Tā zǒu de hěn lèi.

(He is worn out from walking.)

(4) 他高兴得跳了起来。

Tā gāoxìng de tiàole qǐlai.

(He jumped up with joy.)

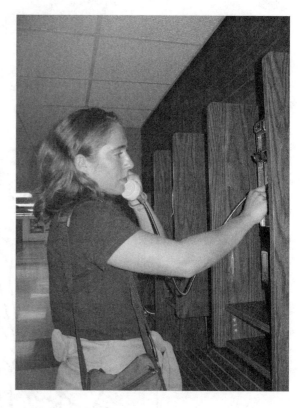

In the sentences above, the verbs 玩, 笑, 走 (wán, xiào, zǒu) and the adjective 高兴 (gāoxìng) in (4) give the cause, while the complements 高兴, 可爱, 累 (gāoxìng, kě'ài, lèi) and 跳了起来 (tiàole qǐlai) describe the effect on the subject. A complement describing the subject seldom appears in the negative.

(3a) *他走得不累。

*Tā zǒu de bú lèi.

(4a) *他高兴得没有跳起来。

*Tā gāoxìng de méiyǒu tiào qǐlai.

## 2. Potential Complements

得 (de) or 不 (bu) is placed between a verb and a resultative or directional complement to indicate whether a certain result will be realized or not.

(1) A: 这封中文信你看得懂吗？

Zhè fēng Zhōngwén xìn nǐ kàn de dǒng ma?

(Can you understand this Chinese letter [or not]?)

B: 我看得懂。

Wǒ kàn de dǒng.

(I can understand it.)

(2) 这个字太难了，我记不住。

Zhège zì tài nán le, wǒ jì bu zhù.

(This character is too difficult. I cannot remember it.)

(3) A: 你去请白小姐来吃晚饭好吗？

Nǐ qù qǐng Bái Xiǎojiě lái chī wǎnfàn hǎo ma?

(Would you please go and ask Miss Bai to come for dinner?)

B: 我请她请不来，你去请她，她一定会来。

Wǒ qǐng tā qǐng bu lái, nǐ qù qǐng tā, tā yídìng huì lái.

(She won't come if I ask her. If you invite her, she will definitely come.)

(4) 跳舞太难，我学不会。

Tiào wǔ tài nán, wǒ xué bu huì.

(Dancing is too difficult. I will not be able to learn it.)

(5) 这本书我今天看不完。

Zhè běn shū wǒ jīntiān kàn bu wán.

(I can't finish reading this book today.)

(6) 那个字怎么写，我想不起来了。

Nàge zì zěnme xiě, wǒ xiǎng bu qǐlai le.

(I can't remember how to write that character.)

**Note:** Potential complements appear primarily in negative sentences. They appear in affirmative sentences much less often, mostly in answering questions that contain a potential complement, as in (1).

The affirmative form and the negative form of a potential complement can be put together to form a question.

(7) 这本书你借得到借不到？

Zhè běn shū nǐ jiè de dào jiè bu dào?

(Will you be able to borrow this book [or not]?)

**Note:** Potential complements are an important feature of Chinese. They are often the only way to convey the idea that the absence of certain conditions prevents a result from being achieved. Potential complements have a unique function that cannot be fulfilled by the "不能 (bùnéng) + Verb + Resultative/Directional Complement" construction. For example, 做不完 (zuò bu wán) means "not being able to finish," while 不能做完 (bù néng zuò wán) conveys the idea of "not being allowed to finish."

(8)  老师说得太快，我听不清楚。

　　　Lǎoshī shuō de tài kuài, wǒ tīng bu qīngchu.

　　　(The teacher speaks too fast. I can't hear [him] clearly.)

(8a) *老师说得太快，我不能听清楚。

　　　*Lǎoshī shuō de tài kuài, wǒ bù néng tīng qīngchu.

(9)  今天的功课太多，我做不完。

　　　Jīntiān de gōngkè tài duō, wǒ zuò bu wán.

　　　(There is too much homework today. I can't finish it.)

(9a) *今天的功课太多，我不能做完。

　　　*Jīntiān de gōngkè tài duō, wǒ bù néng zuò wán.

**Note:** A potential complement cannot be used in a 把 sentence, either.

(9b) *我把今天的功课做不完。

　　　*Wǒ bǎ jīntiān de gōngkè zuò bu wán.

**3.** 就 (jiù)

就 (jiù) before a noun means "only."

(1)  我们班人很少，就七个学生。

　　　Wǒmen bān rén hěn shǎo, jiù qī ge xuésheng.

　　　(Our class is small. There are only seven students.)

(2)  我们都不会日文，就他一个人会。

　　　Wǒmen dōu bú huì Rìwén, jiù tā yí ge rén huì.

　　　(None of us know Japanese, except him.)

(3) 三本书我看完了两本，就一本书没看了。

Sān běn shū wǒ kàn wánle liǎng běn, jiù yì běn shū méi kàn le.

(I have read two of the three books. There's only one left that I haven't finished reading.)

(4) 我就认识五个汉字。

Wǒ jiù rènshi wǔ ge Hànzì.

(I only know five Chinese characters.)

## 4. Reduplication of Verbs

Like adjectives [see L.12 G3], verbs can also be used in reduplication. Reduplication of a verb usually refers to an anticipated or requested action, and it makes the tone of the request milder and more polite:

(1) 老师，您再说说什么时候用"了"，好吗？

Lǎoshī, nín zài shuōshuo shénme shíhou yòng "le", hǎo ma?

(Teacher, would you say something more about the use of "le", please?)

(2) 妈，你看看，我这样写对不对。

Mā, nǐ kànkan, wǒ zhèyàng xiě duì bu duì?

(Mom, take a look and see whether I wrote it right.)

(3) 我看看你的电脑可以吗？

Wǒ kànkan nǐ de diànnǎo kěyǐ ma?

(Can I have a look at your computer?)

(4) 我的中文书找不到了，你帮我找找可以吗？

Wǒ de Zhōngwén shū zhǎo bu dào le, nǐ bāng wǒ zhǎozhao kěyǐ ma?

(I can't find my Chinese book. Can you help me look for it?)

(5) 你考完试，我们好好儿庆祝庆祝。

Nǐ kǎo wán shì, wǒmen hǎohāor qìngzhu qìngzhu.

(After your exam, we'll have a proper celebration.)

If a sentence has both an auxiliary verb and an action verb in it, only the latter can be reduplicated.

*For example:*

(6) 她想看看我买的新衬衫。

Tā xiǎng kànkan wǒ mǎi de xīn chènshān.

(She wants to take a look at the new shirt that I bought.)

(7) *她想想看我买的新衬衫。

*Tā xiǎngxiang kàn wǒ mǎi de xīn chènshān.

## PATTERN DRILLS

### A. Descriptive Complements (II)

EXAMPLE: 我们　玩　得　很高兴　。

　　　　Wǒmen　wán　de　hěn gāoxìng.

| | | | |
|---|---|---|---|
| 1. | 那个孩子 | 睡 | 很舒服。 |
| 2. | 我弟弟 | 走 | 很累。 |
| 3. | 他 | 活 | 很快乐。 |
| 4. | 我 | 饿 | 肚子疼。 |
| 5. | 大家 | 笑 | 肚子疼。 |
| 6. | 她妹妹 | 高兴 | 跳起来。 |
| 7. | 我的朋友 | 渴 | 不想说话。 |
| 8. | 我妈妈 | 累 | 不想吃饭。 |
| 9. | 他哥哥 | 热 | 不能睡觉。 |

| | | | |
|---|---|---|---|
| 1. | Nàge háizi | shuì | hěn shūfu. |
| 2. | Wǒ dìdi | zǒu | hěn lèi. |

| 3. | Tā | huó | hěn kuàilè. |
|----|-----|-----|-----|
| 4. | Wǒ | è | dùzi téng. |
| 5. | Dàjiā | xiào | dùzi téng. |
| 6. | Tā mèimei | gāoxìng | tiào qilai. |
| 7. | Wǒ de péngyou | kě | bù xiǎng shuō huà. |
| 8. | Wǒ māma | lèi | bù xiǎng chī fàn. |
| 9. | Tā gēge | rè | bù néng shuì jiào. |

## B. Potential Complements

**EXAMPLE:** (买，到，电影票)

→ A.你买得到电影票吗？

→ B.我买得到电影票。

→ C.我买不到电影票。

(mǎi, dào, diànyǐngpiào)

→ a. Nǐ mǎi de dào diànyǐngpiào ma?

→ b. Wǒ mǎi de dào diànyìngpiào.

→ c. Wǒ mǎi bu dào diànyǐngpiaò.

| 1. | 买 | 到 | 咖啡色的衬衫 |
|----|-----|-----|-----|
| 2. | 看 | 见 | 老师写的字 |
| 3. | 听 | 见 | 他说的话 |
| 4. | 找 | 到 | 我要的书 |
| 5. | 听 | 懂 | 他的中文 |
| 6. | 看 | 懂 | 你昨天借的书 |
| 7. | 听 | 清楚 | 老师说的话 |
| 8. | 看 | 清楚 | 那张照片 |

1.  mǎi          dào          kāfēi sè de chènshān

2.  kàn          jiàn         lǎoshī xiě de zì

3.  tīng         jiàn         tā shuō de huà

4.  zhǎo         dào          wǒ yào de shū

5.  tīng         dǒng         tā de Zhōngwén

6.  kàn          dǒng         nǐ zuótiān jiè de shū

7.  tīng         qīngchu      lǎoshī shuō de huà

8.  kàn          qīngchu      nà zhāng zhàopiàn


## C. Topic-Comment Sentences

**EXAMPLE:** 我已经买到了电影票。

→ 电影票我已经买到了。

Wǒ yǐjīng mǎi dào le diànyǐngpiào.

→ Diànyǐngpiào wǒ yǐjīng mǎi dào le.

1.  你们懂今天的语法吗？

2.  你要看今天的报吗？

3.  你找到我要的书了吗？

4.  你看了我写的中文日记了吗？

5.  你们都预习第八课了吗？

6.  我看了我妈妈给我的信。

7.  我们昨天去中国城了。

8.  他们不会说日文。

9.  我们都不喜欢餐厅里的菜。

10. 我今天得把那本书还给图书馆。

1. Nǐmen dǒng jīntiān de yǔfǎ ma?

2. Nǐ yào kàn jīntiān de bào ma?

3. Nǐ zhǎo dào wǒ yào de shū le ma?

4. Nǐ kànle wǒ xiě de Zhōngwén rìjì le ma?

5. Nǐmen dōu yùxí dì bā kè le ma?

6. Wǒ kànle wǒ māma gěi wǒ de xìn.

7. Wǒmen zuótiān qù Zhōngguóchéng le.

8. Tāmen bú huì shuō Rìwén.

9. Wǒmen dōu bù xǐhuan cāntīng li de cài.

10. Wǒ jīntiān děi bǎ nà běn shū huán gěi túshūguǎn.

## D. 早就 (zǎo jiù)

EXAMPLE: 你想看那个电影吗？

→ 我早就想看那个电影了。

Nǐ xiǎng kàn nàge diànyǐng ma?

→ Wǒ zǎo jiù xiǎng kàn nàge diànyǐng le.

1. 你想去中国城吗？

2. 你看过这本书吗？

3. 你学过这个字吗？

4. 你会用中文写信吗？

5. 他给王老师打电话了吗？

6. 他请他的朋友吃饭了吗？

7. 你们预习第十八课了吗？

8. 王朋想到小高家去玩吗？

9. 王朋知道明天有英文考试吗？

10. 李友想请王朋教她写汉字吗？

1.   Nǐ xiǎng qù Zhōngguóchéng ma?

2.   Nǐ kànguo zhè běn shū ma?

3.   Nǐ xuéguo zhège zì ma?

4.   Nǐ huì yòng Zhōngwén xiě xìn ma?

5.   Nǐ gěi Wáng Lǎoshī dǎ diànhuà le ma?

6.   Tā qǐng tā de péngyou chī fàn le ma?

7.   Nǐmen yùxí dì shíbā kè le ma?

8.   Wáng Péng xiǎng dào Xiǎo Gāo jiā qù wán ma?

9.   Wáng Péng zhīdao míngtiān yǒu Yīngwén kǎoshì ma?

10.  Lǐ Yǒu xiǎng qǐng Wáng Péng jiāo tā xiě Hànzì ma?

## E. 就 (jiù)

**EXAMPLE:** 别人都不想去看电影，李友

　　　　→ 别人都不想去看电影，就李友想去。

Bié rén dōu bù xiǎng qù kàn diànyǐng, Lǐ Yǒu

→ Bié rén dōu bù xiǎng qù kàn diànyǐng, jiù Lǐ Yǒu xiǎng qù.

1.   别人考试都考得不好，　　　　王朋

2.   别人都不喜欢吃日本饭，　　　小高

3.   别人都没去过中国，　　　　　我弟弟

4.   别人都买了黄色的衬衫，　　　我姐姐，红色

5.   别人周末都不去图书馆，　　　小李跟他的女朋友

1.   Bié rén kǎoshì dōu kǎo de bù hǎo,        Wáng Péng

2.   Bié rén dōu bù xǐhuan chī Rìběn fàn,      Xiǎo Gāo

3.   Bié rén dōu méi qùguo Zhōngguó,          wǒ dìdi

▼▼▼▼▼▼▼▼▼▼▼▼▼▼▼▼▼▼▼▼▼▼▼▼▼▼▼▼▼▼▼▼▼▼▼▼▼

4. Bié rén dōu mǎi huángsè de chènshān,  wǒ jiějie, hóngsè

5. Bié rén zhōumò dōu bú qù túshūguǎn,  Xiǎo Lǐ gēn tā de nǚpéngyou

## F. 好好儿 (hǎohāor)

**EXAMPLE:** 我们 好好儿 庆祝你的生日

→ A: 我们好好儿庆祝庆祝你的生日。

→ B: 对，我们好好儿庆祝一下。

Wǒmen　hǎohāor　qìngzhù nǐ de shēngrì

→ A: Wǒmen hǎohāor qìngzhù qìngzhù nǐ de shēngri.

→ B: Duì, wǒmen hǎohāor qìngzhù yí xià.

1. 你们要 复习第十课。

2. 你们 吃饭，别说话。

3. 你 听老师的话。

4. 你 看爸爸的信。

5. 我要到中国去 学习中文。

1. Nǐmen yào fùxí dì shí kè.

2. Nǐmen chī fàn, bié shuō huà

3. Nǐ tīng lǎoshī de huà.

4. Nǐ kàn bāba de xìn.

5. Wǒ yào dào Zhōngguó qù xuéxí Zhōngwén.

## G. Reduplication of Verbs

**EXAMPLE:** (你　看　这本书)

→ 你看看这本书。

(Nǐ　kàn　zhè běn shū)

→ Nǐ kànkan zhè běn shū.

1. (这个周末，你　　　　　听　　　这课的录音)
2. (老师，请您再　　　　　说　　　"了"怎么用)
3. (他的发音不好，请你　帮　　　他)
4. (请你，　　　　　　　看　　　我写的中文日记)
5. (请你，　　　　　　　听　　　她唱的歌)

1. (Zhège zhōumò, nǐ　　　　　tīng　　　zhè kè de lùyīn)
2. (Lǎoshī, qǐng nín zài　　　　shuō　　　"le" zěnme yòng)
3. (Tā de fāyīn bù hǎo, qǐng nǐ　bāng　　　tā)
4. (Qǐng nǐ　　　　　　　　kàn　　　wǒ xiě de Zhōngwén rìjì)
5. (Qǐng nǐ　　　　　　　　tīng　　　tā chàng de gē)

*Use what you have learned from Dialogue I to describe these three pictures.*

▲▲▲ *Exercise* ▲▲▲

*Scan the Grammar section to find the sentence that corresponds to this picture.*
*Copy the sentence here:*

_____

## Pinyin Texts

### DIALOGUE I

*Wáng Péng gēn Lǐ Yǒu zài tóng yí ge xuéxiào xuéxí, tāmen rènshi yǐjing kuài sān ge*
*yuè le. Wáng Péng chángcháng bāngzhù Lǐ Yǒu liànxí shuō Zhōngwén. Shàngge*
*xīngqī tāmen cānjiā Xiǎo Lín de shēngrì wǔhuì, wánr de*(G1) *hěn gāoxìng. Lǐ Yǒu duì*
*Wáng Péng de yìnxiàng*(1) *hěn hǎo, Wáng Péng yě hěn xǐhuan Lǐ Yǒu, tāmen chéngle*
*hǎo péngyou.*

▲▲▲▲▲▲▲▲▲▲▲▲▲▲▲▲▲▲▲▲▲▲▲▲▲▲▲▲▲▲▲▲▲▲

Wáng Péng:   Zhège zhōumò xuéxiào yǎn(2) xīn diànyǐng, wǒmen yìqǐ qù kàn hǎo
             ma?

Lǐ Yǒu:      Shénme diànyǐng?

Wáng Péng:   Zhōngguó diànyǐng <<Huózhe>>.

| 常 用 電 話 號 碼 表 | | | |
|---|---|---|---|
| 姓          名 | 電 話 號 碼 | 姓          名 | 電 話 號 碼 |
| | | | |
| | | | |

*Do you know what this is for?*

Lǐ Yǒu:      Hǎo a! Búguò, tīngshuō kàn diànyǐng de rén hěn duō, mǎi de dào<sup>(G2)</sup> piào ma?

Wáng Péng:   Piào yǐjing mǎi le. Wǒ fèile hěn dà de lìqi cái mǎi dào.

Lǐ Yǒu:      Hǎojí le! Wǒ zǎo jiù xiǎng kàn zhège diànyǐng le. Hái yǒu biérén gēn wǒmen yìqǐ qù ma?

Wáng Péng:   Méiyǒu, jiù<sup>(G3)</sup> wǒmen liǎ.

Lǐ Yǒu:      Hǎo a. Shénme shíhou?

Wáng Péng:   Hòutiān wǎnshang bā diǎn.

Lǐ Yǒu:      Kàn diànyǐng yǐqián, wǒ qǐng nǐ chī wǎnfàn.

Wáng Péng:   Hǎo, yì yán wéi dìng<sup>(3)(F)</sup>.


## DIALOGUE II

Bái Jiànmíng:   Wèi, qǐng wèn Lǐ Yǒu Xiǎojie zài ma?

Lǐ Yǒu:         Wǒ jiù shì. Qǐng wèn nǐ shì nǎ yí wèi?

Bái Jiànmíng:   Wǒ shì Bái Jiànmíng, nǐ hái jìde wǒ ma?

Lǐ Yǒu:         Bái Jiànmíng?

Bái Jiànmíng:   Nǐ hái jìde shàngge xīngqī Xiǎo Lín de shēngrì wǔhuì ma? Wǒ jiù shì zuìhòu qǐng nǐ tiào wǔ de nàge rén. Nǐ xiǎng qilai le ma?

Lǐ Yǒu:         Duìbuqǐ, wǒ xiǎng bu qilai. Nǐ zěnme zhīdao wǒ de diànhuà hàomǎ?

Bái Jiànmíng:   Shì Xiǎo Lín gàosu wǒ de.

Lǐ Yǒu:         Bái Xiānsheng, nǐ yǒu shénme shì ma?

Bái Jiànmíng:   Wǒ xiǎng qǐng nǐ kàn gējù, zhège zhōumò nǐ yǒu kòngr ma?

Lǐ Yǒu:         Zhège zhōumò bùxíng, xiàge xīngqī wǒ yǒu sān ge kǎoshì.

Bái Jiànmíng:   Nà xiàge zhōumò zěnmeyàng? Nǐ kǎowán shì, wǒmen hǎohāor qìngzhù qìngzhù<sup>(G4)</sup>.

Lǐ Yǒu:         Xiàge zhōumò yě bùxíng, wǒ děi bāng wǒ māma dǎsǎo fángzi, zhěnglǐ fángjiān.

Bái Jiànmíng:    Nǐ kàn[1] xiàxià ge zhōumò, hǎo bu hǎo?

Lǐ Yǒu:    Duìbuqǐ, xiàxià ge zhōumò gèng bùxíng le, wǒ yào gēn wǒ de nánpéngyou qù Niǔyuē lǚxíng.

Bái Jiànmíng:    Méi guānxi, nà jiù suànle ba.

## English Texts

### DIALOGUE I

*Wang Peng and Li You go to the same school. They have known each other for about three months now. Wang Peng often helps Li You practice speaking Chinese. Last week they went to Little Lin's birthday party and had a good time. Li You has a very good impression of Wang Peng. Wang Peng likes Li You very much, too. They have become good friends.*

Wang Peng:    This weekend they are showing a new movie at school. Shall we go and see it together?

Li You:    What movie?

Wang Peng:    A Chinese movie, *To Live*.

Li You:    Great, but I've heard that many people are going to see it. Will we be able to get tickets?

Wang Peng:    I've already got the tickets. It took me a lot of trouble to get them.

Li You:    Fantastic. I've wanted to see the movie for a long time. Will anyone else be going with us?

Wang Peng:    No, just the two of us.

Li You:    All right. When?

Wang Peng:    8:00 p.m. the day after tomorrow.

*Describe this picture in detail. What is the name of the movie?*

Li You:    I'll take you to dinner before the movie.

Wang Peng:    Great. It's a deal.

## DIALOGUE II

| | |
|---|---|
| Bai Jianming: | Hello, is Miss Li You there? |
| Li You: | This is she. Who's this, please? |
| Bai Jianming: | I'm Bai Jianming. Do you remember me? |
| Li You: | Bai Jianming? |
| Bai Jianming: | Do you remember Little Lin's birthday party last week? I was the last one who asked you for a dance. Do you remember now? |
| Li You: | I'm sorry. I don't remember. How did you get my number? |
| Bai Jianming: | I got it from Little Lin. |
| Li You: | What can I do for you, Mr. Bai? |
| Bai Jianming: | I'd like to invite you to go and see an opera with me. Will you be free this coming weekend? |
| Li You: | No, not this weekend. I have three exams next week. |
| Bai Jianming: | How about next weekend? After your exam, we can have a good celebration. |
| Li You: | Next weekend won't do, either. I have to help my mom clean the house and tidy up the rooms. |
| Bai Jianming: | How about two weekends from now? |
| Li You: | I'm sorry, two weekends from now is even worse. I'm traveling to New York with my boyfriend. |
| Bai Jianming: | It doesn't matter. Forget it, then. |

# LESSON 18 ▲ Renting an Apartment

## 第十八课 ▲ 租房子

*Dì shíbā kè* ▲ *Zū fángzi*

## Narrative: Finding a Better Place

## VOCABULARY

| | | | | |
|---|---|---|---|---|
| 1. | 吵 | chǎo | adj | noisy |
| 2. | 连 | lián | prep | even |
| 3. | 放不下 | fàng bu xià | vc | not enough room to put something |
| 4. | 准备 | zhǔnbèi | av/v | to prepare; to plan |
| 5. | #搬出去 | bān chuqu | vc | to move out of |
| | 搬 | bān | v | to move |
| | 出去 | chuqu | | (complement after a verb, indicating an outward movement) |

▼▼▼▼▼▼▼▼▼▼▼▼▼▼▼▼▼▼▼▼▼▼▼▼▼▼▼▼▼▼▼▼▼▼▼▼

| | | | | |
|---|---|---|---|---|
| 6. | 多 | duō | nu | (used after a numeral to indicate an approximate number, meaning "more than" the specific numeral given) |
| 7. | 报纸 | bàozhǐ | n | newspaper |
| | 纸 | zhǐ | n | paper |
| 8. | 广告 | guǎnggào | n | advertisement |
| 9. | #附近 | fùjìn | n | vicinity; neighborhood; nearby area |
| 10. | 公#寓 | gōngyù | n | apartment |
| 11. | 英里 | yīnglǐ | m | (mile) |
| 12. | 套 | tào | m | (suite; set) |
| 13. | #卧室 | wòshì | n | bedroom |
| 14. | #厨房 | chúfáng | n | kitchen |
| 15. | 洗澡间 | xǐzǎojiān | n | bathroom |
| 16. | 客厅 | kètīng | n | living room |
| 17. | 带 | dài | v | come with |
| 18. | #家#具 | jiājù | n | furniture |

## Notes

While 洗澡间 (xǐzǎojiān) is often used in Taiwan to refer to a bathroom (with a toilet and shower/bathtub), 卫生间 (wèishēngjiān) is the most frequently used term for bathrooms in China. In public places 卫生间 (wèishēngjiān) simply means "restroom" (without bathing facilities).

Other Chinese terms for "bathroom" and "restroom" include:

浴室 (yùshì): bathroom, usually without toilet

厕所 (cèsuǒ): toilet (no bathing facilities)

盥洗室 (guànxǐshì): restroom or bathroom

化妆室 (huàzhuāngshì): restroom (Taiwan)

洗手间 (xǐshǒujiān): restroom

## NARRATIVE

王朋在学校的宿舍住了一个学期了<sup>(G1)</sup>。他觉得宿舍太吵，睡不好觉。房间太小，连电脑都<sup>(G2)</sup>放不下<sup>(G3)</sup>，再说也没有地方可以做饭，很不方便，所以准备下个学期搬出去住。他找房子找了一个多<sup>(G4)</sup>星期了，可是还没有找到。今天早上他在报纸上看到一个广告，说学校附近有一个公寓出租，离学校只有一英里，很方便。那套公寓有一个卧室，一个厨房，一个洗澡间，一个客厅，还带家具。王朋觉得那套公寓可能对他很合适。

她在哪儿？她在做什么？

*Tā zài nǎr? Tā zài zuò shénme?*

## Culture Notes ▲

Until a few years ago, college students in China were all required to live in dorms on campus, with six or seven of them sharing a room and possibly dozens sharing a bathroom. Because there was no place to cook in the dorms, everyone ate in the students' dining hall (学生餐厅 xuéshēng cāntīng) on campus. Since the early 1980s, foreign students have generally been segregated into designated dormitories, typically two of them sharing a room. Living conditions for Chinese students, meanwhile, have improved substantially since the late 1990s. At some colleges, students now have the option of renting apartments off campus, if they can afford it.

## Dialogue: Calling About an Apartment for Rent

### VOCABULARY

| | | | | |
|---|---|---|---|---|
| 1. | 房东 | fángdōng | n | landlord |
| 2. | 一房一厅 | yì fáng yì tīng | | one bedroom and one living room |
| 3. | 沙发 | shāfā | n | sofa |
| 4. | 饭桌 | fànzhuō | n | dining table |

| | | | | |
|---|---|---|---|---|
| 5. | 把 | bǎ | m | (measure word for chairs) |
| 6. | 椅子 | yǐzi | n | chair |
| 7. | 单人床 | dānrénchuáng | n | single bed |
| 8. | 书桌 | shūzhuō | n | desk |
| 9. | 书架 | shūjià | n | bookshelf |
| 10. | 那里 | nàli | n | there |
| 11. | 安静 | ānjìng | adj | quiet |
| 12. | 非常 | fēicháng | adv | very; extraordinarily |
| 13. | 房租 | fángzū | n | rent |
| | 租 | zū | v/n | to rent; rent |
| 14. | 元 | yuán | | yuan (unit of Chinese currency) |
| 15. | 水电 | shuǐdiàn | | water and electricity |
| 16. | 费 | fèi | n | fee; expense |

*A modern apartment in Shanghai.*

| 17. | 押金 | yājīn | n | security deposit |
| 18. | 当 | dāng | v | to serve as; to be |
| 19. | 还有 | hái yǒu | conj | furthermore; in addition |
| 20. | 许 | xǔ | v | to allow; to be allowed |
| 21. | 养 | yǎng | v | to raise |
| 22. | 动物 | dòngwù | n | animal |
| 23. | 什么…都 | shénme…dōu | | all; any (an inclusive pattern) |

## DIALOGUE

王朋：喂，请问你们是不是有公寓出租？

房东：是啊，一房一厅<sup>(1)</sup>，还带家具。

王朋：有什么家具？

房东：客厅里有一套沙发、一张饭桌跟四把椅子。卧室里有一张单人床、一张书桌和一个书架。

王朋：你们那里安静不安静？

房东：非常安静。

王朋：每个月房租多少钱？

房东：四百五十元。

王朋：水电费多少钱？

房东：水电费不用付。

王朋：要不要付押金？

房东：要多付一个月的房租当押金，搬出去的时候还给你。还有，我们公寓不许(2)养小动物。

王朋：我什么动物都(G5)不养。

房东：那太好了。你今天下午来看看吧。

王朋：好。

### Notes

▲**1**▲ Instead of 一房一厅 (yì fáng yì tīng), one can also say 一室一厅 (yí shì yì tīng). Both expressions refer to an apartment with one bedroom and one living room. By the same token, one may refer to a two-bedroom apartment with a living room as 两房一厅 (liǎng fáng yì tīng) or 两室一厅 (liǎng shì yì tīng).

▲**2**▲ 许 (xǔ), in the sense of "to allow," is usually used in the negative, following the "negative" 不 (bù), e.g., 我们公寓不许养小动物 (Wǒmen gōngyù bù xǔ yǎng xiǎo dòngwù; No pets are allowed in our apartment building) When it is in the affirmative, the disyllabic compound 允许 (yǔnxǔ, to allow) is

你知道这些都是什么动物吗？

*Nǐ zhīdao zhè xiē dōu shì shénme dòngwù ma?*

more often used than the monosyllabic 许 (xǔ), e.g., 我们公寓允许养小动物 (Wǒmen gōngyù yǔnxǔ yǎng xiǎo dòngwù; Pets are allowed in our apartment building).

## SUPPLEMENTARY VOCABULARY

| | | | | |
|---|---|---|---|---|
| 1. | 一个人 | yí ge rén | | alone; by oneself |
| 2. | 小说 | xiǎoshuō | n | fiction; novel |
| 3. | 杯子 | bēizi | n | cup |
| 4. | 休息 | xiūxi | v | to rest |
| 5. | 干净 | gānjìng | adj | clean |
| 6. | 公里 | gōnglǐ | m | (kilometer) |
| 7. | 交 | jiāo | v | to pay (rent, tuition, etc.) |

## Grammar

### 1. Verb + 了 (le) + Numeral + Measure Word + 了 (le)

The sentence 王朋在学校住了一个学期了 (Wáng Péng zài xuéxiào zhùle yí ge xuéqī le) denotes that Wang Peng has been living on-campus for one semester up to this moment. Standing alone, the sentence usually implies that the action has been continuing for some time and will last into the future.

(1) A: 你学中文学了几年了？

Nǐ xué Zhōngwén xuéle jǐ nián le?

(How many years have you been studying Chinese?) [It is assumed that you will continue studying.]

B: 三年了。

Sān nián le.

(For three years.)

(2) 他们打球打了一个钟头了，还要打半个钟头。

Tāmen dǎ qiú dǎle yí ge zhōngtóu le, hái yào dǎ bàn ge zhōngtóu.

(They have been playing ball for an hour. They will play for another half hour.)

Therefore, the following two sentences are different in meaning:

(3) 他学了三年中文了。

Tā xuéle sān nián Zhōngwén le.

(He has been studying Chinese for three years.) [The learning process has been continuing for three years and most likely will go on.]

(4) 他学了三年中文。

Tā xuéle sān nián Zhōngwén.

(He studied Chinese for three years.) [The learning process stopped after three years.]

If, however, a clause in this pattern is followed by another clause, it may suggest that the action has come to an end.

(5) 我看书看了一上午了，想休息一会儿。

Wǒ kàn shū kànle yí shàngwǔ le, xiǎng xiūxi yíhuìr.

(I've been reading all morning. I'd like to take a break.)

This structure is not limited to temporal expressions. It can also be used to indicate quantity:

(6) 衣服我已经买了三件了，再买一件就可以了。

Yīfu wǒ yǐjīng mǎile sān jiàn le, zài mǎi yí jiàn jiù kěyǐ le.

(I have already bought three jackets. I need to buy just one more.)

(7) 这本书我已经看了两次了，不想再看了。

Zhè běn shū wǒ yǐjīng kànle liǎng cì le, bù xiǎng zài kàn le.

(I've read this book twice already and do not want to read it again.)

## 2. 连...都/也 (lián...dōu/yě)

连 (lián) is an intensifier that is always used in conjunction with 都/也/还 (dōu/yě/hái).

(1) 我姐姐的孩子很聪明，连日本话都会说。

Wǒ jiějie de háizi hěn cōngming, lián Rìběnhuà dōu huì shuō.

(My sister's child is really smart. She can even speak Japanese.)

(2) 你怎么连上课都忘了？

Nǐ zěnme lián shàng kè dōu wàng le?

(How could you forget something like going to classes?)

(3) 他学中文学了一年了，可是连"天"字都不会写。

Tā xué Zhōngwén xuéle yì nián le, kěshì lián "tiān" zì dōu bú huì xiě.

(He's been studying Chinese for a year, but can't even write the character 天).

(4) 昨天学的生词我连一个都不记得了。

Zuótiān xué de shēngcí wǒ lián yí ge dōu bú jìde le.

(I can't even recall a single word we learned yesterday.)

What follows 连 (lián) usually represents an extreme case: the biggest or smallest; the best or worst; the most difficult or easiest, etc., so as to stress a point. (1), for instance, implies that Japanese is very difficult. If a child can speak such a difficult language as Japanese, then the child must be very intelligent. Similarly, 天 (tiān) is considered one of the easiest Chinese characters. If the student in sentence (3) does not know how to write 天 (tiān), it goes without saying that he can't write other more difficult characters.

### 3. Potential Complements with Verb + 不下 (bú xià)

The V + 不下 (bú xià) structure suggests that the location or container involved does not have the capacity to hold something.

*A kitchen in a farm house in rural China.*

(1) **这个房间太小，坐不下二十个人。**

Zhège fángjiān tài xiǎo, zuò bu xià èrshí ge rén.

(This room is too small to seat twenty people.)

(2) **这张纸写不下八百个字。**

Zhè zhāng zhǐ xiě bu xià bābǎi ge zì.

(This piece of paper is too small. You can't write 800 characters on it.)

(3) **这张饭桌放不下这么多杯子。**

Zhè zhāng fànzhuō fàng bu xià zhème duō bēizi.

(This dining table is too small. You can't put so many cups on it.)

### 4. 多 (duō) Indicating an Approximate Number

多 (duō) can be placed after a number. The combination indicates not an exact number but a numeric range, e.g., 十多个 (shí duō ge) means more than ten but fewer than twenty; it could be eleven, twelve, thirteen, etc. If the concept represented by the noun is indivisible into smaller units, and the last digit of the number is zero, 多 (duō) precedes the measure word, e.g., 二十多个人 (èrshí duō ge rén; more than twenty people), 三十多个学生 (sānshí duō ge xuésheng; more than thirty students), 一百多本书 (yì bǎi duō běn shū; over one hundred books). However, if the concept represented by the noun can be divided into smaller units, e.g., 一块钱 = 十毛, 一个星期 = 七天 (yí kuài qián = shí máo, yí ge xīngqī = qī tiān), there are two possibilities. If the number does not end with zero on the last digit, 多 (duō) should be used after the measure word, e.g., 七块多钱 (qī kuài duō qián; more than seven dollars but less than eight), 一个多星期 (yí ge duō xīngqī; more than one week but less than two). If the last digit of the number is zero, 多 can be used either before the measure word. e.g., 十多块钱 (shí duō kuài qián; more than ten dollars but less than twenty), or after the measure word, e.g., 十块多钱 (shí kuài duō qián; more than ten dollars but less than eleven), but they represent different numeric ranges.

(1) 这本书才一块多钱。

Zhè běn shū cái yí kuài duō qián.

(This book is just over one dollar.) [The price is more than one dollar but less than two.]

(2) 我们班有十多个学生。

Wǒmen bān yǒu shí duō ge xuésheng.

(There are over ten students in our class.) [There are more than ten students but fewer than twenty.]

(3) 他昨天买了四十多本书。

Tā zuótiān mǎile sìshí duō běn shū.

(He bought over forty books yesterday.) [The number is between forty and fifty.]

(4) 他昨天买东西花了一百多块钱。

Tā zuótiān mǎi dōngxi huāle yìbǎi duō kuài qián.

(He bought over one hundred dollars' worth of stuff yesterday.) [He spent more than one hundred dollars but less than two hundred.]

(5)  A:  这本书十多块钱。

Zhè běn shū shí duō kuài qián.

(The book is over ten dollars.) [The price is over ten dollars but less than twenty.]

B:  这本书十块多钱。

Zhè běn shū shí kuài duō qián.

(The book is over ten dollars.) [The price is over ten dollars but less than eleven.]

(6)  A:  他们认识十多年了。

Tāmen rènshi shí duō nián le.

(They have known each other for over ten years.) [The length of time is longer than ten years but shorter than twenty.]

B:  他们认识十年多了。

Tāmen rènshi shí nián duō le.

(They have known each other for over ten years.) [The length of time is longer than ten years but shorter than eleven.]

## 5. Interrogative Pronouns with 都/也 (dōu/yě)

Interrogative pronouns do not always appear in questions. When they take 都/也 (dōu/yě) after them, they mean "any."

(1)  售货员：小姐，您买点什么？

Shòuhuòyuán: Xiǎojie, nín mǎi diǎn shénme?

(Salesperson: What would you like, Miss?)

小姐：我只是看看，什么都不买。

Xiǎojie: Wǒ zhǐshì kànkan, shénme dōu bù mǎi.

(Young Lady: I'm just taking a look. I'm not buying anything.)

(2)  这些房子我哪个都不喜欢。

Zhèxiē fángzi wǒ nǎge dōu bù xǐhuan.

(I don't like any of these houses.)

*A foreign student dorm at Yunnan Normal University.*

(3) 中国我什么地方也没去过。

Zhōngguó wǒ shénme dìfang yě méi qùguo.

(I haven't been to any place in China.)

(4) 我什么动物都不养。

Wǒ shénme dòngwù dōu bù yǎng.

(I don't keep any animals.)

(5) 学校里哪儿都找不到他。

Xuéxiào li nǎr dōu zhǎo bu dào tā.

He can't be found anywhere in the school.

(6) 明天你什么时间来找我都可以。

Míngtiān ni shénme shíjiān lái zhǎo wǒ dōu kěyǐ.

(You can come to see me any time tomorrow.)

(7) A: 这里的人你认识谁？

Zhèli de rén nǐ rènshi shéi?

(Of the people here, whom do you know?)

B: 我谁也不认识。

Wǒ shéi yě bú rènshi.

(I don't know anybody here.)

## PATTERN DRILLS

A. Time Duration with ... 了 ... 了 (...le...le)

EXAMPLE: 小王两年前开始学中文；小王现在还在学中文。

→ 小王学中文学了两年了。/小王学了两年中文了。

Xiǎo Wáng liǎng nián qián kāishǐ xué Zhōngwén; Xiǎo Wáng xiànzài hái zài xué Zhōngwén.

→ Xiǎo Wáng xué Zhōngwén xuéle liǎng nián le. / Xiǎo Wáng xuéle liǎng nián Zhōngwén le.

1. 他八点开始吃早饭；现在十点，他还在吃早饭。

2. 李友五点开始听录音；现在六点半，她还在听录音。

3. 王朋两年前开始住宿舍；现在他还住宿舍。

4. 小高七月五号搬到学校外头去住；今天九月五号，他还在校外住。

5. 白小姐九点钟去看红叶；现在下午三点，她还在看红叶。

6. 老李昨天晚上十点睡觉；现在上午十点，他还在睡觉。

7. 我五岁的时候开始学钢琴；我今年二十岁，还在学钢琴。

8. 小张上午十点去打球；现在是下午两点，他还在打球。

9. 小林晚上七点开始做功课；现在是半夜，她还在做功课。

10. 她星期一开始用中文写日记；今天星期六，她还在用中文写日记。

1. Tā bā diǎn kāishǐ chī zǎofàn; xiànzài shí diǎn, tā hái zài chī zǎofàn.

2. Lǐ Yǒu wǔ diǎn kāishǐ tīng lùyīn; xiànzài liù diǎn bàn, tā hái zài tīng lùyīn.

3. Wáng Péng liǎng nián qián kāishǐ zhù sùshè; xiànzài tā hái zhù sùshè.

4. Xiǎo Gāo qīyuè wǔhào bān dào xuéxiào wàitou qù zhù; jīntiān jiǔyuè wǔhào, tā hái zài xiàowài zhù.

5. Bái Xiǎojie jiǔdiǎnzhōng qù kàn hóngyè; xiànzài xiàwǔ sāndiǎn, tā hái zài kàn hóngyè.

6. Lǎo Lǐ zuótiān wǎnshang shí diǎn shuì jiào; xiànzài shàngwǔ shídiǎn, tā hái zài shuì jiào.

7. Wǒ wǔ suì de shíhou kāishǐ xué gāngqín; wǒ jīnnián èrshí suì, hái zài xué gāngqín.

8. Xiǎo Zhāng shàngwǔ shí diǎn qù dǎ qiú; xiànzài shì xiàwǔ liǎng diǎn, tā hái zài dǎ qiú.

9. Xiǎo Lín wǎnshang qī diǎn kāishǐ zuò gōngkè; xiànzài shì bàn yè, tā hái zài zuò gōngkè.

10. Tā xīngqīyī kāishǐ yòng Zhōngwén xiě rìjì; jīntiān xīngqīliù, tā hái zài yòng Zhōngwén xiě rìjì.

### B. 连...都/也 (lián...dōu/yě)

EXAMPLE: 我的房间放不下电脑。

→ 我的房间连电脑都放不下。

Wǒ de fángjiān fàng bu xià diànnǎo.

→ Wǒ de fángjiān lián diànnǎo dōu fàng bu xià.

1. 我的房间里没有桌子。

2. 他上课没带书。

3. 小张的公寓没有厨房。

4. 小白忘了女朋友的电话号码。

5. 小林不知道老师姓什么。

6. 李友星期天在图书馆做功课。

7. 李老师今天没有吃午饭的时间。

8.  他的美国朋友会说韩文。

9.  那个学生找不到学校的图书馆。

10. 学校图书馆里没有英文字典。

11. 老师不认识那个字。

1.  Wǒ de fángjiān li méiyǒu zhuōzi.

2.  Tā shàngkè méi dài shū.

3.  Xiǎo Zhāng de gōngyù méiyǒu chúfáng.

4.  Xiǎo Bái wàngle nǚpéngyǒu de diànhuà hàomǎ.

5.  Xiǎo Lín bù zhīdao lǎoshī xìng shénme.

6.  Lǐ Yǒu xīngqītiān zài túshūguǎn zuò gōngkè.

7.  Lǐ Lǎoshī jīntiān méiyǒu chī wǔfàn de shíjiān.

8.  Tā de Měiguó péngyou huì shuō Hánwén.

9.  Nàge xuésheng zhǎo bu dào xuéxiào de túshūguǎn.

10. Xuéxiào túshūguǎn li méiyǒu Yīngwén zìdiǎn.

11. Lǎoshī bú rènshi nàge zì.

## C. Verb + 得下/不下 (Verb + de xià/ bú xià)

**EXAMPLE:** 这个房间　坐　三十个人

→ A: 这个房间坐得下三十个人吗？

→ B: 这个房间坐不下三十个人。

Zhège fángjiān　zuò　sānshí ge rén

→ A: Zhège fángjiān zuò de xià sānshí ge rén ma?

→ B: Zhège fángjiān zuò bu xià sānshí ge rén.

1.  这张桌子　　　放　　　三个电脑

2.  小林　　　　　吃　　　两碗饭

3.  那张纸　　　　写　　　两百个字

4.  这个教室          放          二十张桌子

5.  这张床            睡          两个人

6.  这个宿舍          住          二十个人

1.  Zhè zhāng zhuōzi     fàng     sān ge diànnǎo

2.  Xiǎo Lín             chī      liǎng wǎn fàn

3.  Nà zhāng zhǐ         xiě      liǎngbǎi ge zì

4.  Zhège jiàoshì        fàng     èrshí zhāng zhuōzi

5.  Zhè zhāng chuáng     shuì     liǎng ge rén

6.  Zhège sùshè          zhù      èrshí ge rén

## D. Interrogative Pronouns with 都／也 (dōu/yě)

**EXAMPLE:** 我不养动物。

→ 我什么动物都不养。

Wǒ bù yǎng dòngwù.

→ Wǒ shénme dòngwù dōu bù yǎng.

1.  这个公寓里没有家具。

2.  我不喜欢看书。

3.  今天早上我没吃东西。

4.  这里的人我不认识。（谁）

5.  我昨天没有买衣服。

6.  他上个周末没有出去。（什么地方）

7.  我不喝啤酒，不喝咖啡，不喝茶，不喝可乐，
    也不喝…。

8. 明天上午你可以八点，九点，十点，或者十一点…来
   找我。

9. 我们可以今天，明天，或者后天…去看电影。

10. 我们在教室，在宿舍，在图书馆，在餐厅…都可以说
    中文。

1. Zhège gōngyù li méiyǒu jiājù.

2. Wǒ bù xǐhuan kàn shū.

3. Jīntiān zǎoshang wǒ méi chī dōngxi.

4. Zhèlǐ de rén wǒ bú rènshi.

5. Wǒ zuótiān méiyǒu mǎi yīfu.

6. Tā shàngge zhōumò méiyǒu chūqu.

7. Wǒ bù hē píjiǔ, bù hē kāfēi, bù hē chá, bù hē kělè, yě bù hē …

8. Míngtiān shàngwǔ nǐ kěyǐ bādiǎn, jiǔdiǎn, shídiǎn, huòzhě shíyīdiǎn…lái zhǎo wǒ.

9. Wǒmen kěyǐ jīntiān, míngtiān, huòzhě hòutiān…qù kàn diànyǐng.

10. Wǒmen zài jiàoshì, zài sùshè, zǎi túshūguǎn, zài cāntīng…dōu kěyǐ shuō Zhōngwén.

## Pinyin Texts

### NARRATIVE

Wáng Péng zài xuéxiào de sùshè zhùle yí ge xuéqī le[G1]. Tā juéde sùshè tài chǎo, shuì bu hǎo jiào. Fángjiān tài xiǎo, lián diànnǎo dōu[G2] fàng bu xià[G3], zàishuō yě méiyǒu dìfang kěyǐ zuò fàn, hěn bù fāngbiàn, suǒyǐ zhǔnbèi xiàge xuéqī bān chuqu zhù. Tā zhǎo fángzi zhǎole yí ge duō[G4] xīngqī le, kěshì hái méiyǒu zhǎo dào. Jīntiān zǎoshang tā zài bàozhǐ shang kàn dào yí ge guǎnggào, shuō xuéxiào fùjìn yǒu yí ge gōngyù chūzū, lí xuéxiào zhǐ yǒu yì yīnglǐ, hěn fāngbiàn. Nà tào gōngyù yǒu yí ge wòshì, yí ge chúfáng, yí ge xǐzǎojiān, yí ge kètīng, hái dài jiājù. Wáng Péng juéde nà tào gōngyù kěnéng duì tā hěn héshì.

▼ ▼ ▼ ▼ ▼ ▼ ▼ ▼ ▼ ▼ ▼ ▼ ▼ ▼ ▼ ▼ ▼ ▼ ▼ ▼ ▼ ▼ ▼ ▼ ▼ ▼ ▼ ▼ ▼ ▼ ▼ ▼ ▼ ▼ ▼ ▼ ▼ ▼

## ▲▲▲ *Exercise* ▲▲▲

*Study the picture and answer the following questions.*

1. Does sentence D.1 accurately describe this picture? Please explain.

2. Describe the picture in detail. Include the objects on the table in your description.

## DIALOGUE

| | |
|---|---|
| Wáng Péng: | Wèi, qǐng wèn nǐmen shì bu shì yǒu gōngyù chūzū? |
| Fángdōng: | Shì a, yì fáng yì tīng[1], hái dài jiājù. |
| Wáng Péng: | Yǒu shénme jiājù? |
| Fángdōng: | Kètīng li yǒu yí tào shāfā, yì zhāng fànzhuō gēn sì bǎ yǐzi. Wòshì li yǒu yì zhāng dānrénchuáng, yì zhāng shūzhuō hé yí ge shūjià. |
| Wáng Péng: | Nǐmen nàli ānjìng bu ānjìng? |
| Fángdōng: | Fēicháng ānjìng. |
| Wáng Péng: | Měi ge yuè fángzū duōshǎo qián? |
| Fángdōng: | Sìbǎi wǔshí yuán. |
| Wáng Péng: | Shuǐdiànfèi duōshǎo qián? |
| Fángdōng: | Shuǐdiànfèi bú yòng fù. |
| Wáng Péng: | Yào bu yào fù yājīn? |
| Fángdōng: | Yào duō fù yí ge yuè de fángzū dāng yājīn, bān chuqu de shíhou huán gěi nǐ. Hái yǒu, wǒmen gōngyù bù xǔ[2] yǎng xiǎo dòngwù. |

Wáng Péng:     Wǒ shénme dòngwù dōu[G5] bù yǎng.

Fángdōng:      Nà tài hǎo le. Nǐ jīntiān xiàwǔ lái kànkan ba.

Wáng Péng:     Hǎo.

▲ ▲ ▲ *Exercise* ▲ ▲ ▲

*Review the Grammar section and find the sentence*
*that corresponds to this scene. Copy it below:*

_____

_____

_____

## English Texts

### NARRATIVE

Wang Peng has been living in the dorm for one semester so far. He feels that
the dorm is too noisy, and he cannot sleep well. The room is too small. There
is not even room for a computer. Nor is there a place for him to cook. He feels
that the dorm is very inconvenient, so he plans to move out next semester.
He has been looking for a place for over a week, but has not found anything
yet. This morning he saw an ad in the newspaper which says that there is an
apartment near the school for rent. It is very convenient, only about one mile
from school. The apartment has a bedroom, a kitchen, a bathroom, a living
room, and also comes furnished. Wang Peng feels that that place probably
will suit him fine.

### DIALOGUE

Wang Peng:     Hello, you have a room for rent, right?

Landlord:      Yes. A bedroom with a living room, furnished.

Wang Peng:     What kind of furniture?

Landlord:      There's a set of sofas, and a dining table with four chairs in
               the living room. There's a single bed, a desk and a bookshelf
               in the bedroom.

| Wang Peng: | Is it quiet where you are? |
| --- | --- |
| Landlord: | Very quiet. |
| Wang Peng: | How much is the monthly rent? |
| Landlord: | Four hundred and fifty dollars. |
| Wang Peng: | How much are the water and electric bills? |
| Landlord: | You wouldn't have to pay for water or electricity. |
| Wang Peng: | Would I have to put down a deposit? |
| Landlord: | Yes, you'd have to pay an additional month's rent as deposit, which will be returned to you when you move out. Oh, and pets are not allowed in the apartment. |
| Wang Peng: | I don't keep any pets. |
| Landlord: | That's great. Why don't you come and take a look this afternoon? |
| Wang Peng: | All right. |

# LESSON 19 ▲ At the Post Office
# 第十九课 ▲ 邮局
*Dì shíjiǔ kè* ▲ *Yóujú*

## Dialogue I: Mailing a Letter

## VOCABULARY

| | | | | |
|---|---|---|---|---|
| 1. | #邮#局 | yóujú | n | post office |
| 2. | 留学生 | liúxuéshēng | n | student studying abroad |
| 3. | #寄 | jì | v | to send by mail |
| 4. | 要 | yào | v | to need; to cost |
| 5. | #营业员 | yíngyèyuán | n | clerk |
| 6. | 平信 | píngxìn | n | letter sent by regular mail |
| 7. | 快信 | kuàixìn | n | letter sent by express mail |

| 8. | 越…越… | yuè…yuè… | | the more…the more… |
| 9. | #贴 | tiē | v | to paste; to stick on |
| 10. | 邮票 | yóupiào | n | stamp |
| 11. | 重要 | zhòngyào | adj | important |
| 12. | 挂号 | guàhào | v | to register |
| | 挂 | guà | v | to hang |
| 13. | 加 | jiā | v | to add |
| 14. | 另外 | lìngwài | conj | in addition |
| 15. | 明信片 | míngxìnpiàn | n | postcard |

▼▼▼▼▼▼▼▼▼▼▼▼▼▼▼▼▼▼▼▼▼▼▼▼▼▼▼▼▼▼▼▼▼▼▼▼▼▼▼▼

*Proper Nouns*

| 16. 台南 | Táinán | pn | Tainan (a city in Taiwan) |

### The Format of the Envelope in China ▲

For Chinese domestic mail, the sender of the letter puts the recipient's address in the upper part and the recipient's name at the center of the envelope. The sender's own address and name (often the surname only) appear in the lower right corner of the envelope. For instance, if Li You sends a letter from Shanghai to Wang Peng in Beijing, she will write Wang Peng's address first on the upper part of the envelope, starting with the name of the city (Beijing), then the name of the street (College Road), and finally the street number (3). Wang Peng's name will appear in larger characters at the center of the envelope below his address. Finally, Li You will put her own address in Shanghai and her name at the bottom of the envelope, in smaller size characters.

北 京 学 院 路 三 号

王　朋　先 生

上海南京东路五号 李

Běijīng xuéyuàn lù sān hào

Wáng Péng xiānsheng

Shànghǎi Nánjīng dōng lù wǔ hào, Lǐ

*Notice the word order. One proceeds from the general to the specific when writing an address.*

## DIALOGUE I

(在台湾的邮局[1])

留学生： 先生，从台北寄一封信到台南要
几天？

营业员： 平信三、四[G1]天，快信只要一
天。

留学生： 我希望越快越好[G2]，那就[G3]寄快
信吧。要贴多少钱的邮票？

营业员： 十二块钱。

留学生： 这封信很重要。可以挂号吗？

营业员： 可以。如果挂号，还要再加十四
块。

留学生： 好，那就寄挂号快信。另外，我
还要买明信片，一张多少钱？

营业员： 三块钱。

留学生： 好，我买五张。除了明信片以
外，我还[G4]要买邮票，一张多少
钱？

营业员： 一张十块钱。

留学生： 我要十张。

营业员： 一共一百四十一块。

### Notes

▲1▲ In mainland China, many of the 邮局 (yóujú, post office) are also called 邮电局 (yóudiànjú, post and telecommunication office), which provide both postal service and telephone service.

## Dialogue II: At a Post Office in Beijing

### VOCABULARY

| | | | |
|---|---|---|---|
| 1. | 老是 | lǎoshi | adv | always; invariably |
| 2. | 首#饰 | shǒushi | n | jewelry |
| 3. | 新鲜 | xīnxiān | adj | fresh; novel |
| 4. | 花 | huā | n | flower |
| 5. | 束 | shù | m | (a bunch [of flowers, etc.]) |
| 6. | 服务 | fúwù | n | service |
| 7. | 订 | dìng | v | to order |
| 8. | 收到 | shōu dào | vc | to receive |
| | 收 | shōu | v | to receive |
| 9. | 这里 | zhèlǐ | pr | here |
| 10. | 存钱 | cún qián | vo | to deposit money |
| | 存 | cún | v | to deposit |
| 11. | 刚 | gāng | adv | just (indicating the immediate past) |
| 12. | 美元 | Měiyuán | n | U. S. currency |
| 13. | 支票 | zhīpiào | n | check |
| 14. | 它 | tā | pr | it |
| 15. | 人民#币 | Rénmínbì | n | Renminbi (RMB, Chinese currency) |

| 人民 | rénmín | n | people |
| 币 | bì | n | currency |
| 16. 银行 | yínháng | n | bank |

*Proper Nouns*

| 17. 北京 | Běijīng | pn | Beijing (capital of China) |
| 18. 中国银行 | Zhōngguó Yínháng | pn | Bank of China |

## Culture Notes ▲

**1▾** The post offices in mainland China and Taiwan offer some services that U.S. post offices normally do not. One can even go to a post office to open a savings account. The post offices handle most of the parcel shipping as well, although in mainland China one can also ship parcels at a railroad station without having to travel by train oneself. But in China and Taiwan one does not go to the post office for a passport as people do in the U.S. In China, passports are issued by the "public security bureau" (公安局 **gōng'ānjú**).

**2▾** China's central bank, equivalent to the U.S. Federal Reserve, is 中国人民银行 (**Zhōngguó Rénmín Yínháng**), which means literally "The People's Bank of China."

## DIALOGUE II

（在北京的邮局）

白: 张意文下个月过生日，以前我老是送
首饰，这次我想送点儿新鲜的东西，
你说我应该送什么？

王: 花最"新鲜"，就送她一束花吧。

白: 她住在上海，花不能寄，怎么送啊？

王： 邮局有送花的服务，你在北京订(1)
花，过两、三天，她在上海就收到(G5)
了。

白： 那太方便了。

王： 这里的邮局还可以存钱呢。

白： 真的啊？我爸爸刚从美国给我寄来一
张美元支票，我可以把它存在邮局
吗？

王： 不行，不行，邮局除了人民币以外，
别的钱都(G4)不能存。你还是到中国银
行去存吧。

### *Notes*

▲1▲ 订 (dìng) here means, "to order in advance," e.g., 订飞机票 (dìng fēijīpiào, to book airplane tickets), 订花 (dìng huā, to order flowers), 订旅馆 (dìng lǚguǎn, to make hotel reservations), etc.

### SUPPLEMENTARY VOCABULARY

| 1. | 旅行支票 | lǚxíng zhīpiào | n | traveler's check |
| 2. | 现金 | xiànjīn | n | cash |
| 3. | 新台币 | Xīn Táibì | n | NT (New Taiwan dollar) |
| 4. | 晚会 | wǎnhuì | n | evening party |
| 5. | 离开 | líkāi | v | to leave; to depart from |
| 6. | 美金 | Měijīn | n | U.S. dollar |

| 7. | 退 | tuì | v | to send back; to return |
| 8. | 丢 | diū | v | to lose; to throw |

## Grammar

### 1. Combination of Two Adjacent Numbers as Expression of Approximation

A combination of two adjacent numbers can be used to denote a numeric approximation, e.g., 五十六、七岁 (wǔ shí liù, qī suì; fifty-six or fifty-seven years old), 十八、九块钱 (shí bā, jiǔ kuài qián; eighteen or nineteen dollars), 三、四天 (sān, sì tiān; three or four days), 两、三本书 (liǎng, sān běn shū; two or three books), 七、八两 (qī, bā liǎng; seven or eight liang).

### 2. 越...越... (yuè...yuè...)

In this pattern, after each appearance of 越 (yuè) we can place an adjective or a verb (where the second verb stands for a feeling or emotion). Alternatively, we can place a verb after the first appearance of 越 and an adjective after the second appearance. The pattern suggests a corresponding relationship between two actions or states.

(1) 雨越下越大。

Yǔ yuè xià yuè dà.

(The rain is becoming heavier and heavier.) [Literally: the more it rains, the heavier it becomes.)

(2) 我们越走越快。

Wǒmen yuè zǒu yuè kuài.

(We walked faster and faster.) [Literally: the more we walked, the faster we went.)

(3) 明天我们有一个晚会，我希望来的人越多越好。

Míngtiān wǒmen yǒu yí ge wǎnhuì. Wǒ xīwàng lái de rén yuè duō yuè hǎo.

(We are going to have a party tomorrow evening. The more people come, the better.)

(4) 我离开家越久越想爸爸妈妈。

Wǒ líkāi jiā yuè jiǔ yuè xiǎng bàba māma.

(The longer I've been away from home, the more I miss my parents.)

(5) 我们的中文课越学越有意思。

Wǒmen de Zhōngwén kè yuè xué yuè yǒu yìsi.

(The longer we study Chinese, the more interesting it's becoming.)

## 3. The Conjunction 就 (jiù)

就 (jiù) links two related clauses or sentences. As a rule, it appears in the second clause or sentence, following (never preceding) the subject.

(1) 你今天没有空儿，那么就明天再去吧。

Nǐ jīntiān méiyǒu kòngr, nàme jiù míngtiān qù ba.

(Since you have no time today, let's go there tomorrow.)

(2) A: 我不喜欢吃美国饭。

Wǒ bù xǐhuan chī Měiguófàn.

(I don't like American food.)

B: 那就吃中国饭吧。

Nà jiù chī Zhōngguófàn ba.

(Let's have Chinese food then.)

(3) 如果你今天想早一点儿睡，那就快点儿开始做功课。

Rúguǒ nǐ jīntiān xiǎng zǎo yì diǎnr shuì, nà jiù kuài diǎnr kāishǐ zuò gōngkè.

(If you want to go to bed early tonight, you'd better start doing your homework early.)

(4) 你要是四点来，我们就四点十分走。

Nǐ yàoshi sì diǎn lái, wǒmen jiù sì diǎn shí fēn zǒu.

(If you come at 4:00, we will leave at 4:10.)

(5) 要是明天天气好，我们就去看红叶吧。

Yàoshi míngtiān tiānqì hǎo, wǒmen jiù qù kàn hóngyè ba.

(If the weather is good tomorrow, let's go see the red leaves.)

(6) 我一到寒假就想家。

Wǒ yí dào hánjià jiù xiǎng jiā.

(I'm homesick whenever winter break rolls around.)

### 4. 除了...以外，...还/都 (chúle...yǐwài, hái/dōu...) [see also L.8, G8]

The pattern "除了...以外，还...," (chúle...yǐwài, hái/dōu...), which first appears in Lesson Eight, indicates applicability pertaining not only to what is mentioned in the clause led by 除了 (chúle), but also to what is mentioned in the clause led by 还 (hǎi). In this pattern, 除了 (chúle) means "in addition to" or "besides."

(1) 你除了喜欢听音乐以外，还喜欢做什么？

Nǐ chúle xǐhuan tīng yīnyuè yǐwài, hái xǐhuan zuò shénme?

(Besides listening to music, what else do you like to do?)

(2) 我周末除了看书以外，还常常看电视。

Wǒ zhōumò chúle kàn shū yǐwài, hái chángcháng kàn diànshì.

(Besides reading, I also often watch T.V. on the weekend.)

(3) 我除了学中文以外，还学法文。

Wǒ chúle xué Zhōngwén yǐwài, hái xué Fǎwén.

(In addition to Chinese, I also study French.)

"除了…以外，都…," (chúle…yǐwài, dōu…), in contrast, indicates exclusion of what is presented in the clause led by 除了 (chúle). When used together with 都 (dōu), 除了 (chúle) means "except for."

(4) 除了小白以外，我的朋友都学中文。

Chúle Xiǎo Lǐ yǐwài, wó de péngyou dōu xué Zhōngwén.

(Except for Little Bai, all my friends are studying Chinese.)

(5) 除了红烧肉以外，别的中国菜我都喜欢吃。

Chúle hóngshāo ròu yǐwài, bié de Zhōngguó cài wǒ dōu xǐhuan.

(I like all Chinese dishes except pork cooked in soy sauce.)

## 5. Directional Complements Indicating Result

When used as complements, many directional verbs indicate not direction but result. For example, 存起来 (cún qǐlai) means "to store" or "to save;" 放不下 (fàng bu xià) means "there is not enough room for;" 收到 (shōu dào) means "to have received" and 想到 (xiǎng dào) means "to have thought of." The meaning of every directional complement used to indicate result is definite and is related in some way to its original directional meaning. However, the collocation of a verb and directional complement is usually not random but fixed. As a result, one has to remember the combinations one by one as individual words.

## PATTERN DRILLS

### A. 从...到 (cóng...dào)

**EXAMPLE:** 图书馆， 宿舍

→ 从图书馆到宿舍有多远？

→ 从图书馆到宿舍走路五分钟。

túshūguǎn,  sù shè

→ Cóng túshūguǎn dào sùshè yǒu duō yuǎn?

→ Cóng túshūguǎn dào sùshè zǒu lù wǔ fēnzhōng.

| | | |
|---|---|---|
| 1. | 你家 | 体育馆 |
| 2. | 教室 | 老师办公室 |
| 3. | 餐厅 | 宿舍 |
| 4. | 电脑中心 | 书店 |
| 5. | 语言实验室 | 教室 |
| 6. | 学生活动中心 | 图书馆 |
| 7. | 我家 | 中国餐馆 （开车） |
| 8. | 中国城 | 小东京 （开车） |
| 9. | 学校 | 飞机场 （坐地铁） |
| 10. | 日本 | 上海 （坐飞机） |

▼▼▼▼▼▼▼▼▼▼▼▼▼▼▼▼▼▼▼▼▼▼▼▼▼▼▼▼▼▼▼▼▼▼▼▼▼▼▼▼▼▼▼▼▼

1. nǐ jiā                        tǐyùguǎn
2. jiàoshì                       lǎoshī bàngōngshì
3. cāntīng                       sùshè
4. diàn nǎo zhōng xīn            shūdiàn
5. yǔyán shíyànshì               jiàoshì
6. xuéshēng huódòng zhōngxīn     túshūguǎn
7. wǒ jiā                        Zhōngguó cānguǎn      (kāi chē)
8. Zhōngguóchéng                 Xiǎo Dōngjīng        (kāi chē)
9. xuéxiào                       fēijīchǎng           (zuò dìtiě)
10. Rìběn                        Shànghǎi             (zuò fēijī)

**B.** 越...越... (yuè…yuè)

EXAMPLE: 我希望我的钱　多，　好

　　　　→ 我希望我的钱越多越好。

　　wǒ xīwàng wǒ de qián　duō　hǎo

　　→ Wǒ xīwàng wǒ de qián yuè duō yuè hǎo.

1. 我希望我的朋友　　　　　多　　　　好。
2. 他希望功课　　　　　　　少　　　　好。
3. 我希望我的宿舍离学校　　近　　　　好。
4. 我希望酸辣汤　　　　　　辣　　　　好。
5. 你明天来这儿　　　　　　早　　　　好。
6. 这种衬衫　　　　　　　　大　　　　便宜。
7. 这种鞋　　　　　　　　　小　　　　贵。
8. 我弟弟　　　　　　　　　睡觉　　　觉得累。
9. 她　　　　　　　　　　　吃得多　　觉得饿。
10. 李友　　　　　　　　　　学中文　　喜欢中文。

▼▼▼▼▼▼▼▼▼▼▼▼▼▼▼▼▼▼▼▼▼▼▼▼▼▼▼▼▼▼▼▼▼▼▼▼▼▼▼▼

| 1. | Wǒ xīwàng wǒ de péngyou | duō | hǎo. |
|---|---|---|---|
| 2. | Tā xīwàng tā de gōngkè | shǎo | hǎo. |
| 3. | Wǒ xīwàng wǒ de sùshè lí xuéxiào | jìn | hǎo. |
| 4. | Wǒ xīwàng suānlàtāng | là | hǎo. |
| 5. | Nǐ míngtiān lái zhèr | zǎo | hǎo. |
| 6. | Zhè zhǒng chènshān | dà | hǎo. |
| 7. | Zhè zhǒng xié | xiǎo | hǎo. |
| 8. | Wǒ dìdi | shuì jiào | juéde lèi. |
| 9. | Tā | chī de duō | juéde è. |
| 10. | Lǐ Yǒu | xué Zhōngwén | xǐhuan Zhōngwén. |

C. "一...多少钱？" (yī ... duōshǎo qián?)

**EXAMPLE:** 中文书，本

→ A: 中文书一本多少钱？

→ B: 中文书一本二十块钱。

Zhōngwén shū,   běn

→ A: Zhōngwén shū yì běn duōshǎo qián?

→ B: Zhōngwén shū yì běn èrshí kuài qián.

| 1. | 咖啡 | 杯 |
|---|---|---|
| 2. | 酸辣汤 | 碗 |
| 3. | 黑裤子 | 条 |
| 4. | 蓝色的衬衫 | 件 |
| 5. | 明天的电影票 | 张 |
| 6. | 中国啤酒 | 瓶 |
| 7. | 大号鞋 | 双 |
| 8. | 你昨天买的书 | 本 |

| 9. | 他上星期买的明信片 | 张 |
|---|---|---|
| 10. | 你姐姐前天买的邮票 | 套 |

| 1. | Kāfēi | bēi |
|---|---|---|
| 2. | Suānlàtāng | wǎn |
| 3. | Hēi kùzi | tiáo |
| 4. | Lánsè de chènshān | jiàn |
| 5. | Míngtiān de diànyǐngpiào | zhāng |
| 6. | Zhōngguó píjiǔ | píng |
| 7. | Dàhào xié | shuāng |
| 8. | Nǐ zuótiān mǎi de shū | běn |
| 9. | Tā shàng xīngqī mǎi de míngxìnpiàn | zhāng |
| 10. | Nǐ jiějie qiántiān mǎi de yóupiào | tào |

## D. 除了...(以外), ...都... (chú le … [yǐ wài],…dōu)

**EXAMPLE:** 我们都喜欢吃中国饭, 小李不喜欢吃中国饭
→ 除了小李以外, 我们都喜欢吃中国饭。

Wǒmen dōu xǐhuan chī Zhōngguófàn, Xiǎo Lǐ bù xǐhuan chī Zhōngguófàn.

→ Chúle Xiǎo Lǐ yǐwài, wǒmen dōu xǐhuan chī Zhōngguófàn.

| 1. | 他们都是学生, | 李小姐不是学生 |
|---|---|---|
| 2. | 我们都想去打球, | 小白不想去打球 |
| 3. | 我们都想去图书馆借书, | 王朋不想去图书馆借书 |
| 4. | 他们今天晚上都会来跳舞, | 小明今天晚上不会来跳舞 |
| 5. | 中国菜我都喜欢, | 但是我不喜欢糖醋鱼 |
| 6. | 学过的汉字我都会写 | 只有这个字我不会写 |
| 7. | 这儿的人我都认识 | 只有他哥哥我不认识 |

▲▲▲ *Exercise* ▲▲▲

*This is a standard envelope used in Taiwan. Indicate by letter where to place the following items.*

    a. recipient's name

    b. recipient's address

    c. sender's address

    d. stamp

1. Where do these stamps come from?

Answer: _____

2. Somewhere in this lesson is a picture of the currency you can use to buy one of these stamps. On which page is this picture?

Answer: _____

▼▼▼▼▼▼▼▼▼▼▼▼▼▼▼▼▼▼▼▼▼▼▼▼▼▼▼▼▼▼▼▼

8. 你要的书我都找到了　　　只有第一本书没有找到

9. 图书馆每天都开　　　星期六不开

10. 他每天都有中文课　　　星期四没有中文课

11. 别的钱都不能存　　　只能存美元

12. 别的地方我都不想去　　　我只想去纽约

13. 别人都复习功课了　　　小林没有复习功课

14. 别人都没有去看电影　　　他和小王去看电影了

1.  Tāmen dōu shì xuésheng,　　　Lǐ Xiǎojiě bú shì xuésheng.

2.  Wǒmen dōu xiǎng qù dǎ qiú,　　　Xiǎo Bái bù xiǎng qù dǎ qiǔ.

3.  Wǒmen dōu xiǎng qù túshūguǎn jiè shū,　　　Wáng Péng bù xiǎng qù túshūguǎn jiè shū.

4.  Tāmen jīntiān wǎnshang dōu huì lái tiào wǔ,　　　Xiǎomíng bú huì lái tiào wǔ.

5.  Zhōngguó cài wǒ dōu xǐhuan,　　　dànshì wǒ bù xǐhuan tángcùyú.

6.  Xuéguo de hànzì wǒ dōu huì xiě,　　　zhǐyǒu zhège zì wǒ bú huì xiě.

7.  Zhèr de rén wǒ dōu rènshi,　　　zhǐyǒu tā gēge wǒ bú rènshi.

8.  Nǐ yào de shū wǒ dōu jiè dào le,　　　zhǐyǒu dì yī běn shū méiyǒu zhǎo dào.

9.  Túshūguǎn měitiān dōu kāi,　　　xīngqīliù bù kāi.

10. Tā měitiān dōu yǒu Zhōngwén kè,　　　xīngqīsì méiyǒu Zhōngwén kè.

11. Bié de qián dōu bù néng cún　　　zhǐ néng cún Měiyuán.

12. Bié de dìfang wǒ dōu bù xiǎng qù,　　　wǒ zhǐ xiǎng qù Niǔyuē.

13. Biérén dōu fùxí gōngkè le,　　　Xiǎo Lín méiyǒu fùxí gōngkè.

14. Biérén dōu méiyǒu qù kàn diànyǐng　　　tā hé Xiǎo Wáng qù kàn diànyíng le.

## Pinyin Texts

### DIALOGUE I

*(Zài Táiwān de yóujú.*[1]*)*

**Liúxuéshēng:** Xiānsheng, cóng Táiběi jì yì fēng xìn dào Táinán yào jǐ tiān?

**Yínyèyuán:** Píngxìn sān, sì tiān[G1], kuàixìn zhǐ yào yì tiān.

Liúxuéshēng:    Wǒ xīwàng yuè kuài yuè hǎo(G2), nà jiù(G3) jì kuàixìn ba. Yào tiē duōshǎo qián de yóupiào?

Yínyèyuán:    Shí'èr kuài qián.

Liúxuéshēng:    Zhè fēng xìn hěn zhòngyào. Kěyǐ guàhào ma?

Yínyèyuán:    Kěyǐ. Rúguǒ guàhào, hái yào zài jiā shísì kuài.

Liúxuéshēng:    Hǎo, nà jiù jì guàhào kuàixìn. Lìngwài, wǒ hái yào mǎi míngxìnpiàn, yì zhāng duōshǎo qián?

Yínyèyuán:    Sān kuài qián.

Liúxuéshēng:    Hǎo, wǒ mǎi wǔ zhāng. Chúle míngxìnpiàn yǐwài, wǒ hái(G4) yào mǎi yóupiào, yì zhāng duōshǎo qián?

Yínyèyuán:    Yì zhāng shí kuài qián.

Liúxuéshēng:    Wǒ yào shí zhāng.

Yínyèyuán:    Yígòng yìbǎi sìshíyī kuài.

## DIALOGUE II

*(Zài Běijīng de yóujú.)*

Bái:    Zhāng Yǐwén xiàge yuè guò shēngrì, yǐqián wǒ lǎoshī sòng shǒushi, zhè cì wǒ xiǎng sòng diǎnr xīnxiān de dōngxi, nǐ shuō wǒ yīnggāi sòng shénme?

Wáng:    Huā zuì "xīnxiān," jiù sòng tā yí shù huā ba.

Bái:    Tā zhù zài Shànghǎi, huā bùnéng jì, zěnme sòng a?

Wáng:    Yóujú yǒu sòng huā de fúwù, nǐ zài Běijīng dìng(1) huā, guò liǎng, sān tiān, tā zài Shànghǎi jiù shōudào(G5) le.

你知道这是什么吗？(Nǐ zhīdao zhè shì shénme ma?)

请猜猜 "壹仟圆" 是什么意思。

(Qǐng cāicāi "yì qiān yuán" shì shénme yìsi.)

你知道这是什么吗？ (Nǐ zhīdao zhè shì shénme ma?)

请猜猜 "贰圆" 是什么意思。 (Qǐng cāicāi "èr yuán" shì shénme yìsi.)

Bái:   Nà tài fāngbiàn le.

Wáng:  Zhèlǐ de yóujú hái kěyǐ cún qián ne.

Bái:   Zhēn de a? Wǒ bàba gāng cóng Měiguó gěi wǒ jì lai yì zhāng Měiyuán
       zhīpiào, wǒ kěyǐ bǎ tā cún zài yóujú ma?

Wáng:  Bùxíng, bùxíng, yóujú chúle Rénmínbì yǐwài, biéde qián dōu⁽ᴳ⁵⁾ bùnéng
       cún. Nǐ háishi dào Zhōngguó Yínháng qù cún ba.

## English Texts

### DIALOGUE I

*(At a post office in Taiwan.)*

Student:  Sir, how many days does it take to send a letter from Taipei to
          Tainan?

Clerk:    Three or four days by regular mail, and only one day by express
          mail.

Student:  I'd like it to get there as soon as possible. I'll send it by express
          mail then. How much postage do I need to put on it?

Clerk:    Twelve dollars.**

Student:  This letter is very important. Could I have it registered?

---

** The currency in Taiwan is called New Taiwan dollars (NT). On November 27, 2004, one
U.S. dollar was equal to 32.14 NT.

Clerk:      Sure. But if you want to send it by registered mail, you'd have to add fourteen dollars more.

Student:    All right. I'll send it by registered express mail. Also I'd like to buy some postcards. How much does one cost?

Clerk:      Three dollars.

Student:    OK, I'll get five. Besides postcards, I'd also like to get some stamps. How much is a stamp?

Clerk:      Ten dollars.

Student:    I'll get ten of them.

Clerk:      One hundred forty-one dollars altogether.

## DIALOGUE II

*(At a post office in Beijing.)*

Bai:        Zhang Yiwen's birthday is next month. In the past I always gave her jewelry. This time I'd like to give her something new and different. What do you think I should give her?

Wang:       Flowers would be new and different. Why don't you give her some flowers?

Bai:        She lives in Shanghai. You can't send her flowers by mail. How would I send them?

Wang:       The post office has flower delivery service. You could order the flowers in Beijing. In a couple of days, she would receive them in Shanghai.

Bai:        That's really convenient.

Wang:       You can also deposit money in the post office.

Bai:        Really? My dad just sent me a check (in American money) from the U.S. Could I deposit that at the post office?

Wang:       Oh no. You can only deposit RMB at the post office, nothing else. You'd better deposit the check at the Bank of China.

# LESSON 20 ▲ Sports

## 第二十课 ▲ 运动

*Dì èrshí kè* ▲ *Yùndòng*

## Dialogue I: Gaining Weight

### VOCABULARY

| | | | | |
|---|---|---|---|---|
| 1. | 当然 | dāngrán | adv | of course |
| 2. | 胖 | pàng | adj | fat |
| 3. | 怕 | pà | v | to be afraid of |
| 4. | 简单 | jiǎndān | adj | simple |
| 5. | 跑步 | pǎo bù | vo | to jog |
| | 跑 | pǎo | v | to run |
| 6. | 难受 | nánshòu | adj | hard to bear; uncomfortable |

|      | 受      | shòu     | v   | to bear; to receive |
| ---- | ------- | -------- | --- | ------------------- |
| 7.   | #网球    | wǎngqiú  | n   | tennis              |
| 8.   | 拍      | pāi      | n   | racket              |
| 9.   | #篮球    | lánqiú   | n   | basketball          |
| 10.  | 游泳     | yóu yǒng | vo  | to swim             |
| 11.  | 危险     | wēixiǎn  | adj | dangerous           |
| 12.  | 多…哪    | duō…na   | qpr | how…                |
|      | 哪      | na       | p   | (modification of sound of 啊) |
| 13.  | #淹死    | yān sǐ   | vc  | to drown            |
| 14.  | 愿意     | yuànyì   | av  | to be willing       |

*Can you name this sport in Chinese?*

## DIALOGUE I

老李： 你看，我的肚子越来越大了。

小林： 你平常吃得那么多，又不运动，当然越来越胖了。

老李： 那怎么办呢？

小林： 如果怕胖，你一个星期运动两、三次，每次半个小时，肚子就会小了。

老李： 我两年没运动了(G1)，做什么运动呢？

小林： 最简单的运动是跑步。

老李： 冬天那么冷，夏天那么热，跑步多难受(G2)啊。

小林： 你打网球吧。

老李： 那我得买网球拍、网球鞋，太贵了！

小林： 找几个人打篮球吧。买个篮球很便宜。

老李： 那每次都得打电话找人，麻烦死了。

小林： 你去游泳吧。不用找人，也不用花很多钱，什么时候都可以去。

▼▼▼▼▼▼▼▼▼▼▼▼▼▼▼▼▼▼▼▼▼▼▼▼▼▼▼▼▼▼▼▼▼▼

老李：游泳？多危险哪，淹死了怎么办？

小林：我也没办法了。你不愿意运动，那
就胖下去<sup>(G3)</sup>吧。

**Culture Notes ▲**

**1 ▾** As living standards have improved in China in recent decades, the consumption of calorie-rich foods, especially meat, has been on the rise. Obesity has quietly become a problem for many people, especially children. That change has its sociolinguistic reflections. In the 1960s and 1970s one could say 你胖了 (**Nǐ pàng le**; You've put on weight) and it would be received as a compliment, but now one has to be really careful with that expression.

## Dialogue II: Watching American Football

### VOCABULARY

| | | | | |
|----|----------|-----------|------|-------------------------------|
| 1. | 上大学 | shàng dàxué | vo | to attend college/university |
| 2. | 为了 | wèile | conj | for the sake of |
| 3. | 提高 | tígāo | v | to improve |
| 4. | 听力 | tīnglì | n | listening comprehension |
| 5. | 调 | tiáo | v | to change; to adjust; to mix |
| 6. | 台 | tái | n | (TV, radio) channel |
| 7. | 足球 | zúqiú | n | soccer |
| 8. | #赛 | sài | n | game; match; competition |
| 9. | 圆 | yuán | adj | round |
| 10. | 国际 | guójì | adj | international |
| 11. | 美式 | Měishì | adj | American style |
| 12. | #脚 | jiǎo | n | foot |

| | | | |
|---|---|---|---|
| 13. | #踢 | tī | v | to kick |
| 14. | 手 | shǒu | n | hand |
| 15. | 抱 | bào | v | to hold or carry in the arms |
| 16. | 起来 | qilai | | complement indicating the beginning of an action |
| 17. | 被 | bèi | prep | used in a passive sentence to introduce the agent of the action; by |
| 18. | 压坏 | yā huài | vc | to smash; to get hurt by being crushed |
| 19. | #担心 | dānxīn | v | to worry |
| 20. | #棒 | bàng | adj | (coll) fantastic |
| 21. | 特别 | tèbié | adj | special |
| 22. | 运动服 | yùndòngfú | n | sportswear |
| 23. | 受伤 | shòu shāng | vo | to get injured or wounded |

*Can you name the above sports in Chinese?*

| | | | |
|---|---|---|---|
| 受 | shòu | v | to bear; to receive; to suffer |
| 伤 | shāng | n | injury; wound |
| 24. 半天 | bàntiān | n | half-day; a long time |
| 25. 看不出(来) | kàn bu chū(lai) | vc | can't make out; to be unable to tell |
| 出来 | chūlai | | complement indicating achievement of a result |
| 26. #输 | shū | v | to lose (a game, etc.) |
| 27. #赢 | yíng | v | to win |

**Proper Nouns**

| | | | |
|---|---|---|---|
| 28. 思文 | Sīwén | pn | a personal given name |

## DIALOGUE II

(意文的弟弟思文刚从台湾来，要在美国上大学，现在住在姐姐家里学英文。为了提高英文听力，他每天都看两个小时的电视(G4)。)

▲▲▲▲▲▲▲▲▲▲▲▲▲▲▲▲▲▲▲▲▲▲▲▲▲▲▲

意文：思文，快调到第六台，足球(1)赛开始了。

思文：是吗？我也喜欢看足球赛。...这是什么足球啊？怎么不是圆的？

意文：这不是国际足球，这是美式足球。

思文：足球应该用脚踢，为什么那个人用手抱着跑起来(G5)了呢？

意文： 美式足球可以用手。

思文： 你看，你看，那么多人都压在一起，下面的人不是要被<sup>(G6)</sup>压坏了吗？

意文： 别担心，他们的身体都很棒，而且还穿着特别的运动服，不容易受伤。

思文： 我看了半天，也看不出谁输了谁赢了。还是看别的吧。

意文： 你在美国住半年就会喜欢美式足球了。我有很多同学一看足球赛，就常常连饭都不吃了。

## Notes

▴1▴ Although the term 足球 (zúqiú) literally means "football," it refers to soccer, rather than American football. To avoid confusion, American football is translated into Chinese as 美式足球 (Měishì zúqiú, American-style football).

▴2▴ In recent decades, China has consolidated its status as the leading sports power in Asia. In some of the events, such as table tennis and diving, China has enjoyed a dominant position in the world. By far the most popular sport in China, as in many other countries, is soccer, but ironically, China's national soccer team is second-rate even in Asia. What Chinese people call "football" in the Chinese language is actually soccer in English. American football, called 美式足球 (Měishì zúqiu) in China, is not played there. Actually, not many people in China would understand the frenzy and exhilaration of American fans watching what seems to be little more than a group scuffling on grass.

▲3▲ One of the most spectacular scenes in a Chinese city is in the early morning, when hundreds or even thousands of men and women, most of them old and retired, gather in the parks to do taiji boxing (太极拳 tàijíquán) and other forms of exercise.

## SUPPLEMENTARY VOCABULARY

| | | | | |
|---|---|---|---|---|
| 1. | 减肥 | jiǎn féi | vo | to lose weight (purposely) |
| 2. | 瘦 | shòu | adj | thin; lean |
| 3. | 看见 | kàn jiàn | vc | to see; to catch sight of |
| 4. | 同意 | tóngyì | v | to agree |
| 5. | 风 | fēng | n | wind |
| 6. | 吹 | chuī | v | to blow |
| 7. | 队 | duì | n | team |
| 8. | 得到 | dé dào | vc | to gain; to obtain |
| 9. | 世界 | shìjiè | n | world |
| 10. | 冠军 | guànjūn | n | champion; first place |
| 11. | 时差 | shíchā | n | time difference; jetlag |
| 12. | 起来 | qǐlai | v | to get up |
| 13. | 白天 | báitiān | n | daytime |
| 14. | 年轻人 | niánqīngrén | n | young people |
| 15. | 乒乓球 | pīngpāngqiú | n | table tennis |
| 16. | 个子 | gèzi | n | size; height; stature |
| 17. | 不必 | búbì | | need not |
| 18. | 适合 | shìhé | v | to suit; to fit |

| 19. | 太极拳 | tàijíquán | n | Tai Chi (a kind of traditional Chinese shadow boxing) |
| 20. | 马上 | mǎshàng | adv | right away |
| 21. | 小学 | xiǎoxué | n | elementary school |
| 22. | 中学 | zhōngxué | n | middle school |
| 23. | 注意 | zhùyì | v | to pay attention to |
| 24. | 谈 | tán | v | to talk; to chat |

## Grammar

### 1. Time Expression + 没 (méi) + Verb + 了 (le)

This temporal expression is placed before the verb to indicate that an act has not been performed for a period of time.

(1) 他三天没来上课了。

Tā sān tiān méi lái shàng kè le.

(He has missed classes for three days.)

(2) 我一年没看见她了。

Wǒ yì nián méi kàn jiàn tā le.

(I haven't seen her for a year.)

(3) 妹妹病了，三天没吃饭了。

Mèimei bìng le, sān tiān méi chī fàn le.

(My sister is sick; she hasn't eaten anything for three days.)

Please note the difference between this construction and the one that indicates the duration of an action in an affirmative sentence. Compare:

(4) A: 我学了两年中文了。

Wǒ xuéle liǎng nián Zhōngwén le.

(I have studied Chinese for two years.)

B: 我两年没学中文了。

Wǒ liǎng nián méi xué Zhōngwén le.

(I haven't studied Chinese for two years.)

## 2. 好/难 (hǎo/nán) + Verb

Some verbs can be preceded by 好 or 难 (hǎo or nán), and the resulting compounds become adjectives. In this case, 好 (hǎo) usually means "easy" while 难 (nán) means its opposite, e.g.: 好受/难受 (hǎo shòu/nán shòu; comfortable/uncomfortable), 好写/难写 (hǎo xiě/nán xiě; easy to write/hard to write), 好走/难走 (hǎo zǒu/nán zǒu; easy to walk on/hard to walk on [a road]), 好说/难说 (hǎo shuō/nán shuō; easy to say/difficult to say), 好懂/难懂 (hǎo dǒng/nán dǒng; easy to understand/hard to understand), 好唱/难唱 (hǎo chàng/nán chàng; easy to sing/hard to sing). In some other compounds, however, 好 (hǎo) suggests that the action represented by the verb is pleasant, while 难 (nán) means the opposite, e.g., 好吃/难吃 (hǎo chī/nán chī; delicious/distasteful), 好看/难看 (hǎo kàn/nán kàn; pretty/ugly), etc.

## 3. 下去 (xiaqu) Indicating Continuation

下去 signifies the continuation of an action already in progress.

(1) 说下去。

Shuō xiaqu.

(Go on speaking.)

(2) 你再跑下去，要累死了。

Nǐ zài pǎo xiaqu, yào lèi sǐ le.

(You'll be exhausted if you go on running.)

(3) 你别念下去了，我一点也不喜欢听。

Nǐ bié niàn xiaqu le, wǒ yì diǎn yě bù xǐhuan tīng.

(Please stop reading. I don't like to listen to this at all.)

## 4. Verb + Expression of Time Duration + Object

When a sentence contains both a time expression that indicates the duration of an action and an object, it takes one of the following two patterns.

*A: Repetition of the verb*

(1) 她每天听录音听一个小时。

Tā měi tiān tīng lùyīn tīng yí ge xiǎoshí.

(She listens to the recording for an hour every day.)

(2) 他学中文学了三年了。

Tā xué Zhōngwén xuéle sān nián le.

(He has been studying Chinese for three years.)

(3) 她每天跳舞跳四十分钟。

Tā měi tiān tiào wǔ tiào sìshí fēnzhōng.

(She dances for forty minutes every day.)

(4) 她每天看中文书看两个小时，所以中文进步很快。

Tā měi tiān kàn Zhōngwén shū kàn liǎng ge xiǎoshí, suǒyǐ Zhōngwén jìnbù hěn kuài.

(She reads Chinese books for two hours every day. That's why her Chinese has improved rapidly.)

B: *Time expression placed before the object, often with* 的

(1) 她每天听一个小时(的)录音。

Tā měi tiān tīng yí ge xiǎoshí [de] lùyīn.

(She listens to the recording for an hour every day.)

(2) 他学了三年(的)中文了。

Tā xué le sān nián [de] Zhōngwén le.

(He has been studying Chinese for three years.)

(3) 她每天跳四十分钟(的)舞。

Tā měi tiān tiào sìshí fēnzhōng [de] wǔ.

(She dances for forty minutes every day.)

(4) 她每天看两个小时(的)中文书，所以
中文进步很快。

Tā měi tiān kàn liǎng ge xiǎoshí [de] Zhōngwén shū, suǒyǐ Zhōngwén
jìnbù hěn kuài.

(She reads Chinese books for two hours every day. That's why her
Chinese has improved rapidly.)

## 5. 起来 (qilai) Indicating the Beginning of an Action

起来 (qilai) indicates the moment when something static becomes dynamic,
that is, it signifies the beginning of an action or state.

(1) 我们一见面就谈了起来。

Wǒmen yí jiàn miàn jiù tánle qilai.

(We began chatting as soon as we met.)

(2) 他一回家就写起信来。

Tā yì huí jiā jiù xiě qi xìn lai.

(He began to write a letter as soon as he got home.)

(3) 下了课以后，学生们打起球来。

Xiàle kè yǐhòu, xuéshengmen dǎ qi qiú lai.

(The students started to play ball as soon as the class was over.)

Note that the object is placed between 起 (qi) and 来 (lai), rather than after 起来 (qilai).

### 6. 被 (bèi) in Passive-Voice Sentences

A sentence in the passive voice can be constructed with 被 (bèi). Its structure is as follows: Receiver of the action + 被 (bèi) + Agent of the action + Verb + Complement or other components.

(1) 我的帽子被风吹走了。

Wǒ de màozi bèi fēng chuī zǒu le.

(My hat was blown off by the wind.)

(2) 你借的那本书被你女朋友拿去了。

Nǐ jiè de nà běn shū bèi nǐ de nǚpéngyou ná qù le.

(The book that you borrowed was taken away by your girlfriend.)

被 (bèi) is not used as often as the passive voice is used in English. When it is used, it usually appears in situations that are unpleasant for the receiver of the action, or in situations where something is lost. In the passive voice, the receiver of the action is often placed in the position similar to that of the "topic" in a "topic-comment" sentence. Like in the 把 (bǎ) construction (see L. 13), the verb is usually followed by a complement or other elements.

In a passive-voice sentence with 被 (bèi), the agent of the action does not always have to be specified. If the agent of the action is someone that is not identifiable or need not be identified, it can be referred to as 人 (rén) or simply omitted from the sentence.

(3) 我的学生证被人拿走了。

Wǒ de xuéshēngzhèng bèi rén ná zǒu le.

(Someone took my student I.D.)

(4) 杯子被打破 [pò, broken] 了。

Bēizi bèi dǎ pò le.

(The glass was broken.)

## TV Stations in China ▲

In China all television stations are state-owned. Apart from the Chinese Central Television (CCTV), each province has its own TV stations. CCTV has a channel exclusively devoted to sports, where NBA games are regularly aired. It also offers an English channel, Channel 4, which can be received all over the world through satellite transmission.

# PATTERN DRILLS

**A. Time Expression** + 没 (méi) + **Verb** + 了 (le)

**EXAMPLE:** 三天， 睡觉

→ 我三天没睡觉了。

san tiān,     shuì jiào

→ Wǒ sān tiān méi shuì jiào le.

| | | |
|---|---|---|
| 1. | 两个月 | 看电影 |
| 2. | 三个月 | 付房租 |
| 3. | 两年 | 买衣服 |
| 4. | 两天 | 做功课 |
| 5. | 半年 | 买首饰 |
| 6. | 两个星期 | 跑步 |
| 7. | 四个月 | 打网球 |
| 8. | 好久 | 喝啤酒 |
| 9. | 很长时间 | 吃中国饭 |
| 10. | 好几个星期 | 去电脑中心 |

| | | |
|---|---|---|
| 1. | liǎng ge yuè | kàn diànyǐng |
| 2. | sān ge yuè | fù fángzū |
| 3. | liǎng nián | mǎi yīfu |
| 4. | liǎng tiān | zuò gōngkè |
| 5. | bàn nián | mǎi shǒushì |
| 6. | liǎng ge xīngqī | pǎobù |
| 7. | sì ge yuè | dǎ wǎngqiú |
| 8. | hǎojiǔ | hē píjiǔ |

| | | |
|---|---|---|
| 9. | hěng cháng shí iān | chī Zhōngguó fàn |
| 10. | hǎo jǐ ge xīngqī | qù diànnǎo zhōngxīn |

## B. 为了 (wèile)

**EXAMPLE:** 学英文，每天都看电视

→ 为了学英文，他每天都看电视。

xué Yīngwén, měitiān dōu kàn diànshì

→ Wèile xué Yīngwén, tā měitiān dōu kàn diànshì.

| | | |
|---|---|---|
| 1. | 提高中文听力 | 每天都听录音 |
| 2. | 考试考得好 | 常常去图书馆看书 |
| 3. | 练习中文 | 开始用中文写日记 |
| 4. | 预习今天的功课 | 昨天晚上没睡觉 |
| 5. | 明天早点儿起床 | 今天晚上九点就睡觉了 |
| 6. | 让弟弟早一点儿收到信 | 寄了快信 |
| 7. | 肚子小一点儿 | 天天去游泳 |
| 8. | 打篮球 | 每天打电话找人 |
| 9. | 看足球赛 | 买了一个新电视 |
| 10. | 不受伤 | 穿着特别的运动服 |

| | | |
|---|---|---|
| 1. | tígāo Zhōngwén tīnglì, | měitiān dōu tīng lùyīn |
| 2. | kǎoshì kǎo de hǎo | chángcháng qù túshūguǎn kàn shū |
| 3. | liànxí Zhōngwén | kāishǐ yòng Zhōngwén xiě rìjì |
| 4. | yùxí jīntiān de gōngkè | zuótiān wǎnshang méi shuì jiào |
| 5. | míngtiān zǎo diǎnr qǐ chuáng | jīntiān wǎnshang jiǔ diǎn jiù shuì jiào le. |
| 6. | ràng dìdi zǎo yì diǎnr shōu dào xìn | jìle kuàixìn |

7.　dùzi xiǎo yì diǎnr　　　　　　　tiāntiān qù yóu yǒng

8.　dǎ lánqiú　　　　　　　　　　　měitiān dǎ diànhuà zhǎo rén

9.　kàn zúqiú sài　　　　　　　　　mǎile yí ge xīn diànshì

10.　bú shòushāng　　　　　　　　chuān zhe tèbié de yùndòngfú

## C. Verb + Time Expression + Object

**EXAMPLE:** 他昨天看报纸看了两个钟头。

　　　→ 他昨天看了两个钟头的报纸。

Tā zuótiān kàn bàozhǐ kàn le liǎng ge zhōngtóu.

→ Tā zuótiān kànle liǎng ge zhōngtóu de bàozhǐ.

1. 我昨天晚上睡觉睡了七个钟头。

2. 我妹妹昨天看电视看了四个钟头。

3. 李友听录音听了一个多小时。

4. 王朋刚才打电话打了三十多分钟。

5. 我哥哥今天下午看录像看了三个小时。

6. 他们上个周末打网球打了一个下午。

7. 他姐姐学日文学了两年。

8. 我们练习发音练习了一个多星期。

1.  Wǒ zuótiān wǎnshang shuì jiào shuìle qī ge zhōngtóu.

2.  Wǒ mèimei zuótian kàn diànshì kànle sì ge zhōngtóu.

3.  Lǐ Yǒu tīng lùyīn tīngle yí ge duō xiǎoshí.

4.  Wáng Péng gāngcái dǎ diànhuà dǎle sānshí duō fēnzhōng.

5.  Wǒ gēge jīntiān xiàwǔ kàn lùxiàng kànle sān ge xiǎoshí.

6.  Tāmen shàngge zhōumò dǎ wǎngqiú dǎle yí ge xiàwǔ.

7.  Tā jiějie xué Rìwén xuéle liǎng nián.

8.  Wǒmen liànxí fāyīn liànxíle yí ge duō xīngqī.

## D. 起来 (qilai)

**EXAMPLE:** 高兴, 笑

   → 他高兴得笑了起来。

   gāoxìng, xiào

      → Tā gāoxìng de xiàole qilai.

1. 高兴        跳

2. 疼          哭

3. 忙          跑

4. 累          睡觉

5. 高兴        唱歌

6. 饿          吃剩菜

▼▼▼▼▼▼▼▼▼▼▼▼▼▼▼▼▼▼▼▼▼▼▼▼▼▼▼▼▼▼▼▼▼▼▼▼▼▼▼▼▼

1.  gāoxìng      tiào
2.  téng         kū
3.  máng         pǎo
4.  lèi          shuì jiào
5.  gāoxìng      chàng gē
6.  è            chī shèngcài

*Review the Grammar section and find the sentence that best represents what the customer might be saying.*

**E.** 被 (bèi)

**EXAMPLE:** 那本书， 人， 借去
→ 那本书被人借去了。

nà běn shū, rén, jiè qù

→ Nà běn shū bèi rén jiè qù le.

| | | |
|---|---|---|
| 1. 他的学生证 | 他 | 忘在教室 |
| 2. 我的字典 | 我的同学 | 借去 |
| 3. 他的汽车 | 他的女朋友 | 开回家 |
| 4. 你的录音机 | 你弟弟 | 拿到宿舍去 |
| 5. 我们的糖醋鱼 | 你的妹妹 | 吃完 |
| 6. 她的钱 | 她的男朋友 | 花完 |
| 7. 我的支票 | 我妈妈 | 存到银行去 |
| 8. 他买的花 | 他太太 | 送给她朋友 |
| 9. 我的书 | 人 | 拿去 |

| | | |
|---|---|---|
| 10. | 那件衬衫 | 人 | 买去 |
| 11. | 我买的啤酒 | 人 | 喝完了 |
| 12. | 这个录音机 | | 用坏了 |
| 13. | 我去年买的衬衫 | | 穿破 |

| | | | |
|---|---|---|---|
| 1. | Tā de xuéshēngzhèng | tā | wàng zài jiàoshì |
| 2. | Wǒ de zìdiǎn | wǒ de tóngxué | jiè qù |
| 3. | Tā de qìchē | tā de nǚpéngyou | kāi huí jiā. |
| 4. | Nǐ de lùyīnjī | nǐ de dìdi | ná dào sùshè qù |
| 5. | Wǒmen de tángcùyú | nǐ de mèimei | chī wán |
| 6. | Tā de qián | tā de nánpéngyou | huā wán |
| 7. | Wǒ de zhīpiào | wǒ māma | cún dào yínháng qù |
| 8. | Tā mǎi de huā | tā tàitai | sòng gěi tā péngyou |
| 9. | Wǒ de shū | rén | ná qù |
| 10. | Nà jiàn chènshān | rén | mǎi qù |
| 11. | Wǒ mǎi de píjiǔ | rén | hē wán le |
| 12. | Zhège lùyīnjī | | yòng huài le |
| 13. | Wǒ qùnián mǎi de chènshān | | chuān pò |

## Pinyin Texts

### DIALOGUE I

Lǎo Lǐ:    Nǐ kàn, wǒ de dùzi yuè lái yuè dà le.

Xiǎo Lín:  Nǐ píngcháng chī de nàme duō, yòu bú yùndòng, dāngrán yuè lái yuè pàng le.

Lǎo Lǐ:    Nà zěnme bàn ne?

Xiǎo Lín:  Yàoshi pà pàng, nǐ yí ge xīngqī yùndòng liǎng, sān cì, měi cì bàn ge xiǎoshí, dùzi jiù huì xiǎo le.

Lǎo Lǐ:    Wǒ liǎng nián méi yùndòng le(G1), zuò shénme yùndòng ne?

Xiǎo Lín:  Zuì jiǎndān de yùndòng shì pǎobù.

Lǎo Lǐ:    Dōngtiān nàme lěng, xiàtiān nàme rè, pǎobù duō nánshòu(G2) a.

*Do you know the name of this sport? If you can say it in English, you should be able to say it in Chinese as well. (See next page.)*

| Xiǎo Lín: | Nǐ dǎ wǎngqiú ba. |
|---|---|
| Lǎo Lǐ: | Nà wǒ děi mǎi wǎngqiúpāi, wǎngqiúxié, tài guì le! |
| Xiǎo Lín: | Zhǎo jǐ ge rén dǎ lánqiú ba. Mǎi ge lánqiú hěn piányi. |
| Lǎo Lǐ: | Nà měi cì dōu děi dǎ diànhuà zhǎo rén, máfan sǐ le. |
| Xiǎo Lín: | Nǐ qù yóu yǒng ba. Bú yòng zhǎo rén, yě bú yòng huā hěn duō qián, shénme shíhou dōu kěyǐ qù. |
| Lǎo Lǐ: | Yóu yǒng? Duō wēixiǎn na, yān sǐ le zěnme bàn? |
| Xiǎo Lín: | Wǒ yě méi bànfǎ le. Nǐ bú yuànyì yùndòng, nà jiù pàng xiaqu(G3) ba. |

## DIALOGUE II

*(Yiwén de dìdi Sīwén gāng cóng Táiwān lái, yào zài Měiguó shàng dàxué, xiànzài zhù zài jiějie jiāli xué Yīngwén. Wèile tígāo Yīngwén tīnglì, tā měi tiān dōu kàn liǎng ge xiǎoshí de diànshì(G4).)*

| Yiwén: | Sīwén, kuài tiáo dào dì-liù tái, zúqiú(1) sài kāishǐ le. |
|---|---|
| Sīwén: | Shì ma? Wǒ yě xǐhuan kàn zúqiú sài....Zhè shì shénme zúqiú a? Zěnme bú shì yuán de? |
| Yiwén: | Zhè bú shì guójì zúqiú, zhè shì Měishì zúqiú. |
| Sīwén: | Zúqiú yīnggāi yòng jiǎo tī, wèishénme nà ge rén yòng shǒu bàozhe pǎo qilai(G5) le ne? |

Yìwén:    Měishì zúqiú kěyǐ yòng shǒu.

Sīwén:    Nǐ kàn, nǐ kàn, nàme duō rén dōu yā zài yìqǐ, xiàmian de rén bú shì yào bèi[G6] yā huài le ma?

Yìwén:    Bié dānxīn, tāmen de shēntǐ dōu hěn bàng, érqiě hái chuānzhe tèbié de yùndòngfú, bù róngyì shòu shāng.

Sīwén:    Wǒ kànle bàntiān, yě kàn bu chū shéi shūle shéi yíng le. Háishi kàn biéde ba.

Yìwén:    Nǐ zài Měiguó zhù bàn nián jiù huì xǐhuan Měishì zúqiú le. Wǒ yǒu hěn duō tóngxué yí kàn zúqiú sài, jiù chángcháng lián fàn dōu bù chī le.

Pīngpāngqiú 乒乓球

## English Texts

### DIALOGUE I

Old Li:         Look, my belly is getting bigger and bigger.

Little Lin:     You usually eat so much, and you never exercise. No wonder you are putting on more and more weight.

Old Li:         What should I do?

Little Lin:     If you're afraid of being overweight, you should exercise two or three times a week, for half an hour each time. Then your belly will get smaller.

Old Li:         I haven't exercised for two years. What exercise should I do?

Little Lin:     The simplest exercise is jogging.

Old Li:         It's so cold in winter, and so hot in summer. How unbearable it would be to jog!

Little Lin:     How about playing some tennis?

Old Li:         Then I'd have to get a racket and tennis shoes. That'd be too expensive.

Little Lin:     How about getting a few people together to play basketball (with you)? A basketball is very inexpensive (to buy).

Old Li:         Every time (I wanted to play) I'd have to make phone calls to find people. Too much hassle.

Little Lin:     Then how about swimming? There's no need to look for people (to swim with you), and it wouldn't cost much money. And you could do it any time.

Old Li:        Swimming? That's too dangerous. What if I drown?

Little Lin:   There's nothing I can do [to help]. If you are unwilling to exercise, keep on adding pounds then.

## DIALOGUE II

*(Yiwen's younger brother, Siwen, just came from Taiwan. He will be going to college in the United States. Right now he is staying at his elder sister's place, studying English. In order to improve his listening comprehension, he watches two hours of TV every day.)*

Yiwen:   Siwen, quick, switch to Channel Six. The football game is about to start.

Siwen:   Really? I like to watch football games too....What kind of football is this? How come it's not round?

Yiwen:   This is not international football. This is American football.

Siwen:   To play football you should kick (the ball) with your feet. Why is that guy running with the ball in his hands?

*Can you talk about this sport in Chinese?*

*Find the sentence in the Grammar section that describes this picture. (Hint: Li You came too late.)*

Yiwen: You can use your hands in American football.

Siwen: Look! All those people are on top of one another. Won't the people underneath be crushed to pieces?

Yiwen: Don't worry. They are really strong. Besides, they wear special clothes (so that) they won't get injured so easily.

Siwen: I've been watching for a long time. I still don't know who is winning (and who is losing.) Let's watch something else.

Yiwen: You only have to live in America for six months (half a year) before you will begin to like American football. I have many friends who, as soon as they start watching a football game, won't even (stop to) eat.

# LESSON 21 ▲ Travel
## 第二十一课 ▲ 旅行
### *Dì èrshíyī kè* ▲ *Lǚxíng*

## Dialogue I : Traveling to Taiwan

### VOCABULARY

| | | | | |
|---|---|---|---|---|
| 1. | 放假 | fàng jià | vo | to go on a holiday or vacation |
| | 放 | fàng | v | to let go; to set free |
| | 假 | jià | n | vacation; holiday |
| 2. | 计划 | jìhuà | n | plan |
| 3. | 各地 | gè dì | n | various places |
| | 各 | gè | pr | each; every |
| 4. | 走 | zǒu | v | to leave; to depart |

| 5. | 打算 | dǎsuàn | v | to plan |
| 6. | 护照 | hùzhào | n | passport |
| 7. | #签证 | qiānzhèng | n | visa |
| 8. | 办 | bàn | v | to do; to handle |
| 9. | 好 | hǎo | adv | (used before certain verbs to indicate that something is easy) [see L.20, G2] |
| 10. | 机票 | jīpiào | n | plane ticket; airplane ticket |
| 11. | 订 | dìng | v | to reserve; to book (a ticket, a hotel room, etc.) |
| 12. | 家 | jiā | m | (measure word for companies, restaurants, etc.) |
| 13. | 航空公司 | hángkōng gōngsī | n | airline |
|  | 航空 | hángkōng | n | aviation |
|  | 公司 | gōngsī | n | company |
| 14. | 减价 | jiǎn jià | vo | to reduce prices; to have a reduced price sale |
|  | 价 | jià | n | price |
| 15. | 旅行社 | lǚxíngshè | n | travel agency |
| 16. | 日程 | rìchéng | n | schedule; itinerary |
| 17. | 打折(扣) | dǎ zhé(kòu) | vo | to give a discount |
| 18. | 九折 | jiǔzhé |  | 10% off |

*Proper Nouns*

| 19. | 钱 | qián | n | money; a surname |
| 20. | 西北 | Xīběi | pn | Northwest (Airlines) |
| 21. | 中华 | Zhōnghuá | pn | China (Airlines) |

## Travel Season in China ▲

The busiest travel season in China is in January and February, when millions upon millions of people travel to join their families or friends for the Chinese New Year. The Chinese are also becoming increasingly interested in traveling abroad. Singapore, Malaysia, and Thailand have been among the most popular destinations, largely because a trip to Southeast Asia is relatively affordable, but many people have traveled to South Korea as well, especially since the 2002 World Cup.

## DIALOGUE I

钱： 小白，时间过得真快，还有一个月就
　　 放假了，你有什么计划？

白： 我还没有想好，你呢，老钱？

钱： 我要到台湾去。

白： 真的啊？你要到台湾做什么？

钱： 我想一边教英文，一边学中文，有空
　　 的时候，到台湾各地去看看。

白： 你以前去过台湾没有[1]？

钱： 没有，这是第一次。

白：什么时候走？

钱：我打算六月中走，我护照已经办好
　　了，可是我的签证还没办。

白：到台湾的签证不难办，可是六月的机
　　票不好买，你得赶快订机票。

钱：昨天报纸上的广告说西北、中华这两
　　家航空公司的机票都在大减价，可是
　　我忙得没有时间打电话。

白：我哥哥在一家旅行社工作，你把你的
　　旅行日程告诉我，我请他帮你办。

钱：好极了，机票能不能打折扣？

白：这个…我请他给你打九折[2]，但是你得
　　请我吃饭。

钱：那没问题。

白：一言为定。

钱：好，一言为定。

## Notes

▲1▲ "你以前去过台湾没有？" (Nǐ yǐqián qùguo Táiwān méiyǒu?) is a vari-
ant of "你以前去没(有)去过台湾？" (Nǐ yǐqián qù méi[yǒu] qùguo Táiwān?).
Similarly, the question "你昨天看没看电影？" (Nǐ zuótiān kàn méi kàn
diànyǐng? Did you see the movie yesterday?) can be rephrased as "你昨天看
电影没有？" (Nǐ zuótiān kàn diànyǐng méiyǒu?). And for "你吃没吃过饭？"

(Nǐ chī méi chīguo fàn? Have you had your meal?) one can also say "你吃过饭没有?" (Nǐ chīguo fàn méiyǒu?).

▲**2**▲ The approach to describing a discount in Chinese is different from that in English. In English, the emphasis is on the portion of the money that is not collected, e.g., 10 percent off, 20 percent off or 25 percent off, etc. In Chinese, however, the emphasis is on the amount of the money that is actually collected. Therefore, 九折 (jiǔ zhé) means that the price is 90 percent of the original price; 八折 (bā zhé) means 20 percent off; 七五折 (qī wǔ zhé) 25 percent off; and 对折 (duì zhé) 50 percent off.

## Dialogue II: Traveling to Beijing

### VOCABULARY

| | | | | |
|---|---|---|---|---|
| 1. | 初 | chū | n | beginning |
| 2. | 单程 | dānchéng | n | one-way trip |
| 3. | 来回 | láihuí | n | round trip; back and forth |
| 4. | 有的 | yǒude | | some |
| 5. | 千 | qiān | nu | thousand |

| | | | |
|---|---|---|---|
| 6. | 不到 | bú dào | | less than |
| 7. | 转机 | zhuǎn jī | vo | to change planes |
| 8. | 直飞 | zhí fēi | | fly directly |
| 9. | 班机 | bānjī | n | scheduled flight |
| 10. | 内 | nèi | n | within; inside |
| 11. | #涨价 | zhǎng jià | vo | to increase in price |
| 12. | 要是...就... | yàoshi...jiù... | | if...then... |

*Proper Nouns*

| | | | | |
|---|---|---|---|---|
| 13. | #华#盛#顿 | Huáshèngdùn | pn | Washington |
| 14. | #韩国 | Hánguó | pn | Korea |
| 15. | #芝加哥 | Zhījiāgē | pn | Chicago |
| 16. | #洛#杉#矶 | Luòshānjī | pn | Los Angeles |
| 17. | 汉城 | Hànchéng | pn | Seoul (see note below) |
| 18. | 香#港 | Xiānggǎng | pn | Hong Kong |
| 19. | 中国民航 | Zhōngguó Mínháng | pn | Air China |

**Note:** The Chinese word for Seoul was officially changed to 首尔 (Shǒuěr) on January 19, 2005.

## DIALOGUE II

职员： 大中旅行社，你好。

王朋： 你好。小姐，请问六月初到北京的机票多少钱？

职员： 您要买单程票还是来回票？

王朋：我要买一张来回票。

职员：有的[G1]航空公司一千[G2]多块钱，有的不到一千。你想买哪家航空公司的？

王朋：哪家的便宜，就买哪[G3]家的。

职员：你打算从哪儿走？

王朋：华盛顿。

职员：韩国航空公司的票最便宜。

王朋：韩航怎么飞？

职员：先从华盛顿飞到芝加哥，在芝加哥转机到洛杉矶，然后从洛杉矶直飞汉城，在那儿住一夜，然后再飞香港，从香港再飞北京。

王朋：这太麻烦了。有没有从洛杉矶直飞北京的班机？

职员：有。西北、中国民航都有，但是都比韩航贵两百多块[G4]。

王朋：我现在订，什么时候必须付钱？

职员：一个星期内[1]。

王朋：好，我想想再给你打电话。

职员： 这个星期机票在减价，下个星期就
涨价了。要是你要订就得快一点
儿。

### *Notes*

▲1▲ 内 (nèi), just like its English equivalent "inside" or "within," can be used in relation to either time or space. However, unlike "inside" and "within," which are prepositions, 内 (nèi) has to follow the word or phrase that defines the temporal or spatial frame. Thus we say 一个星期内 (yí ge xīngqī nèi, within a week) rather than 内一个星期 (nèi yí ge xīngqī), and we say 室内 (shì nèi, in the room or indoors) rather than 内室 (nèi shì).

## SUPPLEMENTARY VOCABULARY

| | | | | |
|---|---|---|---|---|
| 1. | 万 | wàn | nu | ten thousand |
| 2. | 亿 | yì | nu | hundred million |
| 3. | 加州 | Jiāzhōu | n | (abbr) the state of California |
| 4. | 州 | zhōu | n | state (U.S.) |
| 5. | 念书 | niàn shū | vo | to study |
| 6. | 国家公园 | guójiā gōngyuán | n | national park |
| 7. | 旅馆 | lǚguǎn | n | hotel |
| 8. | 多半 | duōbàn | adv | mostly; the greater part |
| 9. | 露营 | lùyíng | v | to camp (out) |
| 10. | 旧 | jiù | adj | old; used |
| 11. | 长途 | chángtú | n | long distance |
| 12. | 出问题 | chū wèntí | vo | run into trouble |
| 13. | 工作证 | gōngzuòzhèng | n | employee's card; I.D. card |
| 14. | 合法 | héfǎ | adj | legal |

▼▼▼▼▼▼▼▼▼▼▼▼▼▼▼▼▼▼▼▼▼▼▼▼▼▼▼▼▼▼▼▼▼

▲▲▲ *Exercise* ▲▲▲

*Can you say and write the amount below in Chinese? (You will find help in the Grammar section.)*

$356,478,109.00

---

## Grammar

### 1. 有的 (yǒude) and 一些 (yìxiē) Compared

Both 有的 (yǒude) and 一些 (yìxiē) mean "some," but they are used differently. Denoting an indefinite sum or number, 一些 (yìxiē) often follows the verb and modifies the object of the sentence, although it can occasionally be used to modify the subject, and then it appears before the verb. 有的 (yǒude), on the other hand, can be used either to modify a noun, or as a pronoun. In either case, it is placed before the verb.

(1) 请你借我一些钱，好吗？

Qǐng nǐ jiè wǒ yìxiē qián, hǎo ma?

(Can you lend me some money?)

(1a) *请你借我有的钱，好吗？

*Qǐng nǐ jiè wǒ yǒude qián, hǎo ma?

(2) 有一些家具是我自己买的，有一些是房东的。

Yǒu yìxiē jiājù shì wǒ zìjǐ mǎi de, yǒu yìxiē shì fángdōng de.

(Some of the furniture was bought by myself, and some belongs to the landlord.)

(3) 航空公司的机票，有的贵，有的便宜。

Hángkōng gōngsī de jīpiào, yǒude guì, yǒude piányi.

(Airline tickets—some are expensive; some are inexpensive.)

(4) 有的人去华盛顿，有的人去洛杉矶。

Yǒude rén qù Huáshèngdùn, yǒude rén qù Luòshānjǐ.

(Some people will go to Washington, D.C. and some to Los Angeles.)

## 2. Numbers over One Thousand

Chinese numbers up to one thousand are counted the same way as in English.

| Number | Chinese | Pinyin | English |
|---|---|---|---|
| 1 | 一 | yī | one |
| 10 | 十 | shí | ten |
| 100 | 百 | bǎi | hundred |
| 1000 | 千 | qiān | thousand |

However, in Chinese the next larger unit after thousand is not *十千 (*shí qiān), but 万 (wàn). While in English every three digits form a numbering cycle, in Chinese every four digits represent a numbering cycle. To master the Chinese numbering system, one should remember that every four digits form a unit and that a long number can be segmented at the interval of every fourth digit. When Arabic numbers are written or printed, they are normally divided into sets of three digits just as in the English system, but when these numbers are read out orally, the speaker mentally divides them into set of four digits and uses the terms 万 (wàn) and 亿 (yì) appropriately. In the examples below we have artificially indicated such division as an aid.

| English | English system | Chinese system | Chinese | pinyin |
|---|---|---|---|---|
| thousand | 1,000 | 1000 | 千 | qiān |
| ten thousand | 10,000 | 1'0000 | 万 | wàn |
| hundred thousand | 100,000 | 10'0000 | 十万 | shíwàn |
| million | 1,000,000 | 100'0000 | 百万 | bǎiwàn |
| ten million | 10,000,000 | 1000'0000 | 千万 | qiānwàn |
| hundred million | 100,000,000 | 1'0000'0000 | 万万/亿 | wànwàn/yì |
| billion | 1,000,000.000 | 10'0000'0000 | 十亿 | shíyì |

The numbering cycle after 万 (wàn) is 亿 (yì). "One billion" in Chinese is 十亿 (shíyì).

*Examples of large numbers:*

| | | |
|---|---|---|
| 12,345 (1'2345) | 一万二千三百四十五 | yíwàn èrqiān sānbǎi sìshíwǔ |
| 25,000 (2'5000) | 两万五千 | liǎngwàn wǔqiān |
| 340,876 (34'0876) | 三十四万零八百七十六 | sānshísì wàn líng bābǎi qīshíliù |
| 1,000,900,000 (10'0090'0000) | 十亿零九十万 | shíyì líng jiǔshí wàn |

## 3. Interrogative Pronouns as Indefinite References (Whoever, Whatever, etc.)

An interrogative pronoun repeated in two separate but related clauses of the same sentence forms the equivalent of the English "Interrogative Pronoun + -ever" expression. Its first occurrence refers to an indefinite person, object, time, place, etc. Its second occurrence then refers to that same person, object, time, place, etc.:

(1) 谁想去，谁就去。

Shéi xiǎng qù, shéi jiù qù.

(Whoever wants to go can go.)

(2) 你吃什么，我就吃什么。

Nǐ chī shénme, wǒ jiù chī shénme.

(I will have whatever you're having.)

(3) 哪家的便宜，就买哪家的。

Nǎ jiā de piányi, jiù mǎi nǎ jiā de.

(Shop wherever you can get the best deal.)

(4) 哪个办法好，我就用那个办法。

Nǎge bànfǎ hǎo, wǒ jiù yòng nǎge bànfǎ.

(I will use whichever method is the best.)

In this kind of sentence, the two occurrences of the interrogative pronoun sometimes play the same grammatical role, i.e, both are subjects, as in (1); or both are objects, as in (2). Sometimes, the two occurrences of the interrogative pronoun perform different grammatical functions. In (3), for example, the first "哪家" (nǎ jiā) is the subject whereas the second "哪家" (nǎ jiā) is the object. Note that the adverb 就 (jiù) often (but not always—see below) precedes the verb in the second clause.

(5) 什么好吃，我吃什么。

Shénme hǎochī, wǒ chī shénme.

(I'll eat whatever tastes good.)

(6) 谁聪明，他找谁帮忙。

Shéi cōngming, tā zhǎo shéi bāng máng.

(He goes to whoever is the smartest for help.)

### 4. More on 比 (bǐ) [see also L.10, G1]

In a sentence where 比 is used, a numeral + measure word combination can be placed after the adjective to indicate the disparity.

**A + 比 (bǐ) + B + Adjective + Numeral + Measure Word + Noun**

(1) 我们班比你们班多四个学生。

Wǒmen bān bǐ nǐmen bān duō sì ge xuésheng.

(There are four more students in our class than in yours.)

(2) 这双鞋比那双鞋贵二十块钱。

Zhè shuāng xié bǐ nà shuāng xié guì èrshí kuài qián.

(This pair of shoes is twenty dollars more expensive than that pair.)

(3) 我的电脑比你的便宜五百块。

Wǒ de diànnǎo bǐ nǐ de piányi wǔ bǎi kuài.

(My computer is five hundred dollars cheaper than yours.)

(4) 我弟弟比我小三岁。

Wǒ dìdi bǐ wǒ xiǎo sān suì.

(My brother is three years younger than I.)

这双鞋八十九块。
Zhè shuāng xié bāshíjiǔ kuài.

那双鞋六十九块。
Nà shuāng xié liùshíjiǔ kuài.

▲ ▲ ▲ *Exercise* ▲ ▲ ▲

*Make at least two statements comparing the shoes in the pictures.*

## PATTERN DRILLS

A. 打折 (dǎ zhé)

**EXAMPLE:** 这双鞋五十块，    八折，    ＿＿块

→ 这双鞋五十块，打八折是四十块。

Zhè shuāng xié wǔshí kuài,    bā zhé,    ＿＿＿＿kuài

→ Zhè shuāng xié wǔshí kuài, <u>dǎ</u> bā zhé, shì sìshí kuài.

1. 这件衣服二十四块，    五折，    ＿＿块

2. 这条裙子六十块，    七折，    ＿＿块

3. 那本书十二块，    九折，    ＿＿块＿＿

4. 那条裤子三十块，    八折，    ＿＿块

5. 这张床一百块，    七五折，    ＿＿块

6. 飞机票八百块，    七折，    ＿＿块

7. 这个电脑一千块，    八五折，    ＿＿块

8. 这本字典十五块，    九折，    ＿＿块＿＿

1.   Zhè jiàn yīfu èrshísì kuài,                    wǔ zhé,                _____kuài

2.   Zhè tiáo qúnzi liùshí kuài,                    qī zhé,                _____kuài

3.   Nà běn shū shí'èr kuài,                        jiǔ zhé,               _____kuài

4.   Nà tiáo kùzi sānshí kuài,                      bā zhé,                _____kuài

5.   Zhè zhāng chuáng yì bǎi kuài,                  qī wǔ zhé,             _____kuài

6.   Fēijīpiào bā bǎi kuài,                         qī zhé,                _____kuài

7.   Zhè ge diànnǎo yì qiān kuài,                   bā wǔ zhé,             _____kuài

8.   Zhè běn zìdiǎn shíwǔ kuài,                     jiǔ zhé,               _____kuài

## B. 有的...有的... (yǒude...yǒude...)

**EXAMPLE:** 我的朋友，（是美国人，是中国人）

→ 我的朋友有的是美国人，有的是中国人。

Wǒ de péngyou, (shì Měiguórén, shì Zhōngguórén)

→ Wǒ de péngyou yǒude shì Měiguórén, yǒude shì Zhōngguórén.

1.  （会唱中国歌，会唱美国歌）

2.  （喜欢打球，喜欢跳舞）

3.  （在中国，在美国）

4.  （要去中国旅行，要去台湾旅行）

5.  （可以喝啤酒，不能喝啤酒）

6.  （学中文，学日文）

7.  （是从芝加哥来的，是从华盛顿来的）

8.  （去过上海，没有去过上海）

1.  (huì chàng Zhōngguó gē,              huì chàng Měiguó gē)

2.  (xǐhuan dǎ qiú,                      xǐhuan tiào wǔ)

3.  (zài Zhōngguó,                       zài Měiguó)

4.  (yào qù Zhōngguó lǚxíng,             yào qù Táiwān lǚxíng)

▼▼▼▼▼▼▼▼▼▼▼▼▼▼▼▼▼▼▼▼▼▼▼▼▼▼▼▼▼▼▼▼▼▼▼▼▼▼▼▼▼▼▼▼

5.   (kěyǐ hē píjiǔ,                              bù néng hē píjiǔ)

6.   (xué Zhōngwén,                           xué Rìwén)

7.   (shì cóng Zhījiāgē lǎi de,            shì cóng Huáshèngdùn lái de)

8.   (qùguo Shànghǎi,                        méiyǒu qùguo Shànghǎi)


## C. Numbers over One Thousand

**EXAMPLE:** 45,000

> Step One: Convert the number to the Chinese system.
>
> → 4,5000
>
> Step Two: Give the number in Chinese.
>
> → 四万五千。  (sì wàn wǔ qiān)

1.   17,000

2.   80.945

3.   70,003

4.   607,000

5.   8,147,000

6.   92,000,000

7.   400,000,000

8.   1,234,567,890


## D. Question Word + Predicate + Question Word

**EXAMPLE:** 买便宜的衣服

> → 哪件衣服便宜，就买哪件。
>
> mǎi piányi de yīfu
>
> → Nǎ jiàn yīfu piányi, jiù mǎi nǎ jiàn.

1.   去有意思的地方

2.   吃好吃的饭

3.   你有空的时候来找我

4. 你方便的时候给我打电话

5. 他买贵的衣服

6. 他去好玩的地方

7. 我们听好听的音乐

8. 我们住安静的宿舍

1. qù yǒu yìsi de dìfang

2. chī hǎochī de fàn

3. nǐ yǒu kòng de shíhou lái zhǎo wǒ

4. nǐ fāngbiàn de shíhou gěi wǒ dǎ diànhuà

5. tā mǎi guì de yīfu

6. tā qù hǎowán de dìfang

7. wǒmen tīng hǎotīng de yīnyuè

8. wǒmen zhù ānjìng de sùshè

## E. 先...然后... (xiān...ránhòu...)

**EXAMPLE:** 听录音　学生词

→ 你先听录音，然后学生词。

tīng lùyīn,　xué shēngcí

→ Nǐ xiān tīng lùyīn, ránhòu xué shēngcí.

1. 去香港　　去东京

2. 办签证　　订机票

3. 学中文　　去中国

4. 吃饭　　　付钱

5. 做功课　　看电影

| 6. | 睡觉 | 工作 |
| 7. | 打针 | 吃药 |
| 8. | 唱歌 | 吃生日蛋糕 |

| 1. | qù Xiānggǎng | qù Dōngjīng |
| 2. | bàn qiānzhèng | dìng jīpiào |
| 3. | xué Zhōngwén | qù Zhōngguó |
| 4. | chī fàn | fù qián |
| 5. | zuò gōngkè | kàn diànyǐng |
| 6. | shuì jiào | gōngzuò |
| 7. | dǎ zhēn | chī yào |
| 8. | chàng gē | chī shēngrì dàngāo |

## F. 比…贵三百多块 (bǐ…guì sān bǎi duō kuài)

**EXAMPLE:** 这件衣服七十五块，那件四十块。

→ 这件比那件贵三十五块。

→ 那件比这件便宜三十五块。

Zhè jiàn yīfu qīshíwǔ kuài, Nà jiàn sìshí kuài.

→ A: Zhè jiàn bǐ nà jiàn guì sānshíwǔ kuài.

→ B: Nà jiàn bǐ zhè jiàn piányi sānshíwǔ kuài.

1. 这双鞋八号，那双七号。

2. 我的哥哥二十五岁，我二十三岁。

3. 西北航空公司的机票八百三十块，联合的七百八十块。

4. 我学了半年中文，你学了一年中文。

5. 这个电脑一千块，那个电脑一千二百块。

1.    Zhè shuāng xié bā hào, nà shuāng qī hào.

2.    Wǒ de gēge èrshíwǔ suì, wǒ èrshísān suì.

3.    Xīběi hángkōng gōngsī de jīpiào bābǎi sānshí kuài, Liánhé de qībǎi bāshí kuài.

4.    Wǒ xuéle bàn nián Zhōngwén, nǐ xuéle yì nián Zhōngwén.

5.    Zhège diànnǎo yìqiān kuài, nàge diànnǎo yìqiān èrbǎi kuài.


**G.** 要是／如果...就... (yàoshì/rúguǒ...jiù...)

**EXAMPLE:** 明天下雨　我们在家看电视
　　　　→ 要是明天下雨，我们就在家看电视。

Míngtiān xià yǔ,　wǒmen zài jiā kàn diànshì
→ Yàoshì míngtiān xià yǔ, wǒmen jiù zài jiā kàn diànshì.


| | | |
|---|---|---|
| 1. | 你有事 | 给我打电话 |
| 2. | 你有问题 | 去问老师 |
| 3. | 飞机票太贵 | 请父母给我寄支票 |
| 4. | 你不喜欢吃美国饭 | 我请你吃中国饭 |
| 5. | 你想学好中文 | 要每天听录音 |
| 6. | 你身体不舒服 | 赶快看医生 |
| 7. | 你有时间 | 到我家来喝茶 |

1.    Nǐ yǒu shì                          gěi wǒ dǎ diànhuà

2.    Nǐ yǒu wèntí                        qù wèn lǎoshī

3.    Fēijīpiào tài guì                    qǐng fùmǔ gěi wǒ jì zhīpiào

4.    Nǐ bù xǐhuan chī Měiguófàn        wǒ qǐng nǐ chī Zhōngguófàn

5.    Nǐ xiǎng xué hǎo Zhōngwén        yào měitiān tīng lùyīn

6.    Nǐ shēntǐ bù shūfu                  gǎnkuài kàn yīshēng

7.    Nǐ yǒu shíjiān                       dào wǒ jiā lái hē chá

## Pinyin Texts

### DIALOGUE I

Qián: Xiǎo Bái, shíjiān guò de zhēn kuài, hái yǒu yí ge yuè jiù fang jià le, nǐ yǒu shénme jìhuà?

Bái: Wǒ hái méiyǒu xiǎng hǎo, nǐ ne, Lǎo Qián?

Qián: Wǒ yào dào Táiwān qù.

Bái: Zhēn de a? Nǐ yào dào Táiwān zuò shénme?

Qián: Wǒ xiǎng yìbiān jiāo Yīngwén, yìbiān xué Zhōngwén, yǒu kòng de shíhou, dào Táiwān gè dì qù kànkan.

Bái: Nǐ yǐqián qùguo Táiwān méiyǒu<sup>(1)</sup>?

Qián: Méiyǒu, zhè shì dì yī cì.

Bái: Shénme shíhou zǒu?

Qián: Wǒ dǎsuàn liùyuè zhōng zǒu, wǒ hùzhào yǐjīng bàn hǎo le, kěshì wǒ de qiānzhèng hái méi bàn.

Bái: Dào Táiwān de qiānzhèng bù nán bàn, kěshì liùyuè de jīpiào bù hǎo mǎi, nǐ děi gǎnkuài dìng jīpiào.

Qián: Zuótiān bàozhǐ shàng de guǎnggào shuō Xīběi, Zhōnghuá zhè liǎng jiā hángkōng gōngsī de jīpiào dōu zài dà jiǎnjià, kěshì wǒ máng de méiyǒu shíjiān dǎ diànhuà.

Bái: Wǒ gēge zài yì jiā lǚxíngshè gōngzuò, nǐ bǎ nǐ de lǚxíng rìchéng gàosu wǒ, wǒ qǐng tā bāng nǐ bàn.

Qián: Hǎojí le. Jīpiào néng bu néng dǎ zhékòu?

Bái: Zhège... wǒ qǐng tā gěi nǐ dǎ jiǔzhé<sup>(2)</sup>, dànshì nǐ děi qǐng wǒ chī fàn.

Qián: Nà méi wèntí.

Bái: Yì yán wéi dìng.

Qián: Hǎo, yì yán wéi dìng.

### DIALOGUE II

Zhíyuán: Dàzhōng Lǚxíngshè, nǐ hǎo.

Wáng Péng: Nǐ hǎo. Xiǎojie, qǐng wèn liùyuè chū dào Běijīng de jīpiào duōshǎo qián?

Zhíyuán: Nín yào mǎi dānchéng piào háishì láihuí piào?

Wáng Péng: Wǒ yào mǎi yì zhāng láihuí piào.

Zhíyuán: Yǒude<sup>(G1)</sup> hángkōng gōngsī yìqiān<sup>(G2)</sup> duō kuài qián, yǒude bú dào yìqiān. Nǐ xiǎng mǎi nǎ jiā hángkōng gōngsī de?

*Name all four forms of transportation shown in the picture.*

| | |
|---|---|
| Wáng Péng: | Nǎ jiā de piányi, jiù mǎi nǎ<sup>(G3)</sup> jiā de. |
| Zhíyuán: | Nǐ dǎsuàn cóng nǎr zǒu? |
| Wáng Péng: | Huáshèngdùn. |
| Zhíyuán: | Hánguó hángkōng gōngsī de piào zuì piányi. |
| Wáng Péng: | Hánháng zěnme fēi? |
| Zhíyuán: | Xiān cóng Huáshèngdùn fēi dào Zhījiāgē, zài Zhījiāgē zhuǎn jī dào Luòshānjī, ránhòu cóng Luòshānjī zhí fēi Hànchéng, zài nàr zhù yí yè, ránhòu zài fēi Xiānggǎng, cóng Xiānggǎng zài fēi Běijīng. |
| Wáng Péng: | Zhè tài máfan le. Yǒu méiyǒu cóng Luòshānjī zhí fēi Běijīng de bānjī? |
| Zhíyuán: | Yǒu. Xīběi, Zhōngguó Mínháng dōu yǒu, dànshì dōu bǐ Hánháng guì liǎngbǎi duō kuài<sup>(G4)</sup>. |
| Wáng Péng: | Wǒ xiànzài dìng shénme shíhou bìxū fù qián? |
| Zhíyuán: | Yí ge xīngqī nèi<sup>(1)</sup>. |
| Wáng Péng: | Hǎo, wǒ xiǎngxiang zài gěi nǐ dǎ diànhuà. |
| Zhíyuán: | Zhège xīngqī jīpiào zài jiǎnjià, xiàge xīngqī jiù zhǎngjià le. Yàoshi nǐ yào dìng jiù děi kuài yìdiǎnr. |

## English Texts

### DIALOGUE I

Qian:   Little Bai, how quickly time passes! School will be over in a month. Do you have any plans (for vacation)?

Bai:    I haven't thought of anything yet. What about you, Old Qian?

Qian: I'm going to Taiwan.

Bai: Really? What will you be doing in Taiwan?

Qian: I'd like to teach English and study Chinese at the same time. When I'm free, I'll travel to different places in Taiwan.

Bai: Have you been to Taiwan before?

Qian: No, this will be my first time.

Bai: When are you going?

Qian: I plan to go in mid-June. I've got my passport, but I haven't applied for a visa yet.

Bai: It isn't difficult to get a visa to go to Taiwan, but it's difficult to get a plane ticket in June. You'd better book your ticket right away.

Qian: There was an ad in yesterday's paper. Northwest and China Airlines are discounting their airfares. But I've been so busy that I haven't had the time to call.

Bai: My brother works at a travel agency. Give me your itinerary. I'll ask him to take care of it.

Qian: That'd be great. Can I get a discount?

Bai: Uh... I'll ask him to give you ten percent off, but you have to take me to dinner.

Qian: That's no problem.

Bai. It's settled then.

Qian: OK, it's settled.

## DIALOGUE II

| | |
|---|---|
| Agent: | Hello, Dazhong Travel Agency. |
| Wang Peng: | Hi, Miss, could you tell me how much a ticket to Beijing in early June is? |
| Agent: | Would you like to get a one-way or round-trip ticket? |
| Wang Peng: | I'd like to get a round-trip ticket. |
| Agent: | With some airlines it's a little over a thousand dollars. With others it's less than a thousand. Which airline do you want? |
| Wang Peng: | Whichever airline has the cheapest airfare. |
| Agent: | Where do you plan to depart from? |
| Wang Peng: | Washington. |
| Agent: | Then Korean Airlines has the cheapest ticket. |
| Wang Peng: | What's Korean Air's itinerary? |
| Agent: | From Washington to Chicago first. You'd change planes in Chicago to go to Los Angeles. Then direct from Los Angeles to Seoul. You'd stay there overnight, and then fly to Hong Kong. Then it's from Hong Kong to Beijing. |
| Wang Peng: | That's too much hassle. Are there direct flights from Los Angeles to Beijing? |
| Agent: | Yes, both Northwest and Air China (fly from LA to Beijing), but their fares are two hundred dollars more. |
| Wang Peng: | If I book a ticket now, when would I have to pay? |
| Agent: | Within a week. |
| Wang Peng: | All right. I'll think about it, then I'll give you a call. |
| Agent: | There's a discount on airfares this week. Prices will go up next week. If you want to book a ticket, you have to act quickly. |

# LESSON 22 ▲ Hometown
## 第二十二课 ▲ 家乡
*Dì èrshí'èr kè* ▲ *Jiāxiāng*

## Dialogue I: Describing One's Hometown

### VOCABULARY

| | | | | |
|---|---|---|---|---|
| 1. | 对面 | duìmiàn | n | opposite side (of the street, hallway, river, etc.) |
| 2. | 春假 | chūnjià | n | spring break |
| 3. | 父母 | fùmǔ | n | parents; father and mother |
| | 父亲 | fùqin | n | father |
| | 母亲 | mǔqin | n | mother |
| 4. | 外公 | wàigōng | n | maternal grandfather |
| 5. | 外#婆 | wàipó | n | maternal grandmother |

| 6. | 阿#姨 | āyí | n | aunt; mother's younger sister |
|---|---|---|---|---|
| 7. | 以为 | yǐwéi | v | to think (wrongly) [see G2] |
| 8. | 亲#戚 | qīnqi | n | relative |
| 9. | #伯伯 | bóbo | n | uncle; father's elder brother |
| 10. | 一家 | yìjiā | | the whole family |
| 11. | 老家 | lǎojiā | n | hometown; ancestral home |
| 12. | 西边 | xībian | n | west; west side |
| | 边 | biān | n | side |
| 13. | 城市 | chéngshì | n | city |
| 14. | 乡下 | xiāngxià | n | countryside |
| 15. | #镇 | zhèn | n | town |
| 16. | 人口 | rénkǒu | n | population |
| 17. | 左边 | zuǒbian | n | left side |
| 18. | 座 | zuò | m | (measure word for mountains, bridges, tall buildings, etc.) |
| 19. | 山 | shān | n | mountain; hill |
| 20. | 右边 | yòubian | n | right side |
| 21. | 河 | hé | n | river |
| 22. | 种 | zhòng | v | to seed; to plant |
| 23. | 着 | zhe | p | verb suffix indicating a static state or action in progress [see G4] |
| 24. | 树 | shù | n | tree |
| 25. | 开满 | kāi mǎn | vc | to bloom abundantly |
| | 满 | mǎn | adj | full |

▼▼▼▼▼▼▼▼▼▼▼▼▼▼▼▼▼▼▼▼▼▼▼▼▼▼▼▼▼▼▼▼▼▼▼▼▼▼▼▼

| 26. | 美 | měi | adj | beautiful |
| 27. | 风景 | fēngjǐng | n | scenery |
| 28. | 听起来 | tīng qilai | | to sound like |
| 29. | #季 | jì | n | season |
| 30. | 比方说 | bǐfang shuō | | for example |
| | 比方 | bǐfang | n | example |
| 31. | #滑雪 | huá xuě | vo | to (snow) ski |
| | 滑 | huá | v/adj | to slide; slippery |
| | 雪 | xuě | n | snow |
| 32. | 欢迎 | huānyíng | v | to welcome |

**Proper Nouns**

| 33. | 王德中 | Wáng Dézhōng | pn | a personal name |
| | 德 | dé | n | virtue |
| 34. | 加#州 | Jiāzhōu | pn | (abbr) (the state of) California |
| 35. | 旧金山 | Jiùjīnshān | pn | San Francisco (lit. Old Gold Mountain) |
| | 旧 | jiù | adj | old |
| 36. | 麻州 | Mázhōu | pn | (abbr) (the state of) Massachusetts |

▲▲▲ *Exercise* ▲▲▲

王德中 (Wáng Dézhōng) *You have seen this name before. His business card can be found in Part 1 of the Workbook. Study his business card and answer the following questions.*

1. 王德中住在哪儿？ (Wáng Dézhōng zhù zài nǎr?)

_____

2. 他的电话号码是什么？

   (Tā de diànhuà hàomǎ shì shénme?)

---

## DIALOGUE I

（李友和住在她对面的王德中在谈春假的计划。王德中是中国来的留学生。）

▲▲▲▲▲▲▲▲▲▲▲▲▲▲▲▲▲▲▲▲▲▲▲

王德中： 李友，你春假有什么计划？

李友：　 我要回家看我的父母[(G1)]。你呢？

王德中： 我要去加州看我的外公、外婆，还有阿姨。

李友：　 我以为[(G2)]你在美国没有亲戚呢。

王德中：　我的外公、外婆跟我阿姨住在旧金山<sup>(11)</sup>，伯伯一家住在洛杉矶。你的老家在哪儿？

李友：　　在麻州西边。

王德中：　你家住在大城市吗？

李友：　　不是，是在乡下的一个小镇，人口只有五千，左边儿有<sup>(G3)</sup>几座小山，右边儿是<sup>(G3)</sup>一条小河，小河两边种着<sup>(G4)</sup>很多树，春天的时候，树上开满了花儿，美极了。

王德中：　听起来风景很不错。

李友：　　是啊。我很喜欢那个地方，那儿一年四季都很好。比方说，春天可以看花儿，夏天可以游泳，秋天可以看红叶，冬天可以滑雪。

王德中：　真是一个好地方！

李友：　　欢迎你来我家玩儿。

### Notes

▲1▲ About Chinese names for Western places: some of the names were invented by early Chinese immigrants, e.g., 旧金山 (Jiùjīnshān, literally, Old Gold Mountain) for San Francisco. But the vast majority of such names are simply based on the transliteration of the names in the Western language. Massachusetts, for instance, is transliterated as 麻赛诸塞 (Másàizhūsè), which is in turn abbreviated as 麻州 (Mázhōu), with the character 州 (zhōu) meaning "state." Similarly, California is transliterated as 加利福尼亚 (Jiālìfúníyà), which is normally shortened to 加州 (Jiāzhōu).

## Dialogue II: Talking about Beijing

### VOCABULARY

| | | | | |
|---|---|---|---|---|
| 1. | 几个月 | jǐ ge yuè | n | several months |
| 2. | 生活 | shēnghuó | n | life |
| 3. | 家乡 | jiāxiāng | n | hometown |
| 4. | #啦 | la | p | (the combination of the particle 了 [le] and the particle 啊 [a] in sound as well as in meaning) |
| 5. | 听说 | tīngshuō | | It is said that; (I) heard that |
| 6. | 首都 | shǒudū | n | capital |
| 7. | 政治 | zhèngzhì | n | politics |
| 8. | 经济 | jīngjì | n | economy |
| 9. | 文化 | wénhuà | n | culture |
| 10. | 气候 | qìhòu | n | weather |
| 11. | 部 | bù | n | part; section |
| 12. | 差不多 | chàbuduō | adj | more or less the same |
| 13. | 分明 | fēnmíng | adj | distinct |
| 14. | #刮风 | guā fēng | vo | to be windy |
| | 刮 | guā | v | to blow |
| | 风 | fēng | n | wind |
| 15. | 如果...的话 | rúguǒ...de huà | | if... |
| 16. | 导#游 | dǎoyóu | n | tour guide |

## DIALOGUE II

小林： 王朋，你到美国已经几个月了，你喜不喜欢现在的生活？

王朋： 美国好是好(G5)，但是我更喜欢我的家乡。

小林： 是吗？怎么，你想家啦？

王朋： 是啊。

小林： 你的老家在哪儿？

王朋： 在北京。

小林： 北京怎么样？我常听说北京很好，可是我还没有去过呢。

王朋： 北京是中国的首都，也是中国的政治、经济和文化的中心。

小林： 北京的气候怎么样？

王朋： 北京在中国的北部，气候跟这儿差不多。春、夏、秋、冬，四季分明。冬天冷，夏天热，春天常常刮风，秋天最舒服。

小林： 你打算什么时候回家看看？

王朋： 今年暑假。如果你跟小高要去北京旅行的话，我们可以一起走。

小林： 那太好了。你可以当我们的导游。

## Culture Notes ▲

**1**▼ While Beijing's status as China's political and cultural center is unchallengeable, in terms of economic importance it has to defer to Hong Kong and Shanghai. But of course, Wang Peng's pride as a Beijing native in our text is innocuous.

**2**▼ A big climatic and environmental problem in Beijing is caused by the "sand-and-dust storms" (沙尘暴 shāchénbào) in spring, when gusty winds blow the sand from the Gobi Desert and dump the dust on the streets of the capital.

**3**▼ Most of the travel agencies in China belong to three travel agency groups, which target different types of tourists: International Travel Agency (国际旅行社 **Guójì Lǚxíngshè**) or 国旅 (**Guó Lǚ**); China Travel Agency (中国旅行社 **Zhōngguó Lǚxíngshè**) or 中旅 (**Zhōng Lǚ**); and The Travel Agency of the Youth (青年旅行社 **Qīngnián Lǚxíngshè**) also known as 青旅 (**Qīng Lǚ**). While 国旅 (**Guó Lǚ**) and 中旅 (**Zhōng Lǚ**) serve mainly foreign tourists and overseas Chinese respectively, 青旅 (**Qīng Lǚ**) is primarily oriented toward Chinese citizens.

## SUPPLEMENTARY VOCABULARY

| | | | | |
|---|---|---|---|---|
| 1. | 窗户 | chuānghu | n | window |
| 2. | 摆 | bǎi | v | to place; to put |
| 3. | 画 | huà | n/v | painting; to paint |
| 4. | 山水 | shānshuǐ | n | landscape |
| 5. | 衣柜 | yīguì | n | wardrobe; closet |
| 6. | 餐馆(儿) | cānguǎn(r) | n | restaurant |
| 7. | 讲课 | jiǎng kè | vo | to lecture; to teach |
| 8. | 滑冰 | huábīng | v | to skate |
| | 冰 | bīng | n | ice |
| 9. | 马路 | mǎlù | n | road; street |
| 10. | 到处 | dàochù | adv | everywhere |
| 11. | 游客 | yóukè | n | visitor (to a park, etc.); tourist |
| 12. | 季节 | jìjié | n | season |
| 13. | 香山 | Xiāngshān | pn | name of a mountain near Beijing; lit. fragrant mountain |
| 14. | 高雄 | Gāoxióng | n | Kaohsiung (the principal city in southern Taiwan) |
| 15. | 海港 | hǎigǎng | n | harbor; seaport |
| 16. | 一百万 | yìbǎiwàn | nu | one million |
| 17. | 变化 | biànhuà | n | change |
| 18. | 从来 | cónglái | adv | always; at all times (forms emphatic affirmative or negative) |
| 19. | 台风 | táifēng | n | typhoon |
| 20. | 波士顿 | Bōshìdùn | pn | Boston |
| 21. | 比较 | bǐjiào | adv | relatively; fairly |

## Grammar

### 1. Kinship Terms

The system of kinship terms in Chinese is rather complicated, especially because the Chinese make a distinction between paternal and maternal relatives and between older and younger siblings, even among uncles and aunts, etc. The following is a list of the terms for the most important relatives. Please note that entries with a † next to them are formal terms.

**A. Great grandparents:**

| | | |
|---|---|---|
| 曾祖父 | (zēngzǔfù) | [paternal] great grandfather |
| 曾祖母 | (zēngzǔmǔ) | [paternal] great grandmother |
| 曾外祖父 | (zēngwàizǔfù) | [maternal] great grandfather |
| 曾外祖母 | (zēngwàizǔmǔ) | [maternal] great grandmother |

**B. Grandparents:**

| | | |
|---|---|---|
| 祖父 | (zǔfù) | [paternal] grandfather† |
| or 爷爷 | (yéye) | [paternal] grandfather |
| 祖母 | (zǔmǔ) | [paternal] grandmother† |
| or 奶奶 | (nǎinai) | [paternal] grandmother |
| 外祖父 | (wàizǔfù) | [maternal] grandfather† |
| or 外公 | (wàigōng) | [maternal] grandfather |
| or 姥爷 | (lǎoye) | [maternal] grandfather |
| 外祖母 | (wàizǔmǔ) | [maternal] grandmother† |
| or 姥姥 | (lǎolao) | [maternal] grandmother |
| or 外婆 | (wàipó) | [maternal] grandmother |

▼▼▼▼▼▼▼▼▼▼▼▼▼▼▼▼▼▼▼▼▼▼▼▼▼▼▼▼▼▼▼▼▼▼▼▼▼▼▼▼▼▼▼

## C. Parents:

| 父亲 | (fùqin) | father† |
| or 爸爸 | (bàba) | dad; father |

| 母亲 | (mǔqin) | mother† |
| or 妈妈 | (māma) | mom; mother |

## D. Uncles and aunts:

| 伯父 | (bófù) | uncle [elder brother to 父亲 (fùqin)]† |
| or 伯伯 | (bóbo) | uncle [elder brother to 父亲 (fùqin)] |

| 伯母 | (bómǔ) | aunt [wife to 伯父 (bófù)]† |
| or 大娘 | (dàniáng) | aunt [wife to 伯父 (bófù)] |
| or 大妈 | (dàmā) | aunt [wife to 伯父 (bófù)] |

| 叔父 | (shūfù) | uncle [younger brother to 父亲 (fùqin)]† |
| or 叔叔 | (shūshu) | uncle [younger brother to 父亲 (fùqin)] |

| 婶母 | (shěnmǔ) | aunt [wife to 叔父 (shūfù)]† |
| or 婶儿 | (shěnr) | aunt [wife to 叔父 (shūfù)] |
| or 婶婶 | (shěnshen) | aunt [wife to 叔父 (shūfù)] |

| 姑母 | (gūmǔ) | aunt [sister to 父亲 (fùqin)]† |
| or 姑姑 | (gūgu) | aunt [sister to 父亲 (fùqin)] |
| or 姑妈 | (gūmā) | aunt [sister to 父亲 (fùqin)] |

| 姑父 | (gūfù) | uncle [husband to 姑母 (gūmǔ)]† |
| or 姑丈 | (gūzhàng) | uncle [husband to 姑母 (gūmǔ)] |

| 舅父 | (jiùfù) | uncle [brother to 母亲 (mǔqin)]† |
| or 舅舅 | (jiùjiu) | uncle [brother to 母亲 (mǔqin)] |

| | | |
|---|---|---|
| 舅母 | (jiùmǔ) | aunt [wife to 舅舅 (jiùjiu)]† |
| *or* 舅妈 | (jiùmā) | aunt [wife to 舅舅 (jiùjiu)] |
| 姨母 | (yímǔ) | aunt [sister to 母亲 (mǔqin)]† |
| *or* 姨 | (yí) | aunt [sister to 母亲 (mǔqin)] |
| *or* 阿姨 | (āyí) | aunt [sister to 母亲 (mǔqin)] |
| *or* 姨妈 | (yímā) | aunt [sister to 母亲 (mǔqin)] |
| 姨父 | (yífu) | uncle [husband to 姨母 (yímǔ)]† |
| *or* 姨丈 | (yízhàng) | uncle [husband to 姨母 (yímǔ)] |

### E. Brothers, sisters and their spouses:

| | | |
|---|---|---|
| 哥哥 | (gēge) | elder brother |
| 嫂子 | (sǎozi) | sister-in-law [wife to 哥哥 (gēge)] |
| *or* 嫂嫂 | (sǎosao) | sister-in-law [wife to 哥哥 (gēge)] |
| 姐姐 | (jiějie) | elder sister |
| 姐夫 | (jiěfu) | brother-in-law [husband to 姐姐 (jiějie)] |
| 弟弟 | (dìdi) | younger brother |
| 弟妹 | (dìmèi) | sister-in-law [wife to 弟弟 (dìdi)] |
| *or* 弟媳妇 | (dìxífu) | sister-in-law [wife to 弟弟 (dìdi)] |
| 妹妹 | (mèimei) | younger sister |
| 妹夫 | (mèifu) | brother-in-law [husband to 妹妹 (mèimei)] |

### F. Cousins:

| | | |
|---|---|---|
| 堂兄 | (tángxiōng) | elder male cousin [ 伯父 (bófù) or 叔叔 (shūshu)'s son |
| *or* 堂哥 | (tánggē) | older than oneself] |

▼▼▼▼▼▼▼▼▼▼▼▼▼▼▼▼▼▼▼▼▼▼▼▼▼▼▼▼▼▼▼▼▼▼▼▼▼▼

| | | |
|---|---|---|
| 堂弟 | (tángdì) | younger male cousin [伯父 (bófù) or 叔叔 (shūshu)'s son younger than oneself] |
| 堂姊 or 堂姐 | (tángzǐ) (tángjiě) | elder female cousin [伯父 (bófù) or 叔叔 (shūshu)'s daughter older than oneself] |
| 堂妹 | (tángmèi) | younger female cousin [伯父 (bófù) or 叔叔 (shūshu)'s daughter younger than oneself] |
| 表哥 | (biǎogē) | elder male cousin [姑母 (gūmǔ), 舅舅 (jiùjiu) or 姨母 (yímǔ)'s son older than oneself] |
| 表嫂 | (biǎosǎo) | sister-in-law [wife to 表哥 (biǎogē)] |
| 表姐 | (biǎojiě) | elder female cousin [姑母 (gūmǔ), 舅舅 (jiùjiu) or 姨母 (yímǔ)'s daughter older than oneself] |
| 表姐夫 | (biǎojiěfu) | brother-in-law [husband to 表姐 (biǎojiě)] |
| 表弟 | (biǎodì) | younger male cousin [姑母 (gūmǔ), 舅舅 (jiùjiu) or 姨母 (yímǔ)'s son younger than oneself] |
| 表弟妹 | (biǎodìmèi) | sister-in-law [wife to 表弟 (biǎodì)] |
| 表妹 | (biǎomèi) | younger female cousin [姑母 (gūmǔ), 舅舅 (jiùjiu) or 姨母 (yímǔ)'s daughter younger than oneself] |
| 表妹夫 | (biǎomèifu) | brother-in-law [husband to 表妹 (biǎomèi)] |

## G. Children and their spouses:

| | | |
|---|---|---|
| 儿子 | (érzi) | son |
| 儿媳妇 | (érxífu) | daughter-in-law |
| 女儿 | (nǚ'ér) | daughter |

| 女婿 | (nǚxu) | son-in-law |

**H. Nephews, nieces and their spouses:**

| 侄子 | (zhízi) | nephew [哥哥 (gēge) or 弟弟 (dìdi)'s son] |
| *or* 侄儿 | (zhí'ér) | |
| 侄媳妇 | (zhíxífu) | niece [wife to 侄子 (zhízi)] |
| 侄女 | (zhínǚ) | niece [哥哥 (gēge) or 弟弟 (dìdi)'s daughter] |
| 侄女婿 | (zhínǚxu) | nephew [husband to 侄女 (zhínǚ)] |
| 外甥 | (wàisheng) | nephew [姐姐 (jiějie) or 妹妹 (mèimei)'s son] |
| 外甥媳妇 | (wàishengxífu) | niece [wife to 外甥 (wàisheng)] |
| 外甥女 | (wàishengnǚ) | niece [姐姐 (jiějie) or 妹妹 (mèimei)'s daughter] |
| 外甥女婿 | (wàishengnǚxu) | nephew [husband to 外甥女 (wàishengnǚ)] |

**I. Grandchildren and their spouses:**

| 孙子 | (sūnzi) | grandson [son's son] |
| 孙媳妇 | (sūnxífu) | granddaughter-in-law [son's son's wife] |
| 外孙 | (wàisūn) | grandson [daughter's son] |
| 外孙媳妇 | (wàisūnxífu) | granddaughter-in-law [daughter's son's wife] |
| 孙女 | (sūnnǚ) | granddaughter [son's daughter] |
| 孙女婿 | (sūnnǚxu) | grandson-in-law [son's daughter's husband] |
| 外孙女 | (wàisūnnǚ) | granddaughter [daughter's daughter] |
| 外孙女婿 | (wàisūnnǚxu) | grandson-in-law [daughter's daughter's husband] |

**J. Great grandchildren and their spouses:**

| | | |
|---|---|---|
| 曾孙 | (zēngsūn) | great grandson [son's son's son] |
| 曾孙媳妇 | (zēngsūnxífu) | great granddaughter-in-law [son's son's son's wife] |
| 曾孙女 | (zēngsūnnǚ) | great granddaughter [son's son's daughter] |
| 曾孙女婿 | (zēngsūnnǚxu) | great granddaughter-in-law [son's son's daughter's husband] |

## 2. 以为 (yǐwéi)

以为 (yǐwéi) is often used to signify an understanding or judgment that is proven to be erroneous.

(1)  A: 小王，今天星期几？

Xiǎo Wáng, jīntiān xīngqī jǐ?

(Little Wang, what day is today?)

B: 星期四。

B: Xīngqīsì.

(Today is Thursday.)

A: 我以为已经星期五了呢。

Wǒ yǐwéi yǐjīng xīngqīwǔ le ne.

(I thought it was already Friday.)

(2)  我以为你今天不来了呢。

Wǒ yǐwéi nǐ jīntiān bù lái le ne.

(I thought you wouldn't come today.)

(3)  我们都以为今天要考试，到了学校以后，才知道没有考试。

Wǒmen dōu yǐwéi jīntiān yào kǎoshì, dàole xuéxiào yǐhòu, cái zhīdao méiyǒu kǎoshì.

(We had all thought that we would have a test today, and didn't realize that there was no test until we arrived at school.)

In very formal Chinese, 以为 (yǐwéi) is often interchangeable with 认为 (rènwéi), but the former is much more modest since it implies that one's view could be wrong.

## 3. Existential Sentences

Sentences indicating existence of certain things at certain locations follow a particular structure:

**Place Word + Verb + Numeral + Measure Word + Noun**

Three kinds of verbs can be used in an existential sentence: a) 有 (yǒu), b) 是 (shì), and c) regular verbs indicating bodily movements such as 站、坐、躺、放、挂、种 (zhàn, zuò, tǎng, fàng, guà, zhòng), etc. Following verbs in category c) either 着 or 了 (zhè or le) should be used [see G.4].

The function of an existential sentence is descriptive.

(1) 我的宿舍在一楼。一进房间就可以看见南边有一个窗户，窗户前面放着一张桌子，桌子上摆着一个花瓶。靠右边的墙上挂着一张中国画，画上画着山水。画的旁边有一个衣柜，里边挂着很多衣服。我的房间虽然不大，可是很舒服。

Wǒ de sùshè zài yī lóu. Yī jìn fángjiān jiù kěyǐ kàn jiàn nánbiān yǒu yí ge chuānghu, chuānghu qiánmiàn fàngzhe yì zhāng zhuōzi, zhuōzi shang bǎi zhe yí ge huāpíng. Kào yòubiān de qiáng shang guàzhe yì zhāng Zhōngguó huà, huà shang huàzhe shānshui. Huà de pángbiān yǒu yí ge yīguì, lǐbiān guàzhe hěn duō yīfu. Wǒ de fángjiān suīrán bú dà, kěshì hěn shūfu.

(I live on the first floor of the dorm. Entering my room, you will see the window on the south side. In front of the window there is a table. On the table is a vase. On the wall to the right hangs a Chinese landscape painting. Next to the painting is a closet. There are a lot of clothes hanging inside. My room is not big, but it is comfortable.)

(2) 我的家乡在一个小镇上。小镇的后边
有一座山，前面是一条河。河的对面
种着很多树。春天和夏天，树上开满
了花，美极了。

Wǒ de jiāxiāng zài yí ge xiǎo zhèn shang. Xiǎo zhen de hòubiān yǒu yí zuò shān, qiánmiàn shì yì tiáo hé. Hé de duìmiàn zhòng zhe hěn duō shù. Chūntiān hé xiàtiān, shù shang kāi mǎn le huā, měi jíle.

(I'm from a small town. Behind the town there is a hill. There is a river in front of the town. Across the river there are a lot of trees. It's very pretty in spring and summer when the trees are in full bloom.)

When 有 (yǒu) is used to indicate existence, there can be more than one object in the place described. But if 是 (shì) is used instead of 有 (yǒu), there can only be one object occupying the place in question.

(3) 我家对面有一个公园和一家餐馆。

Wǒ jiā duìmiàn yǒu yí ge gōngyuán hé yì jiā cānguǎn.

(There's a park and a restaurant across from my home.)

(4) 我家对面是一家餐馆。

Wǒ jiā duìmiàn shì yì jiā cānguǎn.

(Across from my home is a restaurant.)

## 4. The Dynamic Particle 着 (zhe)

着 (zhe) signifies the continuation of an action or a state. Its function is descriptive. We have come across the following usages of 着 (zhe).

*A. In existential sentences:*

(1) 桌子上放着一本书。

Zhuōzi shang fàngzhe yì běn shū.

(There's a book on the table.)

(2) 门前种着一些树。

Mén qián zhòngzhe yìxiē shù.

(There are some trees planted in front of the house.)

*B. In sentences indicating a simultaneous action:*

(3) 老师站着讲课，学生坐着听课。

Lǎoshī zhànzhe shàng kè, xuésheng zuòzhe tīng kè.

(The teacher stood lecturing while the students sat listening.)

(4) 我喜欢躺着看书。

Wǒ xǐhuan tǎngzhe kàn shū.

(I like to read while lying down.)

(5) 他常常开着门睡觉。

Tā chángcháng kāizhe mén shuì jiào.

(He often sleeps with the door open.)

着 (zhe) is normally used to indicate continuing state. 在 (zài) is normally used to indicate continuing action. These two forms are not mutually interchangeable.

(6) A: 学生们在做什么呢？

Xuéshengmen zài zuò shénme ne?

(What are the students doing?)

B: 在上课。

Zài shàng kè.

(They are having a class.)

在 (zài) in (6) above cannot be replaced with 着 (zhe). Likewise, 着 (zhe) in (1) through (5) cannot be replaced with 在 (zài).

**5. Adjective / Verb + 是 (shì) + Adjective/Verb, + 可是/但是… (kěshì/dànshì…)**

Sentences in this pattern usually contain a semantic partial reversal or change of direction.

(1) A: 中文难不难？

Zhōngwén nán bu nán?

(Is Chinese difficult?)

B: 中文难是难，可是很有意思。

Zhōngwén nán shì nán, kěshì hěn yǒu yìsi.

(It is difficult, but it is very interesting.)

(2) A: 你昨天看的歌剧好吗？

Nǐ zuótiān kàn de gējù hǎo ma?

(How was the opera you saw yesterday?)

B: 那个歌剧好是好，但是太长了。

Nàge gējù hǎo shì hǎo, dànshì tài cháng le.

(It was pretty good, but it was too long.)

(3) A: 红烧肉好吃吗？

Hóngshāoròu hǎochī ma?

(Is red-cooked pork tasty?)

B: 红烧肉好吃是好吃，可是对健康不太好。

Hóngshāoròu hǎochī shì hǎochī, kěshì duì jiànkāng bú tài hǎo.

(It is tasty, but it's not very good for your health.)

(4) A: 明天小林过生日，你去参加她的生日晚会吗？

Míngtiān Xiǎo Lín guò shēngrì, nǐ qù cānjiā tā de shēngrì wǎnhuì ma?

(Tomorrow is Little Lin's birthday. Will you go to her birthday party?)

B: 我去是去，可是会晚一点儿。

Wǒ qù shì qù, kěshì huì wǎn yì diǎnr.

(I'll go, but I will be a little bit late.)

(5) A: 你喜欢这张照片吗？

Nǐ xǐhuan zhè zhāng zhàopiàn ma?

(Do you like this picture?)

B: 喜欢是喜欢，可是这张照片太小了。

Xǐhuan shì xǐhuan, kěshì zhè zhāng zhàopiàn tài xiǎo le.

(I like it, but it is too small.)

**Note:** This pattern can be used only when the adjective or verb in it has already been mentioned, e.g., 难 (nán) in (1), 好 (hǎo) in (2), 好吃 (hǎochī) in (3), 去 (qù) in (4), and 喜欢 (xǐhuan) in (5). In this regard, it is different from the pattern 虽然...可是/但是... (suīrán...kěshì/dànshì...).

## PATTERN DRILLS

**A.** 以为 (yǐwéi)

**EXAMPLE:** 他是从南方来的。　　（从北方来的）

→ 我以为他是从北方来的。

Tā shì cóng nánfāng lái de.　（cóng běifāng lái de）

→ Wǒ yǐwéi tā shì cóng běifāng lái de.

| | | |
|---|---|---|
| 1. | 他们会说中文。 | （不会说中文） |
| 2. | 这本书很有意思。 | （一点意思也没有） |
| 3. | 说中文不太难。 | （说中文很难） |
| 4. | 这个公寓很吵。 | （很安静） |
| 5. | 你的行李不重。 | （很重） |
| 6. | 他很喜欢动物。 | （不喜欢动物） |
| 7. | 他的亲戚住在加州。 | （住在纽约） |
| 8. | 打电话到中国贵极了。 | （不太贵） |

1. Tāmen huì shuō Zhōngwén.	(bú huì shuō Zhōngwén)

2. Zhè běn shū hěn yǒu yìsi.	(yì diǎn yìsi yě méiyǒu)

▼▼▼▼▼▼▼▼▼▼▼▼▼▼▼▼▼▼▼▼▼▼▼▼▼▼▼▼▼▼▼▼▼▼▼▼

3. Shuō Zhōngwén bú tài nán.      (shuō Zhōngwén hěn nán)

4. Zhège gōngyù hěn chǎo.      (hěn ānjìng)

5. Nǐ de xíngli bú zhòng.      (hěn zhòng)

6. Tā hěn xǐhuan dòngwù.      (bù xǐhuan dòngwù)

7. Tā de qīnqi zhù zài Jiāzhōu.      (zhù zài Niǔyuē)

8. Dǎ diànhuà dào Zhōngguó guì jí le.      (bú tài guì)

## B. Existential Sentences with 有 (yǒu)

EXAMPLE: 桌子上，　一本书，一枝笔

→ 桌子上有一本书和一枝笔。

zhuōzishang,　yì běn shū,　yì zhī bǐ

→ Zhuōzi shang yǒu yì běn shū hé yì zhī bǐ.

1. 我家旁边，     一个小学，一个医院

2. 教室里，     一个老师，十五个学生

3. 停车场上，     很多汽车

4. 我的宿舍里，     中文书，英文书

5. 语言实验室，     很多电脑和录音带

6. 我的宿舍旁边，     一个学生活动中心

7. 这个小镇的东边，     几座小山，一条小河

8. 北京，     很多好饭馆

9. 墙上，     一张画，一张照片

1. wǒ jiā pángbiān,      yí ge xiǎoxué, yí ge yīyuàn

2. jiàoshì li,      yí ge lǎoshī, shíwǔ ge xuésheng

3. tíngchēchǎng shang,      hěn duō qìchē

4. wǒ de sùshè li,      Zhōngwén shū, Yīngwén shū

5.    yǔyán shíyànshì,           hěn duō diànnǎo hé lùyīndài

6.    wǒ de sùshè pángbiān,       yí ge xuéshēng huódòng zhōngxīn

7.    zhège xiǎo zhèn de dōngbian,   jǐ zuò xiǎo shān, yì tiáo xiǎo hé

8.    Běijīng,                      hěn duō hǎo fànguǎn

9.    qiáng shang,             yì zhāng huà, yì zhāng zhàopiàn

## C. Existential Sentences with 是 (shì)

**EXAMPLE:** 图书馆旁边，     电脑中心

→ 图书馆旁边是电脑中心。

túshūguǎn pángbiān,    diànnǎo zhōngxīn

→ Túshūguǎn pángbiān shì diànnǎo zhōngxīn.

1. 这个小镇的北边，       电脑中心

2. 我们宿舍的西边，       图书馆

3. 图书馆的东边，         学生活动中心

4. 学生活动中心的后边，   语言实验室

5. 邮局的前边，            银行

6. 银行和图书馆的中间，   公园

7. 高速公路的左边，        飞机场

8. 小河的右边，            停车场

9. 我家南边，              一条小河

1.    zhège xiǎo zhèn de běibiān,            diànnǎo zhōngxīn

2.    wǒmen sùshè de xībiān,               túshūguǎn

3.    túshūguǎn de dōngbiān,             xuéshēng huódòng zhōngxīn

4.    xuéshēng huódòng zhōngxīn de hòubiān,   yǔyán shíyànshì

5.    yóujú de qiánbiān,                  yínháng

6.  yínháng hé túshūguǎn de zhōngjiān,        gōngyuán

7.  gāosù gōnglù de zuǒbiān,                  fēijīchǎng

8.  xiǎo hé de yòubiān,                       tíngchēchǎng

9.  wǒ jiā nánbiān,                           yì tiáo xiǎo hé

## D. 着 (zhe)

**EXAMPLE:** 房子外头，　　停，　　一辆汽车

　　　　→ 房子外头停着一辆汽车。

Fángzi wàitou,　　tíng,　　yí liàng qìchē

　　→ Fángzi wàitou tíngzhe yí liàng qìche.

| | | |
|---|---|---|
| 1. 我家的外头 | 种 | 很多花 |
| 2. 床上 | 放 | 一张报纸 |
| 3. 沙发上 | 坐 | 两个人 |
| 4. 教室外头 | 站 | 一位老师 |
| 5. 我的宿舍旁边 | 种 | 很多小树 |
| 6. 客厅里 | 放 | 几把椅子 |
| 7. 他 | 穿 | 一件红衬衫 |
| 8. 椅子上 | 放 | 一件衣服 |

1.  wǒ jiā de wàitou          zhòng       hěn duō huā

2.  chuáng shang              fàng        yì zhāng bàozhǐ

3.  shāfā shang               zuò         liǎng ge rén

4.  jiàoshì wàitou            zhàn        yí wèi lǎoshī

5.  wǒ de sùshè pángbiān      zhòng       hěn duō xiǎo shù

6.  kètīng li                 fàng        jǐ bǎ yǐzi

7.  tā                        chuān       yí jiàn hóng chènshān

8.  yǐzi shang                fàng        yí jiàn yīfu

### E. 听起来 (tīng qilai)

**EXAMPLE:** 这几天，我的功课很多。

→ 听起来你最近很忙。

Zhè jǐ tiān, wǒ de gōngkè hěn duō.

→ Tīng qilai nǐ zuìjìn hěn máng.

1. 我觉得中文太有意思了。
2. 今天晚上的电影没有意思。
3. 他明天要开三个会。
4. 我的老家有一座小山，山上开满了花。
5. 旧金山的夏天不热，冬天也不冷。

1. Wǒ juéde Zhōngwén tài yǒu yìsi le.

2. Jīntiān wǎnshang de diànyǐng méiyǒu yìsi.

3. Tā míngtiān yào kāi sān ge huì.

4. Wǒ de lǎojiā yǒu yí zuò xiǎo shān, shān shang kāi mǎn le huā.

5. Jiùjīnshān de xiàtiān bù rè, dōngtiān yě bú lěng.

### F. 比方说 (bǐfang shuō)

**EXAMPLE:** (这个地方一年四季都很好，春天可以看花，秋天可以看红叶。)

→ 这个地方一年四季都很好。比方说，春天可以看花，秋天可以看红叶。

Zhège dìfang yì nián sì jì dōu hěn hǎo, chūntiān kěyǐ kàn huā, qiūtiān kěyǐ kàn hóngyè.

→ Zhège dìfang yì nián sì jì dōu hěn hǎo. Bǐfang shuō, chūntiān kěyǐ kàn huā, qiūtiān kěyǐ kàn hóngyè.

1. 这个地方一年四季都很好　　　　　夏天可以游泳，冬天可以
滑雪

2. 他会很多语言　　　　　　　　　　英文、中文、法文

3. 我的弟弟很喜欢玩儿　　　　　　　打球、看电视、游泳

4. 中国饭很好吃　　　　　　　　　　糖醋鱼、家常豆腐

5. 我每天都有很多事　　　　　　　　练习生词，学语法，给朋
友打电话

6. 学中文很有用　　　　　　　　　　可以用中文写信，跟中国
人聊天

7. 大城市很方便　　　　　　　　　　有很多饭馆，还有地铁，
公共汽车

8. 这个大学什么都有　　　　　　　　电脑中心，学生活动中
心，运动场

1. Zhège dìfang yì nián sì jì dōu hěn hǎo          xiàtiān kěyǐ yóu yǒng,
dōngtiān kěyǐ huá xuě

2. Tā huì hěn duō yǔyán          Yīngwén, Zhōngwén, Fǎwén

3. Wǒ de dìdi hěn xǐhuan wánr          dǎ qiú, kàn diànshì, yóu yǒng

4. Zhōngguó fàn hěn hǎochī          tángcùyú, jiācháng dòufǔ

5. Wǒ měitiān dōu yǒu hěn duō shì          liànxí shēngcí, xué yǔfǎ,
gěi péngyou dǎ diànhuà

6. Xué Zhōngwén hěn yǒuyòng          kěyǐ yòng Zhōngwén xiě xìn,
gēn Zhōngguórén liáo tiān

7. Dà chéngshì hěn fāngbiàn          yǒu hěn duō fànguǎn, hái yǒu
dìtiě, gōnggòng qìchē

8. Zhège dàxué shénme dōu yǒu          diànnǎo zhōngxīn, xuéshēng huódòng
zhōngxīn, yùndòngchǎng

**G. Adjective Verb 是 (shì) Adjective / Verb，可是... (kěshì...)**

EXAMPLE: 这儿的气候好吗？(冬天长)

→ 这儿的气候好是好，可是冬天太长了。

Zhèr de qìhòu hǎo ma?    (dōngtiān cháng)

→ Zhèr de qìhòu hǎo shì hǎo, kěshì dōngtiān tài cháng le.

| | | |
|---|---|---|
| 1. | 这种花漂亮， | 太小 |
| 2. | 我的老家远， | 开车去很方便 |
| 3. | 这种首饰贵， | 女孩子很喜欢 |
| 4. | 我现在饿， | 不想吃饭 |
| 5. | 足球有意思， | 太危险 |
| 6. | 跳舞我喜欢， | 没时间跳 |

| | | |
|---|---|---|
| 1. | Zhè zhǒng huā piàoliang, | tài xiǎo |
| 2. | Wǒ de lǎojiā yuǎn, | kāi chē qù hěn fāngbiàn |
| 3. | Zhè zhǒng shǒushi guì, | nǚháizi hěn xǐhuan |
| 4. | Wǒ xiànzài hěn è, | bù xiǎng chī fàn |
| 5. | Zúqiú yǒu yìsi, | tài wēixiǎn |
| 6. | Tiào wǔ wǒ xǐhuan, | méi shíjiān tiào |

**H. 差不多 (chàbuduō)**

EXAMPLE: 我老家的天气，    这儿

→ 我老家的天气跟这儿差不多。

Wǒ lǎojiā de tiānqì,    zhèr

→ Wǒ lǎojiā de tiānqì gēn zhèr chàbuduō.

1. 他的衬衫                我的

2. 这里的夏天             台北的

3. 美国菜                    英国菜

4. 他说中文说得          中国人

5. 他写字写得             他哥哥

6. 这个电影                那个电影

7. 这双鞋的大小          那双鞋

1. Tā de chènshān                    wǒ de

2. Zhèlǐ de xiàtiān                    Táiběi de

3. Měiguó cài                           Yīngguó cài

4. Tā shuō Zhōngwén shuō de        Zhōngguórén

5. Tā xiě zì xiě de                     tā gēge

6. Zhège diànyǐng                     nàge diànyǐng

7. Zhè shuāng xié de dàxiǎo         nà shuāng xié

*Name the four seasons in Chinese.*

## Pinyin Texts

### DIALOGUE I

*(Lǐ Yǒu hé zhù zài tā duìmian de Wáng Dézhōng zài tán chūnjià de jìhuà. Wáng Dézhōng shì Zhōngguó lái de liúxuéshēng.)*

| | |
|---|---|
| Wáng Dézhōng: | Lǐ Yǒu, nǐ chūnjià yǒu shénme jìhuà? |
| Lǐ Yǒu: | Wǒ yào huí jiā kàn wǒ de fùmǔ. Nǐ ne? |
| Wáng Dézhōng: | Wǒ yào qù Jiāzhōu kàn wǒ de wàigōng, wàipó, hái yǒu āyí. |
| Lǐ Yǒu: | Wǒ yǐwéi nǐ zài Měiguó méiyǒu qīnqi ne. |
| Wáng Dézhōng: | Wǒ de wàigōng, wàipó gēn wǒ āyí zhù zài Jiùjīnshān, bóbo yì jiā zhù zài Luòshānjī. Nǐ de lǎojiā zài nǎr? |
| Lǐ Yǒu: | Zài Mázhōu xībian. |
| Wáng Dézhōng: | Nǐ jiā zhù zài dà chéngshì ma? |
| Lǐ Yǒu: | Bú shì, shì zài xiāngxià de yí ge xiǎo zhèn, rénkǒu zhǐ yǒu wǔqiān, zuǒbianr yǒu jǐ zuò xiǎo shān, yòubianr shì yì tiáo xiǎo hé, xiǎo hé liǎngbiān zhòngzhe hěn duō shù, chūntiān de shíhou, shù shang kāi mǎn le huār, měi jí le. |
| Wáng Dézhōng: | Tīng qilai fēngjǐng hěn búcuò. |
| Lǐ Yǒu: | Shì a. Wǒ hěn xǐhuan nàge dìfang, nàr yì nián sì jì dōu hěn hǎo. Bǐfang shuō, chūntiān kěyǐ kàn huār, xiàtiān kěyǐ yóuyǒng, qiūtiān kěyǐ kàn hóngyè, dōngtiān kěyǐ huá xuě. |
| Wáng Dézhōng: | Zhēn shì yí ge hǎo dìfang! |
| Lǐ Yǒu: | Huānyíng nǐ lái wǒ jiā wánr. |

### DIALOGUE II

| | |
|---|---|
| Xiǎo Lín: | Wáng Péng, nǐ dào Měiguó yǐjīng jǐ ge yuè le, nǐ xǐhuan bu xǐhuan xiànzài de shēnghuó? |
| Wáng Péng: | Měiguó hǎo shi hǎo, dànshì wǒ gèng xǐhuan wǒ de jiāxiāng. |
| Xiǎo Lín: | Shì ma? Zěnme, nǐ xiǎng jiā la? |
| Wáng Péng: | Shì a. |
| Xiǎo Lín: | Nǐ de lǎojiā zài nǎr? |
| Wáng Péng: | Zài Běijīng. |
| Xiǎo Lín: | Běijīng zěnmeyàng? Wǒ cháng tīngshuō Běijīng hěn hǎo, kěshì wǒ hái méiyǒu qùguo ne. |

| Wáng Péng: | Běijīng shì Zhōngguó de shǒudū, yě shì Zhōngguó de zhèngzhì, jīngjì hé wénhuà de zhōngxīn. |
| Xiǎo Lín: | Běijīng de qìhòu zěnmeyàng? |
| Wáng Péng: | Běijīng zài Zhōngguó de běibù, qìhòu gēn zhèr chàbuduō. Chūn, xià, qiū, dōng sì jì fēnmíng. Dōngtiān lěng, xiàtiān rè, chūntiān chángcháng guā fēng, qiūtiān zuì shūfu. |
| Xiǎo Lín: | Nǐ dǎsuàn shénme shíhou huí jiā kànkan? |
| Wáng Péng: | Jīnnián shǔjià. Rúguǒ nǐ gēn Xiǎo Gāo yào qù Běijīng lǚxíng de huà, wǒmen kěyǐ yìqǐ zǒu. |
| Xiǎo Lín: | Nà tài hǎo le. Nǐ kěyǐ dāng wǒmen de dǎoyóu. |

## English Texts

### DIALOGUE I

*(Li You and Wang Dezhong, who lives across the hallway, are talking about their plans for the spring break. Wang Dezhong is a student from China.)*

| Wang Dezhong: | Li You, do you have any plans for the spring break? |
| Li You: | I'll go back home to visit my parents. What about you? |
| Wang Dezhong: | I'll go to California to visit my grandpa and grandma and my aunt. |
| Li You: | I thought you didn't have any relatives in the U.S. |
| Wang Dezhong: | My grandpa, grandma and my aunt live in San Francisco. My uncle's family lives in Los Angeles. Where is your hometown? |
| Li You: | In western Massachusetts. |
| Wang Dezhong: | Does your family live in a big city? |
| Li You: | No, we live in a small town in a rural area, with a population of only five thousand. There are hills to the left and a river to the right. There are lots of trees on both sides of the river. In springtime the trees are full of blossoms. It's really beautiful. |
| Wang Dezhong: | The scenery there sounds wonderful. |
| Li You: | It is [wonderful]. I really like the place. It's great all year round. For example, you can appreciate flowers in spring, go swimming in summer, see red leaves in fall and go skiing in winter. |

| Wang Dezhong: | What a great place! |
| Li You: | You are welcome to come to my home and visit. |

## DIALOGUE II

| Little Lin: | Wang Peng, you've been in the States for several months now. Do you like your life now? |
| Wang Peng: | America is wonderful, but I like my hometown even more. |
| Little Lin: | Yeah? Well, are you homesick? |
| Wang Peng: | Yes. |
| Little Lin: | Where is your hometown? |
| Wang Peng: | Beijing. |
| Little Lin: | What is Beijing like? I often hear that Beijing is great, but I've never been there. |
| Wang Peng: | Beijing is China's capital. It's also China's political, conomic, and cultural center. |
| Little Lin: | How is the climate in Beijing? |
| Wang Peng: | Beijing is in the north part of China. The climate is about the same as here. There are four distinct seasons. It's cold in winter, hot in summer, and it's often very windy in spring. Fall is the most comfortable (season). |
| Little Lin: | When do you plan to go back for a visit? |
| Wang Peng: | This summer. If you and Little Gao would like to travel to Beijing, we could all go together. |
| Little Lin: | That'd be wonderful. You could be our guide. |

*Fill in the blank. (The answer can be found in Dialogue I.)*

这是一个＿＿＿＿＿＿＿＿＿。

*Does this picture accurately depict the weather in Beijing? Please support your answer by quoting passages from Dialogue II.*

*The passage below describes the picture above. It includes four new expressions (but only two new characters). You should be able to decipher their meanings without using your dictionary. Write the English equivalents of these four expressions in the spaces provided.*

这是麻州乡下的一个小镇，人口只有五千，可是有很多高楼[1]，连山顶[2]上都有高楼。小镇的北边有几座小山，常常有很多鸟儿[3]在山上飞。小镇的南边是一条小河，河上有一座小桥[4]，河边种着很多树，春天的时候，树上开满了花，美极了。

1. _____    2. _____

3. _____    4. _____

# LESSON 23 ▲ At the Airport
# 第二十三课 ▲ 在机场
### *Dì èrshísān kè* ▲ *Zài jīchǎng*

## Dialogue I: Checking in at the Airport

### VOCABULARY

| | | | |
|---|---|---|---|
| 1. | 暑假 | shǔjià | n | summer vacation |
| 2. | 探亲 | tàn qīn | vo | go home to visit one's family |
| 3. | 前一天 | qián yì tiān | | the day before |
| 4. | 收拾 | shōushi | v | to pack; to tidy up |
| 5. | 行李 | xíngli | n | baggage |
| 6. | 出门 | chū mén | vo | to go on a journey |
| 7. | 提醒 | tíxǐng | v | to remind |

| 8. | 停车场 | tíngchēchǎng | n | parking lot |
| | 停车 | tíng chē | vo | to park (a car, bike, etc.) |
| | 停 | tíng | v | to stop; to park |
| 9. | 差不多 | chàbuduō | adv | almost; nearly |
| 10. | 差一点儿 | chàyidiǎnr | adv | nearly; barely (indicates that something nearly took place or just took place and implies either thankfulness or regret) |
| 11. | 找不到 | zhǎo bu dào | vc | unable to find |
| 12. | 来到 | láidào | v | to arrive; to come |
| 13. | 服务台 | fúwùtái | n | service counter |
| | 台 | tái | n | stand; table; platform |
| 14. | 件 | jiàn | m | (a measure word for luggage, etc.) |
| 15. | 托运 | tuōyùn | v | to check (baggage); to consign for shipment |
| 16. | 皮箱 | píxiāng | n | leather suitcase |
| 17. | 随身 | suíshēn | adv | (carry) on one's person |
| | 随 | suí | v | to follow; to go along with |
| 18. | 称 | chēng | v | to weigh |
| 19. | 超重 | chāozhòng | v | to be overweight (of baggage, freight, etc.) |
| | 超 | chāo | v | to exceed; to surpass |
| 20. | 登机证 | dēngjīzhèng | n | boarding pass |
| 21. | 要…了 | yào…le | | to be about to… |
| 22. | 起飞 | qǐfēi | v | to take off |
| 23. | 急 | jí | adj/adv | anxious; impatient; urgent |
| 24. | 哭 | kū | v | to cry; to weep |

▼▼▼▼▼▼▼▼▼▼▼▼▼▼▼▼▼▼▼▼▼▼▼▼▼▼▼▼▼▼▼▼▼▼▼▼▼▼▼▼

| 25. | 长途 | chángtú | n | long distance |
| 26. | 常 | cháng | adv | = 常常 (chángcháng) |
| 27. | 保重 | bǎozhòng | v | to take care (of oneself) |
| 28. | 小心 | xiǎoxīn | v | to be careful |
| 29. | 一路顺风 | yí lù shùnfēng | ce | Have a good trip!; Bon voyage! |

## DIALOGUE I

(放暑假了，王朋要回中国探亲⁽¹⁾，前一天⁽²⁾晚上李友帮他收拾行李。第二天李友开车送他到机场，出门的时候⁽ᴳ¹⁾，李友提醒他检查一下机票和证件。这一天坐飞机的人很多，停车场差不多都满了，差一点⁽³⁾找不到停车的地方，李友找了半天才找到一个。他们停好车以后⁽ᴳ¹⁾，来到了中国民航的服务台。)

▲▲▲▲▲▲▲▲▲▲▲▲▲▲▲▲▲▲▲▲▲▲▲▲▲▲▲▲▲▲▲▲▲▲▲▲▲▲

王朋：　小姐，这是我的机票。

服务员：先生，请把护照给我看看。你有几件行李要托运？

王朋：　两件。这个小皮箱我随身带着。

服务员：麻烦您拿上来，我称称。

李友：　没超重吧？

服务员： 没有。这是您的护照、机票，这是登机证。请到五号门<sup>(4)</sup>上飞机。

王朋： 谢谢。

李友： 飞机要起飞了，你快进去吧。

王朋： 不急，还有二十分钟呢。你怎么哭了呢？别哭，别哭。我一个月就回来了。

李友： 什么"就"回来，你一个月以后"才"回来。

王朋： 回国以后，我会给你打电话。

李友: 从中国打长途电话到美国来太贵了，还是我给你打吧，你常给我写信就行了。

王朋: 好，我要上飞机了，你多保重。回家的时候，开车要小心。

李友: 我会小心的，你也多保重。一路顺风！

### *Notes*

▲1▲ While 探亲 (tàn qīn) is translated as "to visit relatives," it usually applies only to a visit to members of one's immediate family: the parents, the spouse, or the children, who live elsewhere. For a visit to a relative outside of the immediate family, the phrase 看亲戚 (kàn qīnqi) is often used.

▲2▲ Note the difference between 前一天 (qián yì tiān) and 前天 (qiántiān). The former refers to the day immediately before the day in question, while the latter is the equivalent to "the day before yesterday."

▲3▲ 差不多 (chàbuduō) and 差一点 (chàyidiǎn) compared: 差不多 (chàbuduō), literally meaning "different by not much," in other words, "almost the same," is often used in comparative sentences: 我的公寓和你的差不多 (Wǒ de gōngyù hé nǐ de chàbuduō; My apartment is about the same as yours); 我的衬衫和你的差不多一样贵 (Wǒ de chènshān hé nǐ de chàbuduō yíyàng guì; My shirt is about as expensive as yours). In our text, 停车场差不多都满了 (Tíngchēchǎng chàbuduō dōu mǎn le; The parking lot was almost full) suggests that the parking lot is close to being full. On the other hand, 差一点 (chàyidiǎn) literally means "falling a little short of." When used in a comparative sentence, it goes with the comparative marker 比 (bǐ) and means something quite different: 我的公寓比你的差一点 (Wǒ de gōngyù bǐ nǐ de chàyidiǎn; My apartment is a little worse than yours, i.e., it's not as good as yours, although the difference is not great). 差一点 (chàyidiǎn) often highlights the speaker's emotion for having barely succeeded or nearly missed something, which 差不多 (chàduō) usually does not: 我差一点找不到 停车的 地方 (Wǒ chàyidiǎn zhǎo bu dào tíngchē de dìfang; I almost couldn't find a parking spot); 我差一点找到了停车的地方 (Wǒ chàyidiǎn zhǎo dào le tíngchē de dìfang; I just missed finding a parking spot).

▲4▲ Although "Boarding Gates" are called 登机门 (dēngjīmén) in Taiwan, they are called 登机口 (dēngjīkǒu) in China.

Domestic Flights in China ▲

For domestic flights in China, there are usually no first-class seats. Also, each passenger is allowed to check only one piece of luggage.

## Dialogue II: Arriving in Beijing

### VOCABULARY

| | | | |
|---|---|---|---|
| 1. | 表弟 | biǎodì | n | (younger male) cousin [see L.22, G1.F] |
| 2. | 首都机场 | Shǒudū Jīchǎng | n | Capital Airport (Beijing) |
| 3. | 地 | de | p | (used after an adjective to form an adverb) |
| 4. | 表哥 | biǎogē | n | (older male) cousin [see L.22, G1.F] |
| 5. | 路上 | lùshang | n | on the way |
| 6. | 辛苦 | xīnkǔ | adj | hard; toilsome |
| 7. | 提 | tí | v | to carry (with the arm down) |
| 8. | 拿 | ná | v | to carry; to take |
| 9. | 不动 | bu dòng | | (as a complement) to not have the physical ability to do something [see G3] |
| | 动 | dòng | v | to move; to budge |
| 10. | 才 | cái | adv | (of quantity or length of time) only; merely |

| 11. | 王母 | Wáng mǔ | | abbr for **王朋的母亲** (Wáng Péng de mǔqin) |
| 12. | 瘦 | shòu | adj | thin, slim (usually of a person or animal); lean |
| 13. | 惯 | guàn | adj | be accustomed to; be used to |
| 14. | 公斤 | gōngjīn | m | (kilogram) |
| 15. | 累坏 | lèi huài | vc | to become exhausted |
| | 累 | lèi | adj | tired |
| 16. | 座位 | zuòwei | n | seat |
| 17. | 王父 | Wáng fù | | abbr for **王朋的父亲** (Wáng Péng de fùqin) |
| 18. | 爷爷 | yéye | n | paternal grandfather |
| 19. | 奶奶 | nǎinai | n | paternal grandmother |
| 20. | 孙子 | sūnzi | n | grandson (son of one's son) |
| 21. | 门口 | ménkǒu | n | doorway |
| 22. | 叫 | jiào | v | to hail; to hire (a taxi) |

## DIALOGUE II

(王朋的父母跟他的表弟都到北京首都机场
来接他。表弟一看到王朋就高兴地<sup>(G2)</sup>跑了
过来。)

表弟： 表哥，路上辛苦了，来，我帮你提
行李。

王朋： 不，你拿不动(G3)，还是我自己拿
吧。才(G4)一年不见，你又长高了。

王母： 王朋，你好像瘦了一点儿。

王朋： 学校功课太忙，没时间做饭，又吃
不惯美国饭，所以瘦了五公斤。

王母： 这次回来要多吃一点儿。坐了二十
多个钟头的飞机，累坏了吧？

王朋： 还好(G5)。飞机上的服务很好，座位
也很舒服。

王父： 走吧，我们回家以后，再慢慢儿聊
吧。爷爷、奶奶还在家里等着看孙
子呢！

表弟： 你们在门口儿等着，我去叫出租
汽车。

## Measurements in China ▲

The metric system is used in China. The commonly used units of length are the meter, called 米 (mǐ) in Chinese, and the kilometer, which is translated as either 公里 (gōnglǐ) or 千米 (qiānmǐ). The most often used units of weight are the gram, called 克 (kè), and the kilogram, which is rendered as either 公斤 (gōngjīn) or 千克 (qiānkè). Units in traditional Chinese measuring and weighing systems have been modified for the sake of easy convertibility: one Chinese foot (尺 chǐ) equals one third of a meter; one 里 (lǐ) equals half a kilometer; one 两 (liǎng) equals fifty grams; and one 斤 (jīn) equals half a kilometer.

## SUPPLEMENTARY VOCABULARY

| | | | |
|---|---|---|---|
| 1. | 上班 | shàng bān | vo | to go to work |
| 2. | 研究所 | yánjiūsuǒ | n | graduate school (Taiwan); research institute (China) |
| 3. | 毕业 | bì yè | vo | to graduate; to finish school |
| 4. | 想念 | xiǎngniàn | v | to miss; to remember with longing |
| 5. | 赚 | zhuàn | v | to earn |
| 6. | 家庭 | jiātíng | n | family |
| 7. | 点心 | diǎnxin | n | light refreshments |
| 8. | 有名 | yǒumíng | adj | famous; well known |
| 9. | 手机 | shǒujī | n | cellular phone |

### Institutes for Higher Learning ▲

While "graduate schools" are known as 研究所 (yánjiūsuǒ) in Taiwan, they are called 研究生院 (yánjiūshēngyuàn) in China. The term 研究所 (yánjiūsuǒ) in China refers to research institutions. In Taiwan, "research institutions" are usually called 研究院 (yánjiūyuàn).

### ▲▲▲ *Exercise* ▲▲▲

*Little Wang shows you a family picture (see previous page), referring to each person using the terms below. Please identify each person by writing the titles in the appropriate blanks.*

## 爷爷，奶奶，爸爸，阿姨，表弟，我

1. _____   2. _____   3. _____   4. _____

*Standing, left to right*

5. _____   6. _____

*Sitting, left to right*

## Grammar

### 1. ...的时候 (...de shíhou) and ...以后 (...yǐhòu) Compared

In a sentence with "V1...的时候 (...de shíhou), ...V2...," the first and second action take place simultaneously.

(1) 走的时候别忘了关门。

Zǒu de shíhou bié wàngle guān mén.

(Don't forget to close the door when you leave.)

(2) 我看见他的时候，他正在打球。

Wǒ kàn jiàn tā de shíhou, tā zhèngzài dǎ qiú.

(When I saw him, he was playing ball.)

(3) 我看信的时候，一边看一边笑。

Wǒ kàn xìn de shíhou, yìbiān kàn yìbiān xiào.

(When I was reading the letter, I smiled as I read along.)

However, in a sentence with "...以后, ...V...," the second action takes place after the first one.

(4) 他走了以后，我就把门关上了。

Tā zǒule yǐhòu, wǒ jiù bǎ mén guān shang le.

(I shut the door after he left.)

(5) 我毕业以后要去中国。

Wǒ bìyè yǐhòu yào qù Zhōngguó.

(I will go to China after I graduate.)

(5a) *我毕业的时候要去中国。

*Wǒ bìyè de shíhou yào qù Zhōngguó.

[In this sentence, 以后 must be used, not 的时候, because the two actions, graduating and going to China, cannot take place simultaneously.]

## 2. 的 (de), 得 (de), and 地 (de) Compared

A. 的 (de) follows an attributive. It cannot follow an adverb. 的 (de) is usually followed by a noun, but a verb or an adjective serving as the subject or object may also follow.

*Examples:*

(1) 漂亮的女孩子

piàoliang de nǚháizi

(beautiful girl)

(2) 哥哥的客人

gēge de kèren

(the older brother's guest)

(3) 我的家庭

wǒ de jiātíng

(my family)

(4) 新买的衣服

xīn mǎi de yīfu

(newly-bought clothes)

(5) 妈妈给我们做的点心

māma gěi wǒmen zuò de diǎnxin

(refreshments my mother made for us)

(6) 南京的热 [是有名的]。

Nánjīng de rè [shì yǒumíng de].

(The hot weather in Nanjing) [is well-known].

(7) 他的死 [让我们很难过]。

Tā de sǐ [ràng wǒmen hěn nánguò].

(His death) [made us very sad].

B. 地 (de) links an adverb or adverbial expression to a following verb. An adjective, an adverb, or a set phrase can serve as an adverbial expression if followed by 地 (de).

*Examples:*

(1) 慢慢地走

mànmān de zǒu

(to walk slowly)

(2) 很高兴地说

hěn gāoxìng de shuō

(to speak happily)

(3) 一直地走

yìzhí de zǒu

(to walk straight forward)

(4) 好好地庆祝

hǎohāo de qìngzhù

(to have a big celebration)

C. 得 is used after a verb or an adjective to connect it with a descriptive complement or a complement of degree.

*Examples:*

(1) 好得很

hǎo de hěn

(wonderful)

(2) 走得很快

zǒu de hěn kuài

(to walk very fast)

(3) 做菜做得很好

zuò cài zuò de hěn hǎo

(to cook well)

(4) 高兴得跳了起来

gāoxìng de tiào qilai

(to leap up with joy)

Compare the following two sentences:

(5) 他高兴地唱歌。

Tā gāoxìng de chàng gē.

(He sang happily.)

(6) 他高兴得唱起歌来了。

Tā gāoxìng de chàng qi gē lái le.

(He was so happy that he started to sing.)

In (5) 高兴 (gāoxìng) is used to describe the manner of his singing. In (6) 高兴 (gāoxìng) is the cause of his singing.

**A Quick Reference Table for** 的，地，得 **(de, de, de)**

| Noun modifier | + | 的 (de) | + | Noun |
| Adverb | + | 地 (de) | + | Verb |
| Verb/Adjective | + | 得 (de) | + | Adjective/Verb |

### Notes

While the rules for using 的，地，得 (de, de, de) are observed rather faithfully in China, they are not followed strictly in Taiwan. Many people use 的 (de) in writing when 地 (de) or 得 (de) should be used.

## 3. Potential Complement 不动 (búdòng)

不动 (búdòng) means that the subject does not have the physical ability to do something.

(1) 我走得太久了，走不动了。

Wǒ zǒu de tài jiǔ le, zǒu bu dòng le.

(I've been walking too long. I'm too tired to move on.)

(2) 这张桌子我们两个人搬不动，请他们来帮忙吧！

Zhè zhāng zhuōzi wǒmen liǎng ge rén bān bu dòng, qǐng tāmen lái bāng máng ba.

(The two of us can't move this table. Let's ask them to help us!)

## 4. 才 (cái) Suggesting "too early" or "not enough"

The adverb 才 placed before a numeral (or verb + numeral) indicates that the time is early or the quantity small.

▼▼▼▼▼▼▼▼▼▼▼▼▼▼▼▼▼▼▼▼▼▼▼▼▼▼▼▼▼▼▼▼▼▼▼▼▼

(1) 现在才三点钟。

Xiànzài cái sān diǎn zhōng.

(It's only three o'clock now.)

(2) 我才学了一年中文。

Wǒ cái xuéle yì nián de Zhōngwén.

(I've learned Chinese only for one year.)

(3) 你才写了五个字，还得写十个。

Nǐ cái xiěle wǔ ge zì, hái děi xiě shí ge.

(You've written only five characters. You have to write ten more.)

(4) 他每年才赚一万多块钱。

Tā méi nián cái zhuàn yí wàn duō kuài qián.

(He earns only a little over ten thousand dollars each year.)

## 5. 还 (hái) + Positive Adjective

还 (hái) when used before a complimentary adjective may indicate that something is acceptable if not desirable.

(1) A: 你最近忙吗？

Nǐ zuìjìn máng ma?

(Have you been busy recently?)

B: 还好，不太忙。

Hái hǎo, bú tài máng.

(Well, not too busy.)

(2) 这个电影还可以。

Zhège diànyǐng hái kěyǐ.

(This movie is all right.)

(3) 那本书还不错。

Nà běn shū hái bú cuò.

(That book is not bad.)

▼▼▼▼▼▼▼▼▼▼▼▼▼▼▼▼▼▼▼▼▼▼▼▼▼▼▼▼▼▼▼▼▼▼▼▼▼▼▼▼▼▼▼▼

## PATTERN DRILLS

**A.** 的时候 (de shíhou)

**EXAMPLE:** (我出门，妈妈提醒我要带钱)

→ 我出门的时候，妈妈提醒我要带钱。

(wǒ chū mén, māma tíxǐng wǒ yào dài qián)

→ Wǒ chū mén de shíhou, māma tíxǐng wǒ yào dài qián.

| | | |
|---|---|---|
| 1. | 上课 | 不要说话 |
| 2. | 借书 | 别忘了带证件 |
| 3. | 坐飞机 | 要带好行李 |
| 4. | 做功课 | 不要看电视 |
| 5. | 别人睡觉 | 你不要唱歌 |
| 6. | 考试 | 不要紧张 |
| 7. | 吃饭 | 不要看报 |
| 8. | 开车 | 不要喝酒 |

| | | |
|---|---|---|
| 1. | shàng kè | bú yào shuō huà |
| 2. | jiè shū | bié wàng le dài zhèngjiàn |
| 3. | zuò fēijī | yào dài hǎo xíngli |
| 4. | zuò gōngkè | bú yào kàn diànshì |
| 5. | biérén shuì jiào | nǐ bú yào chàng gē |
| 6. | kǎo shì | bú yào jǐnzhāng |
| 7. | chī fàn | bú yào kàn bào |
| 8. | kāi chē | bú yào hē jiǔ |

▼▼▼▼▼▼▼▼▼▼▼▼▼▼▼▼▼▼▼▼▼▼▼▼▼▼▼▼▼▼▼▼▼▼▼▼

## B. 以后 (yǐhòu)

EXAMPLE: （下课，我要去图书馆）

→ 下课以后，我要去图书馆。

(xià kè,   wǒ yào qù túshūguǎn)

→ Xià kè yǐhòu, wǒ yào qù túshūguǎn.

1. 考试            我要去玩一下
2. 吃完饭          我们想去看电影
3. 停好车          我们就去买东西
4. 做完功课        我们去打球
5. 你到中国        别忘了给我们写信
6. 学好中文        他想去台湾工作
7. 到台北探亲      她要回美国上大学

1. kǎo shì            wǒ yào qù wán yí xià
2. chī wán fàn        wǒmen xiǎng qù kàn diànyǐng
3. tíng hǎo chē       wǒmen jiù qù mǎi dōngxi
4. zuò wán gōngkè     wǒmen qù dǎ qiú
5. nǐ dào Zhōngguó    bié wàng le gěi wǒmen xiě xìn
6. xué hǎo Zhōngwén   tā xiǎng qù Táiwān gōngzuò
7. dào Táiběi tàn qīn tā yào huí Měiguó shàng dàxue

## C. 就行了 (jiù xíng le)

EXAMPLE: （你不要叫她李小姐，叫她小李）

→ 你不要叫她李小姐，叫她小李就行了。

(Nǐ bú yào jiào tā Lǐ xiǎojie,   jiào tā Xiǎo Lǐ)

→ Nǐ bú yào jiào tā Lǐ xiǎojie, jiào tā Xiǎo Lǐ jiù xíng le.)

1. 去学校不用开车          走路

2. 我不要买太贵的衣服        买便宜的

3. 打长途电话太贵          写信

4. 你不用开车去送我        我自己坐出租汽车去

5. 他不喜欢喝可乐          给他一杯水

6. 上飞机的时候不检查护照     有登机证

7. 你不用吃药              多喝水

8. 你可以在家复习功课       我帮你把东西买回来

1. Qù xuéxiào bú yòng kāi chē                     zǒu lù

2. Wǒ bú yào mǎi tài guì de yīfu                 mǎi piányi de

3. Dǎ chángtú diànhuà tài guì                    xiě xìn

4. Nǐ bú yòng kāi chē qù sòng wǒ             wǒ zìjǐ zuò chūzū qìchē qù

5. Tā bù xǐhuan hē kělè                        gěi tā yì bēi shuǐ

6. Shàng fēijī de shíhou bù jiǎnchá hùzhào      yǒu dēngjīzhèng

7. Nǐ bú yòng chī yào                           duō hē shuǐ

8. Nǐ kěyǐ zài jiā fùxí gōngkè         wǒ bāng nǐ bǎ dōngxi mǎi huí lai

## D. Verb + 不动 (bu dòng)

**EXAMPLE:** (我很累，拿)

→ 我很累，拿不动了。

(Wǒ hěn lèi，ná)

→ Wǒ hěn lèi, ná bu dòng le.

1. 我不舒服                 游

2. 我生病了                 打

3.  我发烧                                跳

4.  这个小孩子太重                        抱

5.  这个皮箱太重                          提

6.  这把椅子太重                          搬

1.  Wǒ bù shūfu                          yóu

2.  Wǒ shēng bìng le                     dǎ

3.  Wǒ fā shāo                           tiào

4.  Zhège xiǎoháizi tài zhòng            bào

5.  Zhège píxiāng tài zhòng              tí

6.  Zhè bǎ yǐzi tài zhòng                bān

E. 好像... (hǎoxiàng...)

**EXAMPLE:** 瘦了

    → 她好像瘦了。

    shòu le

    → Tā hǎoxiàng shòu le.

*How would Li You describe this picture? (A possible answer can be found in the Grammar section.)*

1.  很紧张

2.  感冒了

3.  什么都知道

4.  一点儿饭都没吃

5.  对语言很有兴趣

6.  吃不惯这儿的饭

7.  住不惯学校的宿舍

8.  把她的学生证放在桌子上了

1.   hěn jǐnzhāng

2.   gǎnmào le

3.   shénme dōu zhīdao

4.   yì dianr fàn dōu méi chī

5.   duì yǔyán hěn yǒu xìngqu

6.   chī bu guàn zhèr de fàn

7.   zhù bu guàn xuéxiào de sùshè

8.   bǎ tā de xuéshēngzhèng fàng zài zhuōzi shang le

## Pinyin Texts

### DIALOGUE I

*(Fàng shǔjià le. Wáng Péng yào huí Zhōngguó tàn qīn*[1]*, qián yì tiān*[2] *wǎnshang Lǐ Yǒu bāng tā shōushi xíngli. Dì èr tiān Lǐ Yǒu kāi chē sòng tā dào jīchǎng, chū mén de shíhou*[G1]*, Lǐ Yǒu tíxǐng tā jiǎnchá yí xià jīpiào hé zhèngjiàn. Zhè yì tiān zuò fēijī de rén hěn duō, tíngchēchǎng chàbuduō dōu mǎn le, chà yìdiǎn*[3] *zhǎo bu dào tíngchē de dìfang, Lǐ Yǒu zhǎole bàn tiān cái zhǎodào yí ge. Tāmen tíng hǎo chē yǐhòu*[G1]*, láidàole Zhōngguó Mínháng de fúwùtái.)*

Wáng Péng:     Xiǎojie, zhè shì wǒ de jīpiào.

Fúwùyuán:      Xiānsheng, qǐng bǎ hùzhào gěi wǒ kànkan. Nǐ yǒu jǐ jiàn xíngli yào tuōyùn?

Wáng Péng:     Liǎng jiàn. Zhège xiǎo píxiāng wǒ suíshēn dàizhe.

Fúwùyuán:      Máfán nín ná shanglai, wǒ chēngcheng.

Lǐ Yǒu:        Méi chāozhòng ba?

Fúwùyuán:      Méiyǒu. Zhè shì nín de hùzhào, jīpiào, zhè shì dēngjīzhèng. Qǐng dào wǔ hào mén[4] shàng fēijī.

Wáng Péng:     Xièxie.

Lǐ Yǒu:        Fēijī yào qǐfēi le, nǐ kuài jìnqu ba.

Wáng Péng:     Bù jí, hái yǒu èrshí fēnzhōng ne. Nǐ zěnme kūle ne? Bié kū, bié kū. Wǒ yí ge yuè jiù huílai le.

*Please describe this picture in Chinese.*

| Lǐ Yǒu: | Shénme "jiù" huílai, nǐ yí ge yuè yǐhòu "cái" huílai. |
|---|---|
| Wáng Péng: | Huíguó yǐhòu, wǒ huì gěi nǐ dǎ diànhuà. |
| Lǐ Yǒu: | Cóng Zhōngguó dǎ chángtú diànhuà dào Měiguó lái tài guì le, háishi wǒ gěi nǐ dǎ ba, nǐ cháng gěi wǒ xiěxìn jiù xíng le. |
| Wáng Péng: | Hǎo, wǒ yào shàng fēijī le, nǐ duō bǎozhòng. Huíjiā de shíhou, kāi chē yào xiǎoxīn. |
| Lǐ Yǒu: | Wǒ huì xiǎoxīn de, nǐ yě duō bǎozhòng. Yí lù shùnfēng! |

## DIALOGUE II

*(Wáng Péng de fùmǔ gēn tā de*<sup>(G2)</sup> *biǎodì dōu dào Běijīng Shǒudū Jīchǎng lái jiē tā. Biǎodì yí kàn dào Wáng Péng jiù gāoxìng de*<sup>(G21)</sup> *pǎole guòlai.)*

| Biǎodì: | Biǎogē, lùshang xīnkǔ le, lái, wǒ bāng nǐ tí xíngli. |
|---|---|
| Wáng Péng: | Bù, nǐ ná bu dòng<sup>(G3)</sup>, háishì wǒ zìjǐ ná ba. Cái<sup>(G4)</sup> yì nián bú jiàn, nǐ yòu zhǎng gāo le. |
| Wáng Mǔ | Wáng Péng, nǐ hǎoxiàng shòule yì diǎnr. |
| Wáng Péng: | Xuéxiào gōngkè tài máng, méi shíjiān zuòfàn, yòu chī bu guàn Měiguófàn, suǒyǐ shòule wǔ gōngjīn. |

| Wáng Mǔ: | Zhè cì huílai yào duō chī yì diǎnr. Zuòle èrshí duō ge zhōngtóu de fēijī, lèihuài le ba? |
| Wáng Péng: | Hái hǎo[G5]. Fēijī shang de fúwù hěn hǎo, zuòwèi yě hěn shūfu. |
| Wáng Fǔ: | Zǒu ba, wǒmen huíjiā yǐhòu, zài mànmānr liáo ba. Yéye, nǎinai hái zài jiāli děngzhe kàn sūnzi ne! |
| Biǎodì: | Nǐmen zài ménkǒur děngzhe, wǒ qù jiào chūzū qìchē. |

## English Texts

### DIALOGUE I

*(It was summer break. Wang Peng was going to China to see his family. The night before [he left for China] Li You helped him pack. The following day Li You drove him to the airport. Before they left, Li You reminded him to check his ticket and documents. That day there were many people flying. The parking lot was almost full. They barely managed to find a parking spot. It took Li You a long time to find a parking place. After they parked the car, they went to the Air China service desk.)*

| Wang Peng: | Miss, here is my ticket. |
| Agent: | Sir, please let me take a look at your passport. How many pieces of baggage do you have to check? |
| Wang Peng: | Two. I'll carry this small case. |
| Agent: | Could you put them here? I'll weigh them. |
| Wang Peng: | Are they overweight? |
| Agent: | No. This is your passport and ticket. This is your boarding pass. Please board at gate five. |
| Wang Peng: | Thank you. |

| Li You: | The plane will take off soon. You'd better go in. |
| Wang Peng: | There's no hurry. There are still twenty minutes left. Why are you crying? Don't cry. Please don't cry. I'll be back in just a month. |
| Li You: | Just a month? (You mean) not until after a month. |
| Wang Peng: | When I get there, I'll give you a call. |

*Find a classmate and role-play this scene.*

Li You:    It's too expensive to call long-distance from China. It's better for me to call you. You just have to write me often.

Wang Peng:  OK. I'll board the plane now. Take care. Drive carefully on your way back home.

Li You:    I'll be careful. Take care of yourself, too. Have a good trip!

## DIALOGUE II

*(Wang Peng's parents and his cousin all went to Beijing's Capital Airport to meet him. The minute his cousin saw Wang Peng, he happily ran toward him.)*

Cousin:    Cousin, you must be tired. Come, let me help you with your luggage.

Wang Peng:  No, it's too heavy. I'll take it. It hasn't even been a year since I last saw you, and you've grown several inches.

Mother:    Wang Peng, you seem to have lost some weight.

Wang Peng:  I had too much school work. I didn't have time to cook. And I'm not used to American food. That's why I've lost five kilos.

*Review Dialogue II and see if you can find the sentence that is commonly spoken by a Chinese host to foreign visitors.*

Mother:      You have to eat more now that you are back. You must be tired after more than twenty hours of flying.

Wang Peng:   It's not too bad. The service on the plane was very good. The seat was very comfortable, too.

Father:      Let's go. We can chat when we get home. Grandpa and grandma are waiting to see their grandson.

Cousin:      You all wait here at the gate. I'll get a cab.

# VOCABULARY INDEX (CHINESE-ENGLISH): LESSONS 1–23

Key: c=Culture Notes; f=Functional Expressions; g=Grammar; n=Notes; s=Supplementary Vocabulary

Note: the words in this glossary are arranged in alphabetical order by pinyin; words with the same first character are not kept together. Spaces between syllabi are ignored. The letter "ü" is treated as "u" when alphabetizing.

| Pinyin | Traditional Characters | Simplified Characters | Grammar | English | Lesson |
|--------|------------------------|-----------------------|---------|---------|--------|
| ▲A▲ | | | | | |
| a | 啊 | 啊 | P | (a sentence-final particle of exclamation, interrogation, etc.) | 6 |
| āi | 哎 | 哎 | Excl | (expresses surprise) | 14 |
| ài | 愛 | 爱 | V | to love | 15 |
| ānjìng | 安静 | 安静 | Adj | quiet | 18 |
| āyí | 阿姨 | 阿姨 | N | aunt; mother's younger sister | 22 |
| ▲B▲ | | | | | |
| ba | 吧 | 吧 | P | (a "suggestion" particle; softens the tone of the sentence to which it is appended) | 5 |
| bā | 八 | 八 | Nu | eight | Intro. |
| bǎ | 把 | 把 | Prep | (indicating a thing is disposed of) | 13 |
| bǎ | 把 | 把 | M | (a measure word for chairs, etc.) | 18 |
| bàba | 爸爸 | 爸爸 | N | dad; father | 2 |
| bái | 白 | 白 | Adj | white; (a surname) | 3 |
| bǎi | 百 | 百 | Nu | hundred | 9 |
| bǎi | 摆 | 摆 | V | to place; to put | 22s |
| Bái Jiànmíng | 白健明 | 白健明 | PN | (a person's name) | 17 |
| Bǎishìkělè | 百事可乐 | 百事可乐 | N | Pepsi | 5s |
| báitiān | 白天 | 白天 | N | daytime | 20s |
| bān | 班 | 班 | N | class | 15 |
| bān | 搬 | 搬 | V | to move | 16s, 18 |
| bàn | 办 | 办 | V | to do; to handle | 21 |
| bān chuqu | 搬出去 | 搬出去 | VC | to move out of | 18 |
| bànfǎ | 办法 | 办法 | N | method; way | 13s, 16 |
| bāng | 幫 | 帮 | V | to help | 6 |
| bàng | 磅 | 磅 | M | pound (measure of weight) | 15s |
| bàng | 棒 | 棒 | Adj | (coll.) fantastic | 20 |
| bāng máng | 幫忙 | 帮忙 | VO | to help; to do someone a favor | 6 |
| bàngōngshì | 办公室 | 办公室 | N | office | 6 |
| bàngqiú | 棒球 | 棒球 | N | baseball | 4s |

| Pinyin | Traditional Characters | Simplified Characters | Grammar | English | Lesson |
|---|---|---|---|---|---|
| bāngzhù | 幫助 | 帮助 | V | to help | 7 |
| bānjī | 班機 | 班机 | N | scheduled flight | 21 |
| bàntiān | 半天 | 半天 | N | half day; a long time | 20 |
| bànyè | 半夜 | 半夜 | T | midnight | 7 |
| bào | 報 | 报 | N | newspaper | 8 |
| bào | 抱 | 抱 | V | to hold or carry in the arms | 20 |
| bàoshang | 報上 | 报上 | | in the newspaper | 10 |
| bǎoxiǎn | 保險 | 保险 | N | insurance | 16 |
| bàozhǐ | 報紙 | 报纸 | N | newspaper | 18 |
| bǎozhòng | 保重 | 保重 | V | to take care (of oneself) | 23 |
| bāyuè | 八月 | 八月 | N | August | 3g |
| bā zhé | 八折 | 八折 | | 20% off | 21n |
| bēi | 杯 | 杯 | M | cup; glass | 5 |
| běi | 北 | 北 | N | north | 14 |
| bèi | 被 | 被 | Prep | (used to introduce the agent) | 20 |
| běibian(mian) | 北邊(面) | 北边(面) | N | north side | 14s |
| Běijīng | 北京 | 北京 | PN | Beijing (China's capital) | 10s |
| bēizi | 杯子 | 杯子 | N | cup | 18s |
| běn | 本 | 本 | M | (a measure word for books) | 13 |
| běnzi | 本子 | 本子 | N | notebook | 7s |
| bǐ | 筆 | 笔 | N | pen | 7 |
| bǐ | 比 | 比 | Prep | (a comparison marker) | 10 |
| bì | 閉 | 闭 | V | to shut; to close | 14 |
| bì | 幣 | 币 | N | currency | 19 |
| biān | 邊 | 边 | N | side | 22 |
| biànhuà | 變化 | 变化 | N | change | 22s |
| biǎo | 錶 | 表 | N | watch | 3s |
| biǎodì | 表弟 | 表弟 | N | (younger male) cousin | 23 |
| biǎogē | 表哥 | 表哥 | N | (older male) cousin | 23 |
| biǎojiě | 表姐 | 表姐 | N | (older female) cousin | 15 |
| bié | 別 | 別 | | don't | 6 |
| bié (de) | 別(的) | 別(的) | Adv | other | 4 |
| bié kèqi | 別客氣 | 別客气 | CE | Don't be so polite! | 6 |
| biérén | 別人 | 別人 | N | others; other people; another person | 4 |
| bǐfang | 比方 | 比方 | N | example | 22 |
| bǐfang shuō | 比方說 | 比方说 | | for example | 22 |
| bǐjiào | 比較 | 比较 | Adv | relatively; fairly | 22s |
| bīng | 冰 | 冰 | N | ice | 22s |
| bìng | 病 | 病 | N/V | illness; to become ill | 16 |
| bìngrén | 病人 | 病人 | N | patient | 16 |
| bǐsàbǐng | 比薩餅 | 比萨饼 | N | pizza | 12s |
| Bìshèngkè | 必勝客 | 必胜客 | PN | Pizza Hut | 12s |
| bìxū | 必須 | 必须 | AV | must | 13 |
| bì yè | 畢業 | 毕业 | VO | to graduate; to finish school | 23s |
| bìzhe | 閉著 | 闭着 | | close; closed | 14 |

| Pinyin | Traditional Characters | Simplified Characters | Grammar | English | Lesson |
|---|---|---|---|---|---|
| bízi | 鼻子 | 鼻子 | N | nose | 15 |
| bóbo | 伯伯 | 伯伯 | N | uncle; father's elder brother | 22 |
| Bōshìdùn | 波士頓 | 波士顿 | N | Boston | 22s |
| bù | 不 | 不 | Adv | not; no | 1 |
| bù | 部 | 部 | N | part; section | 22 |
| búbì | 不必 | 不必 | | need not | 20s |
| búcuò | 不錯 | 不错 | Adj | not bad; pretty good | 4 |
| búdàn..., érqiě | 不但...而且 | 不但...而且 | Conj | not only..., but also | 10 |
| bú dào | 不到 | 不到 | | less than | 21 |
| bú dòng | 不動 | 不动 | | unable to do something | 23 |
| bú duì | 不對 | 不对 | CE | It's wrong; incorrect | 14 |
| búguò | 不過 | 不过 | Conj | however; but | 11 |
| bù hǎoyìsi | 不好意思 | 不好意思 | CE | to feel embarrassed | 11 |
| bú kèqi | 不客氣 | 不客气 | CE | You are welcome. Don't be (so) polite. | 6 |
| bùshǒu | 部首 | 部首 | N | radical | Intro. |
| bú xiè | 不謝 | 不谢 | CE | Don't mention it. Not at all. You're welcome. | 7 |
| bú yòng | 不用 | 不用 | CE | need not | 6g, 9 |

▲**C**▲

| Pinyin | Traditional Characters | Simplified Characters | Grammar | English | Lesson |
|---|---|---|---|---|---|
| cāi | 猜 | 猜 | V | to guess | 16 |
| cái | 才 | 才 | Adv | not until; only then; (indicates a condition); (indicates that the time is early) | 5, 17, 23 |
| cài | 菜 | 菜 | N | (of food) dish; course | 12 |
| cānguǎn(r) | 餐館(兒) | 餐馆(儿) | N | restaurant | 22s |
| cānjiā | 參加 | 参加 | V | to take part in | 17 |
| cāntīng | 餐廳 | 餐厅 | N | dining room; cafeteria | 8 |
| cèsuǒ | 廁所 | 厕所 | N | rest room, toilet | 16 |
| chá | 茶 | 茶 | N | tea | 5 |
| chà | 差 | 差 | V | to be short of; to be lacking | 3s |
| chàbuduō | 差不多 | 差不多 | Adj | more or less the same; almost; nearly | 22, 23 |
| cháng | 長 | 长 | Adj | long | 9s, 15 |
| cháng | 常 | 常 | Adv | 常常 | 23 |
| chǎng | 場 | 场 | N | field | 14 |
| chàng | 唱 | 唱 | V | to sing | 4 |
| chángcháng | 常常 | 常常 | Adv | often | 4 |
| chàng gē | 唱歌 | 唱歌 | VO | to sing (a song) | 4 |
| Chángjiāng | 長江 | 长江 | PN | Yangtze river | 10c |
| chángpáo | 長袍 | 长袍 | N | long gown | 9c |
| chángshòu | 長壽 | 长寿 | N | longevity | 3c |
| chángshòu miàn | 長壽麵 | 长寿面 | N | longevity noodles | 3c |
| chángtú | 長途 | 长途 | N | long distance | 21s, 23 |
| chāo | 超 | 超 | V | to exceed; to surpass | 23 |
| chǎo | 吵 | 吵 | Adj | noisy | 18 |

| Pinyin | Traditional Characters | Simplified Characters | Grammar | English | Lesson |
|---|---|---|---|---|---|
| cháoshī | 潮濕 | 潮湿 | Adj | wet; humid | 10s |
| chāozhòng | 超重 | 超重 | V | to be overweight | 23 |
| chàyidiǎn | 差一點 | 差一点 | Adv | nearly; barely | 23 |
| chē | 車 | 车 | N | vehicle; car | 11 |
| chén | 陳 | 陈 | N | (a surname) | 1n |
| chēng | 稱 | 称 | V | to weigh | 23 |
| chéng | 城 | 城 | N | city | 14 |
| chéng | 成 | 成 | V | to become | 17 |
| chéngshì | 城市 | 城市 | N | city | 22 |
| chènshān | 襯衫 | 衬衫 | N | shirt | 9 |
| (chē)zhàn | (車)站 | (车)站 | N | (bus, train, etc.) stop; station | 11 |
| chī | 吃 | 吃 | V | to eat | 3 |
| chǐ | 尺 | 尺 | M | foot (measure of length) | 15s, 23c |
| chī fàn | 吃飯 | 吃饭 | VO | to eat (a meal) | 3 |
| chī huài | 吃壞 | 吃坏 | VC | get sick because of food | 16 |
| Chóngqìng | 重慶 | 重庆 | PN | Chongqing | 10c |
| chū | 初 | 初 | N | beginning | 21 |
| chū mén | 出門 | 出门 | VO | go on a journey | 23 |
| chū wèntí | 出問題 | 出问题 | VO | run into trouble | 21s |
| chuān | 穿 | 穿 | V | to wear; to put on | 9 |
| chuán | 船 | 船 | N | boat; ship | 11s |
| chuáng | 床 | 床 | N | bed | 2g, 8 |
| chuānghu | 窗戶 | 窗户 | N | window | 22s |
| chúfáng | 廚房 | 厨房 | N | kitchen | 18 |
| chuī | 吹 | 吹 | V | to blow | 20s |
| chūlai | 出來 | 出来 | | (indicates achievement of a result) | 20 |
| chúle...yǐwài | 除了...以外 | 除了...以外 | Conj | in addition to; besides | 8 |
| chūnjià | 春假 | 春假 | N | spring break | 22 |
| chūntiān | 春天 | 春天 | N | spring | 10 |
| chūqu | 出去 | 出去 | VC | to go out; (indicating movement outward) | 10, 18 |
| chūzhōng | 初中 | 初中 | N | junior high (grades 7–9) | 2c |
| chūzū | 出租 | 出租 | V | to rent out; to let | 11 |
| chūzū qìchē | 出租汽車 | 出租汽车 | N | taxi | 11 |
| cì | 次 | 次 | M | time; (a measure word for occurrence) | 10 |
| cídài | 磁帶 | 磁带 | N | audio tape; magnetic tape | 13n |
| cídiǎn | 詞典 | 词典 | N | dictionary | 13s |
| cóng | 從 | 从 | Prep | from | 14 |
| cónglái | 從來 | 从来 | Adv | always; at all times | 22s |
| cōngming | 聰明 | 聪明 | Adj | bright; intelligent; clever | 15 |
| cù | 醋 | 醋 | N | vinegar | 12 |
| cún | 存 | 存 | V | to deposit | 19 |
| cùn | 寸 | 寸 | M | inch (measurement of length) | 15s |
| cún qián | 存錢 | 存钱 | VO | to deposit money | 19 |

| Pinyin | Traditional Characters | Simplified Characters | Grammar | English | Lesson |
|---|---|---|---|---|---|
| cún qǐlai | 存起來 | 存起来 | VC | to store; to save | 19g |
| cuò | 錯 | 错 | Adj | wrong | 4, 12 |
| ▲D▲ | | | | | |
| dǎ | 打 | 打 | V | to hit; to strike | 4 |
| dà | 大 | 大 | Adj | big; old | 3 |
| dǎ diànhuà | 打電話 | 打电话 | VO | to make a phone call | 6 |
| dàgē | 大哥 | 大哥 | N | oldest brother | 7g |
| dǎ gōng | 打工 | 打工 | VO | to work part-time; to do manual work | 5s |
| dài | 戴 | 戴 | V | to wear (hat, glasses, etc.) | 9s |
| dài | 帶 | 带 | V | to bring; come with | 13, 18 |
| dàjiā | 大家 | 大家 | Pr | everybody | 7 |
| dàjiě | 大姐 | 大姐 | N | oldest sister | 7g |
| dān | 單 | 单 | Adj | one; single; odd | 14 |
| dānchéng | 單程 | 单程 | N | one-way trip | 21 |
| dāng | 當 | 当 | V | to serve as; to be | 18 |
| dāngrán | 當然 | 当然 | Adv | of course | 20 |
| dānrénchuáng | 單人床 | 单人床 | N | single bed | 18 |
| dànshì | 但是 | 但是 | Conj | but | 6 |
| dānxīn | 擔心 | 担心 | V | to worry | 20 |
| dānxíngdào | 單行道 | 单行道 | N | one-way street | 14 |
| dāo | 刀 | 刀 | N | knife | 12c |
| dào | 到 | 到 | V | to arrive | 8 |
| dàochù | 到處 | 到处 | Adv | everywhere | 22s |
| dàoqī | 到期 | 到期 | V | to become due | 13S |
| dào...qù | 到...去 | 到...去 | | to go to (a place) | 6 |
| dǎoyóu | 導游 | 导游 | N | tour guide | 22 |
| dǎ pēnti | 打噴嚏 | 打喷嚏 | VO | to sneeze | 16s |
| dǎ qiú | 打球 | 打球 | VO | to play ball | 4 |
| dǎsǎo | 打掃 | 打扫 | V | to clean up | 17 |
| dǎsuàn | 打算 | 打算 | V | to plan | 21 |
| dàxiǎo | 大小 | 大小 | N | size | 9 |
| dàxué | 大學 | 大学 | N | university; college | 2c |
| dàxuéshēng | 大學生 | 大学生 | N | college student | 2 |
| dàyī | 大衣 | 大衣 | N | overcoat | 9s |
| dǎ zhé(kòu) | 打折(扣) | 打折(扣) | VO | to give a discount | 21 |
| dǎ zhēn | 打針 | 打针 | VO | get a shot | 16 |
| de | 的 | 的 | P | (a possessive, modifying, or descriptive particle) | 2 |
| de | 得 | 得 | P | (a structural particle) | 7 |
| de | 地 | 地 | P | (used after an adjective to form an adverb) | 23 |
| dé | 德 | 德 | N | virtue | 22 |
| dé dào | 得到 | 得到 | VC | to gain; to obtain | 20s |
| Déguó | 德國 | 德国 | PN | Germany | 1s |
| Déguórén | 德國人 | 德国人 | N | German people/person | 1s |

| Pinyin | Traditional Characters | Simplified Characters | Grammar | English | Lesson |
|---|---|---|---|---|---|
| děi | 得 | 得 | AV | must; to have to | 6 |
| dēng | 燈 | 灯 | N | light | 14 |
| děng | 等 | 等 | V | to wait; to wait for | 6 |
| dēngjīkǒu | 登機口 | 登机口 | N | boarding gate (China) | 23c |
| dēngjīmén | 登機門 | 登机门 | N | boarding gate (Taiwan) | 23c |
| dēngjīzhèng | 登機證 | 登机证 | N | boarding pass | 23 |
| de shíhou | 的時候 | 的时候 | | when...; at the time of... | 8 |
| Déwén | 德文 | 德文 | N | the German language | 6s |
| dì | 第 | 第 | prefix | (a prefix for ordinal numbers) | 7 |
| diǎn | 點 | 点 | M | o'clock | 3 |
| diàn | 電 | 电 | N | electricity | 4 |
| diàn | 店 | 店 | N | store; shop | 14 |
| diǎn cài | 點菜 | 点菜 | VO | to order dishes | 12 |
| diànchē | 電車 | 电车 | N | cable car; trolley bus; tram | 11s |
| diànhuà | 電話 | 电话 | N | telephone | 6 |
| diànnǎo | 電腦 | 电脑 | N | computer | 8 |
| diǎn(r) | 點(兒) | 点(儿) | M | a little; a bit; some | 5 |
| diànshì | 電視 | 电视 | N | TV | 4 |
| diǎnxin | 點心 | 点心 | N | light refreshments | 23s |
| diànyǐng | 電影 | 电影 | N | movie | 4 |
| diànyǐngyuàn | 電影院 | 电影院 | N | movie theater | 14s |
| diǎnzhōng | 點鐘 | 点钟 | M | o'clock | 3 |
| diànzǐ jìsuànjī | 電子計算機 | 电子计算机 | N | computer | 8n |
| dìdi | 弟弟 | 弟弟 | N | younger brother | 2 |
| dìfang | 地方 | 地方 | N | place | 14 |
| dǐng | 頂 | 顶 | M | (a measure word for hat) | 9s |
| dìng | 訂 | 订 | V | to order | 19 |
| dìng | 訂 | 订 | V | to reserve; to book (a ticket, etc.) | 21 |
| dìtiě | 地鐵 | 地铁 | N | subway | 11 |
| dìtú | 地圖 | 地图 | N | map | 14 |
| diū | 丟 | 丢 | V | to lose; to throw | 19s |
| dōng | 東 | 东 | N | east | 14 |
| dǒng | 懂 | 懂 | V | to understand | 7 |
| dōngběi | 東北 | 东北 | N | northeast | 14s |
| dōngbian(mian) | 東邊(面) | 东边(面) | N | east side | 14s |
| Dōngjīng | 東京 | 东京 | PN | Tokyo | 14 |
| dōngnán | 東南 | 东南 | N | southeast | 14s |
| dōngtiān | 冬天 | 冬天 | N | winter | 10 |
| dòngwù | 動物 | 动物 | N | animal | 18 |
| dōngxi | 東西 | 东西 | N | things; objects | 9 |
| dōu | 都 | 都 | Adv | both; all | 2 |
| dōu | 都 | 都 | Adv | (used as an emphatic expression) | 14 |
| dòufu | 豆腐 | 豆腐 | N | beancurd; tofu | 12 |
| duǎn | 短 | 短 | Adj | short | 9s |
| duì | 對 | 对 | Adj | right; correct | 4 |
| duì | 隊 | 队 | N | team | 20s |

| Pinyin | Traditional Characters | Simplified Characters | Grammar | English | Lesson |
|---|---|---|---|---|---|
| duì bu qǐ | 對不起 | 对不起 | CE | I'm sorry. | 5 |
| duì...guòmǐn | 對...過敏 | 对...过敏 | | to be allergic to... | 16 |
| duì le | 對了 | 对了 | CE | That's right! | 4s |
| duìmiàn | 對面 | 对面 | N | opposite side | 22 |
| duìxiàng | 對象 | 对象 | N | boyfriend or girlfriend | 17s |
| duì...yǒu xìngqu | 對...有興趣 | 对...有兴趣 | | to be interested in... | 16s |
| duì zhé | 對折 | 对折 | | 50% off | 21n |
| duō | 多 | 多 | Adv | how many/much; to what extent | 3 |
| duō | 多 | 多 | Adj | many; much | 7 |
| duō | 多 | 多 | Nu | (indicating "more than") | 18 |
| duōbàn | 多半 | 多半 | Adv | mostly; the greater part | 21s |
| duō dà | 多大 | 多大 | CE | how old | 3 |
| duō jiǔ | 多久 | 多久 | QPr | how long | 13 |
| duō...na | 多...哪 | 多...哪 | QPr | how... | 20 |
| duōshao | 多少 | 多少 | QW | how much; how many | 9 |
| dùzi | 肚子 | 肚子 | N | stomach | 16 |

### ▲ E ▲

| Pinyin | Traditional Characters | Simplified Characters | Grammar | English | Lesson |
|---|---|---|---|---|---|
| è | 餓 | 饿 | Adj/V | hungry; to starve | 12 |
| Éguó | 俄國 | 俄国 | PN | Russia | 6s |
| èr | 二 | 二 | Nu | two | Intro. |
| èrgē | 二哥 | 二哥 | N | second oldest brother | 7g |
| èrjiě | 二姐 | 二姐 | N | second oldest sister | 7g |
| èryuè | 二月 | 二月 | N | February | 3g |
| érzi | 兒子 | 儿子 | N | son | 2 |
| è sǐ | 餓死 | 饿死 | VC | to starve to death | 16 |
| Éwén | 俄文 | 俄文 | N | the Russian language | 6s |

### ▲ F ▲

| Pinyin | Traditional Characters | Simplified Characters | Grammar | English | Lesson |
|---|---|---|---|---|---|
| fá | 罰 | 罚 | V | to fine; to punish | 13 |
| fācái | 發財 | 发财 | V | to make a fortune | 11c |
| Fǎguó | 法國 | 法国 | PN | France | 1s |
| Fǎguórén | 法國人 | 法国人 | N | French people/person | 1s |
| fàn | 飯 | 饭 | N | meal; (cooked) rice | 3 |
| fàng | 放 | 放 | V | to put in; to add | 12 |
| fàng | 放 | 放 | V | to put; to place | 16 |
| fàng | 放 | 放 | V | to let go; to set free | 21 |
| fāngbiàn | 方便 | 方便 | Adj | convenient | 6 |
| fàng bu xià | 放不下 | 放不下 | VC | not enough room for... | 18 |
| fángdōng | 房東 | 房东 | N | landlord | 18 |
| fāngfǎ | 方法 | 方法 | N | method | 13s |
| fàng jià | 放假 | 放假 | VO | to have a holiday or vacation | 21 |
| fángjiān | 房間 | 房间 | N | room | 17 |
| fàng shǔjià | 放暑假 | 放暑假 | | have summer vacation | 23 |
| fànguǎnr | 飯館 | 饭馆 | N | restaurant | 12 |
| fāngxiàng | 方向 | 方向 | N | direction | 14s |
| fángzi | 房子 | 房子 | N | house | 17 |

| Pinyin | Traditional Characters | Simplified Characters | Grammar | English | Lesson |
|---|---|---|---|---|---|
| fángzū | 房租 | 房租 | N | rent | 18 |
| fántǐzì | 繁體字 | 繁体字 | N | traditional character | 7c |
| fànzhuō | 飯桌 | 饭桌 | N | dining table | 18 |
| fā shāo | 發燒 | 发烧 | VO | to run a fever | 16s |
| Fǎwén | 法文 | 法文 | N | the French language | 6s |
| fāyīn | 發音 | 发音 | N | pronunciation | 8 |
| Fǎyǔ | 法語 | 法语 | N | French (language) | 14s |
| fēi | 飛 | 飞 | V | to fly | 11 |
| fèi | 費 | 费 | V | spend; take (effort) | 17 |
| fèi | 費 | 费 | N | fee; expenses | 18 |
| fēicháng | 非常 | 非常 | Adv | very; extraordinarily | 18 |
| fēijī | 飛機 | 飞机 | N | airplane | 11 |
| fēijīchǎng | 飛機場 | 飞机场 | N | airport | 11 |
| fēijīpiào | 飛機票 | 飞机票 | N | plane ticket | 12f |
| Fēilǜbīn | 菲律賓 | 菲律宾 | PN | the Philippines | 6s |
| fēn | 分 | 分 | M | minute | 3s |
| fēn | 分 | 分 | M | 1/100 of a kuai; cent | 9 |
| fēng | 封 | 封 | M | (a measure word for letters) | 8 |
| fēng | 風 | 风 | N | wind | 20s, 22 |
| fēngjǐng | 風景 | 风景 | N | scenery | 22 |
| fěnhóngsè | 粉紅色 | 粉红色 | N | pink | 9s |
| fēnmíng | 分明 | 分明 | Adj | distinct | 22 |
| fēnzhōng | 分鐘 | 分钟 | T | minute | 13s |
| fùjìn | 附近 | 附近 | N | vicinity, neighborhood, nearby area | 18 |
| fùmǔ | 父母 | 父母 | N | parents; father and mother | 22 |
| fù qián | 付錢 | 付钱 | VO | to pay money | 9 |
| fùqin | 父親 | 父亲 | N | father | 22 |
| fùshí | 副食 | 副食 | N | non-staple food | 12c |
| fúwù | 服務 | 服务 | V | to give service to | 12 |
| fúwù | 服務 | 服务 | N | service | 19 |
| fúwùtái | 服務台 | 服务台 | N | service counter | 23 |
| fúwùyuán | 服務員 | 服务员 | N | service person; waiter; waitress | 9n |
| fùxí | 復習 | 复习 | V | to review | 7 |

▲G▲

| gāng | 剛 | 刚 | Adv | just (indicates the immediate past) | 19 |
| gāngbǐ | 鋼筆 | 钢笔 | N | fountain pen | 7s |
| gāngcái | 剛才 | 刚才 | T | just now; a moment ago | 10 |
| gāngqín | 鋼琴 | 钢琴 | N | piano | 15 |
| gānjìng | 乾淨 | 干净 | Adj | clean | 18s |
| gǎnkuài | 趕快 | 赶快 | Adv | right away; quickly; hurriedly | 16 |
| gǎnlǎn | 橄欖 | 橄榄 | N | olive | 4s |
| gǎnlǎnqiú | 橄欖球 | 橄榄球 | N | American style football (used in Taiwan) | 4s |
| gǎnmào | 感冒 | 感冒 | N/V | cold; to have a cold | 16s |

| Pinyin | Traditional Characters | Simplified Characters | Grammar | English | Lesson |
|---|---|---|---|---|---|
| gāo | 高 | 高 | | (a surname); tall | 2 |
| gāosù | 高速 | 高速 | Adj | high speed | 11 |
| gàosu | 告訴 | 告诉 | V | to tell | 8 |
| gāosù gōnglù | 高速公路 | 高速公路 | N | super highway; highway | 11 |
| gāoxìng | 高興 | 高兴 | Adj | happy; pleased | 5 |
| Gāoxióng | 高雄 | 高雄 | N | Kaohsiung (a city in Taiwan) | 22s |
| gāozhōng | 高中 | 高中 | N | senior high (grades 10–12) | 2c |
| gē | 歌 | 歌 | N | song | 4 |
| gè | 個 | 个 | M | (a common measure word) | 2 |
| gè | 各 | 各 | Pr | each; every | 21 |
| gè dì | 各地 | 各地 | N | various places | 21 |
| gēge | 哥哥 | 哥哥 | N | older brother | 2 |
| gěi | 給 | 给 | V | to give | 5 |
| gěi | 給 | 给 | Prep | to; for | 6 |
| gējù | 歌劇 | 歌剧 | N | opera | 17 |
| gēn | 跟 | 跟 | Conj | and | 7 |
| gèng | 更 | 更 | Adv | even more | 10 |
| gèzi | 個子 | 个子 | N | size; height; stature | 20s |
| gōng'ānjú | 公安局 | 公安局 | N | public security bureau | 19c |
| gōngfēn | 公分 | 公分 | M | centimeter | 15s |
| gōnggòng | 公共 | 公共 | Adj | public | 11 |
| gōnggòng qìchē | 公共汽車 | 公共汽车 | N | bus | 11 |
| gōngjīn | 公斤 | 公斤 | M | kilogram | 15s, 23 |
| gōngkè | 功課 | 功课 | N | schoolwork; homework | 7 |
| gōnglǐ | 公里 | 公里 | M | kilometer | 18s, 23c |
| gōnglù | 公路 | 公路 | N | highway; road | 11 |
| gōngsī | 公司 | 公司 | N | company | 21 |
| gōngxǐ | 恭喜 | 恭喜 | V | to congratulate | 11c |
| gōngxǐ fācái | 恭喜發財 | 恭喜发财 | CE | Congratulations and may you make a fortune! | 11n |
| gōngyù | 公寓 | 公寓 | N | apartment | 18 |
| gōngyuán | 公園 | 公园 | N | park | 10 |
| gōngzuò | 工作 | 工作 | V/N | to work; work; job | 5 |
| gōngzuòzhèng | 工作證 | 工作证 | N | employee's card; I.D. card | 13c, 21s |
| gǒu | 狗 | 狗 | N | dog | 15, 15c |
| gòu | 夠 | 够 | Adj | enough | 12 |
| guā | 颳 | 刮 | V | to blow | 22 |
| guà | 掛 | 挂 | V | to hang | 19 |
| guā fēng | 颳風 | 刮风 | VO | to be windy | 22 |
| guàhào | 掛號 | 挂号 | V | to register | 19 |
| guǎi | 拐 | 拐 | V | to turn | 14 |
| guān | 關 | 关 | V | to close | 13 |
| guàn | 慣 | 惯 | Adj | be accustomed to; be used to | 23 |
| guǎnggào | 廣告 | 广告 | N | advertisement | 18 |
| guànjūn | 冠軍 | 冠军 | N | champion; first place | 20s |
| guān mén | 關門 | 关门 | VO | to close door | 13 |

| Pinyin | Traditional Characters | Simplified Characters | Grammar | English | Lesson |
|---|---|---|---|---|---|
| guànxǐshì | 盥洗室 | 盥洗室 | N | bathroom; restroom | 18n |
| guì | 貴 | 贵 | Adj | honorable | 1 |
| guì | 貴 | 贵 | Adj | expensive | 9 |
| guì xìng | 貴姓 | 贵姓 | CE | What is your honorable surname? | 1 |
| guo | 過 | 过 | P | (indicating past experience) | 14 |
| guò | 過 | 过 | V | to pass; to celebrate (a birthday, a holiday) | 14, 15 |
| guójì | 國際 | 国际 | N | international | 20 |
| guójiā gōngyuán | 國家公園 | 国家公园 | N | national park | 21s |
| guolai | 過來 | 过来 | | (indicating motion towards one) | 23 |
| guòmǐn | 過敏 | 过敏 | V/N | to have allergy/allergy | 16 |
| guòqī | 過期 | 过期 | V | overdue | 13 |
| guò shēngrì | 過生日 | 过生日 | VO | celebrate a birthday | 15 |
| guǒzhī | 果汁 | 果汁 | N | fruit juice | 15 |
| **▲H▲** | | | | | |
| Hā'ěrbīn | 哈爾濱 | 哈尔滨 | PN | Harbin | 10c |
| hái | 還 | 还 | Adv | also; too; as well | 3 |
| hǎigǎng | 海港 | 海港 | N | harbor; seaport | 22s |
| Hǎilún | 海倫 | 海伦 | PN | Helen | 15 |
| Hǎinán | 海南 | 海南 | PN | Hainan | 10c |
| háishi | 還是 | 还是 | Conj | or | 3 |
| háishi | 還是 | 还是 | Conj | had better | 11 |
| hái yǒu | 還有 | 还有 | | also there are | 3 |
| hái yǒu | 還有 | 还有 | Conj | furthermore | 18 |
| háizi | 孩子 | 孩子 | N | child | 2 |
| hànbǎobāo | 漢堡包 | 汉堡包 | N | hamburger | 12s |
| Hànchéng | 漢城 | 汉城 | PN | Seoul | 21 |
| hángkōng | 航空 | 航空 | N | aviation | 21 |
| hángkōng gōngsī | 航空公司 | 航空公司 | N | airline | 21 |
| Hánguó | 韓國 | 韩国 | PN | Korea | 6s, 21 |
| Hánguórén | 韓國人 | 韩国人 | N | Korean people/person | 1s |
| hánjià | 寒假 | 寒假 | N | winter vacation | 11 |
| Hánwén | 韓文 | 韩文 | N | the Korean language | 6s |
| Hànyǔ | 漢語 | 汉语 | N | Chinese language | 6n |
| Hànzì | 漢字 | 汉字 | N | Chinese character | 7 |
| hǎo | 好 | 好 | Adj | fine; good; nice; O.K. | 1, 3 |
| hǎo | 好 | 好 | Adj | (indicates that something is ready) | 12 |
| hǎo | 好 | 好 | Adv | (indicates something is easy) | 21 |
| hào | 號 | 号 | M | number in a series; day of the month; size | 3 |
| hào | 號 | 号 | N | number (bus route) | 11n |
| hǎochī | 好吃 | 好吃 | Adj | good to eat; delicious | 5s |
| hǎohāor | 好好兒 | 好好儿 | CE | all out; to one's heart's content | 17 |
| hǎohē | 好喝 | 好喝 | Adj | good to drink; tasty | 5s |

▼▼▼▼▼▼▼▼▼▼▼▼▼▼▼▼▼▼▼▼▼▼▼▼▼▼▼▼▼▼▼▼▼▼▼▼▼▼▼▼▼▼▼▼▼▼▼▼▼▼

| Pinyin | Traditional Characters | Simplified Characters | Grammar | English | Lesson |
|---|---|---|---|---|---|
| hǎo jǐ | 好幾 | 好几 | | quite a few | 16 |
| hǎojiǔ | 好久 | 好久 | CE | a long time | 4 |
| hǎokàn | 好看 | 好看 | Adj | good-looking | 5s, 7n |
| hàomǎ | 號碼 | 号码 | N | number | 17 |
| hǎowán(r) | 好玩(兒) | 好玩(儿) | Adj | fun | 5s |
| hǎoxiàng | 好像 | 好像 | V | to seem; to be like | 12 |
| hē | 喝 | 喝 | V | to drink | 5 |
| hé | 和 | 和 | Conj | and | 2 |
| hé | 河 | 河 | N | river | 22 |
| héfǎ | 合法 | 合法 | Adj | legal | 21s |
| hēi | 黑 | 黑 | Adj | black | 9 |
| hēibǎn | 黑板 | 黑板 | N | blackboard | 14s |
| hěn | 很 | 很 | Adv | very | 3 |
| héshì | 合適 | 合适 | Adj | suitable | 9 |
| hóng | 紅 | 红 | Adj | red | 9 |
| hónglǜdēng | 紅綠燈 | 红绿灯 | N | traffic light | 14 |
| hóngshāo | 紅燒 | 红烧 | | to braise in soy sauce | 12 |
| hóngyè | 紅葉 | 红叶 | N | red autumn leaves | 10 |
| hóu | 猴 | 猴 | N | monkey | 15c |
| hòubian(mian) | 後邊(面) | 后边(面) | N | back | 14s |
| hòulái | 後來 | 后来 | T | later | 8 |
| hòunián | 後年 | 后年 | T | the year after next | 3s |
| hòutiān | 後天 | 后天 | T | the day after tomorrow | 3s, 17 |
| hǔ | 虎 | 虎 | N | tiger | 15c |
| huā | 花 | 花 | V | to spend | 11 |
| huā | 花 | 花 | N | flower | 19 |
| huá | 滑 | 滑 | V/Adj | to slide; slippery | 22 |
| huà | 話 | 话 | N | speech; talk; words | 6 |
| huà | 畫 | 画 | N/V | painting/to paint | 22s |
| huá bīng | 滑冰 | 滑冰 | V | to skate | 22s |
| huài | 壞 | 坏 | Adj | bad | 16 |
| huán | 還 | 还 | V | to return | 13 |
| huàn | 換 | 换 | V | to change; to exchange | 9 |
| huáng | 黃 | 黄 | Adj | yellow | 9 |
| huánggua | 黃瓜 | 黄瓜 | N | cucumber | 12 |
| huángméi | 黃梅 | 黄梅 | N | rainy season | 10c |
| huānyíng | 歡迎 | 欢迎 | V | to welcome | 22 |
| huā qián | 花錢 | 花钱 | VO | cost money; spend money | 16 |
| Huáshèngdùn | 華盛頓 | 华盛顿 | PN | Washington | 21 |
| huā shíjiān | 花時間 | 花时间 | VO | cost time | 16 |
| huá xuě | 滑雪 | 滑雪 | VO | (snow) ski | 22 |
| huàzhuāngshì | 化粧室 | 化妆室 | N | restroom | 18n |
| huī | 灰 | 灰 | Adj | gray | 9s |
| huí | 回 | 回 | V | to return | 5 |
| huì | 會 | 会 | AV | can; to know how to; will | 8, 10 |
| huí jiā | 回家 | 回家 | VO | to go home | 5 |

| Pinyin | Traditional Characters | Simplified Characters | Grammar | English | Lesson |
|---|---|---|---|---|---|
| huílai | 回來 | 回来 | VC | to come back | 6 |
| huítóu jiàn | 回頭見 | 回头见 | CE | See you soon | 13f |
| huó | 活 | 活 | V | to live; to be alive | 17 |
| huǒchē | 火車 | 火车 | N | train | 11s |
| huódòng | 活動 | 活动 | N | activity | 14 |
| huódòng zhōngxīn | 活動中心 | 活动中心 | N | activity center | 14 |
| Huózhe | 《活著》 | 《活着》 | | To Live (name of a movie) | 17 |
| huòzhě | 或者 | 或者 | Conj | or | 11 |
| hùzhào | 護照 | 护照 | N | passport | 21 |
| ▲ J ▲ | | | | | |
| jī | 機 | 机 | N | machine | 11 |
| jī | 雞 | 鸡 | N | chicken; rooster | 12s, 15c |
| jí (le) | 極(了) | 极(了) | Adv | extremely | 12 |
| jí | 急 | 急 | Adj | anxious; impatient; urgent | 23 |
| jǐ | 幾 | 几 | QW | how many | 2 |
| jǐ | 幾 | 几 | Nu | some; a few (an indefinite number, usually less than ten) | 6 |
| jì | 寄 | 寄 | V | to send by mail | 19 |
| jì | 季 | 季 | N | season | 22 |
| jiā | 家 | 家 | N | family; home | 2 |
| jiā | 加 | 加 | V | to add | 19 |
| jiā | 家 | 家 | M | (a measure word for companies) | 21 |
| jià | 價 | 价 | N | price | 21 |
| jià | 假 | 假 | N | vacation; holiday | 21 |
| jiācháng dòufu | 家常豆腐 | 家常豆腐 | N | home-style tofu | 12 |
| jiājù | 傢俱 | 家具 | N | furniture | 18 |
| jiákè | 夾克 | 夹克 | N | jacket | 9s |
| Jiālìfúníyà | 加利福尼亞 | 加利福尼亚 | PN | California | 22n |
| jiàn | 見 | 见 | V | to see | 3 |
| jiàn | 件 | 件 | M | (a measure word for luggage, etc.) | 9, 23 |
| Jiānádà | 加拿大 | 加拿大 | PN | Canada | 10s |
| jiǎnchá | 檢查 | 检查 | V | to examine | 16 |
| jiǎndān | 簡單 | 简单 | Adj | simple | 20 |
| jiǎn féi | 減肥 | 减肥 | VO | to lose weight | 20s |
| jiānglái | 將來 | 将来 | T | in the future | 15 |
| jiǎn jià | 減價 | 减价 | VO | to reduce prices, have a reduced price sale | 21 |
| jiànkāng | 健康 | 健康 | Adj/N | healthy; health | 16 |
| jiànkāng bǎoxiǎn | 健康保險 | 健康保险 | NP | health insurance | 16 |
| jiǎng kè | 講課 | 讲课 | VO | to lecture; to teach | 22s |
| jiǎntǐzì | 簡體字 | 简体字 | N | simplified character | 7c |
| jiāo | 教 | 教 | V | to teach | 7 |
| jiāo | 交 | 交 | V | to pay (rent, tuition, etc.) | 18s |
| jiǎo | 角 | 角 | M | dime | 9g |

| Pinyin | Traditional Characters | Simplified Characters | Grammar | English | Lesson |
|---|---|---|---|---|---|
| jiǎo | 腳 | 脚 | N | foot/leg (of person, animal; table, etc.) | 15s, 20 |
| jiào | 叫 | 叫 | V | to be called; to call | 1 |
| jiào | 叫 | 叫 | V | to hail/hire (a taxi) | 23 |
| jiàoshì | 教室 | 教室 | N | classroom | 8 |
| jiǎozi | 餃子 | 饺子 | N | dumplings | 12 |
| jiātíng | 家庭 | 家庭 | N | family | 23s |
| jiāxiāng | 家鄉 | 家乡 | N | hometown | 22 |
| Jiāzhōu | 加州 | 加州 | PN | (abbr.) California | 21s, 22 |
| jì bu zhù | 記不住 | 记不住 | VC | unable to remember | 17s |
| jīchǎng | 機場 | 机场 | N | airport | 11 |
| jìchéngchē | 計程車 | 计程车 | N | taxi (in Taiwan) | 11s |
| jìde | 記得 | 记得 | V | to remember | 17 |
| jiē | 接 | 接 | V | to meet; to receive | 15 |
| jié | 節 | 节 | M | (a measure word for class periods) | 6, 6n |
| jiè | 借 | 借 | V | to borrow/lend | 13 |
| jié hūn | 結婚 | 结婚 | VO | to get married | 17s |
| jiějie | 姐姐 | 姐姐 | N | older sister | 2 |
| jièshào | 介紹 | 介绍 | V | to introduce | 5 |
| jièshūzhèng | 借書證 | 借书证 | N | library ID; library card | 13 |
| jǐ ge yuè | 幾個月 | 几个月 | N | several months | 22 |
| jìhuà | 計劃 | 计划 | N | plan | 21 |
| jìjié | 季節 | 季节 | N | season | 22s |
| jīn | 金 | 金 | N/Adj | (a surname); gold | 14 |
| jīn | 斤 | 斤 | M | half a kilogram (Chinese unit of weight) | 23c |
| jìn | 進 | 进 | V | to enter | 5 |
| jìn | 近 | 近 | Adj | near | 8 |
| jìnbù | 進步 | 进步 | V/N | to make progress; progress | 8 |
| jīng | 京 | 京 | N | capital (of a country) | 14 |
| jīngjì | 經濟 | 经济 | N | economy | 22 |
| jīngjù | 京劇 | 京剧 | N | Peking (Beijing) opera | 17c |
| jìnlai | 進來 | 进来 | VC | to come in | 5 |
| jīnnián | 今年 | 今年 | T | this year | 3 |
| jìnqu | 進去 | 进去 | VC | to go in | 6g, 13 |
| jīntiān | 今天 | 今天 | T | today | 3 |
| jǐnzhāng | 緊張 | 紧张 | Adj | nervous; anxious | 11 |
| jīpiào | 機票 | 机票 | N | plane ticket; airplane ticket | 21 |
| jìsuànjī | 計算機 | 计算机 | N | calculator; computer | 8n |
| jiǔ | 久 | 久 | Adj | a long time; for a long time | 4 |
| jiǔ | 酒 | 酒 | N | wine; any alcoholic beverage | 5 |
| jiǔ | 九 | 九 | Nu | nine | Intro. |
| jiù | 就 | 就 | Adv | the very one (indicating verification of something mentioned before) | 6 |
| jiù | 就 | 就 | Adv | (indicates that something takes place sooner than expected) | 7 |

| Pinyin | Traditional Characters | Simplified Characters | Grammar | English | Lesson |
|---|---|---|---|---|---|
| jiù | 就 | 就 | Adv | (indicating physical immediacy) | 14 |
| jiù | 就 | 就 | Adv | just; only | 17 |
| jiù | 舊 | 旧 | Adj | old; used | 21s, 22 |
| Jiùjīnshān | 舊金山 | 旧金山 | PN | San Francisco | 22 |
| jiǔyuè | 九月 | 九月 | N | September | 3 |
| jiǔzhé | 九折 | 九折 | | 10% off | 21 |
| juéde | 覺得 | 觉得 | V | to feel | 4 |
| júhóngsè | 橘紅色 | 桔红色 | N | orange | 9s |
| ▲K▲ | | | | | |
| kāi | 開 | 开 | V | to hold (a meeting, party, etc.) | 6 |
| kāi | 開 | 开 | V | to drive; to operate | 11 |
| kāi | 開 | 开 | V | to open | 13 |
| kāi chē | 開車 | 开车 | VO | to drive a car | 11 |
| kāi dào | 開到 | 开到 | VC | open till... | 13 |
| kāfēi | 咖啡 | 咖啡 | N | coffee | 5 |
| kāfēisè | 咖啡色 | 咖啡色 | N | coffee color; brown | 9 |
| kāi huì | 開會 | 开会 | VO | to have a meeting | 6 |
| kāi mǎn | 開滿 | 开满 | VC | to bloom abundantly | 22 |
| kāishǐ | 開始 | 开始 | N/V | in the beginning; to begin; to start | 7, 8 |
| kǎlā'ōukēi | 卡拉OK | 卡拉OK | N | karaoke | 15c |
| kàn | 看 | 看 | V | to watch; to look | 4, 17n |
| kàn bìng | 看病 | 看病 | VO | to see a doctor; (of a doctor) to see a patient | 16 |
| kàn bu chūlai | 看不出來 | 看不出来 | VC | can't make out; unable to tell | 20 |
| kàn jiàn | 看見 | 看见 | VC | to see; to catch sight of | 20s |
| kàn shū | 看書 | 看书 | VO | to read books; to read | 4 |
| Kāngxī Zìdiǎn | 康熙字典 | 康熙字典 | N | Kangxi Dictionary | Intro. |
| kǎo | 考 | 考 | V | to give or take a test | 6 |
| kǎo | 烤 | 烤 | V | to roast; to bake | 12s |
| kǎoshì | 考試 | 考试 | V/N | to give or take a test; test | 6 |
| kǎoyā | 烤鴨 | 烤鸭 | N | roast duck | 12s |
| kǎ(piàn) | 卡(片) | 卡(片) | N | card | 13 |
| kě | 渴 | 渴 | Adj | thirsty | 12 |
| kè | 刻 | 刻 | M | quarter (hour); 15 minutes | 3 |
| kè | 課 | 课 | N | class; lesson | 6 |
| kè | 克 | 克 | M | gram | 23c |
| kě'ài | 可愛 | 可爱 | Adj | cute; lovable | 15 |
| Kěkǒukělè | 可口可乐 | 可口可乐 | N | Coke | 5s |
| kělè | 可乐 | 可乐 | N | cola | 5 |
| Kěndéjī | 肯德基 | 肯德基 | PN | KFC | 12s |
| kěnéng | 可能 | 可能 | AV | maybe | 13 |
| kèqi | 客氣 | 客气 | Adj | polite | 6 |
| kěshì | 可是 | 可是 | Conj | but | 3 |
| késòu | 咳嗽 | 咳嗽 | V | to cough | 16s |
| kètīng | 客廳 | 客厅 | N | living room | 18 |

| Pinyin | Traditional Characters | Simplified Characters | Grammar | English | Lesson |
|---|---|---|---|---|---|
| kèwén | 課文 | 课文 | N | text of a lesson | 7 |
| kěyǐ | 可以 | 可以 | AV | can; may | 5 |
| kòng(r) | 空(兒) | 空(儿) | N | free time | 6 |
| kǒu | 口 | 口 | N/M | mouth; (a measure word for people) | 2n |
| kū | 哭 | 哭 | V | to cry; to weep | 23 |
| kù | 酷 | 酷 | Adj | cool | 15f |
| kuài | 快 | 快 | Adv | fast; quickly | 5 |
| kuài | 快 | 快 | Adj | quick; fast | 7 |
| kuài | 塊 | 块 | M | colloquial term for the basic Chinese monetary unit | 9 |
| kuài | 塊 | 块 | M | dollar | 9 |
| kuài | 快 | 快 | Adv | soon; be about to; before long | 11 |
| kuàicān | 快餐 | 快餐 | N | fast food | 12s |
| kuàilè | 快乐 | 快乐 | Adj | happy | 11 |
| kuàixìn | 快信 | 快信 | N | express letter | 19 |
| kuàizi | 筷子 | 筷子 | N | chopsticks | 12c |
| kuàngquánshuǐ | 礦泉水 | 矿泉水 | N | mineral water | 5s |
| Kūnmíng | 昆明 | 昆明 | PN | Kunming | 10c |
| kùzi | 褲子 | 裤子 | N | pants | 9 |
| ▲L▲ | | | | | |
| la | 啦 | 啦 | | (the combination of 了 and 啊) | 22 |
| là | 辣 | 辣 | Adj | spicy; hot | 12 |
| Lādīngwén | 拉丁文 | 拉丁文 | N | Latin | 6s |
| lái | 來 | 来 | V | to come | 5 |
| lái bu jí | 來不及 | 来不及 | | there is not enough time | 13 |
| láidào | 來到 | 来到 | V | to arrive; to come | 23 |
| láihuí | 來回 | 来回 | N | round trip; back and forth | 21 |
| lán | 藍 | 蓝 | Adj | blue | 9s, 11 |
| lánqiú | 籃球 | 篮球 | N | basketball | 4s |
| lǎojiā | 老家 | 老家 | N | hometown; ancestral home | 22 |
| Lǎo Jīn | 老金 | 老金 | | Old Jin | 14 |
| lǎoshi | 老是 | 老是 | Adv | always; invariably | 19 |
| lǎoshī | 老師 | 老师 | N | teacher | 1 |
| le | 了 | 了 | P | (a particle indicating superlative degree) | 3 |
| le (I) | 了 | 了 | P | (a dynamic particle) | 5g |
| le (II) | 了 | 了 | P | (a dynamic particle) | 8g |
| le (III) | 了 | 了 | P | (a sentence particle) | 10g |
| lèi | 累 | 累 | Adj | tired | 17s, 23 |
| lèi huài | 累壞 | 累坏 | VC | to become exhausted | 23 |
| lěng | 冷 | 冷 | Adj | cold | 10 |
| lí | 離 | 离 | Prep | from; away | 14 |
| lǐ | 李 | 李 | N | (a surname); plum | 1 |
| lǐ | 里 | 里 | M | half kilometer (Chinese unit of length) | 23c |

| Pinyin | Traditional Characters | Simplified Characters | Grammar | English | Lesson |
|---|---|---|---|---|---|
| liǎ | 倆 | 俩 | CE | two (people) | 17 |
| lián | 連 | 连 | Prep | even | 18 |
| liǎn | 臉 | 脸 | N | face | 15 |
| liǎng | 兩 | 两 | Nu | two; a couple of | 2 |
| liǎng | 兩 | 两 | M | (unit of weight, = 50 grams) | 12, 23c |
| liàng | 輛 | 辆 | M | (a measure word for vehicles) | 11s |
| liángbàn | 涼拌 | 凉拌 | | cold and dressed with sauce | 12 |
| liángkuai | 涼快 | 凉快 | Adj | pleasantly cool (weather) | 10 |
| liànxí | 練習 | 练习 | V | to practice | 6 |
| liáo | 聊 | 聊 | V | to chat | 5 |
| liáo tiān(r) | 聊天(兒) | 聊天(儿) | VO | to chat | 5 |
| lǐbài | 禮拜 | 礼拜 | N | week | 3g |
| lǐbàisì | 禮拜四 | 礼拜四 | N | Thursday | 3g |
| líkāi | 離開 | 离开 | V | leave; depart from | 19s |
| lín | 林 | 林 | N | (a surname) | 15 |
| líng | 零 | 零 | Nu | zero | 3g |
| lìngwài | 另外 | 另外 | Conj | in addition | 19 |
| lìqi | 力氣 | 力气 | N | strength | 17 |
| lǐtou | 里頭 | 里头 | N | inside | 14 |
| liú | 劉 | 刘 | N | (a surname) | 1n |
| liú | 留 | 留 | V | to leave behind | 13 |
| liú | 流 | 流 | V | to flow; to shed | 16 |
| liù | 六 | 六 | Nu | six | Intro. |
| liúxuéshēng | 留學生 | 留学生 | N | student studying abroad | 19 |
| liùyuè | 六月 | 六月 | N | June | 3g |
| lǐwù | 禮物 | 礼物 | N | gift | 15 |
| Lǐ Yǒu | 李友 | 李友 | PN | (a personal name) | 1 |
| lóng | 龍 | 龙 | N | dragon | 15c |
| lóushàng | 樓上 | 楼上 | N | upstairs | 13s |
| lóuxià | 樓下 | 楼下 | N | downstairs | 13 |
| lù | 路 | 路 | N | road; path | 11 |
| lù | 路 | 路 | N | number (bus route) | 11n |
| lǜ | 綠 | 绿 | Adj | green | 9s, 11 |
| lǚguǎn | 旅館 | 旅馆 | N | hotel | 21s |
| lùkǒu | 路口 | 路口 | N | intersection | 14 |
| Luòshānjī | 洛杉磯 | 洛杉矶 | PN | Los Angeles | 21 |
| lùshang | 路上 | 路上 | N | on the way | 23 |
| lǜshī | 律師 | 律师 | N | lawyer | 2 |
| lùxiàng | 錄像 | 录像 | N | video recording | 10 |
| lǚxíng | 旅行 | 旅行 | V | to travel | 17 |
| lǚxíngshè | 旅行社 | 旅行社 | N | travel agency | 21 |
| lǚxíng zhīpiào | 旅行支票 | 旅行支票 | N | traveler's check | 19s |
| lùyīn | 錄音 | 录音 | N/VO | sound recording; to record | 7 |
| lùyīndài | 錄音帶 | 录音带 | N | audio tape | 13 |
| lùyíng | 露營 | 露营 | V | to camp (out) | 21s |

| Pinyin | Traditional Characters | Simplified Characters | Grammar | English | Lesson |
|---|---|---|---|---|---|
| **▲M▲** | | | | | |
| ma | 嗎 | 吗 | QP | (an interrogative particle) | 1 |
| mǎ | 馬 | 马 | N/PN | horse; (a surname) | 15c, 16 |
| máfan | 麻煩 | 麻烦 | Adj | troublesome | 11 |
| mǎguà | 馬褂 | 马褂 | N | Mandarin jacket | 9c |
| mǎi | 買 | 买 | V | to buy | 9 |
| mài | 賣 | 卖 | V | to sell | 9s |
| Màidāngláo | 麥當勞 | 麦当劳 | PN | McDonald's | 12s |
| mài wán (le) | 賣完(了) | 卖完(了) | VC | sold out | 12 |
| Mǎláixīyà | 馬來西亞 | 马来西亚 | PN | Malaysia | 6s |
| mǎlù | 馬路 | 马路 | N | road | 22s |
| māma | 媽媽 | 妈妈 | N | mom; mother | 2 |
| mǎn | 滿 | 满 | Adj | full | 22 |
| màn | 慢 | 慢 | Adj | slow | 7 |
| máng | 忙 | 忙 | Adj | busy | 3 |
| máo | 毛 | 毛 | M | 1/10 of a kuai (similar to the U.S. dime) | 9 |
| máo | 毛 | 毛 | M | dime | 9 |
| máobǐ | 毛筆 | 毛笔 | N | writing brush | 7s |
| Máotái | 茅台 | 茅台 | PN | Maotai (name of a liquor) | 5c |
| máoyī | 毛衣 | 毛衣 | N | sweater | 9s |
| màozi | 帽子 | 帽子 | N | hat | 9s |
| Másàizhūsè | 麻賽諸塞 | 麻塞诸塞 | PN | Massachusetts | 22n |
| mǎshàng | 馬上 | 马上 | Adv | right away | 20s |
| Mázhōu | 麻州 | 麻州 | PN | (abbr.) Massachusetts | 22 |
| méi | 沒 | 没 | Adv | not | 2 |
| měi | 每 | 每 | Prep | every; each (usually followed by a measure word) | 11 |
| měi | 美 | 美 | Adj | beautiful | 22 |
| méi guānxi | 沒關係 | 没关系 | CE | It doesn't matter | 17 |
| Měiguó | 美國 | 美国 | PN | America | 1 |
| Měiguórén | 美國人 | 美国人 | N | American people/person | 1 |
| Měijīn | 美金 | 美金 | N | U. S. currency | 19s |
| mèimei | 妹妹 | 妹妹 | N | younger sister | 2 |
| Měishì | 美式 | 美式 | Adj | American style | 20 |
| méi shìr | 沒事兒 | 没事儿 | CE | no problem; it's O.K. | 8f |
| Měishì zúqiú | 美式足球 | 美式足球 | N | American style football (used in mainland China) | 4s, 20c, 20n |
| měitiān | 每天 | 每天 | T | every day | 11 |
| méi wèntí | 沒問題 | 没问题 | CE | no problem | 6, 6f |
| Měiyuán | 美元 | 美元 | N | U.S. currency | 19 |
| mēn | 悶 | 闷 | Adj | stuffy | 10 |
| mén | 門 | 门 | M | (a measure word for academic courses) | 6n |
| mén | 門 | 门 | N | door | 13 |
| ménkǒu | 門口 | 门口 | N | doorway | 23 |

| Pinyin | Traditional Characters | Simplified Characters | Grammar | English | Lesson |
|---|---|---|---|---|---|
| mǐ | 米 | 米 | M | meter | 23c |
| miàn | 麵 | 面 | N | noodles | 3c |
| miàn | 面 | 面 | suffix | (used to form a noun of locality) | 14 |
| mǐfàn | 米飯 | 米饭 | N | cooked rice | 12 |
| míngnián | 明年 | 明年 | T | next year | 3s |
| míngr | 明兒 | 明儿 | N | tomorrow | 12 |
| míngr jiàn | 明兒見 | 明儿见 | CE | See you tomorrow | 13f |
| míngtiān | 明天 | 明天 | T | tomorrow | 3 |
| míngxìnpiàn | 明信片 | 明信片 | N | postcard | 19 |
| míngzi | 名字 | 名字 | N | name | 1 |
| Mòxīgē | 墨西哥 | 墨西哥 | PN | Mexico | 6s |
| mǔqin | 母親 | 母亲 | N | mother | 22 |

▲N▲

| Pinyin | Traditional Characters | Simplified Characters | Grammar | English | Lesson |
|---|---|---|---|---|---|
| na | 哪 | 哪 | P | (modification of sound of 啊) | 20 |
| ná | 拿 | 拿 | V | to take; to get; to carry | 16, 23 |
| nà | 那 | 那 | Conj | in that case; then | 4 |
| nǎ/něi | 哪 | 哪 | QPr | which | 6 |
| nà/nèi | 那 | 那 | Pr | that | 2 |
| nǎinai | 奶奶 | 奶奶 | N | paternal grandmother | 23 |
| nǎli | 哪里 | 哪里 | CE | You flatter me. Not at all. (a polite reply to a compliment) | 7, 7f |
| nǎli | 哪里 | 哪里 | QPr | where | 14 |
| nàli | 那里 | 那里 | N | there | 18 |
| nàme | 那麼 | 那么 | Adv | that; so; so much; to that degree | 14 |
| nàme | 那麼 | 那么 | Conj | then; in that case | 19 |
| nán | 男 | 男 | N | male | 2 |
| nán | 難 | 难 | Adj | difficult | 7 |
| nán | 南 | 南 | N | south | 14 |
| nánbian(mian) | 南邊(面) | 南边(面) | N | south side | 14s |
| nán de | 男的 | 男的 | | male | 7 |
| nánháizi | 男孩子 | 男孩子 | N | boy | 2 |
| Nánjīng | 南京 | 南京 | PN | Nanjing | 10c |
| nánpéngyou | 男朋友 | 男朋友 | N | boyfriend | 15s |
| nánshòu | 難受 | 难受 | Adj | hard to bear; uncomfortable | 20 |
| nǎo | 腦 | 脑 | N | brain | 8 |
| nǎr | 哪兒 | 哪儿 | QPr | where | 5 |
| nàr | 那兒 | 那儿 | Pr | there | 8 |
| ne | 呢 | 呢 | QP | (an interrogative particle) | 1 |
| ne | 呢 | 呢 | P | (indicates an action is in progress) | 15 |
| nèi | 內 | 内 | N | within; inside | 21 |
| néng | 能 | 能 | AV | can; to be able to | 8 |
| nǐ | 你 | 你 | Pr | you | 1 |
| nián | 年 | 年 | N | year | 3 |
| niàn | 念 | 念 | V | to read aloud | 7 |
| niánjí | 年級 | 年级 | N | grade in school | 6 |
| niánjì | 年紀 | 年纪 | N | age | 3n, 17s |

| Pinyin | Traditional Characters | Simplified Characters | Grammar | English | Lesson |
|---|---|---|---|---|---|
| niánqīngrén | 年輕人 | 年轻人 | N | young people | 20s |
| niàn shū | 念書 | 念书 | VO | to study | 21s |
| nǐ hǎo | 你好 | 你好 | CE | How do you do? Hello! | 1 |
| nín | 您 | 您 | Pr | you (singular; polite) | 1 |
| niú | 牛 | 牛 | N | cow; ox | 12, 15c |
| niúròu | 牛肉 | 牛肉 | N | beef | 12 |
| Niǔyuē | 紐約 | 纽约 | PN | New York | 17 |
| nǚ | 女 | 女 | N | female | 2 |
| nuǎnhuo | 暖和 | 暖和 | Adj | warm | 10 |
| nǚ'ér | 女兒 | 女儿 | N | daughter | 2 |
| nǚhái | 女孩 | 女孩 | N | girl | 15f |
| nǚháizi | 女孩子 | 女孩子 | N | girl | 2 |
| nǚpéngyou | 女朋友 | 女朋友 | N | girlfriend | 15 |

▲**P**▲

| Pinyin | Traditional Characters | Simplified Characters | Grammar | English | Lesson |
|---|---|---|---|---|---|
| pà | 怕 | 怕 | V | to be afraid of | 20 |
| pāi | 拍 | 拍 | N | racket | 20 |
| páiqiú | 排球 | 排球 | N | volleyball | 4s |
| pán | 盤 | 盘 | M | (a measure word) plate; dish; coil | 12, 13 |
| pàng | 胖 | 胖 | Adj | fat | 20 |
| pángbiān | 旁邊 | 旁边 | N | side | 14 |
| pǎo | 跑 | 跑 | V | to run | 20 |
| pǎobù | 跑步 | 跑步 | VO | to jog | 20 |
| péngyou | 朋友 | 朋友 | N | friend | 1s, 7 |
| piān | 篇 | 篇 | M | (a measure for essays, articles, etc.) | 8 |
| piàn | 片 | 片 | M | tablet; slice | 16 |
| piányi | 便宜 | 便宜 | Adj | cheap; inexpensive | 9 |
| piào | 票 | 票 | N | ticket | 11 |
| piàoliang | 漂亮 | 漂亮 | Adj | pretty | 5 |
| píjiǔ | 啤酒 | 啤酒 | N | beer | 5 |
| píng | 瓶 | 瓶 | M | bottle | 5 |
| píngcháng | 平常 | 平常 | T | usually | 7 |
| pīngpāngqiú | 乒乓球 | 乒乓球 | N | table tennis | 20s |
| píngxìn | 平信 | 平信 | N | regular mail | 19 |
| píxiāng | 皮箱 | 皮箱 | N | leather suitcase | 23 |
| Pútáoyá | 葡萄牙 | 葡萄牙 | PN | Portugal | 6s |
| Pútáoyáwén | 葡萄牙文 | 葡萄牙文 | N | the Portuguese language | 6s |

▲**Q**▲

| Pinyin | Traditional Characters | Simplified Characters | Grammar | English | Lesson |
|---|---|---|---|---|---|
| qī | 七 | 七 | Nu | seven | Intro. |
| qǐ chuáng | 起床 | 起床 | VO | to get up | 8 |
| qī wǔ zhé | 七五折 | 七五折 | | 25% off | 21n |
| qiān | 千 | 千 | Nu | thousand | 21 |
| qián | 錢 | 钱 | N | money; (a surname) | 9, 21 |
| qián | 前 | 前 | N | forward; ahead | 14 |
| qiānbǐ | 鉛筆 | 铅笔 | N | pencil | 7s |

| Pinyin | Traditional Characters | Simplified Characters | Grammar | English | Lesson |
|---|---|---|---|---|---|
| qiánbian(mian) | 前邊(面) | 前边(面) | N | front | 14s |
| qiáng | 墙 | 墙 | N | wall | 14s |
| qiánmian | 前面 | 前面 | N | ahead; in front of | 14 |
| qiánnián | 前年 | 前年 | T | the year before last | 3s, 15 |
| qiántiān | 前天 | 前天 | T | the day before yesterday | 3s |
| qián yì tiān | 前一天 | 前一天 | | the day before | 23 |
| qiānzhèng | 簽證 | 签证 | N | visa | 21 |
| qiāo mén | 敲門 | 敲门 | VO | to knock at the door | 5f |
| qìchē | 汽車 | 汽车 | N | automobile | 11 |
| qǐfēi | 起飛 | 起飞 | V | to take off | 23 |
| qìhòu | 氣候 | 气候 | N | weather | 22 |
| qilai | 起來 | 起来 | | (indicates beginning of action) | 20 |
| qǐlai | 起來 | 起来 | V | to get up | 20s |
| qíng | 晴 | 晴 | Adj | sunny; clear | 10s |
| qǐng | 請 | 请 | V | please (a polite form of request) | 1, 6n |
| qǐng | 請 | 请 | V | to treat (somebody); to invite | 3, 6n |
| qīngchu | 清楚 | 清楚 | Adj | clear | 8 |
| qǐng kè | 請客 | 请客 | VO | to invite someone to dinner; to be the host | 4 |
| qǐng wèn | 請問 | 请问 | CE | May I ask... | 1 |
| qìngzhù | 慶祝 | 庆祝 | V | to celebrate | 15s, 17 |
| qīnqi | 親戚 | 亲戚 | N | relative | 22 |
| qípáo | 旗袍 | 旗袍 | N | Manchu-style dress | 9c |
| qìshuǐ(r) | 汽水(兒) | 汽水(儿) | N | soft drink; soda pop | 5s, 15 |
| qítā de | 其他的 | 其他的 | Adj | other | 13 |
| qiú | 球 | 球 | N | ball | 4 |
| qiūtiān | 秋天 | 秋天 | N | autumn; fall | 10 |
| qīyuè | 七月 | 七月 | N | July | 3g |
| qù | 去 | 去 | V | to go | 4 |
| qùnián | 去年 | 去年 | T | last year | 3s, 6n |
| qúnzi | 裙子 | 裙子 | N | skirt | 9s |

▲R▲

| Pinyin | Traditional Characters | Simplified Characters | Grammar | English | Lesson |
|---|---|---|---|---|---|
| ràng | 讓 | 让 | V | to allow or cause (somebody to do something) | 11 |
| ránhòu | 然後 | 然后 | Adv | then | 11 |
| rè | 熱 | 热 | Adj | hot | 10 |
| rén | 人 | 人 | N | people; person | 1 |
| rénkǒu | 人口 | 人口 | N | population | 22 |
| rénmín | 人民 | 人民 | N | people | 19 |
| Rénmínbì | 人民幣 | 人民币 | N | RMB (Chinese currency) | 19 |
| rènshi | 認識 | 认识 | V | to know (someone); to recognize | 3 |
| rì | 日 | 日 | N | day; the sun | 3 |
| Rìběn | 日本 | 日本 | PN | Japan | 1s |
| Rìběnrén | 日本人 | 日本人 | N | Japanese people/person | 1s |
| rìchéng | 日程 | 日程 | N | schedule; itinerary | 21 |
| rìjì | 日記 | 日记 | N | diary | 8 |

| Pinyin | Traditional Characters | Simplified Characters | Grammar | English | Lesson |
|---|---|---|---|---|---|
| Rìwén | 日文 | 日文 | N | the Japanese language | 6s, 14 |
| róngyì | 容易 | 容易 | Adj | easy | 7 |
| ròu | 肉 | 肉 | N | meat | 12 |
| rúguǒ | 如果 | 如果 | Conj. | if | 13 |
| rúguǒ...de huà | 如果...的話 | 如果...的话 | | if... | 22 |
| ▲S▲ | | | | | |
| sài | 賽 | 赛 | N | game; match; competition | 20 |
| sān | 三 | 三 | Nu | three | Intro. |
| sāngē | 三哥 | 三哥 | N | third oldest brother | 7g |
| sānjiě | 三姐 | 三姐 | N | third oldest sister | 7g |
| sānyuè | 三月 | 三月 | N | March | 3g |
| sǎo | 掃 | 扫 | V | to sweep | 17 |
| shāchénbào | 沙塵暴 | 沙尘暴 | N | sand-and-dust storms | 22c |
| shāfā | 沙發 | 沙发 | N | sofa | 18 |
| shān | 山 | 山 | N | mountain; hill | 22 |
| shāng | 傷 | 伤 | N | injury | 20 |
| shàng | 上 | 上 | V | (coll.) to go | 14 |
| shàng bān | 上班 | 上班 | VO | go to work | 23s |
| shàngbian(mian) | 上邊(面) | 上边(面) | N | top | 14s |
| shàng cài | 上菜 | 上菜 | VO | to serve dishes | 12 |
| shàng dàxué | 上大學 | 上大学 | VO | to attend college/university | 20 |
| shàngge xīngqī | 上個星期 | 上个星期 | T | last week | 6n, 7 |
| shàngge yuè | 上個月 | 上个月 | T | last month | 6n |
| Shànghǎi | 上海 | 上海 | PN | Shanghai | 10 |
| shàng kè | 上課 | 上课 | VO | to go to class; to start a class | 7 |
| shàngwǔ | 上午 | 上午 | T | morning | 6 |
| shānshuǐ | 山水 | 山水 | N | landscape | 22s |
| shé | 蛇 | 蛇 | N | snake; serpent | 15c |
| shéi | 誰 | 谁 | QPr | who | 2 |
| shéi ya | 誰呀 | 谁呀 | CE | Who is it? | 5f |
| shēnfènzhèng | 身份證 | 身份证 | N | Identification Card | 13c |
| shēng | 生 | 生 | V | to give birth to; to be born | 3 |
| shèng | 剩 | 剩 | V | to remain; to be left over | 13 |
| shēngāo | 身高 | 身高 | N | height | 15s |
| shēng bìng | 生病 | 生病 | VO | get sick | 16 |
| shèngcài | 剩菜 | 剩菜 | NP | leftovers | 16 |
| shēngcí | 生詞 | 生词 | N | new words | 7 |
| shēnghuó | 生活 | 生活 | N | life | 22 |
| shēng qì | 生氣 | 生气 | VO | to be angry | 16s |
| shēngrì | 生日 | 生日 | N | birthday | 3 |
| shēngyīn | 聲音 | 声音 | N | sound | 13s |
| shénme | 什麼 | 什么 | QPr | what | 1 |
| shénme...dōu | 什麼...都 | 什么...都 | | all; any (an inclusive pattern) | 18 |
| shēntǐ | 身體 | 身体 | N | body; health | 16 |
| shí | 十 | 十 | Nu | ten | Intro. |
| shì | 是 | 是 | V | to be | 1 |

| Pinyin | Traditional Characters | Simplified Characters | Grammar | English | Lesson |
|---|---|---|---|---|---|
| shì | 事 | 事 | N | matter; affair; business | 3 |
| shì | 視 | 视 | N | vision | 4 |
| shì | 試 | 试 | V | to try | 16 |
| shí'èr | 十二 | 十二 | Nu | twelve | 3 |
| shí'èryuè | 十二月 | 十二月 | N | December | 3g |
| shíbā | 十八 | 十八 | Nu | eighteen | 3 |
| shíchā | 時差 | 时差 | N | time difference | 20s |
| shīfu | 師傅 | 师傅 | N | master craftsman; skilled worker | 9n, 12 |
| shìhé | 適合 | 适合 | V | to suit; to fit | 20s |
| shíhou | 時候 | 时候 | N | (a point in) time; moment; (a duration of) time | 4 |
| shíjiān | 時間 | 时间 | T | time | 6 |
| shìjiè | 世界 | 世界 | N | world | 20s |
| shì ma | 是嗎 | 是吗 | CE | Really? | 5f, 5n |
| shì nèi | 室內 | 室内 | N | in the room; indoor | 21n |
| shíyàn | 實驗 | 实验 | N | experiment | 13 |
| shíyànshì | 實驗室 | 实验室 | N | laboratory | 13 |
| shíyīyuè | 十一月 | 十一月 | N | November | 3g |
| shíyuè | 十月 | 十月 | N | October | 3g |
| shōu | 收 | 收 | V | to receive | 19 |
| shǒu | 手 | 手 | N | hand | 20 |
| shòu | 受 | 受 | V | to bear; to receive | 20 |
| shòu | 瘦 | 瘦 | Adj | thin, slim; lean | 20s, 23 |
| shǒubiǎo | 手錶 | 手表 | N | wristwatch | 9n |
| shōu dào | 收到 | 收到 | VC | to receive | 19 |
| shǒudū | 首都 | 首都 | N | capital | 22 |
| Shǒudū Jīchǎng | 首都機場 | 首都机场 | N | the Capital Airport (Beijing) | 23 |
| shòuhuòyuán | 售貨員 | 售货员 | N | shop assistant; salesclerk | 9 |
| shǒujī | 手機 | 手机 | N | cellular phone | 23s |
| shòushāng | 受傷 | 受伤 | VO | to get injured or wounded | 20 |
| shōushi | 收拾 | 收拾 | V | to pack; to tidy up | 23 |
| shǒushi | 首飾 | 首饰 | N | jewelry | 19 |
| shǒutào | 手套 | 手套 | N | gloves | 9n |
| shǒuzhǐ | 手指 | 手指 | N | finger | 15 |
| shū | 書 | 书 | N | book | 4 |
| shū | 輸 | 输 | V | to lose (a game, etc.) | 20 |
| shǔ | 屬 | 属 | V | to belong to | 15 |
| shǔ | 鼠 | 鼠 | N | rat | 15c |
| shù | 束 | 束 | M | a bunch of (flowers, etc.) | 19 |
| shù | 樹 | 树 | N | tree | 22 |
| shuài | 帥 | 帅 | Adj | handsome | 7 |
| shuāng | 雙 | 双 | M | a pair of | 9 |
| shūdiàn | 書店 | 书店 | N | bookstore | 14 |
| shūfu | 舒服 | 舒服 | Adj | comfortable | 10 |
| shuǐ | 水 | 水 | N | water | 5 |
| shuì | 睡 | 睡 | V | to sleep | 4 |

▼ ▼ ▼ ▼ ▼ ▼ ▼ ▼ ▼ ▼ ▼ ▼ ▼ ▼ ▼ ▼ ▼ ▼ ▼ ▼ ▼ ▼ ▼ ▼ ▼ ▼ ▼ ▼ ▼ ▼ ▼ ▼ ▼ ▼ ▼ ▼ ▼ ▼ ▼

| Pinyin | Traditional Characters | Simplified Characters | Grammar | English | Lesson |
|---|---|---|---|---|---|
| shuǐdiàn | 水電 | 水电 | | water and electricity | 18 |
| shuǐguǒ | 水果 | 水果 | N | fruit | 15 |
| shuì jiào | 睡覺 | 睡觉 | VO | to sleep | 4 |
| shǔjià | 暑假 | 暑假 | N | summer vacation | 11s |
| shūjià | 書架 | 书架 | N | bookshelf | 18 |
| shuō | 說 | 说 | V | to say; to speak | 6 |
| shuōdào | 說到 | 说到 | | to talk about; to mention | 15 |
| shuō huà | 說話 | 说话 | VO | to talk | 7 |
| shǔqī xuéxiào | 暑期學校 | 暑期学校 | | summer school | 15 |
| shūzhuō | 書桌 | 书桌 | N | desk | 18 |
| sǐ | 死 | 死 | V | to die | 16 |
| sì | 四 | 四 | Nu | four | Intro. |
| Sīwén | 思文 | 思文 | PN | (a given name) | 20 |
| sìyuè | 四月 | 四月 | N | April | 3g |
| sòng | 送 | 送 | V | to take someone (somewhere) | 11 |
| sù | 素 | 素 | Adj | vegetarian; of vegetables | 12 |
| suān | 酸 | 酸 | Adj | sour | 12 |
| suānlàtāng | 酸辣湯 | 酸辣汤 | N | hot and sour soup | 12 |
| suàn le | 算了 | 算了 | CE | Forget it. Never mind. | 4, 4f |
| suí | 隨 | 随 | V | to follow; to go along with | 23 |
| suì | 歲 | 岁 | N | year of age | 3 |
| suīrán | 雖然 | 虽然 | Conj | although | 9 |
| suíshēn | 隨身 | 随身 | Adv | (carry) on one's person | 23 |
| suìshù | 歲數 | 岁数 | N | year of age | 3n |
| sūnzi | 孫子 | 孙子 | N | paternal grandson | 23 |
| suǒyǐ | 所以 | 所以 | Conj | so | 4 |
| sùshè | 宿舍 | 宿舍 | N | dormitory | 8 |
| **▲T▲** | | | | | |
| tā | 他 | 他 | Pr | he; him | 2 |
| tā | 她 | 她 | Pr | she | 2 |
| tā | 它 | 它 | Pr | it | 19 |
| tái | 台 | 台 | N | (TV, radio) channel | 20 |
| tái | 台 | 台 | N | stand; table; platform | 23 |
| tài…(le) | 太…(了) | 太…(了) | Adv | too; extremely | 3 |
| Táiběi | 台北 | 台北 | PN | Taipei | 10 |
| táifēng | 颱風 | 台风 | N | typhoon | 22s |
| Tàiguó | 泰國 | 泰国 | PN | Thailand | 6s |
| tàijíquán | 太極拳 | 太极拳 | N | Tai Chi | 20s, 20c |
| Táinán | 台南 | 台南 | PN | Tainan (a city in Taiwan) | 19 |
| tàitai | 太太 | 太太 | N | wife; Mrs. | 1s |
| Táiwān | 台灣 | 台湾 | PN | Taiwan | 10 |
| Táizhōng | 台中 | 台中 | PN | Taichung | 10s |
| tán | 彈 | 弹 | V | to play (a musical instrument) | 15 |
| tán | 談 | 谈 | V | to talk; to chat | 20s |
| tāng | 湯 | 汤 | N | soup | 12 |
| táng | 糖 | 糖 | N | sugar | 12 |

| Pinyin | Traditional Characters | Simplified Characters | Grammar | English | Lesson |
|---|---|---|---|---|---|
| tǎng | 躺 | 躺 | V | to lie | 16 |
| tángcùyú | 糖醋魚 | 糖醋鱼 | N | fish in sweet and sour sauce | 12 |
| tángjiě | 堂姐 | 堂姐 | N | (older female) cousin | 15n |
| Tāngmǔ | 湯姆 | 汤姆 | | Tom | 15 |
| tǎngxià | 躺下 | 躺下 | VC | to lie down | 16 |
| tàn qīn | 探親 | 探亲 | VO | visit relatives | 23 |
| tào | 套 | 套 | M | suite; set | 18 |
| tèbié | 特別 | 特别 | Adj/ Adv | special; especially | 7g, 20 |
| téng | 疼 | 疼 | V | to be painful | 16 |
| téngsǐ | 疼死 | 疼死 | VC | to really hurt | 16 |
| tī | 踢 | 踢 | V | to kick | 20 |
| tí | 提 | 提 | V | to carry (with the arm down) | 23 |
| tiān | 天 | 天 | N | day | 3 |
| tián | 甜 | 甜 | Adj | sweet | 12 |
| tián | 田 | 田 | N | (a surname); field | 14 |
| tiānqì | 天氣 | 天气 | N | weather | 10 |
| tiáo | 條 | 条 | M | (a measure word for long, thin objects) | 9 |
| tiáo | 調 | 调 | V | to change; to adjust; to mix | 20 |
| tiào | 跳 | 跳 | V | to jump | 4 |
| tiào wǔ | 跳舞 | 跳舞 | VO | to dance | 4 |
| tiē | 貼 | 贴 | V | to paste; to stick on | 19 |
| tígāo | 提高 | 提高 | V | to improve | 20 |
| tīng | 聽 | 听 | V | to listen | 4 |
| tíng | 停 | 停 | V | to stop; to park | 23 |
| tíng chē | 停車 | 停车 | VO | to park (a car, bike, etc.) | 23 |
| tíngchēchǎng | 停車場 | 停车场 | N | parking lot | 23 |
| tīnglì | 聽力 | 听力 | N | listening comprehension | 20 |
| tīng qilai | 聽起來 | 听起来 | | sound like | 22 |
| tīngshuō | 聽說 | 听说 | | It is said that; (I) heard that | 22 |
| tíxǐng | 提醒 | 提醒 | V | to remind | 23 |
| tǐzhòng | 體重 | 体重 | N | weight (of a person) | 15s |
| tóng | 同 | 同 | Adj | same; alike | 17 |
| tónglù | 同路 | 同路 | CE | to go the same way | 14 |
| tóngxué | 同學 | 同学 | N | classmate | 3 |
| tóngyì | 同意 | 同意 | V | to agree | 20s |
| tóu | 頭 | 头 | N | head | 16s |
| tóu téng | 頭疼 | 头疼 | V | to have a headache | 16s |
| tù | 兔 | 兔 | N | rabbit; hare | 15c |
| tuǐ | 腿 | 腿 | N | leg | 15 |
| tuì | 退 | 退 | V | to send back; to return | 19s |
| tuōyùn | 托運 | 托运 | V | to check (baggage); to consign for shipment | 23 |
| túshūguǎn | 圖書館 | 图书馆 | N | library | 5 |

▼▼▼▼▼▼▼▼▼▼▼▼▼▼▼▼▼▼▼▼▼▼▼▼▼▼▼▼▼▼▼▼▼▼▼▼▼▼▼▼▼▼▼▼▼▼

| Pinyin | Traditional Characters | Simplified Characters | Grammar | English | Lesson |
|---|---|---|---|---|---|
| túshūguǎnyuán | 圖書館員 | 图书馆员 | N | librarian | 13 |
| T-xùshān | T-恤衫 | T-恤衫 | N | T-shirt | 9s |
| **▲W▲** | | | | | |
| wàigōng | 外公 | 外公 | N | maternal grandfather | 22 |
| wàiguó | 外國 | 外国 | N | foreign country | 4 |
| wàipó | 外婆 | 外婆 | N | maternal grandmother | 22 |
| wàitào | 外套 | 外套 | N | coat; jacket | 9s |
| wàitou(bian, mian) | 外頭(邊/面) | 外头(边/面) | N | outside | 14s |
| wán | 完 | 完 | V | to finish; to run out of | 12 |
| wǎn | 晚 | 晚 | N/Adj | evening; night; late | 3 |
| wǎn | 碗 | 碗 | M | bowl | 12 |
| wàn | 萬 | 万 | Nu | ten thousand | 21s |
| wǎnfàn | 晚飯 | 晚饭 | N | dinner; supper | 3 |
| wáng | 王 | 王 | N | (a surname); king | 1 |
| wàng | 忘 | 忘 | V | to forget | 13 |
| wàng | 往 | 往 | Prep | towards | 14 |
| Wáng Dézhōng | 王德中 | 王德中 | PN | (name of a person) | 22 |
| Wáng fù | 王父 | 王父 | | 王朋的父亲/亲 | 23 |
| Wáng mǔ | 王母 | 王母 | | 王朋的母亲/亲 | 23 |
| Wáng Péng | 王朋 | 王朋 | PN | (a personal name) | 1 |
| wǎngqiú | 網球 | 网球 | N | tennis | 4s, 20 |
| wǎnhuì | 晚會 | 晚会 | N | evening party | 19s |
| wán(r) | 玩(兒) | 玩(儿) | V | to have fun; to play | 5 |
| wǎnshang | 晚上 | 晚上 | T | evening; night | 3 |
| wàzi | 襪子 | 袜子 | N | socks | 9s |
| wéi | 喂 | 喂 | Interj | (on telephone) Hello!; Hey! | 6, 6f, 6n |
| wèi | 為 | 为 | Prep | for | 3 |
| wèi | 位 | 位 | M | (a polite measure word for people) | 6 |
| wèijīng | 味精 | 味精 | N | monosodium glutamate (MSG) | 12 |
| wèile | 為了 | 为了 | Conj | for the sake of | 20 |
| wèishēngjiān | 衛生間 | 卫生间 | N | bathroom; restroom | 18n |
| wèishénme | 為什麼 | 为什么 | QPr | why | 3 |
| wēixiǎn | 危險 | 危险 | Adj | dangerous | 20 |
| wèizi | 位子 | 位子 | N | seat | 12 |
| wén | 文 | 文 | N | language; script; written language | 6 |
| wèn | 問 | 问 | V | to ask (a question) | 1, 6n |
| Wēngēhuá | 溫哥華 | 温哥华 | PN | Vancouver | 10s |
| wénhuà | 文化 | 文化 | N | culture | 22 |
| wèn lù | 問路 | 问路 | VO | to ask for directions | 14 |
| wèntí | 問題 | 问题 | N | question; problem | 6 |
| wǒ | 我 | 我 | Pr | I; me | 1 |
| wǒmen | 我們 | 我们 | Pr | we | 3 |
| wòshì | 臥室 | 卧室 | N | bedroom | 18 |
| wǔ | 五 | 五 | Nu | five | Intro. |
| wǔ | 舞 | 舞 | N | dance | 4 |

▼▼▼▼▼▼▼▼▼▼▼▼▼▼▼▼▼▼▼▼▼▼▼▼▼▼▼▼▼▼▼▼▼▼▼▼▼▼▼▼

| Pinyin | Traditional Characters | Simplified Characters | Grammar | English | Lesson |
|--------|------------------------|-----------------------|---------|---------|--------|
| wǔfàn | 午飯 | 午饭 | N | lunch; midday meal | 8 |
| Wǔhàn | 武漢 | 武汉 | PN | Wuhan | 10c |
| wǔhuì | 舞會 | 舞会 | N | dance; ball | 15 |
| wǔjiào | 午覺 | 午觉 | N | nap | 7s |
| wǔyuè | 五月 | 五月 | N | May | 3g |
| ▲ X ▲ | | | | | |
| xī | 西 | 西 | N | west | 14 |
| xià | 下 | 下 | | below; next | 6 |
| xiàbian(mian) | 下邊(面) | 下边(面) | N | bottom | 14s |
| xià chē | 下車 | 下车 | VO | to get off (a bus, train, etc.) | 11 |
| xià cì | 下次 | 下次 | | next time | 10 |
| xiàge xīngqī | 下個星期 | 下个星期 | T | next week | 6 |
| xià(ge)yuè | 下(個)月 | 下(个)月 | T | next month | 3s |
| xiān | 先 | 先 | Adv | first; before | 11 |
| xiàn | 線 | 线 | N | line | 11 |
| xiǎng | 想 | 想 | AV | to want to; to think | 4 |
| xiàng | 像 | 像 | V | to be like; to take after | 15 |
| xiǎng dào | 想到 | 想到 | VC | to have thought of | 19g |
| Xiānggǎng | 香港 | 香港 | PN | Hong Kong | 10s, 21 |
| xiǎng jiā | 想家 | 想家 | VO | miss home; be homesick | 16 |
| xiǎngniàn | 想念 | 想念 | V | to miss; to remember with longing | 23s |
| xiǎng qilai | 想起來 | 想起来 | VC | remember; recall | 17 |
| Xiāngshān | 香山 | 香山 | PN | (a mountain near Beijing) | 22s |
| xiāngxià | 鄉下 | 乡下 | N | countryside | 22 |
| xiànjīn | 現金 | 现金 | N | cash | 19s |
| xiānsheng | 先生 | 先生 | N | Mr.; husband; teacher | 1 |
| xiànzài | 現在 | 现在 | T | now | 3 |
| xiǎo | 小 | 小 | Adj | small; little | 2 |
| xiào | 笑 | 笑 | V | to laugh; to laugh at | 8 |
| Xiǎo Bái | 小白 | 小白 | PN | Little Bai | 3 |
| Xiǎo Gāo | 小高 | 小高 | PN | Little Gao | 2 |
| xiǎojie | 小姐 | 小姐 | N | Miss; young lady | 1 |
| Xiǎo Lǐ | 小李 | 小李 | PN | Little Li | 3 |
| xiǎoshí | 小時 | 小时 | T | hour | 13s, 16 |
| xiǎoshuō | 小說 | 小说 | N | fiction; novel | 18s |
| xiǎoxīn | 小心 | 小心 | V | to be careful | 23 |
| xiǎoxué | 小學 | 小学 | N | elementary school; grade school | 2c, 20s |
| Xiǎo Zhāng | 小張 | 小张 | PN | Little Zhang | 2 |
| xiàtiān | 夏天 | 夏天 | N | summer | 10 |
| Xiàwēiyí | 夏威夷 | 夏威夷 | PN | Hawaii | 6s |
| xiàwǔ | 下午 | 下午 | T | afternoon | 6 |
| xià yǔ | 下雨 | 下雨 | VO | to rain | 10 |
| Xībānyá | 西班牙 | 西班牙 | PN | Spain | 6s |
| Xībānyáwén | 西班牙文 | 西班牙文 | N | the Spanish language | 6s |
| xīběi | 西北 | 西北 | N | northwest | 14s |
| Xīběi | 西北 | 西北 | PN | Northwest (Airlines) | 21 |

▼▼▼▼▼▼▼▼▼▼▼▼▼▼▼▼▼▼▼▼▼▼▼▼▼▼▼▼▼▼▼▼▼▼▼▼▼▼▼▼▼▼▼▼▼▼▼▼

| Pinyin | Traditional Characters | Simplified Characters | Grammar | English | Lesson |
|---|---|---|---|---|---|
| xībian(mian) | 西邊(面) | 西边(面) | N | west; west side | 14s, 22 |
| Xīcān | 西餐 | 西餐 | N | Western food | 12 |
| xiē | 些 | 些 | M | some | 12 |
| xié | 鞋 | 鞋 | N | shoes | 9 |
| xiě | 寫 | 写 | V | to write | 7 |
| xiè | 謝 | 谢 | N/V | (a surname); thanks | 10 |
| xièxie | 謝謝 | 谢谢 | CE | thank you | 3, 6f |
| xiězì | 寫字 | 写字 | VO | to write characters | 7 |
| xíguàn | 習慣 | 习惯 | V/N | to be accustomed to; habit | 8 |
| xǐhuan | 喜歡 | 喜欢 | V | to like; to prefer | 3 |
| Xīlà | 希臘 | 希腊 | PN | Greece | 6s |
| Xīlàwén | 希臘文 | 希腊文 | N | the Greek language | 6s |
| xīn | 新 | 新 | Adj | new | 8 |
| xìn | 信 | 信 | N | letter (mail) | 8 |
| xīnán | 西南 | 西南 | N | southwest | 14s |
| xíng | 行 | 行 | Adj | all right; O.K. | 6 |
| xíng | 行 | 行 | V | to walk; to go | 14 |
| xìng | 姓 | 姓 | V/N | (one's) surname is…; to be surnamed; surname | 1 |
| Xīngbākè | 星巴克 | 星巴克 | PN | Starbucks | 5c |
| xíngli | 行李 | 行李 | N | baggage | 23 |
| xīngqī | 星期 | 星期 | N | week | 3 |
| xīngqī'èr | 星期二 | 星期二 | N | Tuesday | 3g |
| xīngqīliù | 星期六 | 星期六 | N | Saturday | 3g |
| xīngqīrì | 星期日 | 星期日 | N | Sunday | 3g |
| xīngqīsān | 星期三 | 星期三 | N | Wednesday | 3g |
| xīngqīsì | 星期四 | 星期四 | N | Thursday | 3 |
| xīngqītiān | 星期天 | 星期天 | N | Sunday | 3g |
| xīngqīwǔ | 星期五 | 星期五 | N | Friday | 3g |
| xīngqīyī | 星期一 | 星期一 | N | Monday | 3g |
| xìngqu | 興趣 | 兴趣 | N | interest | 16s |
| xīnkǔ | 辛苦 | 辛苦 | Adj | hard; toilsome | 23 |
| xīnnián | 新年 | 新年 | N | new year | 11 |
| Xīn Táibì | 新台幣 | 新台币 | N | NT (New Taiwan dollar) | 19s |
| xīnxiān | 新鮮 | 新鲜 | Adj | fresh; novel | 19 |
| xìnyòng | 信用 | 信用 | N | trustworthiness; credit | 13 |
| xìnyòngkǎ | 信用卡 | 信用卡 | N | credit card | 13 |
| xǐshǒujiān | 洗手間 | 洗手间 | N | restroom | 18n |
| xiūxi | 休息 | 休息 | V | to rest | 18s |
| xīwàng | 希望 | 希望 | V/N | to hope; hope | 8 |
| Xīyī | 西醫 | 西医 | N | Western medicine | 16c |
| xǐ zǎo | 洗澡 | 洗澡 | VO | to take a bath/shower | 8 |
| xǐzǎojiān | 洗澡間 | 洗澡间 | N | bathroom | 18 |
| xīzhuāng | 西裝 | 西装 | N | suit | 9s |
| xǔ | 許 | 许 | V | to allow; to be allowed | 18 |
| xué | 學 | 学 | V | to study | 7 |

| Pinyin | Traditional Characters | Simplified Characters | Grammar | English | Lesson |
|---|---|---|---|---|---|
| xuě | 雪 | 雪 | N | snow | 10s, 22 |
| Xuěbì | 雪碧 | 雪碧 | N | Sprite | 5s |
| xuéqī | 學期 | 学期 | N | school term; semester/quarter | 8 |
| xuésheng | 學生 | 学生 | N | student | 1 |
| xuéshēng cāntīng | 學生餐廳 | 学生餐厅 | N | students' dining hall | 18c |
| xuéshēngzhèng | 學生證 | 学生证 | N | student ID | 13 |
| xuéxí | 學習 | 学习 | V | to study; to learn | 17 |
| xuéxiào | 學校 | 学校 | N | school | 5 |
| xuéyuàn | 學院 | 学院 | N | college | 2c |
| xùjiè | 續借 | 续借 | V | to renew | 13 |

▲Y▲

| Pinyin | Traditional Characters | Simplified Characters | Grammar | English | Lesson |
|---|---|---|---|---|---|
| ya | 呀 | 呀 | P | (an interjectory particle used to soften a question) | 5 |
| yā huài | 壓壞 | 压坏 | VC | smash; to get hurt by being crushed | 20 |
| yājīn | 押金 | 押金 | N | security deposit | 18 |
| yǎn | 演 | 演 | V | to show (a film); to perform | 17 |
| yáng | 羊 | 羊 | N | sheep; goat | 15c |
| yǎng | 癢 | 痒 | V/Adj | to itch/itchy | 16 |
| yǎng | 養 | 养 | V | to raise | 18 |
| yángròu | 羊肉 | 羊肉 | N | mutton; lamb | 12s |
| yǎnjing | 眼睛 | 眼睛 | N | eye | 14 |
| yǎnjìng | 眼鏡 | 眼镜 | N | eyeglasses; glasses | 9n |
| yánjiūshēng | 研究生 | 研究生 | N | graduate student | 13s |
| yánjiūshēngyuàn | 研究生院 | 研究生院 | N | graduate school (China) | 23c |
| yánjiūsuǒ | 研究所 | 研究所 | N | graduate school (Taiwan); research institute | 23s, 23c |
| yánjiūyuàn | 研究院 | 研究院 | N | research institute (Taiwan) | 23c |
| yǎnlèi | 眼淚 | 眼泪 | N | tear | 16 |
| yánsè | 顏色 | 颜色 | N | color | 9 |
| yān sǐ | 淹死 | 淹死 | VC | drown to death | 20 |
| yào | 要 | 要 | V/AV | to want to; to have a desire for | 5, 9 |
| yào | 要 | 要 | AV | will; to be going to | 6 |
| yào | 藥 | 药 | N | medicine | 16 |
| yào | 要 | 要 | V | to need; to cost | 19 |
| yàoburán | 要不然 | 要不然 | Conj | otherwise | 16 |
| yàodiàn | 藥店 | 药店 | N | pharmacy, drug store | 16 |
| yào...le | 要...了 | 要...了 | | to be about to... | 23 |
| yàoshi | 要是 | 要是 | Conj | if | 6 |
| yàoshi...jiù.. | 要是...就... | 要是...就... | Conj | if...then... | 21 |
| yě | 也 | 也 | Adv | too; also | 1 |
| yè | 夜 | 夜 | N | night | 7 |
| yéye | 爺爺 | 爷爷 | N | paternal grandfather | 23 |
| yī | 一 | 一 | Nu | one | Intro. |

▼▼▼▼▼▼▼▼▼▼▼▼▼▼▼▼▼▼▼▼▼▼▼▼▼▼▼▼▼▼▼▼▼▼▼▼

| Pinyin | Traditional Characters | Simplified Characters | Grammar | English | Lesson |
|---|---|---|---|---|---|
| yì | 億 | 亿 | Nu | hundred million | 21s |
| yìbǎiwàn | 一百萬 | 一百万 | Nu | one million | 22s |
| yìbiān…yìbiān | 一邊…一邊 | 一边…一边 | | (a parallel construction indicating two simultaneous actions) | 8 |
| Yìdàlì | 意大利 | 意大利 | PN | Italy | 6s |
| Yìdàlìwén | 意大利文 | 意大利文 | N | the Italian language | 6s |
| yìdiǎnr | 一點兒 | 一点儿 | | a bit | 5g, 10 |
| yídìng | 一定 | 一定 | Adj/ Adv | certain(ly), definite(ly) | 15 |
| yì fáng yì tīng | 一房一廳 | 一房一厅 | | one bedroom and one living room | 18 |
| yīfu | 衣服 | 衣服 | N | clothes | 9 |
| yí gè rén | 一個人 | 一个人 | | alone; by oneself | 18s |
| yígòng | 一共 | 一共 | Adv | altogether | 9 |
| yīguì | 衣柜 | 衣柜 | N | wardrobe; closet | 22s |
| yǐhòu | 以後 | 以后 | T | after | 6, 6n, 15 |
| yì jiā | 一家 | 一家 | | the whole family | 22 |
| yǐjīng | 已經 | 已经 | Adv | already | 8 |
| yī…jiù… | 一…就… | 一…就… | | as soon as…, then… | 14 |
| yí lù shùnfēng | 一路順風 | 一路顺风 | CE | Have a good trip; Bon voyage | 23 |
| yīn | 陰 | 阴 | Adj | overcast | 10s |
| Yìndù | 印度 | 印度 | PN | India | 6s |
| yíng | 贏 | 赢 | V | to win | 20 |
| yǐng | 影 | 影 | N | shadow | 4 |
| yīnggāi | 應該 | 应该 | AV | should | 15 |
| Yīngguó | 英國 | 英国 | PN | Britain; England | 1s |
| Yīngguórén | 英國人 | 英国人 | N | British people/person | 1s |
| yīnglǐ | 英里 | 英里 | M | mile | 18 |
| Yīngwén | 英文 | 英文 | N | the English language | 2 |
| yíngyèyuán | 營業員 | 营业员 | N | clerk | 19 |
| yínháng | 銀行 | 银行 | N | bank | 19 |
| yīnwei | 因為 | 因为 | Conj | because | 3 |
| yìnxiàng | 印象 | 印象 | N | impression | 17 |
| yīnyuè | 音樂 | 音乐 | N | music | 4 |
| yīnyuèhuì | 音樂會 | 音乐会 | N | concert | 8 |
| yìqǐ | 一起 | 一起 | Adv | together | 5 |
| yǐqián | 以前 | 以前 | T | before; ago; previously | 7g, 8 |
| yīshēng | 醫生 | 医生 | N | doctor; physician | 2 |
| yìsi | 意思 | 意思 | N | meaning | 4 |
| yǐwéi | 以為 | 以为 | V | to think (wrongly) | 22 |
| Yìwén | 意文 | 意文 | PN | (a given name) | 8 |
| yí xià | 一下 | 一下 | M | (a measure word used after a verb indicating short duration) | 5 |
| yìxiē | 一些 | 一些 | | some | 16 |
| yì yán wéi dìng | 一言為定 | 一言为定 | CE | that settles it; that's settled | 17 |
| yíyàng | 一樣 | 一样 | Adj | same; alike | 9 |
| yīyuàn | 醫院 | 医院 | N | hospital | 14s |

▼▼▼▼▼▼▼▼▼▼▼▼▼▼▼▼▼▼▼▼▼▼▼▼▼▼▼▼▼▼▼▼▼▼▼▼▼▼▼▼▼

| Pinyin | Traditional Characters | Simplified Characters | Grammar | English | Lesson |
|---|---|---|---|---|---|
| yīyuè | 一月 | 一月 | N | January | 3g |
| yìzhí | 一直 | 一直 | Adv | straight; continuously | 14 |
| yǐzi | 椅子 | 椅子 | N | chair | 18 |
| yòng | 用 | 用 | V/N | to use; use | 8 |
| yònggōng | 用功 | 用功 | Adj | hard-working; diligent | 15 |
| yǒu | 有 | 有 | V | to have; to exist | 2 |
| yòu | 又 | 又 | Adv | again | 10 |
| yòu | 右 | 右 | N | right | 14 |
| yòubian(r) | 右邊(兒) | 右边(儿) | N | right side | 14s, 22 |
| yǒude | 有的 | 有的 | Pr | some | 21 |
| yóudiànjú | 郵電局 | 邮电局 | N | post and telecommunication office | 19n |
| yóujú | 郵局 | 邮局 | N | post office | 19 |
| yóukè | 遊客 | 游客 | N | visitor (to a park, etc.); tourist | 22s |
| yǒu kòng(r) | 有空(兒) | 有空(儿) | VO | to have free time | 6 |
| yǒumíng | 有名 | 有名 | Adj | famous; well-known | 23s |
| yóupiào | 郵票 | 邮票 | N | stamp | 19 |
| yǒu shíhou | 有時候 | 有时候 | CE | sometimes | 4 |
| yǒu yìdiǎnr | 有一點兒 | 有一点儿 | CE | a little; somewhat; some | 7 |
| yǒu yìsi | 有意思 | 有意思 | CE | interesting | 4 |
| yóu yǒng | 游泳 | 游泳 | VO | to swim | 20 |
| yòu...yòu... | 又...又... | 又...又... | | both...and... | 10 |
| yú | 魚 | 鱼 | N | fish | 12 |
| yǔ | 語 | 语 | N | speech | 6n |
| yuán | 元 | 元 | M | yuan (unit of Chinese currency); Chinese dollar | 9g, 18 |
| yuán | 圓 | 圆 | Adj | round | 20 |
| yuǎn | 遠 | 远 | Adj | far | 14 |
| yuànyì | 願意 | 愿意 | AV | to be willing | 20 |
| yuánzhūbǐ | 圓珠筆 | 圆珠笔 | N | ballpoint pen | 7c |
| yuánzǐbǐ | 原子筆 | 原子笔 | N | ballpoint pen | 7c |
| yùbào | 預報 | 预报 | N | forecast | 10 |
| yuē | 約 | 约 | V | to make an appointment | 10 |
| yuè | 月 | 月 | N | month | 3 |
| yuè lái yuè | 越來越... | 越来越... | Conj | more and more | 16 |
| Yuènán | 越南 | 越南 | PN | Vietnam | 6s |
| Yuènánrén | 越南人 | 越南人 | N | Vietnamese people/person | 1s |
| yuè...yuè... | 越...越... | 越...越... | | the more...the more... | 19 |
| yǔfǎ | 語法 | 语法 | N | grammar | 7 |
| yún | 雲 | 云 | N | cloud | 10s |
| yùndòng | 運動 | 运动 | N | sports | 14 |
| yùndòngfú | 運動服 | 运动服 | N | sportswear | 20 |
| yǔnxǔ | 允許 | 允许 | V | to allow | 18n |
| yùshì | 浴室 | 浴室 | N | bathroom | 18n |
| yùxí | 預習 | 预习 | V | to preview | 7 |
| yǔyán | 語言 | 语言 | N | language | 13 |

▼ ▼ ▼ ▼ ▼ ▼ ▼ ▼ ▼ ▼ ▼ ▼ ▼ ▼ ▼ ▼ ▼ ▼ ▼ ▼ ▼ ▼ ▼ ▼ ▼ ▼ ▼ ▼ ▼ ▼ ▼ ▼ ▼ ▼ ▼ ▼ ▼ ▼

| Pinyin | Traditional Characters | Simplified Characters | Grammar | English | Lesson |
|--------|------------------------|-----------------------|---------|---------|--------|
| **▲Z▲** | | | | | |
| zài | 再 | 再 | Adv | again | 3 |
| zài | 在 | 在 | Prep | at; in; on | 5 |
| zài | 在 | 在 | V | to be present; to be at (a place) | 6 |
| zài | 再 | 再 | Adv | in addition | 12 |
| zài | 再 | 再 | Adv | then and only then | 13 |
| zàijiàn | 再見 | 再见 | CE | goodbye; see you again | 3 |
| zàishuō | 再說 | 再说 | Conj | (coll.) moreover | 16 |
| zǎo | 早 | 早 | Adj | Good morning!; early | 7 |
| zǎo ān | 早安 | 早安 | CE | Good morning! | 7n |
| zǎofàn | 早飯 | 早饭 | N | breakfast | 3s, 8 |
| zāogāo | 糟糕 | 糟糕 | Adj | in a terrible mess; too bad | 10 |
| zǎojiù | 早就 | 早就 | Adv | long since; long ago | 17 |
| zǎoshang | 早上 | 早上 | T | morning | 8 |
| zǎo zhīdao | 早知道 | 早知道 | CE | had known earlier | 14 |
| zěnme | 怎麼 | 怎么 | QPr | how; how come (used to inquire about the cause of something, implying a degree of surprise or disapproval) | 7 |
| zěnme bàn | 怎麼办 | 怎么办 | QW | what to do | 10 |
| zěnme le | 怎麼了 | 怎么了 | CE | What's the matter? | 16f |
| zěnmeyàng | 怎麼樣 | 怎么样 | QPr | Is it O.K.? What is it like? How does that sound? | 3 |
| zhájī | 炸雞 | 炸鸡 | N | fried chicken | 12s |
| zhàn | 站 | 站 | N | (of bus, train, etc.) stop; station | 11 |
| zhàn | 站 | 站 | V | to stand | 15s |
| zhāng | 張 | 张 | PN/M | (a surname); (a measure word for flat objects) | 1n, 2 |
| zhǎng | 長 | 长 | V | to grow | 15n |
| zhǎng de | 長得 | 长得 | | to grow in such a way as to appear | 15 |
| zhǎng jià | 漲價 | 涨价 | VO | to increase in price | 21 |
| zhǎo | 找 | 找 | V | to look for | 4 |
| zhǎo bu dào | 找不到 | 找不到 | VC | unable to find | 23 |
| zhǎo dào | 找到 | 找到 | VC | to find (successfully) | 13 |
| zhàopiàn | 照片 | 照片 | N | picture; photo | 2 |
| zhǎo(qián) | 找(錢) | 找(钱) | V | to give change | 9 |
| zhe | 著 | 着 | P | (indicating a static state) | 22 |
| zhè | 這 | 这 | Pr | this | 2 |
| zhège | 這個 | 这个 | Pr | this | 10 |
| zhèi | 這 | 这 | Pr | this | 2 |
| zhè jǐ tiān | 這幾天 | 这几天 | NP | the past few days | 11 |
| zhèlǐ | 這里 | 这里 | Pr | here | 19 |
| zhème | 這麼 | 这么 | Pr | so; such | 7 |
| zhēn | 真 | 真 | Adv | really | 7 |
| zhēn | 針 | 针 | N | needle | 16 |
| zhèn | 鎮 | 镇 | N | town | 22 |

| Pinyin | Traditional Characters | Simplified Characters | Grammar | English | Lesson |
|---|---|---|---|---|---|
| zhèngjiàn | 證件 | 证件 | N | identification | 13 |
| zhěnglǐ | 整理 | 整理 | V | to put in order | 17 |
| zhèngzài | 正在 | 正在 | Adv | in the middle of (doing something) | 8 |
| zhèngzhì | 政治 | 政治 | N | politics | 22 |
| zhèr | 這兒 | 这儿 | Pr | here | 9 |
| zhèxiē | 這些 | 这些 | Pr | these | 12 |
| zhèyàng | 這樣 | 这样 | Pr | so; like this | 10 |
| zhī | 隻 | 双 | M | (a measure word for bird, shoe, etc.) | 9g |
| zhī | 枝 | 枝 | M | (a measure word for pens and long items) | 9g |
| zhǐ | 紙 | 纸 | N | paper | 2g, 7s, 18 |
| zhǐ | 只 | 只 | Adv | only | 4 |
| zhīdao | 知道 | 知道 | V | to know | 6 |
| zhí fēi | 直飛 | 直飞 | | fly directly | 21 |
| zhǐhǎo | 只好 | 只好 | Adv | have to; be forced to | 14s |
| Zhījiāgē | 芝加哥 | 芝加哥 | PN | Chicago | 21 |
| zhīpiào | 支票 | 支票 | N | check | 19 |
| zhíyuán | 職員 | 职员 | N | staff member; office worker | 13 |
| zhōng | 鐘 | 钟 | N | clock | 3 |
| zhōng | 中 | 中 | Adj | medium | 9 |
| zhǒng | 種 | 种 | M | kind | 16 |
| zhòng | 重 | 重 | Adj | serious | 16 |
| zhòng | 種 | 种 | V | to seed; to plant | 22 |
| Zhōngcān | 中餐 | 中餐 | N | Chinese food | 12 |
| zhōngfàn | 中飯 | 中饭 | N | lunch | 3s |
| Zhōngguó | 中國 | 中国 | PN | China | 1 |
| Zhōngguóchéng | 中國城 | 中国城 | N | Chinatown | 14 |
| Zhōngguófàn | 中國飯 | 中国饭 | N | Chinese food | 12c |
| Zhōngguóhuà | 中國話 | 中国话 | N | Chinese (language) | 14s |
| Zhōngguó Mínháng | 中國民航 | 中国民航 | | Air China | 21 |
| Zhōngguórén | 中國人 | 中国人 | N | Chinese people/person | 1 |
| Zhōngguó yínháng | 中國銀行 | 中国银行 | | Bank of China | 19 |
| Zhōngguózì | 中國字 | 中国字 | N | Chinese character | Intro. |
| Zhōnghuá | 中華 | 中华 | N | China (Airlines) | 21 |
| zhōngjiān | 中間 | 中间 | N | middle | 14 |
| Zhōngshān zhuāng | 中山裝 | 中山装 | N | Sun Yatsen suit | 9c |
| zhōngtóu | 鐘頭 | 钟头 | N | hour | 13 |
| Zhōngwén | 中文 | 中文 | N | the Chinese language | 6 |
| zhōngwǔ | 中午 | 中午 | T | noon | 6s; 8 |
| zhōngxīn | 中心 | 中心 | N | center | 14 |
| zhōngxué | 中學 | 中学 | N | middle school | 2c, 20s |
| zhòngyào | 重要 | 重要 | Adj | important | 19 |

| Pinyin | Traditional Characters | Simplified Characters | Grammar | English | Lesson |
|---|---|---|---|---|---|
| Zhōngyī | 中醫 | 中医 | N | Chinese medicine | 16c |
| zhōu | 週 | 周 | N | week | 3g |
| zhōu | 州 | 州 | N | state | 21s |
| zhōu'èr | 週二 | 周二 | N | Tuesday | 3g |
| zhōumò | 週末 | 周末 | T | weekend | 4 |
| zhōurì | 週日 | 周日 | N | Sunday | 3g |
| zhōuyī | 週一 | 周一 | N | Monday | 3g |
| zhū | 豬 | 猪 | N | pig; boar | 15c |
| zhù | 祝 | 祝 | V | to express good wishes | 8, 11f |
| zhù | 住 | 住 | V | to live | 14 |
| zhuǎn | 轉 | 转 | V | to turn | 14n |
| zhuàn | 賺 | 赚 | V | to earn | 23s |
| zhuǎn jī | 轉機 | 转机 | VO | change planes | 21 |
| zhuānyè | 專業 | 专业 | N | major (in college); specialty | 8 |
| zhǔnbèi | 準備 | 准备 | AV | to prepare, to plan | 18 |
| zhuōzi | 桌子 | 桌子 | N | table | 12 |
| zhūròu | 豬肉 | 猪肉 | N | pork | 12s |
| zhǔshí | 主食 | 主食 | N | staple food | 12c |
| zhùyì | 注意 | 注意 | V | to pay attention to | 20s |
| zǐ | 紫 | 紫 | Adj | purple | 9s |
| zì | 字 | 字 | N | word; character | 7 |
| zìdiǎn | 字典 | 字典 | N | dictionary | 13 |
| zìjǐ | 自己 | 自己 | Pr | oneself | 11 |
| zǒu | 走 | 走 | V | to walk; to go by way of; to leave; to depart | 11, 21 |
| zǒu lù | 走路 | 走路 | VO | to walk | 11s, 15 |
| zū | 租 | 租 | V/N | to rent; rent | 11, 18 |
| zuǐ | 嘴 | 嘴 | N | mouth | 15 |
| zuì | 最 | 最 | Adv | (an adverb of superlative degree; most, -est) | 8 |
| zuìhǎo | 最好 | 最好 | Adv | had better | 10 |
| zuìhòu | 最後 | 最后 | Adv | finally; the last; final | 11, 17 |
| zuìjìn | 最近 | 最近 | T | recently | 8 |
| zuǒ | 左 | 左 | N | left | 14 |
| zuò | 做 | 做 | V | to do | 2 |
| zuò | 坐 | 坐 | V | to sit | 5 |
| zuò | 坐 | 坐 | V | to travel by | 11 |
| zuò | 座 | 座 | M | (a measure word for mountains, etc.) | 22 |
| zuǒbian(r) | 左邊(兒) | 左边(儿) | N | left side | 14s, 22 |
| zuò fàn | 做飯 | 做饭 | VO | cook | 15 |
| zuótiān | 昨天 | 昨天 | T | yesterday | 3s, 4 |
| zuòwei | 座位 | 座位 | N | seat | 23 |
| zúqiú | 足球 | 足球 | N | soccer | 4s, 20 |

# VOCABULARY INDEX (ENGLISH-CHINESE): LESSONS 1–23

Key: c=Culture Notes; f=Functional Expressions; g=Grammar; n=Notes; s=Supplementary Vocabulary

For measure words, grammar particles and names, see "Others" at the end of this list.

| English | Pinyin | Traditional Characters | Simplified Characters | Grammar | Lesson |
|---|---|---|---|---|---|
| **▴A▴** | | | | | |
| a bit | yìdiǎnr | 一點兒 | 一点儿 | | 10 |
| a bit; a little; some | diǎn(r) | 點(兒) | 点(儿) | M | 5 |
| a couple of; two | liǎng | 兩 | 两 | Nu | 2 |
| a little; a bit; some | diǎn(r) | 點(兒) | 点(儿) | M | 5 |
| a little; somewhat | yǒu yìdiǎnr | 有一點兒 | 有一点儿 | CE | 7 |
| (a point in) time; moment | shíhou | 時候 | 时候 | N | 4 |
| able to; can | néng | 能 | 能 | AV | 8 |
| accustomed to; used to | guàn | 慣 | 惯 | Adj | 23 |
| activity | huódòng | 活動 | 活动 | N | 14 |
| activity center | huódòng zhōngxīn | 活動中心 | 活动中心 | N | 14 |
| add | jiā | 加 | 加 | V | 19 |
| add; put in; place | fàng | 放 | 放 | V | 12, 16 |
| adjust; mix; change | tiáo | 調 | 调 | V | 20 |
| advertisement | guǎnggào | 廣告 | 广告 | N | 18 |
| affair; business; matter | shì | 事 | 事 | N | 3 |
| affair; matter; business | shì | 事 | 事 | N | 3 |
| after; afterwards; later; in the future | yǐhòu | 以後 | 以后 | T | 6, 6n, 15 |
| afternoon | xiàwǔ | 下午 | 下午 | T | 6 |
| again | yòu | 又 | 又 | Adv | 10 |
| again | zài | 再 | 再 | Adv | 3 |
| age | niánjì | 年紀 | 年纪 | N | 3n, 17s |
| ago; before; previously | yǐqián | 以前 | 以前 | T | 8 |
| agree | tóngyì | 同意 | 同意 | V | 20s |
| ahead; forward | qián | 前 | 前 | N | 14 |
| ahead; in front of | qiánmian | 前面 | 前面 | N | 14 |
| Air China | Zhōngguó Mínháng | 中國民航 | 中国民航 | | 21 |
| airline | hángkōng gōngsī | 航空公司 | 航空公司 | N | 21 |
| airplane | fēijī | 飛機 | 飞机 | N | 11 |
| airplane ticket; plane ticket | fēijīpiào | 飛機票 | 飞机票 | N | 12f |
| airplane ticket; plane ticket | jīpiào | 機票 | 机票 | N | 21 |

▼▼▼▼▼▼▼▼▼▼▼▼▼▼▼▼▼▼▼▼▼▼▼▼▼▼▼▼▼▼▼▼▼▼▼▼▼▼▼▼▼▼▼▼▼▼

| English | Pinyin | Traditional Characters | Simplified Characters | Grammar | Lesson |
|---|---|---|---|---|---|
| airport | fēijīchǎng | 飛機場 | 飞机场 | N | 11 |
| airport | jīchǎng | 機場 | 机场 | N | 11 |
| alike; same | yíyàng | 一樣 | 一样 | Adj | 9 |
| alike; same | tóng | 同 | 同 | Adj | 17 |
| all; any (an inclusive pattern) | shénme...dōu | 什麼...都 | 什么...都 | | 18 |
| all; both | dōu | 都 | 都 | Adv | 2 |
| all out; to one's heart's content | hǎohāor | 好好兒 | 好好儿 | CE | 17 |
| all right; O.K. | xíng | 行 | 行 | Adj | 6 |
| allow | yǔnxǔ | 允許 | 允许 | V | 18n |
| allow; be allowed | xǔ | 許 | 许 | V | 18 |
| allow or cause (somebody to do something) | ràng | 讓 | 让 | V | 11 |
| almost; nearly | chàbuduō | 差不多 | 差不多 | Adv | 23 |
| alone; by oneself | yí gè rén | 一個人 | 一个人 | | 18s |
| already | yǐjīng | 已經 | 已经 | Adv | 8 |
| also; too | yě | 也 | 也 | Adv | 1 |
| also; too; as well | hái | 還 | 还 | Adv | 3 |
| also there are | háiyǒu | 還有 | 还有 | Adv | 3 |
| although | suīrán | 雖然 | 虽然 | Conj | 9 |
| altogether | yígòng | 一共 | 一共 | Adv | 9 |
| always; at all times | cónglái | 從來 | 从来 | Adv | 22s |
| always; invariably | lǎoshi | 老是 | 老是 | Adv | 19 |
| America | Měiguó | 美國 | 美国 | PN | 1 |
| American people/person | Měiguórén | 美國人 | 美国人 | N | 1 |
| American style | Měishì | 美式 | 美式 | Adj | 20 |
| American style football (used in mainland China) | Měishì zúqiú | 美式足球 | 美式足球 | N | 4s, 20c, 20n |
| American style football (used in Taiwan) | gǎnlǎnqiú | 橄欖球 | 橄榄球 | N | 4s |
| ancestral home; hometown | lǎojiā | 老家 | 老家 | N | 22 |
| and | gēn | 跟 | 跟 | Conj | 7 |
| and | hé | 和 | 和 | Conj | 2 |
| animal | dòngwù | 動物 | 动物 | N | 18 |
| another person; other people; others | biérén | 別人 | 别人 | Adv | 4 |
| anxious; impatient; urgent | jí | 急 | 急 | Adj | 23 |
| anxious; nervous | jǐnzhāng | 緊張 | 紧张 | Adj | 11 |
| any; all (an inclusive pattern) | shénme...dōu | 什麼...都 | 什么...都 | | 18 |
| apartment | gōngyù | 公寓 | 公寓 | N | 18 |
| April | sìyuè | 四月 | 四月 | N | 3g |
| arrive | dào | 到 | 到 | V | 8, 11 |
| arrive; come | láidào | 來到 | 来到 | V | 23 |
| as soon as..., then... | yī...jiù | 一...就... | 一...就... | | 14 |
| as well; also; too | hái | 還 | 还 | Adv | 3 |

| English | Pinyin | Traditional Characters | Simplified Characters | Grammar | Lesson |
|---|---|---|---|---|---|
| ask | wèn | 問 | 问 | V | 1 |
| ask (a question) | wèn | 問 | 问 | V | 1, 6n |
| ask for directions | wèn lù | 問路 | 问路 | VO | 14 |
| at; in; on | zài | 在 | 在 | Prep | 5 |
| at all times; always | cónglái | 從來 | 从来 | Adv | 22s |
| at the time of...; when... | de shíhou | 的時候 | 的时候 | | 8 |
| attend college/university | shàng dàxué | 上大學 | 上大学 | VO | 20 |
| attendant; waiter | fúwùyuán | 服務員 | 服务员 | N | 12 |
| audio tape | lùyīndài | 錄音帶 | 录音带 | N | 13 |
| audio tape; magnetic tape | cídài | 磁帶 | 磁带 | N | 13n |
| August | bāyuè | 八月 | 八月 | N | 3g |
| aunt; mother's younger sister | āyí | 阿姨 | 阿姨 | N | 22 |
| automobile | qìchē | 汽車 | 汽车 | N | 11 |
| autumn; fall | qiūtiān | 秋天 | 秋天 | N | 10 |
| aviation | hángkōng | 航空 | 航空 | N | 21 |
| away; from | lí | 離 | 离 | Prep | 14 |
| **▲B▲** | | | | | |
| back | hòubian (mian) | 後邊(面) | 后边(面) | N | 14s |
| bad | huài | 壞 | 坏 | Adj | 16 |
| baggage | xíngli | 行李 | 行李 | N | 23 |
| bake; roast | kǎo | 烤 | 烤 | V | 12s |
| ball | qiú | 球 | 球 | N | 4 |
| ballpoint pen | yuánzhūbǐ | 圓珠筆 | 圆珠笔 | N | 7c |
| ballpoint pen | yuánzǐbǐ | 原子筆 | 原子笔 | N | 7c |
| bank | yínháng | 銀行 | 银行 | N | 19 |
| Bank of China | Zhōngguó yínháng | 中國銀行 | 中国银行 | | 19 |
| barely; nearly | chàyidiǎn | 差一點 | 差一点 | Adv | 23 |
| baseball | bàngqiú | 棒球 | 棒球 | N | 4s |
| basketball | lánqiú | 籃球 | 篮球 | N | 4s, 20 |
| bathroom | xǐzǎojiān | 洗澡間 | 洗澡间 | N | 18 |
| bathroom | yùshì | 浴室 | 浴室 | N | 18n |
| bathroom; restroom | guànxǐshì | 盥洗室 | 盥洗室 | N | 18n |
| bathroom; restroom | wèishēngjiān | 衛生間 | 卫生间 | N | 18n |
| be | shì | 是 | 是 | V | 1 |
| be; serve as | dāng | 當 | 当 | V | 18 |
| be about to... | yào...le | 要...了 | 要...了 | | 23 |
| be about to; soon; before long | kuài | 快 | 快 | Adv | 11 |
| be accustomed to | xíguàn | 習慣 | 习惯 | V | 8 |
| be afraid of | pà | 怕 | 怕 | V | 20 |
| be all right; O.K. | xíng | 行 | 行 | Adj | 6 |
| be allergic to... | duì...guòmǐn | 對...過敏 | 对...过敏 | | 16 |
| be angry | shēng qì | 生氣 | 生气 | VO | 16s |

▼ ▼ ▼ ▼ ▼ ▼ ▼ ▼ ▼ ▼ ▼ ▼ ▼ ▼ ▼ ▼ ▼ ▼ ▼ ▼ ▼ ▼ ▼ ▼ ▼ ▼ ▼ ▼ ▼ ▼ ▼ ▼ ▼ ▼ ▼ ▼ ▼ ▼ ▼ ▼ ▼ ▼

| English | Pinyin | Traditional Characters | Simplified Characters | Grammar | Lesson |
|---|---|---|---|---|---|
| be at; be there | zài | 在 | 在 | V | 6 |
| be born; give birth to | shēng | 生 | 生 | V | 3 |
| be called; call | jiào | 叫 | 叫 | V | 1 |
| be careful | xiǎoxīn | 小心 | 小心 | V | 23 |
| be going to; will | yào | 要 | 要 | AV | 6 |
| be host; invite someone to dinner | qǐng kè | 請客 | 请客 | VO | 4 |
| be interested in... | duì...yǒu xìngqu | 對...有興趣 | 对...有兴趣 | | 16s |
| be like; seem | hǎoxiàng | 好像 | 好像 | V | 12 |
| be like; take after | xiàng | 像 | 像 | V | 15 |
| be overweight | chāozhòng | 超重 | 超重 | V | 23 |
| be painful | téng | 疼 | 疼 | V | 16 |
| be present; be at (a place) | zài | 在 | 在 | V | 6 |
| be short of; lack | chà | 差 | 差 | V | 3s |
| be there; be at | zài | 在 | 在 | V | 6 |
| be willing | yuànyì | 願意 | 愿意 | AV | 20 |
| be windy | guā fēng | 颱風 | 刮风 | VO | 22 |
| beancurd; tofu | dòufu | 豆腐 | 豆腐 | N | 12 |
| bear; receive | shòu | 受 | 受 | V | 20 |
| beautiful | měi | 美 | 美 | Adj | 22 |
| because | yīnwei | 因為 | 因为 | Conj | 3 |
| become | chéng | 成 | 成 | V | 17 |
| become due | dàoqī | 到期 | 到期 | V | 13s |
| become exhausted | lèi huài | 累壞 | 累坏 | VC | 23 |
| become ill; illness | bìng | 病 | 病 | V/N | 16 |
| bed | chuáng | 床 | 床 | N | 2g, 8 |
| bedroom | wòshì | 臥室 | 卧室 | N | 18 |
| beef | niúròu | 牛肉 | 牛肉 | N | 12 |
| beer | píjiǔ | 啤酒 | 啤酒 | N | 5 |
| before; ago; previously | yǐqián | 以前 | 以前 | T | 8 |
| before; first | xiān | 先 | 先 | Adv | 11 |
| begin; in the beginning; start | kāishǐ | 開始 | 开始 | N/V | 8 |
| beginning | chū | 初 | 初 | N | 21 |
| Beijing (China's capital) | Běijīng | 北京 | 北京 | PN | 10s, 19 |
| Beijing (Peking ) opera | jīngjù | 京劇 | 京剧 | N | 17c |
| belong to | shǔ | 屬 | 属 | V | 15 |
| besides; in addition to | chúle...yǐwài | 除了...以外 | 除了...以外 | Conj | 8 |
| big; old | dà | 大 | 大 | Adj | 3 |
| birthday | shēngrì | 生日 | 生日 | N | 3 |
| bit | yìdiǎnr | 一點兒 | 一点儿 | | 10 |
| bit; a little; some | diǎn(r) | 點(兒) | 点(儿) | M | 5 |
| black | hēi | 黑 | 黑 | Adj | 9 |
| blackboard | hēibǎn | 黑板 | 黑板 | N | 14s |

▼▼▼▼▼▼▼▼▼▼▼▼▼▼▼▼▼▼▼▼▼▼▼▼▼▼▼▼▼▼▼▼▼▼▼▼▼▼▼▼▼▼▼▼▼

| English | Pinyin | Traditional Characters | Simplified Characters | Grammar | Lesson |
|---|---|---|---|---|---|
| bloom abundantly | kāi mǎn | 開滿 | 开满 | VC | 22 |
| blow | chuī | 吹 | 吹 | V | 20s |
| blow | guā | 颳 | 刮 | V | 22 |
| blue | lán | 藍 | 蓝 | Adj | 9s, 11 |
| boar; pig | zhū | 豬 | 猪 | N | 15c |
| boarding gate (China) | dēngjīkǒu | 登機口 | 登机口 | N | 23c |
| boarding gate (Taiwan) | dēngjīmén | 登機門 | 登机门 | N | 23c |
| boarding pass | dēngjīzhèng | 登機證 | 登机证 | N | 23 |
| boat; ship | chuán | 船 | 船 | N | 11s |
| body; health | shēntǐ | 身體 | 身体 | N | 16 |
| Bon voyage; Have a good trip | yí lù shùnfēng | 一路順風 | 一路顺风 | CE | 23 |
| book | shū | 書 | 书 | N | 4 |
| bookshelf | shūjià | 書架 | 书架 | N | 18 |
| bookstore | shūdiàn | 書店 | 书店 | N | 14 |
| borrow/lend | jiè | 借 | 借 | V | 13 |
| Boston | Bōshìdùn | 波士頓 | 波士顿 | N | 22s |
| both; all | dōu | 都 | 都 | Adv | 2 |
| both...and... | yòu...yòu... | 又...又... | 又...又... | | 10 |
| bottle | píng | 瓶 | 瓶 | M | 5 |
| bottom | xiàbian(mian) | 下邊(面) | 下边(面) | N | 14s |
| bowl | wǎn | 碗 | 碗 | M | 12 |
| boy | nánháizi | 男孩子 | 男孩子 | N | 2 |
| boyfriend | nánpéngyou | 男朋友 | 男朋友 | N | 15s |
| boyfriend or girlfriend | duìxiàng | 對象 | 对象 | N | 17s |
| brain | nǎo | 腦 | 脑 | N | 8 |
| braise in soy sauce | hóngshāo | 紅燒 | 红烧 | | 12 |
| breakfast | zǎofàn | 早飯 | 早饭 | N | 3s, 8 |
| bright; intelligent; clever | cōngming | 聰明 | 聪明 | Adj | 15 |
| bring; come with | dài | 帶 | 带 | V | 13, 18 |
| Britain; England | Yīngguó | 英國 | 英国 | PN | 1s |
| British people/person | Yīngguórén | 英國人 | 英国人 | N | 1s |
| brown; coffee color | kāfēisè | 咖啡色 | 咖啡色 | N | 9 |
| bunch of (flowers, etc.) | shù | 束 | 束 | M | 19 |
| bus | gōnggòng qìchē | 公共汽車 | 公共汽车 | N | 11 |
| business; matter; affair | shì | 事 | 事 | N | 3 |
| busy | máng | 忙 | 忙 | Adj | 3 |
| but | dànshì | 但是 | 但是 | Conj | 6 |
| but | kěshì | 可是 | 可是 | Conj | 3 |
| but; however | búguò | 不過 | 不过 | Conj | 11 |
| buy | mǎi | 買 | 买 | V | 9 |
| by oneself; alone | yí gè rén | 一個人 | 一个人 | | 18s |

▲**C**

| English | Pinyin | Traditional Characters | Simplified Characters | Grammar | Lesson |
|---|---|---|---|---|---|
| cable car; trolley bus; tram | diànchē | 電車 | 电车 | N | 11s |
| cafeteria; dining room | cāntīng | 餐廳 | 餐厅 | N | 8 |

| English | Pinyin | Traditional Characters | Simplified Characters | Grammar | Lesson |
|---|---|---|---|---|---|
| calculator; computer | jìsuànjī | 計算機 | 计算机 | N | 8n |
| California | Jiālìfúníyà | 加利福尼亞 | 加利福尼亚 | PN | 22n |
| California (abbr.) | Jiāzhōu | 加州 | 加州 | PN | 21s, 22 |
| call; be called | jiào | 叫 | 叫 | V | 1 |
| camp (out) | lùyíng | 露營 | 露营 | V | 21s |
| can; able to | néng | 能 | 能 | AV | 8 |
| can; know how to; will | huì | 會 | 会 | AV | 8, 10 |
| can; may | kěyǐ | 可以 | 可以 | AV | 5 |
| Canada | Jiānádà | 加拿大 | 加拿大 | PN | 10s |
| can't make out; unable to tell | kàn bu chūlai | 看不出來 | 看不出来 | VC | 20 |
| capital | shǒudū | 首都 | 首都 | N | 22 |
| Capital Airport (Beijing) | Shǒudū Jīchǎng | 首都機場 | 首都机场 | N | 23 |
| capital (of a country) | jīng | 京 | 京 | N | 14 |
| car, vehicle | chē | 車 | 车 | N | 11 |
| card | kǎ(piàn) | 卡(片) | 卡(片) | N | 13 |
| carry (with the arm down) | tí | 提 | 提 | V | 23 |
| (carry) on one's person | suíshēn | 隨身 | 随身 | Adv | 23 |
| carry; take; get | ná | 拿 | 拿 | V | 16, 23 |
| cash | xiànjīn | 現金 | 现金 | N | 19s |
| catch sight of; see | kàn jiàn | 看見 | 看见 | VC | 20s |
| cause or allow (somebody to do something) | ràng | 讓 | 让 | V | 11 |
| celebrate | qìngzhù | 慶祝 | 庆祝 | V | 15s, 17 |
| celebrate; pass (a birthday, a holiday) | guò | 過 | 过 | V | 14, 15 |
| celebrate a birthday | guò shēngrì | 過生日 | 过生日 | VO | 15 |
| cellular phone | shǒujī | 手機 | 手机 | N | 23s |
| cent | fēn | 分 | 分 | M | 9 |
| cent; 1/100 of a kuai | fēn | 分 | 分 | M | 9 |
| center | zhōngxīn | 中心 | 中心 | N | 14 |
| centimeter | gōngfēn | 公分 | 公分 | M | 15s |
| certain; certainly | yídìng | 一定 | 一定 | Adj/ Adv | 15 |
| chair | yǐzi | 椅子 | 椅子 | N | 18 |
| champion; first place | guànjūn | 冠軍 | 冠军 | N | 20s |
| change | biànhuà | 變化 | 变化 | N | 22s |
| change; adjust; mix | tiáo | 調 | 调 | V | 20 |
| change; exchange | huàn | 換 | 换 | V | 9 |
| change planes | zhuǎn jī | 轉機 | 转机 | VO | 21 |
| channel (TV, radio) | tái | 台 | 台 | N | 20 |
| character; word | zì | 字 | 字 | N | 7 |
| chat | liáo tiān(r) | 聊天(兒) | 聊天(儿) | VO | 5 |
| chat | liáo | 聊 | 聊 | V | 5 |

| English | Pinyin | Traditional Characters | Simplified Characters | Grammar | Lesson |
|---|---|---|---|---|---|
| chat; talk | tán | 談 | 谈 | V | 20s |
| cheap; inexpensive | piányi | 便宜 | 便宜 | Adj | 9 |
| check | zhīpiào | 支票 | 支票 | N | 19 |
| check (baggage); consign for shipment | tuōyùn | 托運 | 托运 | V | 23 |
| Chicago | Zhījiāgē | 芝加哥 | 芝加哥 | PN | 21 |
| chicken; rooster | jī | 雞 | 鸡 | N | 12s, 15c |
| child | háizi | 孩子 | 孩子 | N | 2 |
| China | Zhōngguó | 中國 | 中国 | PN | 1 |
| China (Airlines) | Zhōnghuá | 中華 | 中华 | N | 21 |
| Chinatown | Zhōngguó chéng | 中國城 | 中国城 | N | 14 |
| Chinese character | Hànzì | 漢字 | 汉字 | N | 7 |
| Chinese character | Zhōngguózì | 中國字 | 中国字 | N | Intro. |
| Chinese dollar; yuan (unit of Chinese currency) | yuán | 元 | 元 | M | 9g, 18 |
| Chinese food | Zhōngcān | 中餐 | 中餐 | N | 12 |
| Chinese food | Zhōngguófàn | 中國飯 | 中国饭 | N | 12c |
| Chinese language | Hànyǔ | 漢語 | 汉语 | N | 6n |
| Chinese language | Zhōngwén | 中文 | 中文 | N | 6 |
| Chinese (language) | Zhōngguóhuà | 中國話 | 中国话 | N | 14s |
| Chinese medicine | Zhōngyī | 中醫 | 中医 | N | 16c |
| Chinese people/person | Zhōngguórén | 中國人 | 中国人 | N | 1 |
| Chongqing | Chóngqìng | 重慶 | 重庆 | PN | 10c |
| chopsticks | kuàizi | 筷子 | 筷子 | N | 12c |
| city | chéng | 城 | 城 | N | 14 |
| city | chéngshì | 城市 | 城市 | N | 22 |
| class | bān | 班 | 班 | N | 15 |
| class; lesson | kè | 課 | 课 | N | 6 |
| classmate | tóngxué | 同學 | 同学 | N | 3 |
| classroom | jiàoshì | 教室 | 教室 | N | 8 |
| clean | gānjìng | 乾淨 | 干净 | Adj | 18s |
| clean up | dǎsǎo | 打掃 | 打扫 | V | 17 |
| clear | qīngchu | 清楚 | 清楚 | Adj | 8 |
| clear; sunny | qíng | 晴 | 晴 | Adj | 10s |
| clerk | yíngyèyuán | 營業員 | 营业员 | N | 19 |
| clever; bright; intelligent | cōngming | 聰明 | 聪明 | Adj | 15 |
| clock | zhōng | 鐘 | 钟 | N | 3 |
| close | guān | 關 | 关 | V | 13 |
| close; closed | bìzhe | 閉著 | 闭着 | | 14 |
| close; shut | bì | 閉 | 闭 | V | 14 |
| close door | guān mén | 關門 | 关门 | VO | 13 |
| closet; wardrobe | yīguì | 衣櫃 | 衣柜 | N | 22s |
| clothes | yīfu | 衣服 | 衣服 | N | 9 |

| English | Pinyin | Traditional Characters | Simplified Characters | Grammar | Lesson |
|---------|--------|----------------------|---------------------|---------|--------|
| cloud | yún | 雲 | 云 | N | 10s |
| coat; jacket | wàitào | 外套 | 外套 | N | 9s |
| coffee | kāfēi | 咖啡 | 咖啡 | N | 5 |
| coffee color; brown | kāfēisè | 咖啡色 | 咖啡色 | N | 9 |
| Coke | Kěkǒukělè | 可口可乐 | 可口可乐 | N | 5s |
| cola | kělè | 可乐 | 可乐 | N | 5 |
| cold | lěng | 冷 | 冷 | Adj | 10 |
| cold; have a cold | gǎnmào | 感冒 | 感冒 · | N/V | 16s |
| cold and dressed with sauce | liángbàn | 涼拌 | 凉拌 | | 12 |
| college | xuéyuàn | 學院 | 学院 | N | 2c |
| college; university | dàxué | 大學 | 大学 | N | 2c |
| college student | dàxuéshēng | 大學生 | 大学生 | N | 2 |
| color | yánsè | 顏色 | 颜色 | N | 9 |
| come | lái | 來 | 来 | V | 5 |
| come; arrive | láidào | 來到 | 来到 | V | 23 |
| come back | huílai | 回來 | 回来 | VC | 6 |
| come in | jìnlai | 進來 | 进来 | VC | 5 |
| come with; bring | dài | 帶 | 带 | V | 13, 18 |
| comfortable | shūfu | 舒服 | 舒服 | Adj | 10 |
| company | gōngsī | 公司 | 公司 | N | 21 |
| competition; game; match | sài | 賽 | 赛 | N | 20 |
| computer | diànnǎo | 電腦 | 电脑 | N | 8 |
| computer | diànzǐ jìsuànjī | 電子計算機 | 电子计算机 | N | 8n |
| computer; calculator | jìsuànjī | 計算機 | 计算机 | N | 8n |
| concert | yīnyuèhuì | 音乐會 | 音乐会 | N | 8 |
| congratulate | gōngxǐ | 恭喜 | 恭喜 | V | 11c |
| Congratulations and may you make a fortune! | gōngxǐ fācái | 恭喜發財 | 恭喜发财 | CE | 11n |
| consign for shipment; check (baggage) | tuōyùn | 托運 | 托运 | V | 23 |
| continuously; straight | yìzhí | 一直 | 一直 | Adv | 14 |
| convenient | fāngbiàn | 方便 | 方便 | Adj | 6 |
| cook | zuò fàn | 做飯 | 做饭 | VO | 15 |
| cooked rice | mǐfàn | 米飯 | 米饭 | N | 12 |
| cool | kù | 酷 | 酷 | Adj | 15f |
| correct; right | duì | 對 | 对 | Adj | 4 |
| cost; need | yào | 要 | 要 | V | 19 |
| cost money; spend money | huā qián | 花錢 | 花钱 | VO | 16 |
| cost time | huā shíjiān | 花時間 | 花时间 | VO | 16 |
| cough | késòu | 咳嗽 | 咳嗽 | V | 16s |
| countryside | xiāngxià | 鄉下 | 乡下 | N | 22 |
| cousin (older female) | biǎojiě | 表姐 | 表姐 | N | 15 |
| cousin (older female) | tángjiě | 堂姐 | 堂姐 | N | 15n |
| cousin (older male) | biǎogē | 表哥 | 表哥 | N | 23 |

| English | Pinyin | Traditional Characters | Simplified Characters | Grammar | Lesson |
|---|---|---|---|---|---|
| cow; ox | niú | 牛 | 牛 | N | 12 |
| credit; trustworthiness | xìnyòng | 信用 | 信用 | N | 13 |
| credit card | xìnyòngkǎ | 信用卡 | 信用卡 | N | 13 |
| cry; weep | kū | 哭 | 哭 | V | 23 |
| cucumber | huánggua | 黃瓜 | 黄瓜 | N | 12 |
| culture | wénhuà | 文化 | 文化 | N | 22 |
| cup | bēizi | 杯子 | 杯子 | N | 18s |
| cup; glass | bēi | 杯 | 杯 | M | 5 |
| currency | bì | 幣 | 币 | N | 19 |
| cut a price | jiǎn jià | 減價 | 减价 | VO | 21 |
| cute; lovable | kě'ài | 可愛 | 可爱 | Adj | 15 |
| ▲D▲ | | | | | |
| dad; father | bàba | 爸爸 | 爸爸 | N | 2 |
| dance | tiào wǔ | 跳舞 | 跳舞 | VO | 4 |
| dance | wǔ | 舞 | 舞 | N | 4 |
| dance; ball | wǔhuì | 舞會 | 舞会 | N | 15 |
| dangerous | wēixiǎn | 危險 | 危险 | Adj | 20 |
| daughter | nǚ'ér | 女兒 | 女儿 | N | 2 |
| day | tiān | 天 | 天 | N | 3 |
| day; the sun | rì | 日 | 日 | N | 3 |
| day after tomorrow | hòutiān | 後天 | 后天 | T | 3s, 17 |
| day before | qián yì tiān | 前一天 | 前一天 | | 23 |
| day before yesterday | qiántiān | 前天 | 前天 | T | 3s |
| day of the month; number in a series; size | hào | 號 | 号 | M | 3, 9 |
| daytime | báitiān | 白天 | 白天 | N | 20s |
| December | shí'èryuè | 十二月 | 十二月 | N | 3g |
| definite; definitely | yídìng | 一定 | 一定 | Adj/ Adv | 15 |
| delicious; good to eat | hǎochī | 好吃 | 好吃 | Adj | 5s, 12 |
| depart; walk; go by way of; leave | zǒu | 走 | 走 | V | 11, 21 |
| depart from; leave | líkāi | 離開 | 离开 | V | 19s |
| deposit | cún | 存 | 存 | V | 19 |
| deposit money | cún qián | 存錢 | 存钱 | VO | 19 |
| desk | shūzhuō | 書桌 | 书桌 | N | 18 |
| diary | rìjì | 日記 | 日记 | N | 8 |
| dictionary | cídiǎn | 詞典 | 词典 | N | 13s |
| dictionary | zìdiǎn | 字典 | 字典 | N | 13 |
| die | sǐ | 死 | 死 | V | 16 |
| difficult | nán | 難 | 难 | Adj | 7 |
| diligent; hard-working | yònggōng | 用功 | 用功 | Adj | 15 |
| dime; 1/10 of a kuai | jiǎo | 角 | 角 | M | 9g |
| dime; 1/10 of a kuai | máo | 毛 | 毛 | M | 9 |
| dining room; cafeteria | cāntīng | 餐廳 | 餐厅 | N | 8 |

| English | Pinyin | Traditional Characters | Simplified Characters | Grammar | Lesson |
|---|---|---|---|---|---|
| dining table | fànzhuō | 飯桌 | 饭桌 | N | 18 |
| dinner; supper | wǎnfàn | 晚飯 | 晚饭 | N | 3 |
| direction | fāngxiàng | 方向 | 方向 | N | 14s |
| dish; course (of food) | cài | 菜 | 菜 | N | 12 |
| distinct | fēnmíng | 分明 | 分明 | Adj | 22 |
| do | zuò | 做 | 做 | V | 2 |
| do; handle | bàn | 辦 | 办 | V | 21 |
| do manual work; work part-time | dǎ gōng | 打工 | 打工 | VO | 5s |
| do someone a favor; help | bāngmáng | 幫忙 | 帮忙 | VO | 6 |
| doctor; physician | yīshēng | 醫生 | 医生 | N | 2 |
| dog | gǒu | 狗 | 狗 | N | 15 |
| dollar | kuài | 塊 | 块 | M | 9 |
| don't | bié | 別 | 別 | | 6 |
| Don't be so polite! | bié kèqi | 別客氣 | 別客气 | CE | 6 |
| Don't be (so) polite. You are welcome. | bú kèqi | 不客氣 | 不客气 | CE | 6 |
| Don't mention it. Not at all. You're welcome. | bú xiè | 不謝 | 不谢 | CE | 7 |
| door | mén | 門 | 门 | N | 13 |
| door; (a measure for academic courses) | mén | 門 | 门 | N | 6n |
| doorway | ménkǒu | 門口 | 门口 | N | 23 |
| dormitory | sùshè | 宿舍 | 宿舍 | N | 8 |
| downstairs | lóuxià | 樓下 | 楼下 | N | 13 |
| dragon | lóng | 龍 | 龙 | N | 15c |
| drink | hē | 喝 | 喝 | V | 5 |
| drive; operate | kāi | 開 | 开 | V | 11 |
| drive a car | kāi chē | 開車 | 开车 | VO | 11 |
| drown to death | yān sǐ | 淹死 | 淹死 | VC | 20 |
| drug store, pharmacy | yàodiàn | 藥店 | 药店 | N | 16 |
| dumplings | jiǎozi | 餃子 | 饺子 | N | 12 |

### ▲E▲

| English | Pinyin | Traditional Characters | Simplified Characters | Grammar | Lesson |
|---|---|---|---|---|---|
| each; every | měi | 每 | 每 | Prep | 11 |
| each; every | gè | 各 | 各 | Pr | 21 |
| early; Good morning! | zǎo | 早 | 早 | Adj | 7 |
| earn | zhuàn | 賺 | 赚 | V | 23s |
| east | dōng | 東 | 东 | N | 14 |
| east side | dōngbian (mian) | 東邊(面) | 东边(面) | N | 14s |
| easy | róngyì | 容易 | 容易 | Adj | 7 |
| eat | chī | 吃 | 吃 | V | 3 |
| eat (a meal) | chī fàn | 吃飯 | 吃饭 | VO | 3 |
| economy | jīngjì | 經濟 | 经济 | N | 22 |
| eight | bā | 八 | 八 | Nu | Intro. |

| English | Pinyin | Traditional Characters | Simplified Characters | Grammar | Lesson |
|---|---|---|---|---|---|
| eighteen | shíbā | 十八 | 十八 | Nu | 3 |
| electricity | diàn | 電 | 电 | N | 4 |
| elementary school; grade school | xiǎoxué | 小學 | 小学 | N | 2c, 20s |
| embarrassed | bù hǎoyìsi | 不好意思 | 不好意思 | CE | 11 |
| employee's card; I.D. card | gōngzuò zhèng | 工作證 | 工作证 | N | 21s |
| England; Britain | Yīngguó | 英國 | 英国 | PN | 1s |
| English language | Yīngwén | 英文 | 英文 | N | 2 |
| enough | gòu | 夠 | 够 | Adj | 12 |
| enter | jìn | 進 | 进 | V | 5 |
| especially; special | tèbié | 特別 | 特别 | Adv/ Adj | 7g |
| even | lián | 連 | 连 | Prep | 18 |
| even more | gèng | 更 | 更 | Adv | 10 |
| evening; night | wǎnshang | 晚上 | 晚上 | T | 3 |
| evening; night; late | wǎn | 晚 | 晚 | N/Adj | 3 |
| evening party | wǎnhuì | 晚會 | 晚会 | N | 19s |
| every; each | měi | 每 | 每 | Prep | 11 |
| every; each | gè | 各 | 各 | Pr | 21 |
| every day | měitiān | 每天 | 每天 | T | 11 |
| everybody | dàjiā | 大家 | 大家 | Pr | 7 |
| everywhere | dàochù | 到處 | 到处 | Adv | 22s |
| examine | jiǎnchá | 檢查 | 检查 | V | 16 |
| example | bǐfang | 比方 | 比方 | N | 22 |
| exceed; surpass | chāo | 超 | 超 | V | 23 |
| exchange; change | huàn | 換 | 换 | V | 9 |
| exist; have | yǒu | 有 | 有 | V | 2 |
| expenses; fee | fèi | 費 | 费 | N | 18 |
| expensive; honorable | guì | 貴 | 贵 | Adj | 1, 9 |
| experiment | shíyàn | 實驗 | 实验 | N | 13 |
| express letter | kuàixìn | 快信 | 快信 | N | 19 |
| extraordinarily; very | fēicháng | 非常 | 非常 | Adv | 18 |
| extremely | jí (le) | 極(了) | 极(了) | Adv | 12 |
| extremely; too | tài | 太 | 太 | Adv | 3 |
| eye | yǎnjing | 眼睛 | 眼睛 | N | 14 |
| eyeglasses; glasses | yǎnjìng | 眼鏡 | 眼镜 | N | 9n |

▲**F**▲

| English | Pinyin | Traditional Characters | Simplified Characters | Grammar | Lesson |
|---|---|---|---|---|---|
| face | liǎn | 臉 | 脸 | N | 15 |
| fairly; relatively | bǐjiào | 比較 | 比较 | Adv | 22s |
| fall; autumn | qiūtiān | 秋天 | 秋天 | N | 10 |
| family | jiātíng | 家庭 | 家庭 | N | 23s |
| family; home | jiā | 家 | 家 | N | 2 |
| famous; well-known | yǒumíng | 有名 | 有名 | Adj | 23s |
| fantastic (coll.) | bàng | 棒 | 棒 | Adj | 20 |

| English | Pinyin | Traditional Characters | Simplified Characters | Grammar | Lesson |
|---|---|---|---|---|---|
| far | yuǎn | 遠 | 远 | Adj | 14 |
| fast; quick; quickly | kuài | 快 | 快 | Adj/ Adv | 5, 7 |
| fast food | kuàicān | 快餐 | 快餐 | N | 12s |
| fat | pàng | 胖 | 胖 | Adj | 20 |
| father | fùqin | 父親 | 父亲 | N | 22 |
| father; dad | bàba | 爸爸 | 爸爸 | N | 2 |
| February | Èryuè | 二月 | 二月 | N | 3g |
| fee; expenses | fèi | 費 | 费 | N | 18 |
| feel | juéde | 覺得 | 觉得 | V | 4 |
| feel embarrassed | bù hǎoyìsi | 不好意思 | 不好意思 | CE | 11 |
| feel/think that | juéde | 覺得 | 觉得 | V | 4 |
| female | nǚ | 女 | 女 | N | 2 |
| fiction; novel | xiǎoshuō | 小說 | 小说 | N | 18s |
| field | chǎng | 場 | 场 | N | 14 |
| fifteen minutes; quarter (hour) | kè | 刻 | 刻 | M | 3 |
| 50% off | duì zhé | 對折 | 对折 | | 21n |
| finally | zuìhòu | 最後 | 最后 | Adv | 11, 17 |
| find (successfully) | zhǎo dào | 找到 | 找到 | VC | 13 |
| fine; good; nice; O.K. | hǎo | 好 | 好 | Adj | 1, 3 |
| fine; punish | fá | 罰 | 罚 | V | 13 |
| finger | shǒuzhǐ | 手指 | 手指 | N | 15 |
| finish; run out of | wán | 完 | 完 | V | 12 |
| first; before | xiān | 先 | 先 | Adv | 11 |
| first place; champion | guànjūn | 冠軍 | 冠军 | N | 20s |
| fish | yú | 魚 | 鱼 | N | 12 |
| fish in sweet and sour sauce | tángcùyú | 糖醋魚 | 糖醋鱼 | N | 12 |
| fit; suit | shìhé | 適合 | 适合 | V | 20s |
| five | wǔ | 五 | 五 | Nu | Intro. |
| flow; shed | liú | 流 | 流 | V | 16 |
| flower | huā | 花 | 花 | N | 19 |
| fly | fēi | 飛 | 飞 | V | 11 |
| fly directly | zhí fēi | 直飛 | 直飞 | | 21 |
| follow; go along with | suí | 隨 | 随 | V | 23 |
| foot (measure of length) | chǐ | 尺 | 尺 | M | 15s, 23c |
| foot/leg (of person; animal; table; etc.) | jiǎo | 腳 | 脚 | N | 15s, 20 |
| football | gǎnlǎnqiú | 橄欖球 | 橄榄球 | N | 4s |
| for | wèi | 為 | 为 | Prep | 3 |
| for; to | gěi | 給 | 给 | Prep | 6 |
| for example | bǐfang shuō | 比方說 | 比方说 | | 22 |
| for the sake of | wèile | 為了 | 为了 | Conj | 20 |
| forecast | yùbào | 預報 | 预报 | N | 10 |
| foreign country | wàiguó | 外國 | 外国 | N | 4 |

▼ ▼ ▼ ▼ ▼ ▼ ▼ ▼ ▼ ▼ ▼ ▼ ▼ ▼ ▼ ▼ ▼ ▼ ▼ ▼ ▼ ▼ ▼ ▼ ▼ ▼ ▼ ▼ ▼ ▼ ▼ ▼ ▼ ▼

| English | Pinyin | Traditional Characters | Simplified Characters | Grammar | Lesson |
|---|---|---|---|---|---|
| forget | wàng | 忘 | 忘 | V | 13 |
| Forget it. Never mind. | suàn le | 算了 | 算了 | CE | 4 |
| forward; ahead | qián | 前 | 前 | N | 14 |
| fountain pen | gāngbǐ | 鋼筆 | 钢笔 | N | 7s |
| four | sì | 四 | 四 | Nu | Intro. |
| France | Fǎguó | 法國 | 法国 | PN | 1s |
| free time | kòng(r) | 空(兒) | 空(儿) | N | 6 |
| French language | Fǎwén | 法文 | 法文 | N | 6s |
| French (language) | Fǎyǔ | 法語 | 法语 | N | 14s |
| French people/person | Fǎguórén | 法國人 | 法国人 | N | 1s |
| fresh; novel | xīnxiān | 新鮮 | 新鲜 | Adj | 19 |
| Friday | xīngqīwǔ | 星期五 | 星期五 | N | 3g |
| fried chicken | zhájī | 炸雞 | 炸鸡 | N | 12s |
| friend | péngyou | 朋友 | 朋友 | N | 1s, 7 |
| from | cóng | 從 | 从 | Prep | 14 |
| from; away | lí | 離 | 离 | Prep | 14 |
| front | qiánbian (mian) | 前邊(面) | 前边(面) | N | 14s |
| fruit | shuǐguǒ | 水果 | 水果 | N | 15 |
| fruit juice | guǒzhī | 果汁 | 果汁 | N | 15 |
| full | mǎn | 滿 | 满 | Adj | 22 |
| fun | hǎowán(r) | 好玩(兒) | 好玩(儿) | Adj | 5s |
| furniture | jiājù | 傢俱 | 家具 | N | 18 |
| furthermore | háiyǒu | 還有 | 还有 | Conj | 18 |

▲**G**▲

| English | Pinyin | Traditional Characters | Simplified Characters | Grammar | Lesson |
|---|---|---|---|---|---|
| gain; obtain | dé dào | 得到 | 得到 | VC | 20s |
| game; match; competition | sài | 賽 | 塞 | N | 20 |
| German language | Déwén | 德文 | 德文 | N | 6s |
| German people/person | Déguórén | 德國人 | 德国人 | N | 1s |
| Germany | Déguó | 德國 | 德国 | PN | 1s |
| get; carry; take | ná | 拿 | 拿 | V | 16, 23 |
| get a shot | dǎ zhēn | 打針 | 打针 | VO | 16 |
| get hurt by being crushed; smash | yā huài | 壓壞 | 压坏 | VC | 20 |
| get injured or wounded | shòushāng | 受傷 | 受伤 | VO | 20 |
| get married | jié hūn | 結婚 | 结婚 | VO | 17s |
| get off (a bus, train, etc.) | xià chē | 下車 | 下车 | VO | 11 |
| get sick | shēng bìng | 生病 | 生病 | VO | 16 |
| get sick because of food | chī huài | 吃壞 | 吃坏 | VC | 16 |
| get up | qǐ chuáng | 起床 | 起床 | VO | 8 |
| get up | qǐlai | 起來 | 起来 | V | 20s |
| gift | lǐwù | 禮物 | 礼物 | N | 15 |
| girl | nǚháizi | 女孩子 | 女孩子 | N | 2 |
| girl | nǚhái | 女孩 | 女孩 | N | 15f |

| English | Pinyin | Traditional Characters | Simplified Characters | Grammar | Lesson |
|---|---|---|---|---|---|
| girlfriend | nǚpéngyou | 女朋友 | 女朋友 | N | 15 |
| give | gěi | 給 | 给 | V | 5 |
| give a discount | dǎ zhé(kòu) | 打折(扣) | 打折(扣) | VO | 21 |
| give birth to; be born | shēng | 生 | 生 | V | 3 |
| give change | zhǎo(qián) | 找(錢) | 找(钱) | V | 9 |
| give or take a test | kǎo | 考 | 考 | V | 6 |
| give or take a test; test | kǎoshì | 考試 | 考试 | V/N | 6 |
| give service to | fúwù | 服務 | 服务 | V | 12 |
| give (someone a gift) | sòng | 送 | 送 | V | 11 |
| glass; cup | bēi | 杯 | 杯 | M | 5 |
| glasses; eyeglasses | yǎnjìng | 眼鏡 | 眼镜 | N | 9n |
| gloves | shǒutào | 手套 | 手套 | N | 9n |
| go | qù | 去 | 去 | V | 4 |
| go (coll.) | shàng | 上 | 上 | V | 14 |
| go; walk | xíng | 行 | 行 | V | 14 |
| go along with; follow | suí | 隨 | 随 | V | 23 |
| go by way of; walk | zǒu | 走 | 走 | V | 11 |
| go home | huí jiā | 回家 | 回家 | VO | 5 |
| go in | jìnqu | 進去 | 进去 | VC | 6g,13 |
| go on a journey | chū mén | 出門 | 出门 | VO | 23 |
| go out; (indicating movement outward) | chūqu | 出去 | 出去 | VC | 10, 18 |
| go the same way | tónglù | 同路 | 同路 | CE | 14 |
| go to (a place) | dào…qù | 到…去 | 到…去 | | 6 |
| go to class; start a class | shàng kè | 上課 | 上课 | VO | 7 |
| go to work | shàng bān | 上班 | 上班 | VO | 23s |
| goat; sheep | yáng | 羊 | 羊 | N | 15c |
| good; fine; nice; O.K. | hǎo | 好 | 好 | Adj | 1, 3 |
| Good morning! | zǎo ān | 早安 | 早安 | CE | 7n |
| Good morning!; early | zǎo | 早 | 早 | Adj | 7 |
| good to drink; tasty | hǎohē | 好喝 | 好喝 | Adj | 5s |
| good to eat; delicious | hǎochī | 好吃 | 好吃 | Adj | 5s, 12 |
| goodbye; see you again | zàijiàn | 再見 | 再见 | CE | 3 |
| good-looking | hǎokàn | 好看 | 好看 | Adj | 5s |
| grade in school | niánjí | 年級 | 年级 | N | 6 |
| grade school; elementary school | xiǎoxué | 小學 | 小学 | N | 2c, 20s |
| graduate; finish school | bì yè | 畢業 | 毕业 | VO | 23s |
| graduate school (China) | yánjiūshēng yuàn | 研究生院 | 研究生院 | N | 23c |
| graduate school (Taiwan); research institute | yánjiūsuǒ | 研究所 | 研究所 | N | 23s, 23c |
| graduate student | yánjiūshēng | 研究生 | 研究生 | N | 13s |
| gram | kè | 克 | 克 | M | 23c |
| grammar | yǔfǎ | 語法 | 语法 | N | 7 |

| English | Pinyin | Traditional Characters | Simplified Characters | Grammar | Lesson |
|---|---|---|---|---|---|
| gray | huī | 灰 | 灰 | Adj | 9s |
| Greece | Xīlà | 希臘 | 希腊 | PN | 6s |
| Greek language | Xīlàwén | 希臘文 | 希腊文 | N | 6s |
| green | lǜ | 綠 | 绿 | Adj | 9s, 11 |
| grow | zhǎng | 長 | 长 | V | 15n |
| grow in such a way as to appear | zhǎng de | 長得 | 长得 | | 15 |
| guess | cāi | 猜 | 猜 | V | 16 |
| ▲H▲ | | | | | |
| habit | xíguàn | 習慣 | 习惯 | N | 8 |
| had better | háishi | 還是 | 还是 | Conj | 3, 11 |
| had better | zuìhǎo | 最好 | 最好 | Adv | 10 |
| had known earlier | zǎo zhīdao | 早知道 | 早知道 | CE | 14 |
| hail/hire (a taxi) | jiào | 叫 | 叫 | V | 23 |
| Hainan | Hǎinán | 海南 | 海南 | PN | 10c |
| half; half an hour | bàn | 半 | 半 | Nu | 3 |
| half a kilogram (Chinese unit of weight) | jīn | 斤 | 斤 | M | 23c |
| half a kilometer (Chinese unit of length) | lǐ | 里 | 里 | M | 23c |
| half day; a long time | bàntiān | 半天 | 半天 | N | 20 |
| hamburger | hànbǎobāo | 漢堡包 | 汉堡包 | N | 12s |
| hand | shǒu | 手 | 手 | N | 20 |
| handle; to do | bàn | 辦 | 办 | V | 21 |
| handsome | shuài | 帥 | 帅 | Adj | 7 |
| hang | guà | 掛 | 挂 | V | 19 |
| happy | kuàilè | 快乐 | 快乐 | Adj | 11 |
| happy; pleased | gāoxìng | 高興 | 高兴 | Adj | 5 |
| Harbin | Hā'ěrbīn | 哈爾濱 | 哈尔滨 | PN | 10c |
| harbor; seaport | hǎigǎng | 海港 | 海港 | N | 22s |
| hard; toilsome | xīnkǔ | 辛苦 | 辛苦 | Adj | 23 |
| hard-working; diligent | yònggōng | 用功 | 用功 | Adj | 15 |
| hard to bear; uncomfortable | nánshòu | 難受 | 难受 | Adj | 20 |
| hare; rabbit | tù | 兔 | 兔 | N | 15c |
| hat | màozi | 帽子 | 帽子 | N | 9s |
| have; exist | yǒu | 有 | 有 | V | 2 |
| have a desire for; want to | yào | 要 | 要 | V/AV | 5, 9 |
| Have a good trip!; Bon voyage! | yí lù shùnfēng | 一路順風 | 一路顺风 | CE | 23 |
| have a headache | tóu téng | 頭疼 | 头疼 | V | 16s |
| have a holiday or vacation | fàng jià | 放假 | 放假 | VO | 21 |
| have a meeting | kāi huì | 開會 | 开会 | VO | 6 |
| have a part-time job | dǎ gōng | 打工 | 打工 | VO | 3s |
| have a reduced price sale, reduce prices | jiǎn jià | 減價 | 减价 | VO | 21 |
| have allergy/allergy | guòmǐn | 過敏 | 过敏 | V/N | 16 |

| English | Pinyin | Traditional Characters | Simplified Characters | Grammar | Lesson |
|---|---|---|---|---|---|
| have free time | yǒu kòng(r) | 有空(兒) | 有空(儿) | VO | 6 |
| have fun; play | wán(r) | 玩(兒) | 玩(儿) | V | 5 |
| have summer vacation | fàng shǔjià | 放暑假 | 放暑假 | | 23 |
| have thought of | xiǎng dào | 想到 | 想到 | VC | 19g |
| have time | yǒu kòng(r) | 有空(兒) | 有空(儿) | VO | 6 |
| have to; be forced to | zhǐhǎo | 只好 | 只好 | Adv | 14s |
| have to; must | děi | 得 | 得 | AV | 6 |
| Hawaii | Xiàwēiyí | 夏威夷 | 夏威夷 | PN | 6s |
| he | tā | 他 | 他 | Pr | 2 |
| head | tóu | 頭 | 头 | N | 16s |
| health; body | shēntǐ | 身體 | 身体 | N | 16 |
| health; healthy | jiànkāng | 健康 | 健康 | N/Adj | 16 |
| health insurance | jiànkāng bǎoxiǎn | 健康保險 | 健康保险 | NP | 16 |
| healthy; health | jiànkāng | 健康 | 健康 | Adj/N | 16 |
| height | shēngāo | 身高 | 身高 | N | 15s |
| Helen | Hǎilún | 海倫 | 海伦 | PN | 15 |
| Hello! Hey! (on telephone) | wèi | 喂 | 喂 | Interj | 6, 6f, 6n |
| Hello! How do you do? | nǐ hǎo | 你好 | 你好 | CE | 1 |
| help | bāng | 幫 | 帮 | V | 6 |
| help | bāngzhù | 幫助 | 帮助 | V | 7 |
| help; do someone a favor | bāng máng | 幫忙 | 帮忙 | VO | 6 |
| here | zhèlǐ | 這里 | 这里 | Pr | 19 |
| here | zhèr | 這兒 | 这儿 | Pr | 9 |
| Hey! Hello! (on telephone) | wèi/wéi | 喂 | 喂 | Interj | 6, 6f, 6n |
| high speed | gāosù | 高速 | 高速 | Adj | 11 |
| highway; road | gōnglù | 公路 | 公路 | N | 11 |
| highway; super highway | gāosù gōnglù | 高速公路 | 高速公路 | N | 11 |
| hit; strike | dǎ | 打 | 打 | V | 4 |
| hold (a meeting, party, etc.) | kāi | 開 | 开 | V | 6 |
| hold or carry in the arms | bào | 抱 | 抱 | V | 20 |
| holiday; vacation | jià | 假 | 假 | N | 21 |
| home; family | jiā | 家 | 家 | N | 2 |
| homesick; miss home | xiǎng jiā | 想家 | 想家 | VO | 16 |
| home-style tofu | jiācháng dòufu | 家常豆腐 | 家常豆腐 | N | 12 |
| hometown | jiāxiāng | 家鄉 | 家乡 | N | 22 |
| hometown; ancestral home | lǎojiā | 老家 | 老家 | N | 22 |
| homework; schoolwork | gōngkè | 功課 | 功课 | N | 7 |
| Hong Kong | Xiānggǎng | 香港 | 香港 | PN | 10s, 21 |
| honorable; expensive | guì | 貴 | 贵 | Adj | 1, 9 |
| hope | xīwàng | 希望 | 希望 | V | 8 |
| horse; (a surname) | mǎ | 馬 | 马 | N/PN | 15c, 16 |
| hospital | yīyuàn | 醫院 | 医院 | N | 14s |

▼▼▼▼▼▼▼▼▼▼▼▼▼▼▼▼▼▼▼▼▼▼▼▼▼▼▼▼▼▼▼▼▼▼▼

| English | Pinyin | Traditional Characters | Simplified Characters | Grammar | Lesson |
|---|---|---|---|---|---|
| hot | rè | 熱 | 热 | Adj | 10 |
| hot; spicy | là | 辣 | 辣 | Adj | 12 |
| hot and sour soup | suānlàtāng | 酸辣湯 | 酸辣汤 | N | 12 |
| hotel | lǚguǎn | 旅館 | 旅馆 | N | 21s |
| hour | xiǎoshí | 小時 | 小时 | T | 13s, 16 |
| hour | zhōngtóu | 鐘頭 | 钟头 | N | 13 |
| house | fángzi | 房子 | 房子 | N | 17 |
| how... | duō...na | 多...哪 | 多...哪 | QPr | 20 |
| how; how come | zěnme | 怎麼 | 怎么 | QPr | 7 |
| How do you do? Hello! | nǐ hǎo | 你好 | 你好 | CE | 1 |
| How does it sound? | zěnmeyàng | 怎麼樣 | 怎么样 | QPr | 3 |
| how long | duō jiǔ | 多久 | 多久 | QPr | 13 |
| how many | jǐ | 幾 | 几 | QW | 2 |
| how many; how much | duōshao | 多少 | 多少 | QW | 9 |
| how many/much; to what extent | duō | 多 | 多 | Adv | 3 |
| how much; how many | duōshao | 多少 | 多少 | QW | 9 |
| how old | duō dà | 多大 | 多大 | CE | 3 |
| however; but | búguò | 不過 | 不过 | Conj | 11 |
| humid; wet | cháoshī | 潮濕 | 潮湿 | Adj | 10s |
| hundred | bǎi | 百 | 百 | Nu | 9 |
| hundred million | yì | 億 | 亿 | Nu | 21s |
| hungry; starve | è | 餓 | 饿 | Adj/V | 12 |
| hurriedly; quickly; right away | gǎnkuài | 趕快 | 赶快 | Adv | 16 |

▲I▲

| English | Pinyin | Traditional Characters | Simplified Characters | Grammar | Lesson |
|---|---|---|---|---|---|
| I; me | wǒ | 我 | 我 | Pr | 1 |
| I'm sorry. | duì bu qǐ | 對不起 | 对不起 | CE | 5 |
| ice | bīng | 冰 | 冰 | N | 22s |
| I.D. card; employee's card | gōngzuò zhèng | 工作證 | 工作证 | N | 13c, 21s |
| identification | zhèngjiàn | 證件 | 证件 | N | 13 |
| identification card | shēnfèn zhèng | 身份證 | 身份证 | N | 13n |
| if | rúguǒ | 如果 | 如果 | Conj. | 13 |
| if | yàoshi | 要是 | 要是 | Conj | 6 |
| if... | rúguǒ...de huà | 如果...的話 | 如果...的话 | | 22 |
| if...then... | yàoshi...jiù... | 要是...就... | 要是...就... | Conj | 21 |
| illness; become ill | bìng | 病 | 病 | N/V | 16 |
| impatient; urgent; anxious | jí | 急 | 急 | Adj | 23 |
| important | zhòngyào | 重要 | 重要 | Adj | 19 |
| impression | yìnxiàng | 印象 | 印象 | N | 17 |
| improve | tígāo | 提高 | 提高 | V | 20 |
| in; at; on | zài | 在 | 在 | Prep | 5 |
| in a terrible mess | zāogāo | 糟糕 | 糟糕 | Adj | 10 |
| in addition | lìngwài | 另外 | 另外 | Conj | 19 |

| English | Pinyin | Traditional Characters | Simplified Characters | Grammar | Lesson |
|---|---|---|---|---|---|
| in addition | zài | 再 | 再 | Adv | 12 |
| in addition to; besides | chúle…yǐwài | 除了…以外 | 除了…以外 | Conj | 8 |
| in front of; ahead | qiánmian | 前面 | 前面 | N | 14 |
| in that case; then | nà | 那 | 那 | Conj | 4 |
| in that case; then | nàme | 那麼 | 那么 | Conj | 19 |
| in the beginning; begin; start | kāishǐ | 開始 | 开始 | N/V | 8 |
| in the future | jiānglái | 將來 | 将来 | T | 15 |
| in the middle of (doing something) | zhèngzài | 正在 | 正在 | Adv | 8 |
| in the newspaper | bàoshang | 報上 | 报上 | | 10 |
| in the room; indoor | shì nèi | 室內 | 室内 | N | 21n |
| inch | cùn | 寸 | 寸 | M | 15s |
| increase in price | zhǎng jià | 漲價 | 涨价 | VO | 21 |
| India | Yìndù | 印度 | 印度 | PN | 6s |
| indoor; in the room | shì nèi | 室內 | 室内 | N | 21n |
| inexpensive; cheap | piányi | 便宜 | 便宜 | Adj | 9 |
| injury | shāng | 傷 | 伤 | N | 20 |
| inside | lǐtou | 裏頭 | 里头 | N | 14 |
| inside; within | nèi | 內 | 内 | N | 21 |
| insurance | bǎoxiǎn | 保險 | 保险 | N | 16 |
| intelligent; clever; bright | cōngming | 聰明 | 聪明 | Adj | 15 |
| interest | xìngqu | 興趣 | 兴趣 | N | 16s |
| interesting | yǒu yìsi | 有意思 | 有意思 | CE | 4 |
| international | guójì | 國際 | 国际 | N | 20 |
| intersection | lùkǒu | 路口 | 路口 | N | 14 |
| introduce | jièshào | 介紹 | 介绍 | V | 5 |
| invariably; always | lǎoshi | 老是 | 老是 | Adv | 19 |
| invite; treat (somebody) | qǐng | 請 | 请 | V | 3, 6n |
| invite someone to dinner; be the host | qǐng kè | 請客 | 请客 | VO | 4 |
| it | tā | 它 | 它 | Pr | 19 |
| It doesn't matter. | méi guānxi | 沒關係 | 没关系 | CE | 17 |
| it's OK; no problem | méi shìr | 沒事兒 | 没事儿 | CE | 8f |
| it is said that; (I) heard that | tīngshuō | 聽說 | 听说 | | 22 |
| Italian language | Yìdàlìwén | 意大利文 | 意大利文 | N | 6s |
| Italy | Yìdàlì | 意大利 | 意大利 | PN | 6s |
| itch/itchy | yǎng | 癢 | 痒 | V/Adj | 16 |
| itinerary; schedule | rìchéng | 日程 | 日程 | N | 21 |

▲**J**▲

| English | Pinyin | Traditional Characters | Simplified Characters | Grammar | Lesson |
|---|---|---|---|---|---|
| jacket | jiákè | 夾克 | 夹克 | N | 9s |
| jacket; coat | wàitào | 外套 | 外套 | N | 9s |
| January | yīyuè | 一月 | 一月 | N | 3g |
| Japan | Rìběn | 日本 | 日本 | PN | 1s |
| Japanese language | Rìwén | 日文 | 日文 | N | 6s, 14 |

| English | Pinyin | Traditional Characters | Simplified Characters | Grammar | Lesson |
|---|---|---|---|---|---|
| Japanese people/person | Rìběnrén | 日本人 | 日本人 | N | 1s |
| jewelry | shǒushi | 首飾 | 首饰 | N | 19 |
| job; work | gōngzuò | 工作 | 工作 | N/V | 5 |
| jog | pǎobù | 跑步 | 跑步 | VO | 20 |
| July | qīyuè | 七月 | 七月 | N | 3g |
| jump | tiào | 跳 | 跳 | V | 4 |
| June | liùyuè | 六月 | 六月 | N | 3g |
| junior high (grades 7–9) | chūzhōng | 初中 | 初中 | N | 2c |
| just (indicates the immediate past) | gāng | 剛 | 刚 | Adv | 19 |
| just; only | jiù | 就 | 就 | Adv | 17 |
| just now; a short moment ago | gāngcái | 剛才 | 刚才 | T | 10 |

▲K▲

| English | Pinyin | Traditional Characters | Simplified Characters | Grammar | Lesson |
|---|---|---|---|---|---|
| Kangxi Dictionary | Kāngxī Zìdiǎn | 康熙字典 | 康熙字典 | N | Intro. |
| Kaohsiung (a city in Taiwan) | Gāoxióng | 高雄 | 高雄 | N | 22s |
| karaoke | kǎlā'ōukēi | 卡拉OK | 卡拉OK | N | 15c |
| KFC | Kěndéjī | 肯德基 | 肯德基 | PN | 12s |
| kick | tī | 踢 | 踢 | V | 20 |
| kilogram | gōngjīn | 公斤 | 公斤 | M | 15s, 23, 23c |
| kilometer | gōnglǐ | 公里 | 公里 | M | 18s, 23c |
| kind | zhǒng | 種 | 种 | M | 16 |
| king; a surname | wáng | 王 | 王 | N | 1 |
| kitchen | chúfáng | 廚房 | 厨房 | N | 18 |
| knife | dāo | 刀 | 刀 | N | 12c |
| knock at the door | qiāo mén | 敲門 | 敲门 | VO | 5f |
| know | zhīdao | 知道 | 知道 | V | 6 |
| know (someone); recognize | rènshi | 認識 | 认识 | V | 3 |
| know how to; can; will | huì | 會 | 会 | AV | 8, 10 |
| Korea | Hánguó | 韓國 | 韩国 | PN | 6s, 21 |
| Korean language | Hánwén | 韓文 | 韩文 | N | 6s |
| Korean people/person | Hánguórén | 韓國人 | 韩国人 | N | 1s |
| Kunming | Kūnmíng | 昆明 | 昆明 | PN | 10c |

▲L▲

| English | Pinyin | Traditional Characters | Simplified Characters | Grammar | Lesson |
|---|---|---|---|---|---|
| laboratory | shíyànshì | 實驗室 | 实验室 | N | 13 |
| lacking; short of | chà | 差 | 差 | V | 3s |
| lamb; mutton | yángròu | 羊肉 | 羊肉 | N | 12s |
| landlord | fángdōng | 房東 | 房东 | N | 18 |
| landscape | shānshuǐ | 山水 | 山水 | N | 22s |
| language | yǔyán | 語言 | 语言 | N | 13 |
| language; written language | wén | 文 | 文 | N | 6 |
| last; final; finally | zuìhòu | 最後 | 最后 | Adv | 11, 17 |
| last month | shàngge yuè | 上個月 | 上个月 | T | 6n |
| last week | shàngge xīngqī | 上個星期 | 上个星期 | T | 7 |

| English | Pinyin | Traditional Characters | Simplified Characters | Grammar | Lesson |
|---|---|---|---|---|---|
| last year | qùnián | 去年 | 去年 | T | 3s |
| late; night; evening | wǎn | 晚 | 晚 | Adj/N | 3 |
| later | hòulái | 後來 | 后来 | T | 8 |
| Latin | Lādīngwén | 拉丁文 | 拉丁文 | N | 6s |
| laugh; laugh at | xiào | 笑 | 笑 | V | 8 |
| laugh at; laugh | xiào | 笑 | 笑 | V | 8 |
| lawyer | lǜshī | 律師 | 律师 | N | 2 |
| lean; thin; slim | shòu | 瘦 | 瘦 | Adj | 20s, 23 |
| learn; study | xuéxí | 學習 | 学习 | V | 17 |
| leather suitcase | píxiāng | 皮箱 | 皮箱 | N | 23 |
| leave; depart from | líkāi | 離開 | 离开 | V | 19s |
| leave; depart; walk; go by way of | zǒu | 走 | 走 | V | 11, 21 |
| leave behind | liú | 留 | 留 | V | 13 |
| lecture; teach | jiǎng kè | 講課 | 讲课 | VO | 22s |
| left | zuǒ | 左 | 左 | N | 14 |
| left side | zuǒbian(r) | 左邊(兒) | 左边(儿) | N | 14s, 22 |
| leftovers | shèngcài | 剩菜 | 剩菜 | NP | 16 |
| leg | tuǐ | 腿 | 腿 | N | 15 |
| leg/foot (of person, animal; table, etc.) | jiǎo | 腳 | 脚 | N | 15s, 20 |
| legal | héfǎ | 合法 | 合法 | Adj | 21s |
| lend/borrow | jiè | 借 | 借 | V | 13 |
| less than | bú dào | 不到 | 不到 | | 21 |
| lesson; class | kè | 課 | 课 | N | 6 |
| let; make | ràng | 讓 | 让 | V | 11 |
| let; rent out | chūzū | 出租 | 出租 | V | 11 |
| let go; set free | fàng | 放 | 放 | V | 21 |
| letter | xìn | 信 | 信 | N | 8 |
| librarian | túshūguǎnyuán | 圖書館員 | 图书馆员 | N | 13 |
| library | túshūguǎn | 圖書館 | 图书馆 | N | 5 |
| library card; library ID | jièshūzhèng | 借書證 | 借书证 | N | 13 |
| library ID; library card | jièshūzhèng | 借書證 | 借书证 | N | 13 |
| lie | tǎng | 躺 | 躺 | V | 16 |
| lie down | tǎngxià | 躺下 | 躺下 | VC | 16 |
| life | shēnghuó | 生活 | 生活 | N | 22 |
| light | dēng | 燈 | 灯 | N | 14 |
| light refreshments | diǎnxin | 點心 | 点心 | N | 23s |
| like; prefer | xǐhuan | 喜歡 | 喜欢 | V | 3 |
| like this; so | zhèyàng | 這樣 | 这样 | Pr | 10 |
| line | xiàn | 線 | 线 | N | 11 |
| listen | tīng | 聽 | 听 | V | 4 |
| listening comprehension | tīnglì | 聽力 | 听力 | N | 20 |
| little; a bit; some | diǎn(r) | 點(兒) | 点(儿) | M | 5 |

▼▼▼▼▼▼▼▼▼▼▼▼▼▼▼▼▼▼▼▼▼▼▼▼▼▼▼▼▼▼▼▼

| English | Pinyin | Traditional Characters | Simplified Characters | Grammar | Lesson |
|---|---|---|---|---|---|
| little; small | xiǎo | 小 | 小 | Adj | 2 |
| little; somewhat; some | yǒu yìdiǎnr | 有一點兒 | 有一点儿 | CE | 7 |
| Little Bai | Xiǎo Bái | 小白 | 小白 | PN | 3 |
| Little Gao | Xiǎo Gāo | 小高 | 小高 | PN | 2 |
| Little Li | Xiǎo Lǐ | 小李 | 小李 | PN | 3 |
| Little Zhang | Xiǎo Zhāng | 小張 | 小张 | PN | 2 |
| live | zhù | 住 | 住 | V | 14 |
| live; be alive | huó | 活 | 活 | V | 17 |
| living room | kètīng | 客廳 | 客厅 | N | 18 |
| long | cháng | 長 | 长 | Adj | 9s, 15 |
| long ago; long since | zǎojiù | 早就 | 早就 | Adv | 17 |
| long distance | chángtú | 長途 | 长途 | N | 21s, 23 |
| long gown | chángpáo | 長袍 | 长袍 | N | 9c |
| long since; long ago | zǎojiù | 早就 | 早就 | Adv | 17 |
| long time | hǎojiǔ | 好久 | 好久 | CE | 4 |
| long time; for a long time | jiǔ | 久 | 久 | Adj | 4 |
| long time; half day | bàntiān | 半天 | 半天 | N | 20 |
| longevity | chángshòu | 長壽 | 长寿 | N | 3c |
| longevity noodles | chángshòu miàn | 長壽麵 | 长寿面 | N | 3c |
| look; watch; see | kàn | 看 | 看 | V | 4, 17n |
| look for | zhǎo | 找 | 找 | V | 4 |
| Los Angeles | Luòshānjī | 洛杉磯 | 洛杉矶 | PN | 21 |
| lose (a game, etc.) | shū | 輸 | 输 | V | 20 |
| lose; throw | diū | 丟 | 丢 | V | 19s |
| lose weight | jiǎn féi | 減肥 | 减肥 | VO | 20s |
| lovable; cute | kě'ài | 可愛 | 可爱 | Adj | 15 |
| love | ài | 愛 | 爱 | V | 15 |
| lunch | wǔfàn | 午飯 | 午饭 | N | 8 |

▲M▲

| English | Pinyin | Traditional Characters | Simplified Characters | Grammar | Lesson |
|---|---|---|---|---|---|
| machine | jī | 機 | 机 | N | 11 |
| magnetic tape; audio tape | cídài | 磁帶 | 磁带 | N | 13n |
| major; specialty | zhuānyè | 專業 | 专业 | N | 8 |
| make; let | ràng | 讓 | 让 | V | 11 |
| make a fortune | fācái | 發財 | 发财 | V | 11c |
| make a phone call | dǎ diànhuà | 打電話 | 打电话 | VO | 6 |
| make an appointment | yuē | 約 | 约 | V | 10 |
| make progress | jìnbù | 進步 | 进步 | V | 8 |
| Malaysia | Mǎláixīyà | 馬來西亞 | 马来西亚 | PN | 6s |
| male | nán | 男 | 男 | N | 2 |
| male | nán de | 男的 | 男的 | | 7 |
| Manchu-style dress | qípáo | 旗袍 | 旗袍 | N | 9c |
| Mandarin jacket | mǎguà | 馬褂 | 马褂 | N | 9c |
| many; much | duō | 多 | 多 | Adj | 7 |

▼ ▼ ▼ ▼ ▼ ▼ ▼ ▼ ▼ ▼ ▼ ▼ ▼ ▼ ▼ ▼ ▼ ▼ ▼ ▼ ▼ ▼ ▼ ▼ ▼ ▼ ▼ ▼ ▼ ▼ ▼ ▼ ▼ ▼

| English | Pinyin | Traditional Characters | Simplified Characters | Grammar | Lesson |
|---|---|---|---|---|---|
| Maotai (name of a liquor) | Máotái | 茅台 | 茅台 | PN | 5c |
| map | dìtú | 地圖 | 地图 | N | 14 |
| March | Sānyuè | 三月 | 三月 | N | 3g |
| Massachusetts | Másàizhūsè | 麻賽諸塞 | 麻塞诸塞 | PN | 22n |
| Massachusetts (abbr.) | Mázhōu | 麻州 | 麻州 | PN | 22 |
| master craftsman; skilled worker | shīfu | 師傅 | 师傅 | N | 9n, 12 |
| match; competition; game | sài | 賽 | 塞 | N | 20 |
| maternal grandfather | wàigōng | 外公 | 外公 | N | 22 |
| maternal grandmother | wàipó | 外婆 | 外婆 | N | 22 |
| matter; affair; business | shì | 事 | 事 | N | 3 |
| May | wǔyuè | 五月 | 五月 | N | 3g |
| may; can | kěyǐ | 可以 | 可以 | AV | 5 |
| May I ask... | qǐng wèn | 請問 | 请问 | CE | 1 |
| maybe | kěnéng | 可能 | 可能 | AV | 13 |
| McDonald's | Màidāngláo | 麥當勞 | 麦当劳 | PN | 12s |
| me; I | wǒ | 我 | 我 | Pr | 1 |
| meal; (cooked) rice | fàn | 飯 | 饭 | N | 3 |
| meaning | yìsi | 意思 | 意思 | N | 4 |
| meat | ròu | 肉 | 肉 | N | 12 |
| medicine | yào | 藥 | 药 | N | 16 |
| medium | zhōng | 中 | 中 | Adj | 9 |
| meet; receive | jiē | 接 | 接 | V | 15 |
| mention; talk about | shuōdào | 說到 | 说到 | | 15 |
| meter | mǐ | 米 | 米 | M | 23c |
| method | fāngfǎ | 方法 | 方法 | N | 13s |
| method; way | bànfǎ | 辦法 | 办法 | N | 13s, 16 |
| Mexico | Mòxīgē | 墨西哥 | 墨西哥 | PN | 6s |
| middle | zhōngjiān | 中間 | 中间 | N | 14 |
| middle school | zhōngxué | 中學 | 中学 | N | 2c, 20s |
| midnight | bànyè | 半夜 | 半夜 | T | 7 |
| mile | yīnglǐ | 英里 | 英里 | M | 18 |
| mineral water | kuàngquán shuǐ | 礦泉水 | 矿泉水 | N | 5s |
| minute | fēn | 分 | 分 | M | 3s |
| minute | fēnzhōng | 分鐘 | 分钟 | T | 13s |
| Miss; young lady | xiǎojie | 小姐 | 小姐 | N | 1 |
| miss home; be homesick | xiǎng jiā | 想家 | 想家 | VO | 16 |
| miss; remember with longing | xiǎngniàn | 想念 | 想念 | V | 23s |
| mix; change; adjust | tiáo | 調 | 调 | V | 20 |
| mom; mother | māma | 媽媽 | 妈妈 | N | 2 |
| moment; (a point in) time; (a duration of) time | shíhou | 時候 | 时候 | N | 4 |
| moment ago; just now | gāngcái | 剛才 | 刚才 | T | 10 |
| Monday | xīngqīyī | 星期一 | 星期一 | N | 3g |

▼▼▼▼▼▼▼▼▼▼▼▼▼▼▼▼▼▼▼▼▼▼▼▼▼▼▼▼▼▼▼▼▼▼▼▼▼▼▼▼▼▼▼▼▼▼▼▼▼▼▼▼▼

| English | Pinyin | Traditional Characters | Simplified Characters | Grammar | Lesson |
|---|---|---|---|---|---|
| Monday | zhōuyī | 週一 | 周一 | N | 3g |
| money; (a surname) | qián | 錢 | 钱 | N | 9, 21 |
| monkey | hóu | 猴 | 猴 | N | 15c |
| monosodium glutamate (MSG) | wèijīng | 味精 | 味精 | N | 12 |
| month | yuè | 月 | 月 | N | 3 |
| more and more | yuè lái yuè | 越来越... | 越来越... | Conj | 16 |
| the more...the more... | yuè...yuè... | 越...越... | 越...越... | | 19 |
| more or less the same | chàbuduō | 差不多 | 差不多 | Adj | 22 |
| moreover (coll.) | zàishuō | 再說 | 再说 | Conj | 16 |
| morning | shàngwǔ | 上午 | 上午 | T | 6 |
| morning | zǎoshang | 早上 | 早上 | T | 8 |
| mostly; the greater part | duōbàn | 多半 | 多半 | Adv | 21s |
| mother | mǔqin | 母親 | 母亲 | N | 22 |
| mother; mom | māma | 媽媽 | 妈妈 | N | 2 |
| mountain; hill | shān | 山 | 山 | N | 22 |
| mouth | zuǐ | 嘴 | 嘴 | N | 15 |
| mouth; (a measure word for people) | kǒu | 口 | 口 | N/M | 2n |
| move | bān | 搬 | 搬 | V | 16s, 18 |
| move out of | bān chuqu | 搬出去 | 搬出去 | VC | 18 |
| movie | diànyǐng | 電影 | 电影 | N | 4 |
| movie theater | diànyǐngyuàn | 電影院 | 电影院 | N | 14s |
| Mr.; husband; teacher | xiānsheng | 先生 | 先生 | N | 1 |
| Mrs.; wife | tàitai | 太太 | 太太 | N | 1s |
| much; many | duō | 多 | 多 | Adj | 7 |
| music | yīnyuè | 音乐 | 音乐 | N | 4 |
| must | bìxū | 必須 | 必须 | AV | 13 |
| must; have to | děi | 得 | 得 | AV | 6 |
| mutton; lamb | yángròu | 羊肉 | 羊肉 | N | 12s |

▲N▲

| English | Pinyin | Traditional Characters | Simplified Characters | Grammar | Lesson |
|---|---|---|---|---|---|
| name | míngzi | 名字 | 名字 | N | 1 |
| Nanjing | Nánjīng | 南京 | 南京 | PN | 10c |
| nap | wǔjiào | 午覺 | 午觉 | N | 7s |
| national park | guójiā gōngyuán | 國家公園 | 国家公园 | N | 21s |
| near | jìn | 近 | 近 | Adj | 8, 14 |
| nearby area, vicinity, neighborhood | fùjìn | 附近 | 附近 | N | 18 |
| nearly; almost | chàbuduō | 差不多 | 差不多 | Adv | 23 |
| nearly; barely | chàyidiǎn | 差一點 | 差一点 | Adv | 23 |
| need; cost | yào | 要 | 要 | V | 19 |
| need not | bú yòng | 不用 | 不用 | CE | 9 |
| need not | búbì | 不必 | 不必 | | 20s |
| needle | zhēn | 針 | 针 | N | 16 |

| English | Pinyin | Traditional Characters | Simplified Characters | Grammar | Lesson |
|---|---|---|---|---|---|
| nervous; anxious | jǐnzhāng | 緊張 | 紧张 | Adj | 11 |
| Never mind. Forget it. | suàn le | 算了 | 算了 | CE | 4 |
| new | xīn | 新 | 新 | Adj | 8 |
| new words | shēngcí | 生詞 | 生词 | N | 7 |
| new year | xīnnián | 新年 | 新年 | N | 11 |
| New York | Niǔyuē | 紐約 | 纽约 | PN | 17 |
| newspaper | bào | 報 | 报 | N | 8 |
| newspaper | bàozhǐ | 報紙 | 报纸 | N | 18 |
| next; under | xià | 下 | 下 | | 6 |
| next month | xià(ge)yuè | 下(個)月 | 下(个)月 | T | 3s |
| next time | xià cì | 下次 | 下次 | | 10 |
| next week | xiàge xīngqī | 下個星期 | 下个星期 | T | 6 |
| next year | míngnián | 明年 | 明年 | T | 3s |
| nice and cool (weather) | liángkuai | 涼快 | 凉快 | Adj | 10 |
| nice; good; fine; O.K. | hǎo | 好 | 好 | Adj | 1, 3 |
| night | yè | 夜 | 夜 | N | 7 |
| night; evening | wǎnshang | 晚上 | 晚上 | T | 3 |
| night; evening; late | wǎn | 晚 | 晚 | N/Adj | 3 |
| nine | jiǔ | 九 | 九 | Nu | Intro. |
| no; not | bù | 不 | 不 | Adv | 1 |
| no problem | méi shìr | 沒事兒 | 没事儿 | CE | 8f |
| no problem | méi wèntí | 沒問題 | 没问题 | CE | 6, 6f |
| noisy | chǎo | 吵 | 吵 | Adj | 18 |
| non-staple food | fùshí | 副食 | 副食 | N | 12c |
| noodles | miàn | 麵 | 面 | N | 3c |
| noon | zhōngwǔ | 中午 | 中午 | T | 6s; 8 |
| north | běi | 北 | 北 | N | 14 |
| north side | běibian(mian) | 北邊(面) | 北边(面) | N | 14s |
| northeast | dōngběi | 東北 | 东北 | N | 14s |
| northwest | xīběi | 西北 | 西北 | N | 14s |
| Northwest (Airlines) | Xīběi | 西北 | 西北 | PN | 21 |
| nose | bízi | 鼻子 | 鼻子 | N | 15 |
| not | méi | 沒 | 没 | Adv | 2 |
| not; no | bù | 不 | 不 | Adv | 1 |
| not at all; don't mention it | bú xiè | 不謝 | 不谢 | CE | 7 |
| Not at all. You flatter me. (a polite reply to a compliment) | nǎli | 哪里 | 哪里 | CE | 7, 7f |
| not bad; pretty good | búcuò | 不錯 | 不错 | Adj | 4 |
| not enough room for... | fàng bu xià | 放不下 | 放不下 | VC | 18 |
| not only..., but also | búdàn..., érqiě | 不但...而且 | 不但...而且 | Conj | 10 |
| not until; only then | cái | 才 | 才 | Adv | 5, 7 |
| notebook | běnzi | 本子 | 本子 | N | 7s |
| novel; fiction | xiǎoshuō | 小說 | 小说 | N | 18s |
| November | shíyīyuè | 十一月 | 十一月 | N | 3g |

▼▼▼▼▼▼▼▼▼▼▼▼▼▼▼▼▼▼▼▼▼▼▼▼▼▼▼▼▼▼▼▼▼▼▼▼▼▼

| English | Pinyin | Traditional Characters | Simplified Characters | Grammar | Lesson |
|---|---|---|---|---|---|
| now | xiànzài | 現在 | 现在 | T | 3 |
| NT (New Taiwan dollar) | Xīn Táibì | 新台幣 | 新台币 | N | 19s |
| number | hàomǎ | 號碼 | 号码 | N | 17 |
| number (bus route) | hào | 號 | 号 | N | 11n |
| number (bus route) | lù | 路 | 路 | N | 11n |
| number in a series; day of the month; size | hào | 號 | 号 | M | 3, 9 |
| ▲O▲ | | | | | |
| object; things | dōngxi | 東西 | 东西 | N | 9 |
| obtain; gain | dé dào | 得到 | 得到 | VC | 20s |
| o'clock | diǎn | 點 | 点 | N | 3 |
| o'clock | diǎnzhōng | 點鐘 | 点钟 | M | 3 |
| October | shíyuè | 十月 | 十月 | N | 3g |
| odd; one; single | dān | 單 | 单 | Adj | 14 |
| of course | dāngrán | 當然 | 当然 | Adv | 20 |
| office | bàngōngshì | 辦公室 | 办公室 | N | 6 |
| office worker; staff member | zhíyuán | 職員 | 职员 | N | 13 |
| often | chángcháng | 常常 | 常常 | Adv | 4 |
| O.K.; all right | xíng | 行 | 行 | Adj | 6 |
| O.K.; good; fine; nice | hǎo | 好 | 好 | Adj | 1, 3 |
| old; big | dà | 大 | 大 | Adj | 3 |
| old; used | jiù | 舊 | 旧 | Adj | 21s, 22 |
| Old Jin | Lǎo Jīn | 老金 | 老金 | | 14 |
| older brother | gēge | 哥哥 | 哥哥 | N | 2 |
| older sister | jiějie | 姐姐 | 姐姐 | N | 2 |
| oldest brother | dàgē | 大哥 | 大哥 | N | 7g |
| oldest sister | dàjiě | 大姐 | 大姐 | N | 7g |
| olive | gǎnlǎn | 橄欖 | 橄榄 | N | 4s |
| on; at; in | zài | 在 | 在 | Prep | 5 |
| on the way | lùshang | 路上 | 路上 | N | 23 |
| one | yī | 一 | 一 | Nu | Intro. |
| one; single; odd | dān | 單 | 单 | Adj | 14 |
| one bedroom and one living room | yì fáng yì tīng | 一房一廳 | 一房一厅 | | 18 |
| one million | yìbǎiwàn | 一百萬 | 一百万 | Nu | 22s |
| oneself | zìjǐ | 自己 | 自己 | Pr | 11 |
| one-way street | dānxíngdào | 單行道 | 单行道 | N | 14 |
| one-way trip | dānchéng | 單程 | 单程 | N | 21 |
| only | zhǐ | 只 | 只 | Adv | 4 |
| only; just | jiù | 就 | 就 | Adv | 17 |
| only then; not until | cái | 才 | 才 | Adv | 5 |
| open | kāi | 開 | 开 | V | 13 |
| open till… | kāi dào | 開到 | 开到 | VC | 13 |
| opera | gējù | 歌劇 | 歌剧 | N | 17 |

▼▼▼▼▼▼▼▼▼▼▼▼▼▼▼▼▼▼▼▼▼▼▼▼▼▼▼▼▼▼▼▼▼▼▼▼▼▼▼▼▼▼▼▼▼▼▼▼▼

| English | Pinyin | Traditional Characters | Simplified Characters | Grammar | Lesson |
|---|---|---|---|---|---|
| operate; drive | kāi | 開 | 开 | V | 11 |
| opposite side | duìmiàn | 對面 | 对面 | N | 22 |
| or | huòzhě | 或者 | 或者 | Conj | 11 |
| or; had better | háishi | 還是 | 还是 | Conj | 3, 11 |
| orange | júhóngsè | 橘紅色 | 桔红色 | N | 9s |
| order | dìng | 訂 | 订 | V | 19 |
| order dishes | diǎn cài | 點菜 | 点菜 | VO | 12 |
| other | bié (de) | 別(的) | 别(的) | Adv | 4 |
| other | qítā de | 其他的 | 其他的 | Adj | 13 |
| others; other people; another person | biérén | 別人 | 别人 | Adv | 4 |
| otherwise | yàoburán | 要不然 | 要不然 | Conj | 16 |
| outside | wàitou (bian, mian) | 外頭(邊/面) | 外头(边/面) | N | 14s |
| overcast | yīn | 陰 | 阴 | Adj | 10s |
| overcoat | dàyī | 大衣 | 大衣 | N | 9s |
| overdue | guòqī | 過期 | 过期 | V | 13 |
| ox; cow | niú | 牛 | 牛 | N | 12 |

▲P▲

| English | Pinyin | Traditional Characters | Simplified Characters | Grammar | Lesson |
|---|---|---|---|---|---|
| pack; tidy up | shōushi | 收拾 | 收拾 | V | 23 |
| painting; paint | huà | 畫 | 画 | N/V | 22s |
| pair of | shuāng | 雙 | 双 | M | 9 |
| pants | kùzi | 褲子 | 裤子 | N | 9 |
| paper | zhǐ | 紙 | 纸 | N | 2g, 7s, 18 |
| parents; father and mother | fùmǔ | 父母 | 父母 | N | 22 |
| park | gōngyuán | 公園 | 公园 | N | 10 |
| park (a car, bike, etc.) | tíng chē | 停車 | 停车 | VO | 23 |
| park; stop | tíng | 停 | 停 | V | 23 |
| parking lot | tíngchēchǎng | 停車場 | 停车场 | N | 23 |
| part; section | bù | 部 | 部 | N | 22 |
| pass; celebrate (a birthday, a holiday) | guò | 過 | 过 | V | 14, 15 |
| passport | hùzhào | 護照 | 护照 | N | 21 |
| past few days | zhè jǐ tiān | 這幾天 | 这几天 | NP | 11 |
| paste; stick on | tiē | 貼 | 贴 | V | 19 |
| paternal grandfather | yéye | 爺爺 | 爷爷 | N | 23 |
| paternal grandmother | nǎinai | 奶奶 | 奶奶 | N | 23 |
| paternal grandson | sūnzi | 孫子 | 孙子 | N | 23 |
| path; road | lù | 路 | 路 | N | 11 |
| patient | bìngrén | 病人 | 病人 | N | 16 |
| pay attention to | zhùyì | 注意 | 注意 | V | 20s |
| pay money | fù qián | 付錢 | 付钱 | VO | 9 |
| pay (rent, tuition, etc.) | jiāo | 交 | 交 | V | 18s |
| Peking (Beijing) opera | jīngjù | 京劇 | 京剧 | N | 17c |

| English | Pinyin | Traditional Characters | Simplified Characters | Grammar | Lesson |
|---|---|---|---|---|---|
| pen | bǐ | 筆 | 笔 | N | 7 |
| pencil | qiānbǐ | 鉛筆 | 铅笔 | N | 7s |
| people | rénmín | 人民 | 人民 | N | 19 |
| people; person | rén | 人 | 人 | N | 1 |
| Pepsi | Bǎishìkělè | 百事可樂 | 百事可乐 | N | 5s |
| perform; show (a film) | yǎn | 演 | 演 | V | 17 |
| person; people | rén | 人 | 人 | N | 1 |
| pharmacy, drug store | yàodiàn | 藥店 | 药店 | N | 16 |
| Philippines (the) | Fēilǜbīn | 菲律賓 | 菲律宾 | PN | 6s |
| photo; picture | zhàopiàn | 照片 | 照片 | N | 2 |
| physician; doctor | yīshēng | 醫生 | 医生 | N | 2 |
| piano | gāngqín | 鋼琴 | 钢琴 | N | 15 |
| picture; photo | zhàopiàn | 照片 | 照片 | N | 2 |
| pig; boar | zhū | 豬 | 猪 | N | 15c |
| pink | fěnhóngsè | 粉紅色 | 粉红色 | N | 9s |
| pizza | bǐsàbǐng | 比薩餅 | 比萨饼 | N | 12s |
| Pizza Hut | Bìshèngkè | 必勝客 | 必胜客 | PN | 12s |
| place | dìfang | 地方 | 地方 | N | 14 |
| place; add; put in | fàng | 放 | 放 | V | 12, 16 |
| place; put | bǎi | 擺 | 摆 | V | 22s |
| plan | dǎsuàn | 打算 | 打算 | V | 21 |
| plan | jìhuà | 計劃 | 计划 | N | 21 |
| plan; prepare | zhǔnbèi | 準備 | 准备 | AV | 18 |
| plane ticket; airplane ticket | fēijīpiào | 飛機票 | 飞机票 | N | 12f |
| plane ticket; airplane ticket | jīpiào | 機票 | 机票 | N | 21 |
| plant; seed | zhòng | 種 | 种 | V | 22 |
| platform; stand; table | tái | 台 | 台 | N | 23 |
| play; have fun | wán(r) | 玩(兒) | 玩(儿) | V | 5 |
| play (a musical instrument) | tán | 彈 | 弹 | V | 15 |
| play ball | dǎ qiú | 打球 | 打球 | VO | 4 |
| pleasantly cool (weather) | liángkuai | 涼快 | 凉快 | Adj | 10 |
| please (polite form of request) | qǐng | 請 | 请 | V | 1, 6n |
| pleased; happy | gāoxìng | 高興 | 高兴 | Adj | 5 |
| plum; a surname | lǐ | 李 | 李 | N | 1 |
| polite | kèqi | 客氣 | 客气 | Adj | 6 |
| politics | zhèngzhì | 政治 | 政治 | N | 22 |
| population | rénkǒu | 人口 | 人口 | N | 22 |
| pork | zhūròu | 豬肉 | 猪肉 | N | 12s |
| Portugal | Pútáoyá | 葡萄牙 | 葡萄牙 | PN | 6s |
| Portuguese language | Pútáoyáwén | 葡萄牙文 | 葡萄牙文 | N | 6s |
| post and telecommunication office | yóudiànjú | 郵電局 | 邮电局 | N | 19n |
| post office | yóujú | 郵局 | 邮局 | N | 19 |
| postcard | míngxìnpiàn | 明信片 | 明信片 | N | 19 |

| English | Pinyin | Traditional Characters | Simplified Characters | Grammar | Lesson |
|---|---|---|---|---|---|
| pound (measure of weight) | bàng | 磅 | 磅 | M | 15s |
| practice | liànxí | 練習 | 练习 | V | 6 |
| prefer; like | xǐhuan | 喜歡 | 喜欢 | V | 3 |
| prefix (prefix for ordinal numbers) | dì | 第 | 第 | | 7 |
| prepare, plan | zhǔnbèi | 準備 | 准备 | AV | 18 |
| pretty | piàoliang | 漂亮 | 漂亮 | Adj | 5 |
| pretty good; not bad | búcuò | 不錯 | 不错 | Adj | 4 |
| preview | yùxí | 預習 | 预习 | V | 7 |
| previously; before; ago | yǐqián | 以前 | 以前 | T | 8 |
| price | jià | 價 | 价 | N | 21 |
| pronunciation | fāyīn | 發音 | 发音 | N | 8 |
| public | gōnggòng | 公共 | 公共 | Adj | 11 |
| public security bureau | gōng'ānjú | 公安局 | 公安局 | N | 19c |
| punish; fine | fá | 罰 | 罚 | V | 13 |
| purple | zǐ | 紫 | 紫 | Adj | 9s |
| put in; add; place | fàng | 放 | 放 | V | 12, 16 |
| put in order | zhěnglǐ | 整理 | 整理 | V | 17 |
| put on; wear | chuān | 穿 | 穿 | V | 9 |
| put; place | bǎi | 擺 | 摆 | V | 22s |

▲Q▲

| | | | | | |
|---|---|---|---|---|---|
| quarter (hour); 15 minutes | kè | 刻 | 刻 | M | 3 |
| question; problem | wèntí | 問題 | 问题 | N | 6 |
| quickly; fast; quick | kuài | 快 | 快 | Adv/Adj | 5, 7 |
| quickly; right away; hurriedly | gǎnkuài | 趕快 | 赶快 | Adv | 16 |
| quiet | ānjìng | 安靜 | 安静 | Adj | 18 |
| quite a few | hǎo jǐ | 好幾 | 好几 | | 16 |

▲R▲

| | | | | | |
|---|---|---|---|---|---|
| rabbit; hare | tù | 兔 | 兔 | N | 15c |
| racket | pāi | 拍 | 拍 | N | 20 |
| radical | bùshǒu | 部首 | 部首 | N | Intro. |
| rain | xià yǔ | 下雨 | 下雨 | VO | 10 |
| rainy season | huángméi | 黃梅 | 黄梅 | N | 10c |
| raise | yǎng | 養 | 养 | V | 18 |
| rat | shǔ | 鼠 | 鼠 | N | 15c |
| read | niàn | 念 | 念 | V | 7 |
| read; read books | kàn shū | 看書 | 看书 | VO | 4 |
| read books; read | kàn shū | 看書 | 看书 | VO | 4 |
| really | zhēn | 真 | 真 | Adv | 7 |
| Really? | shì ma | 是嗎 | 是吗 | CE | 5f, 5n |
| really hurt | téngsǐ | 疼死 | 疼死 | VC | 16 |
| recall; remember | xiǎng qilai | 想起來 | 想起来 | VC | 17 |
| receive | shōu | 收 | 收 | V | 19 |

| English | Pinyin | Traditional Characters | Simplified Characters | Grammar | Lesson |
|---------|--------|------------------------|----------------------|---------|--------|
| receive | shōu dào | 收到 | 收到 | VC | 19 |
| receive; bear | shòu | 受 | 受 | V | 20 |
| receive; meet | jiē | 接 | 接 | V | 15 |
| recently | zuìjìn | 最近 | 最近 | T | 8 |
| recognize; know (someone) | rènshi | 認識 | 认识 | V | 3 |
| record | lùyīn / lù yīn | 錄音 | 录音 | N/VO | 7 |
| red | hóng | 紅 | 红 | Adj | 9 |
| red autumn leaves | hóngyè | 紅葉 | 红叶 | N | 10 |
| reduce prices, have a reduced price sale | jiǎn jià | 減價 | 减价 | VO | 21 |
| register | guàhào | 掛號 | 挂号 | V | 19 |
| regular mail | píngxìn | 平信 | 平信 | N | 19 |
| relative | qīnqi | 親戚 | 亲戚 | N | 22 |
| relatively; fairly | bǐjiào | 比較 | 比较 | Adv | 22s |
| remain; be left over | shèng | 剩 | 剩 | V | 13 |
| remember | jìde | 記得 | 记得 | V | 17 |
| remember; recall | xiǎng qilai | 想起來 | 想起来 | VC | 17 |
| remember with longing; miss | xiǎngniàn | 想念 | 想念 | V | 23s |
| remind | tíxǐng | 提醒 | 提醒 | V | 23 |
| renew | xùjiè | 續借 | 续借 | V | 13 |
| rent | fángzū | 房租 | 房租 | N | 18 |
| rent | zū | 租 | 租 | V | 11, 18 |
| rent out; let | chūzū | 出租 | 出租 | V | 11 |
| research institute (Taiwan) | yánjiūyuàn | 研究院 | 研究院 | N | 23c |
| research institute; graduate school (Taiwan) | yánjiūsuǒ | 研究所 | 研究所 | N | 23s, 23c |
| reserve; book (a ticket, etc.) | dìng | 訂 | 订 | V | 21 |
| rest | xiūxi | 休息 | 休息 | V | 18s |
| restaurant | cānguǎn(r) | 餐館(兒) | 餐馆(儿) | N | 22s |
| restaurant | fànguǎnr | 飯館 | 饭馆 | N | 12 |
| restroom | huàzhuāngshì | 化粧室 | 化妆室 | N | 18n |
| restroom | xǐshǒujiān | 洗手間 | 洗手间 | N | 18n |
| restroom; bathroom | guànxǐshì | 盥洗室 | 盥洗室 | N | 18n |
| restroom; bathroom | wèishēngjiān | 衛生間 | 卫生间 | N | 18n |
| restroom; toilet | cèsuǒ | 廁所 | 厕所 | N | 16, 18n |
| return | huán | 還 | 还 | V | 13 |
| return | huí | 回 | 回 | V | 5 |
| review | fùxí | 復習 | 复习 | V | 7 |
| rice (cooked); meal | fàn | 飯 | 饭 | N | 3 |
| right | yòu | 右 | 右 | N | 14 |
| right; correct | duì | 對 | 对 | Adj | 4 |
| right away | mǎshàng | 馬上 | 马上 | Adv | 20s |
| right away; quickly; hurriedly | gǎnkuài | 趕快 | 赶快 | Adv | 16 |
| right side | yòubian(r) | 右邊(兒) | 右边(儿) | N | 14s, 22 |

| English | Pinyin | Traditional Characters | Simplified Characters | Grammar | Lesson |
|---|---|---|---|---|---|
| river | hé | 河 | 河 | N | 22 |
| RMB (Chinese currency) | Rénmínbì | 人民幣 | 人民币 | N | 19 |
| road | mǎlù | 馬路 | 马路 | N | 22s |
| road; highway | gōnglù | 公路 | 公路 | N | 11 |
| road; path | lù | 路 | 路 | N | 11 |
| roast; bake | kǎo | 烤 | 烤 | V | 12s |
| roast duck | kǎoyā | 烤鴨 | 烤鸭 | N | 12s |
| room | fángjiān | 房間 | 房间 | N | 17 |
| round | yuán | 圓 | 圆 | Adj | 20 |
| round trip; back and forth | láihuí | 來回 | 来回 | N | 21 |
| run | pǎo | 跑 | 跑 | V | 20 |
| run a fever | fā shāo | 發燒 | 发烧 | VO | 16s |
| run into trouble | chū wèntí | 出問題 | 出问题 | VO | 21s |
| run out of; finish | wán | 完 | 完 | V | 12 |
| Russia | Éguó | 俄國 | 俄国 | PN | 6s |
| Russian language | Éwén | 俄文 | 俄文 | N | 6s |

**⟁S⟁**

| English | Pinyin | Traditional Characters | Simplified Characters | Grammar | Lesson |
|---|---|---|---|---|---|
| salesclerk; shop assistant | shòuhuòyuán | 售貨員 | 售货员 | N | 9 |
| same; alike | tóng | 同 | 同 | Adj | 17 |
| same; alike | yíyàng | 一樣 | 一样 | Adj | 9 |
| San Francisco | Jiùjīnshān | 舊金山 | 旧金山 | PN | 22 |
| sand-and-dust storms | shāchénbào | 沙塵暴 | 沙尘暴 | N | 22c |
| Saturday | xīngqīliù | 星期六 | 星期六 | N | 3g |
| save; store | cún qǐlai | 存起來 | 存起来 | VC | 19g |
| say; speak | shuō | 說 | 说 | V | 6 |
| scenery | fēngjǐng | 風景 | 风景 | N | 22 |
| schedule; itinerary | rìchéng | 日程 | 日程 | N | 21 |
| scheduled flight | bānjī | 班機 | 班机 | N | 21 |
| school | xuéxiào | 學校 | 学校 | N | 5 |
| school term; semester/quarter | xuéqī | 學期 | 学期 | N | 8 |
| schoolwork; homework | gōngkè | 功課 | 功课 | N | 7 |
| seaport; harbor | hǎigǎng | 海港 | 海港 | N | 22s |
| season | jì | 季 | 季 | N | 22 |
| season | jìjié | 季節 | 季节 | N | 22s |
| seat | wèizi | 位子 | 位子 | N | 12 |
| seat | zuòwei | 座位 | 座位 | N | 23 |
| second oldest brother | èrgē | 二哥 | 二哥 | N | 7g |
| second oldest sister | èrjiě | 二姐 | 二姐 | N | 7g |
| section; part | bù | 部 | 部 | N | 22 |
| security deposit | yājīn | 押金 | 押金 | N | 18 |
| see | jiàn | 見 | 见 | V | 3 |
| see; catch sight of | kàn jiàn | 看見 | 看见 | VC | 20s |
| see; look; watch | kàn | 看 | 看 | V | 4, 17n |

| English | Pinyin | Traditional Characters | Simplified Characters | Grammar | Lesson |
|---|---|---|---|---|---|
| see a doctor; (of a doctor) see a patient | kàn bìng | 看病 | 看病 | VO | 16 |
| see you again; goodbye | zàijiàn | 再見 | 再见 | CE | 3 |
| See you soon! | huí jiàn | 回見 | 回见 | CE | 13f |
| See you soon! | huítóu jiàn | 回頭見 | 回头见 | CE | 13f |
| See you tomorrow! | míngr jiàn | 明兒見 | 明儿见 | CE | 13f |
| seed; plant | zhòng | 種 | 种 | V | 22 |
| seem; be like | hǎoxiàng | 好像 | 好像 | V | 12 |
| sell | mài | 賣 | 卖 | V | 9s, 12 |
| semester/quarter; school term | xuéqī | 學期 | 学期 | N | 8 |
| send back; return | tuì | 退 | 退 | V | 19s |
| send by mail | jì | 寄 | 寄 | V | 19 |
| senior high (grades 10–12) | gāozhōng | 高中 | 高中 | N | 2c |
| Seoul | Hànchéng | 漢城 | 汉城 | PN | 21 |
| September | jiǔyuè | 九月 | 九月 | N | 3 |
| serious | zhòng | 重 | 重 | Adj | 16 |
| serpent; snake | shé | 蛇 | 蛇 | N | 15c |
| serve as; be | dāng | 當 | 当 | V | 18 |
| serve dishes | shàng cài | 上菜 | 上菜 | VO | 12 |
| service | fúwù | 服務 | 服务 | N | 19 |
| service counter | fúwùtái | 服務台 | 服务台 | N | 23 |
| service person; waiter; waitress | fúwùyuán | 服務員 | 服务员 | N | 9n |
| set; suite | tào | 套 | 套 | M | 18 |
| set free; let go | fàng | 放 | 放 | V | 21 |
| seven | qī | 七 | 七 | Nu | Intro. |
| several months | jǐ ge yuè | 幾個月 | 几个月 | N | 22 |
| shadow | yǐng | 影 | 影 | N | 4 |
| Shanghai | Shànghǎi | 上海 | 上海 | PN | 10 |
| she | tā | 她 | 她 | Pr | 2 |
| shed; flow | liú | 流 | 流 | V | 16 |
| sheep; goat | yáng | 羊 | 羊 | N | 15c |
| ship; boat | chuán | 船 | 船 | N | 11s |
| shirt | chènshān | 襯衫 | 衬衫 | N | 9 |
| shoes | xié | 鞋 | 鞋 | N | 9 |
| shop; store | diàn | 店 | 店 | N | 14 |
| shop assistant; salesclerk | shòuhuòyuán | 售貨員 | 售货员 | N | 9 |
| short | duǎn | 短 | 短 | Adj | 9s |
| short of; lacking | chà | 差 | 差 | V | 3s |
| should | yīnggāi | 應該 | 应该 | AV | 15 |
| show (a film); perform | yǎn | 演 | 演 | V | 17 |
| shut; close | bì | 閉 | 闭 | V | 14 |
| side | biān | 邊 | 边 | N | 22 |
| side | pángbiān | 旁邊 | 旁边 | N | 14 |
| simple | jiǎndān | 簡單 | 简单 | Adj | 20 |

▼▼▼▼▼▼▼▼▼▼▼▼▼▼▼▼▼▼▼▼▼▼▼▼▼▼▼▼▼▼▼▼▼▼▼▼▼

| English | Pinyin | Traditional Characters | Simplified Characters | Grammar | Lesson |
|---|---|---|---|---|---|
| simplified character | jiǎntǐzì | 簡體字 | 简体字 | N | 7c |
| sing | chàng | 唱 | 唱 | V | 4 |
| sing (a song) | chàng gē | 唱歌 | 唱歌 | VO | 4 |
| single; odd; one | dān | 單 | 单 | Adj | 14 |
| single bed | dānrénchuáng | 單人床 | 单人床 | N | 18 |
| sit | zuò | 坐 | 坐 | V | 5 |
| six | liù | 六 | 六 | Nu | Intro. |
| size | dàxiǎo | 大小 | 大小 | N | 9 |
| size; height; stature | gèzi | 個子 | 个子 | N | 20s |
| size; number in a series; day of the month | hào | 號 | 号 | M | 3, 9 |
| skate | huá bīng | 滑冰 | 滑冰 | V | 22s |
| ski | huá xuě | 滑雪 | 滑雪 | VO | 22 |
| skilled worker; master craftsman | shīfu | 師傅 | 师傅 | N | 9n |
| skirt | qúnzi | 裙子 | 裙子 | N | 9s |
| sleep | shuì | 睡 | 睡 | V | 4 |
| sleep | shuì jiào | 睡覺 | 睡觉 | VO | 4 |
| slice; tablet | piàn | 片 | 片 | M | 16 |
| slide; slippery | huá | 滑 | 滑 | V/Adj | 22 |
| slim; lean; thin | shòu | 瘦 | 瘦 | Adj | 20s, 23 |
| slow | màn | 慢 | 慢 | Adj | 7 |
| small; little | xiǎo | 小 | 小 | Adj | 2 |
| snake; serpent | shé | 蛇 | 蛇 | N | 15c |
| sneeze | dǎ pēnti | 打噴嚏 | 打喷嚏 | VO | 16s |
| snow | xuě | 雪 | 雪 | N | 10s, 22 |
| so | suǒyǐ | 所以 | 所以 | Conj | 4 |
| so; like this | zhèyàng | 這樣 | 这样 | Pr | 10 |
| so; so much; that; to that degree | nàme | 那麼 | 那么 | Adv | 14 |
| so; such | zhème | 這麼 | 这么 | Pr | 7 |
| so much; so; that; to that degree | nàme | 那麼 | 那么 | Adv | 14 |
| soccer | zúqiú | 足球 | 足球 | N | 4s, 20 |
| socks | wàzi | 襪子 | 袜子 | N | 9s |
| soda pop; soft drink | qìshuǐ(r) | 汽水(兒) | 汽水(儿) | N | 5s, 15 |
| sofa | shāfā | 沙發 | 沙发 | N | 18 |
| soft drink; soda pop | qìshuǐ(r) | 汽水(兒) | 汽水(儿) | N | 5s, 15 |
| sold out | mài wán (le) | 賣完(了) | 卖完(了) | VC | 12 |
| some | xiē | 些 | 些 | M | 12 |
| some | yìxiē | 一些 | 一些 | | 16 |
| some | yǒude | 有的 | 有的 | Pr | 21 |
| some; a few (an indefinite number, usually less than ten) | jǐ | 幾 | 几 | Nu | 6 |
| some; a little; a bit | diǎn(r) | 點(兒) | 点(儿) | M | 5 |
| sometimes | yǒu shíhou | 有時候 | 有时候 | CE | 4 |
| somewhat; a little | yǒu yìdiǎnr | 有一點兒 | 有一点儿 | CE | 7 |

| English | Pinyin | Traditional Characters | Simplified Characters | Grammar | Lesson |
|---------|--------|------------------------|-----------------------|---------|--------|
| son | érzi | 兒子 | 儿子 | N | 2 |
| song | gē | 歌 | 歌 | N | 4 |
| soon; be about to; before long | kuài | 快 | 快 | Adv | 11 |
| sound | shēngyīn | 聲音 | 声音 | N | 13s |
| sound like | tīng qilai | 聽起來 | 听起来 |  | 22 |
| sound recording | lùyīn | 錄音 | 录音 | N | 7 |
| soup | tāng | 湯 | 汤 | N | 12 |
| sour | suān | 酸 | 酸 | Adj | 12 |
| south | nán | 南 | 南 | N | 14 |
| south side | nánbian(mian) | 南邊(面) | 南边(面) | N | 14s |
| southeast | dōngnán | 東南 | 东南 | N | 14s |
| southwest | xīnán | 西南 | 西南 | N | 14s |
| Spain | Xībānyá | 西班牙 | 西班牙 | PN | 6s |
| Spanish language | Xībānyáwén | 西班牙文 | 西班牙文 | N | 6s |
| speak; say | shuō | 說 | 说 | V | 6 |
| speak; talk | shuō huà | 說話 | 说话 | VO | 7 |
| special | tèbié | 特別 | 特別 | Adj/Adv | 7g, 20 |
| special; especially | tèbié | 特別 | 特別 | Adj/Adv | 7g |
| specialty; major | zhuānyè | 專業 | 专业 | N | 8 |
| speech | yǔ | 語 | 语 | N | 6n |
| speech; talk; words | huà | 話 | 话 | N | 6 |
| spend | huā | 花 | 花 | V | 11 |
| spend; take (effort) | fèi | 費 | 费 | V | 17 |
| spend money; cost money | huā qián | 花錢 | 花钱 | VO | 16 |
| spicy; hot | là | 辣 | 辣 | Adj | 12 |
| sports | yùndòng | 運動 | 运动 | N | 14 |
| sportswear | yùndòngfú | 運動服 | 运动服 | N | 20 |
| spring | chūntiān | 春天 | 春天 | N | 10 |
| spring break | chūnjià | 春假 | 春假 | N | 22 |
| Sprite | Xuěbì | 雪碧 | 雪碧 | N | 5s |
| staff member; office worker | zhíyuán | 職員 | 职员 | N | 13 |
| stamp | yóupiào | 郵票 | 邮票 | N | 19 |
| stand | zhàn | 站 | 站 | V | 15s |
| stand; table; platform | tái | 台 | 台 | N | 23 |
| staple food | zhǔshí | 主食 | 主食 | N | 12c |
| Starbucks | Xīngbākè | 星巴克 | 星巴克 | PN | 5c |
| start | kāishǐ | 開始 | 开始 | V | 7 |
| start; begin; in the beginning | kāishǐ | 開始 | 开始 | N/V | 8 |
| start a class; go to class | shàng kè | 上課 | 上课 | VO | 7 |
| starve; hungry | è | 餓 | 饿 | Adj/V | 12 |
| starve to death | è sǐ | 餓死 | 饿死 | VC | 16 |
| state | zhōu | 州 | 州 | N | 21s |

▼▼▼▼▼▼▼▼▼▼▼▼▼▼▼▼▼▼▼▼▼▼▼▼▼▼▼▼▼▼▼▼▼▼▼▼▼▼▼▼▼▼

| English | Pinyin | Traditional Characters | Simplified Characters | Grammar | Lesson |
|---|---|---|---|---|---|
| station; stop (of bus, train, etc.) | chēzhàn | 車站 | 车站 | N | 11 |
| station; stop (of bus, train, etc.) | zhàn | 站 | 站 | N | 11 |
| stature; size; height | gèzi | 個子 | 个子 | N | 20s |
| stick on; paste | tiē | 貼 | 贴 | V | 19 |
| stomach | dùzi | 肚子 | 肚子 | N | 16 |
| stop; park | tíng | 停 | 停 | V | 23 |
| stop; station (of bus, train, etc.) | chēzhàn | 車站 | 车站 | N | 11 |
| stop; station (of bus, train, etc.) | zhàn | 站 | 站 | N | 11 |
| store; save | cún qǐlai | 存起來 | 存起来 | VC | 19g |
| store; shop | diàn | 店 | 店 | N | 14 |
| strength | lìqi | 力氣 | 力气 | N | 17 |
| strike; hit | dǎ | 打 | 打 | V | 4 |
| student | xuésheng | 學生 | 学生 | N | 1 |
| student ID | xuéshēngzhèng | 學生證 | 学生证 | N | 13 |
| student studying abroad | liúxuéshēng | 留學生 | 留学生 | N | 19 |
| students' dining hall | xuéshēng cāntīng | 學生餐廳 | 学生餐厅 | N | 18c |
| study | niàn shū | 念書 | 念书 | VO | 21s |
| study | xué | 學 | 学 | V | 7 |
| study; learn | xuéxí | 學習 | 学习 | V | 17 |
| stuffy | mēn | 悶 | 闷 | Adj | 10 |
| subway | dìtiě | 地鐵 | 地铁 | N | 11 |
| such; so | zhème | 這麼 | 这么 | Pr | 7 |
| sugar | táng | 糖 | 糖 | N | 12 |
| suit | xīzhuāng | 西裝 | 西装 | N | 9s |
| suit; fit | shìhé | 適合 | 适合 | V | 20s |
| suitable | héshì | 合適 | 合适 | Adj | 9 |
| suite; set | tào | 套 | 套 | M | 18 |
| summer | xiàtiān | 夏天 | 夏天 | N | 10 |
| summer school | shǔqī xuéxiào | 暑期學校 | 暑期学校 | | 15 |
| summer vacation | shǔjià | 暑假 | 暑假 | N | 11s, 23 |
| sun; day | rì | 日 | 日 | N | 3 |
| Sun Yatsen suit | Zhōngshān zhuāng | 中山裝 | 中山装 | N | 9c |
| Sunday | xīngqīrì | 星期日 | 星期日 | N | 3g |
| Sunday | xīngqītiān | 星期天 | 星期天 | N | 3g |
| Sunday | zhōurì | 週日 | 周日 | N | 3g |
| sunny; clear | qíng | 晴 | 晴 | Adj | 10s |
| super highway; highway | gāosù gōnglù | 高速公路 | 高速公路 | N | 11 |
| supper; dinner | wǎnfàn | 晚飯 | 晚饭 | N | 3 |
| surname; (one's) surname is…; to be surnamed | xìng | 姓 | 姓 | N/V | 1 |
| surpass; exceed | chāo | 超 | 超 | V | 23 |

| English | Pinyin | Traditional Characters | Simplified Characters | Grammar | Lesson |
|---|---|---|---|---|---|
| sweater | máoyī | 毛衣 | 毛衣 | N | 9s |
| sweep | sǎo | 掃 | 扫 | V | 17 |
| sweet | tián | 甜 | 甜 | Adj | 12 |
| swim | yóu yǒng | 游泳 | 游泳 | VO | 20 |

▲T▲

| English | Pinyin | Traditional Characters | Simplified Characters | Grammar | Lesson |
|---|---|---|---|---|---|
| table | zhuōzi | 桌子 | 桌子 | N | 12 |
| table; platform; stand | tái | 台 | 台 | N | 23 |
| table tennis | pīngpāngqiú | 乒乓球 | 乒乓球 | N | 20s |
| tablet; slice | piàn | 片 | 片 | M | 16 |
| Tai Chi | tàijíquán | 太極拳 | 太极拳 | N | 20s, 20c |
| Taichung | Táizhōng | 台中 | 台中 | PN | 10s |
| Tainan (a city in Taiwan) | Táinán | 台南 | 台南 | PN | 19 |
| Taipei | Táiběi | 台北 | 台北 | PN | 10 |
| Taiwan | Táiwān | 台灣 | 台湾 | PN | 10 |
| take; get; carry | ná | 拿 | 拿 | V | 16, 23 |
| take a bath/shower | xǐ zǎo | 洗澡 | 洗澡 | VO | 8 |
| take after; be like | xiàng | 像 | 像 | V | 15 |
| take care (of oneself) | bǎozhòng | 保重 | 保重 | V | 23 |
| take off | qǐfēi | 起飛 | 起飞 | V | 23 |
| take part in | cānjiā | 參加 | 参加 | V | 17 |
| take someone (somewhere) | sòng | 送 | 送 | V | 11 |
| talk | shuō huà | 說話 | 说话 | VO | 7 |
| talk; chat | tán | 談 | 谈 | V | 20s |
| talk; speak | shuō huà | 說話 | 说话 | VO | 7 |
| talk; speech; words | huà | 話 | 话 | N | 6 |
| talk about; mention | shuōdào | 說到 | 说到 | | 15 |
| tall; (a surname) | gāo | 高 | 高 | Adj/N | 2 |
| tasty; good to drink | hǎohē | 好喝 | 好喝 | Adj | 5s |
| taxi | chūzū qìchē | 出租汽車 | 出租汽车 | N | 11 |
| taxi (in Taiwan) | jìchéngchē | 計程車 | 计程车 | N | 11s |
| tea | chá | 茶 | 茶 | N | 5 |
| teach | jiāo | 教 | 教 | V | 7 |
| teach; lecture | jiǎng kè | 講課 | 讲课 | VO | 22s |
| teacher | lǎoshī | 老師 | 老师 | N | 1 |
| team | duì | 隊 | 队 | N | 20s |
| tear | yǎnlèi | 眼淚 | 眼泪 | N | 16 |
| telephone | diànhuà | 電話 | 电话 | N | 6 |
| tell | gàosu | 告訴 | 告诉 | V | 8 |
| ten | shí | 十 | 十 | Nu | Intro. |
| 10% off | jiǔzhé | 九折 | 九折 | | 21 |
| ten thousand | wàn | 萬 | 万 | Nu | 21s |
| tennis | wǎngqiú | 網球 | 网球 | N | 4s, 20 |
| test; give or take a test | kǎoshì | 考試 | 考试 | V/N | 6 |

▼▼▼▼▼▼▼▼▼▼▼▼▼▼▼▼▼▼▼▼▼▼▼▼▼▼▼▼▼▼▼▼▼▼▼▼▼▼▼▼▼▼▼

| English | Pinyin | Traditional Characters | Simplified Characters | Grammar | Lesson |
|---|---|---|---|---|---|
| to that degree; that; so; so much | nàme | 那麼 | 那么 | Adv | 14 |
| to what extent; how many/much | duō | 多 | 多 | Adv | 3 |
| today | jīntiān | 今天 | 今天 | T | 3 |
| tofu; beancurd | dòufu | 豆腐 | 豆腐 | N | 12 |
| together | yìqǐ | 一起 | 一起 | Adv | 5 |
| toilet; restroom | cèsuǒ | 廁所 | 厕所 | N | 16, 18n |
| toilsome; hard | xīnkǔ | 辛苦 | 辛苦 | Adj | 23 |
| Tokyo | Dōngjīng | 東京 | 东京 | PN | 14 |
| Tom | Tāngmǔ | 湯姆 | 汤姆 | | 15 |
| tomorrow | míngr | 明兒 | 明儿 | N | 12 |
| tomorrow | míngtiān | 明天 | 明天 | T | 3 |
| too; also | yě | 也 | 也 | Adv | 1 |
| too; also; as well | hái | 還 | 还 | Adv | 3 |
| too; extremely | tài…(le) | 太…(了) | 太…(了) | Adv | 3 |
| top | shàngbian (mian) | 上邊(面) | 上边(面) | N | 14s |
| tour guide | dǎoyóu | 導遊 | 导游 | N | 22 |
| tourist; visitor (to a park, etc.) | yóukè | 遊客 | 游客 | N | 22s |
| towards | wàng | 往 | 往 | Prep | 14 |
| town | zhèn | 鎮 | 镇 | N | 22 |
| traditional character | fántǐzì | 繁體字 | 繁体字 | N | 7c |
| traffic light | hónglǜdēng | 紅綠燈 | 红绿灯 | N | 14 |
| train | huǒchē | 火車 | 火车 | N | 11s |
| travel | lǚxíng | 旅行 | 旅行 | V | 17 |
| travel agency | lǚxíngshè | 旅行社 | 旅行社 | N | 21 |
| travel by | zuò | 坐 | 坐 | V | 11 |
| traveler's check | lǚxíng zhīpiào | 旅行支票 | 旅行支票 | N | 19s |
| treat (somebody); invite | qǐng | 請 | 请 | V | 3, 6n |
| treat someone to dinner | qǐngkè | 請客 | 请客 | VO | 4 |
| tree | shù | 樹 | 树 | N | 22 |
| trolley bus; cable car; tram | diànchē | 電車 | 电车 | N | 11s |
| troublesome | máfan | 麻煩 | 麻烦 | Adj | 11 |
| trustworthiness; credit | xìnyòng | 信用 | 信用 | N | 13 |
| try | shì | 試 | 试 | V | 16 |
| T-shirt | T-xùshān | T-恤衫 | T-恤衫 | N | 9s |
| Tuesday | xīngqī'èr | 星期二 | 星期二 | N | 3g |
| Tuesday | zhōu'èr | 週二 | 周二 | N | 3g |
| turn | guǎi | 拐 | 拐 | V | 14 |
| turn | zhuǎn | 轉 | 转 | V | 14n |
| TV | diànshì | 電視 | 电视 | N | 4 |
| twelve | shí'èr | 十二 | 十二 | Nu | 3 |
| 20% off | bā zhé | 八折 | 八折 | | 21n |
| 25% off | qī wǔ zhé | 七五折 | 七五折 | | 21n |
| two | èr | 二 | 二 | Nu | Intro. |

▼▼▼▼▼▼▼▼▼▼▼▼▼▼▼▼▼▼▼▼▼▼▼▼▼▼▼▼▼▼▼▼▼▼▼▼▼▼▼▼▼▼

| English | Pinyin | Traditional Characters | Simplified Characters | Grammar | Lesson |
|---------|--------|------------------------|----------------------|---------|--------|
| two; a couple of | liǎng | 兩 | 两 | Nu | 2 |
| two (people) | liǎ | 倆 | 俩 | CE | 17 |
| typhoon | táifēng | 颱風 | 台风 | N | 22s |
| ▲U▲ | | | | | |
| unable to do something | bú dòng | 不動 | 不动 | | 23 |
| unable to find | zhǎo bu dào | 找不到 | 找不到 | VC | 23 |
| unable to remember | jì bu zhù | 記不住 | 记不住 | VC | 17s |
| unable to tell; can't make out | kàn bu chūlai | 看不出來 | 看不出来 | VC | 20 |
| uncle; father's elder brother | bóbo | 伯伯 | 伯伯 | N | 22 |
| uncomfortable; hard to bear | nánshòu | 難受 | 难受 | Adj | 20 |
| under; next | xià | 下 | 下 | | 6 |
| understand | dǒng | 懂 | 懂 | V | 7 |
| United States of America | Měiguó | 美國 | 美国 | PN | 1 |
| university; college | dàxué | 大學 | 大学 | N | 2c |
| upstairs | lóushàng | 樓上 | 楼上 | N | 13s |
| urgent; anxious; impatient | jí | 急 | 急 | Adj | 23 |
| U. S. currency | Měijīn | 美金 | 美金 | N | 19s |
| U. S. currency | Měiyuán | 美元 | 美元 | N | 19 |
| use | yòng | 用 | 用 | V/N | 8 |
| used to; be accustomed to | guàn | 慣 | 惯 | Adj | 23 |
| used; old | jiù | 舊 | 旧 | Adj | 21s, 22 |
| usually | píngcháng | 平常 | 平常 | T | 7 |
| ▲V▲ | | | | | |
| vacation; holiday | jià | 假 | 假 | N | 21 |
| Vancouver | Wēngēhuá | 溫哥華 | 温哥华 | PN | 10s |
| various places | gè dì | 各地 | 各地 | N | 21 |
| vegetarian; of vegetables | sù | 素 | 素 | Adj | 12 |
| vehicle; car | chē | 車 | 车 | N | 11 |
| very | hěn | 很 | 很 | Adv | 3 |
| very; extraordinarily | fēicháng | 非常 | 非常 | Adv | 18 |
| the very one (indicating verification of something mentioned before) | jiù | 就 | 就 | Adv | 6 |
| vicinity, neighborhood, nearby area | fùjìn | 附近 | 附近 | N | 18 |
| video recording | lùxiàng | 錄像 | 录像 | N | 10 |
| Vietnam | Yuènán | 越南 | 越南 | PN | 6s |
| Vietnamese people/person | Yuènánrén | 越南人 | 越南人 | N | 1s |
| vinegar | cù | 醋 | 醋 | N | 12 |
| virtue | dé | 德 | 德 | N | 22 |
| visa | qiānzhèng | 簽證 | 签证 | N | 21 |
| vision | shì | 視 | 视 | N | 4 |
| visit relatives | tàn qīn | 探親 | 探亲 | VO | 23 |

| English | Pinyin | Traditional Characters | Simplified Characters | Grammar | Lesson |
|---|---|---|---|---|---|
| visitor (to a park, etc.); tourist | yóukè | 遊客 | 游客 | N | 22s |
| volleyball | páiqiú | 排球 | 排球 | N | 4s |
| ▲W▲ | | | | | |
| wait | děng | 等 | 等 | V | 6 |
| waiter; waitress; service person | fúwùyuán | 服務員 | 服务员 | N | 9n, 12 |
| waitress; waiter; service person | fúwùyuán | 服務員 | 服务员 | N | 9n, 12 |
| walk | zǒu lù | 走路 | 走路 | VO | 11s, 15 |
| walk; go | xíng | 行 | 行 | V | 14 |
| walk; go by way of; leave; depart | zǒu | 走 | 走 | V | 11, 21 |
| wall | qiáng | 墙 | 墙 | N | 14s |
| want to; have a desire for | yào | 要 | 要 | V/AV | 5, 9 |
| want to; think | xiǎng | 想 | 想 | AV | 4 |
| wardrobe; closet | yīguì | 衣柜 | 衣柜 | N | 22s |
| warm (weather) | nuǎnhuo | 暖和 | 暖和 | Adj | 10 |
| Washington | Huáshèngdùn | 華盛頓 | 华盛顿 | PN | 21 |
| watch | biǎo | 錶 | 表 | N | 3s |
| watch; look; see | kàn | 看 | 看 | V | 4, 17n |
| water | shuǐ | 水 | 水 | N | 5 |
| water and electricity | shuǐdiàn | 水電 | 水电 | | 18 |
| way; method | bànfǎ | 办法 | 办法 | N | 13s, 16 |
| we | wǒmen | 我們 | 我们 | Pr | 3 |
| wear | chuān | 穿 | 穿 | V | 9 |
| wear (hat, glasses, etc.) | dài | 戴 | 戴 | V | 9s |
| wear; put on | chuān | 穿 | 穿 | V | 9 |
| weather | qìhòu | 氣候 | 气候 | N | 22 |
| weather | tiānqì | 天氣 | 天气 | N | 10 |
| Wednesday | xīngqīsān | 星期三 | 星期三 | N | 3g |
| week | lǐbài | 禮拜 | 礼拜 | N | 3g |
| week | xīngqī | 星期 | 星期 | N | 3 |
| week | zhōu | 週 | 周 | N | 3g |
| weekend | zhōumò | 週末 | 周末 | T | 4 |
| weep; cry | kū | 哭 | 哭 | V | 23 |
| weigh | chēng | 稱 | 称 | V | 23 |
| weight (of a person) | tǐzhòng | 體重 | 体重 | N | 15s |
| welcome | huānyíng | 歡迎 | 欢迎 | V | 22 |
| well-known; famous | yǒumíng | 有名 | 有名 | Adj | 23s |
| west | xī | 西 | 西 | N | 14 |
| west; west side | xībian(mian) | 西邊(面) | 西边(面) | N | 14s, 22 |
| Western food | Xīcān | 西餐 | 西餐 | N | 12 |
| Western medicine | Xīyī | 西醫 | 西医 | N | 16c |
| wet; humid | cháoshī | 潮濕 | 潮湿 | Adj | 10s |
| what | shénme | 什麼 | 什么 | QPr | 1 |
| What is your honorable surname? | guì xìng | 貴姓 | 贵姓 | CE | 1 |

▼▼▼▼▼▼▼▼▼▼▼▼▼▼▼▼▼▼▼▼▼▼▼▼▼▼▼▼▼▼▼▼▼▼▼▼▼▼▼▼▼▼▼▼

| English | Pinyin | Traditional Characters | Simplified Characters | Grammar | Lesson |
|---|---|---|---|---|---|
| yellow | huáng | 黃 | 黄 | Adj | 9 |
| yesterday | zuótiān | 昨天 | 昨天 | T | 3s, 4 |
| you | nǐ | 你 | 你 | Pr | 1 |
| you (singular; polite) | nín | 您 | 您 | Pr | 1 |
| You are welcome. Dont be (so) polite. | bú kèqi | 不客氣 | 不客气 | CE | 6 |
| You flatter me. Not at all. (a polite reply to a compliment) | nǎli | 哪里 | 哪里 | CE | 7, 7f |
| young lady; Miss | xiǎojie | 小姐 | 小姐 | N | 1 |
| young people | niánqīngrén | 年輕人 | 年轻人 | N | 20x |
| younger brother | dìdi | 弟弟 | 弟弟 | N | 2 |
| (younger male) cousin | biǎodì | 表弟 | 表弟 | N | 23 |
| younger sister | mèimei | 妹妹 | 妹妹 | N | 2 |
| yuan (unit of Chinese currency); dollar | yuán | 元 | 元 | | 9g, 18 |

### ▲Z▲

| English | Pinyin | Traditional Characters | Simplified Characters | Grammar | Lesson |
|---|---|---|---|---|---|
| zero | líng | 零 | 零 | Nu | 3g |

### ▲Others▲

| English | Pinyin | Traditional Characters | Simplified Characters | Grammar | Lesson |
|---|---|---|---|---|---|
| (a measure word for academic courses) | mén | 門 | 门 | M | 6c |
| (a measure word for bird, shoe, etc.) | zhī | 只 | 只 | M | 9g |
| (a measure word for books) | běn | 本 | 本 | M | 13 |
| (a measure word for cars) | liàng | 輛 | 辆 | M | 11s |
| (a measure word for chairs, etc.) | bǎ | 把 | 把 | M | 18 |
| (a measure word for classes) | jié | 節 | 节 | M | 6 |
| (a measure word for companies) | jiā | 家 | 家 | M | 21 |
| (a measure word for essays, etc.) | piān | 篇 | 篇 | M | 8 |
| (a measure word for flat objects) | zhāng | 張 | 张 | M | 2 |
| (a measure word for hat) | dǐng | 頂 | 顶 | M | 9s |
| (a measure word for letters) | fēng | 封 | 封 | M | 8 |
| (a measure word for long objects) | tiáo | 條 | 条 | M | 9 |
| (a measure word for mountains, etc.) | zuò | 座 | 座 | M | 22 |
| (a measure word for occurrence) | cì | 次 | 次 | M | 10 |
| (a measure word for pens and long items) | zhī | 枝 | 枝 | M | 9g |
| (a measure word for people); mouth | kǒu | 口 | 口 | N/M | 2n |
| (a measure word for plates; dishes; coils) | pán | 盤 | 盘 | M | 12, 13 |
| (a measure word for shirts, dresses, jackets, coats, luggage, etc.) | jiàn | 件 | 件 | M | 9, 23 |
| (a measure word for tablets, etc.) | piàn | 片 | 片 | M | 16 |

▼ ▼ ▼ ▼ ▼ ▼ ▼ ▼ ▼ ▼ ▼ ▼ ▼ ▼ ▼ ▼ ▼ ▼ ▼ ▼ ▼ ▼ ▼ ▼ ▼ ▼ ▼ ▼ ▼ ▼ ▼ ▼ ▼ ▼ ▼ ▼ ▼ ▼ ▼ ▼ ▼ ▼

| English | Pinyin | Traditional Characters | Simplified Characters | Grammar | Lesson |
|---|---|---|---|---|---|
| (a mountain near Beijing) | Xiāngshān | 香山 | 香山 | PN | 22s |
| (a person's name) | Bái Jiànmíng | 白健明 | 白健明 | PN | 17 |
| (a person's name) | Lǐ Yǒu | 李友 | 李友 | Pr | 1 |
| (a person's name) | Wáng Péng | 王朋 | 王朋 | PN | 1 |
| (a polite measure word for people) | wèi | 位 | 位 | M | 6 |
| (a possessive, modifying, or descriptive particle) | de | 的 | 的 | P | 2 |
| (a structural particle) | de | 得 | 得 | P | 7 |
| (a surname) | lín | 林 | 林 | N | 15 |
| (a surname) | zhāng | 張 | 张 | N | 2 |
| (a surname); field | tián | 田 | 田 | N | 14 |
| (a surname); gold | jīn | 金 | 金 | N/Adj | 14 |
| (a surname); horse | mǎ | 馬 | 马 | N | 16 |
| (a surname); king | Wáng | 王 | 王 | N | 1 |
| (a surname); plum | lǐ | 李 | 李 | N | 1 |
| (a surname); tall | gāo | 高 | 高 | N/Adj | 2 |
| (a surname); thanks | xiè | 謝 | 谢 | N/V | 10 |
| (a surname); white | bái | 白 | 白 | Adj | 3 |
| (an interrogative particle) | ma | 嗎 | 吗 | QP | 1 |
| (an interrogative particle) | ne | 呢 | 呢 | QP | 1 |
| (combination of 了 and 啊) | la | 啦 | 啦 | | 22 |
| (expresses surprise) | āi | 哎 | 哎 | Excl | 14 |
| (general measure word) | gè | 個 | 个 | M | 2 |
| (indicates achievement of a result) | chūlai | 出來 | 出来 | | 20 |
| (indicates an action is in progress) | ne | 呢 | 呢 | P | 15 |
| (indicates beginning of action) | qilai | 起來 | 起来 | | 20 |
| (indicates comparison) | bǐ | 比 | 比 | Prep | 10 |
| (indicates probability) | huì | 會 | 会 | AV | 10 |
| (indicates simultaneous actions) | yìbiān...yìbiān | 一邊...一邊 | 一边...一边 | | 8 |
| (indicates something is easy) | hǎo | 好 | 好 | Adv | 21 |
| (indicates that something is ready) | hǎo | 好 | 好 | Adj | 12 |
| (indicates that something takes place sooner than expected) | jiù | 就 | 就 | Adv | 7 |
| (indicates that the time is early) | cái | 才 | 才 | Adv | 23 |
| (indicating "more than") | duō | 多 | 多 | Nu | 18 |
| (indicating a static state) | zhe | 著 | 着 | P | 22 |
| (indicating a thing is disposed of) | bǎ | 把 | 把 | Prep | 13 |
| (indicating motion towards one) | guolai | 過來 | 过来 | | 23 |
| (indicating movement outward); go out | chūqu | 出去 | 出去 | | 10, 18 |
| (indicating past experience) | guo | 過 | 过 | P | 14 |

▼ ▼ ▼ ▼ ▼ ▼ ▼ ▼ ▼ ▼ ▼ ▼ ▼ ▼ ▼ ▼ ▼ ▼ ▼ ▼ ▼ ▼ ▼ ▼ ▼ ▼ ▼ ▼ ▼ ▼ ▼ ▼ ▼ ▼ ▼ ▼ ▼ ▼ ▼ ▼

| English | Pinyin | Traditional Characters | Simplified Characters | Grammar | Lesson |
|---|---|---|---|---|---|
| (indicating physical immediacy) | jiù | 就 | 就 | Adv | 14 |
| (indicating short duration) | yí xià | 一下 | 一下 | M | 5 |
| (indicating sooner than expected) | jiù | 就 | 就 | Adv | 7 |
| (indicating superlative degree) | le | 了 | 了 | P | 3 |
| (indicating verification of something mentioned before); the very one | jiù | 就 | 就 | Adv | 6 |
| (indicator for superlative degree) | zuì | 最 | 最 | Adv | 8 |
| (modification of sound of 啊) | na | 哪 | 哪 | P | 20 |
| (unit of length) half kilometer | lǐ | 里 | 里 | M | 23c |
| (unit of weight) half a kilogram | jīn | 斤 | 斤 | M | 23c |
| (unit of weight, = 50 grams) | liǎng | 兩 | 两 | M | 12, 23c |
| (used after an adjective to form an adverb) | de | 地 | 地 | P | 23 |
| (used as an emphatic expression) | dōu | 都 | 都 | Adv | 14 |
| (used to emphasize interrogation) | a | 啊 | 啊 | P | 6 |
| (used to form a noun of locality) | miàn | 面 | 面 | suffix | 14 |
| (used to introduce the agent) | bèi | 被 | 被 | Prep | 20 |
| (used to soften a question) | ya | 呀 | 呀 | P | 5 |
| (used to soften the tone) | ba | 吧 | 吧 | P | 5 |

# VOCABULARY INDEX (BY GRAMMAR CATEGORY): LESSONS 1–23

Key: c=Culture Notes; f=Functional Expressions; g=Grammar; n=Notes; s=Supplementary Vocabulary

Note: the words in this glossary are arranged first by grammar category, and then in alphabetical order by pinyin. Words with the same first character are not kept together. Spaces between syllabi are ignored. The letter "ü" is treated as "u" when alphabetizing.

| Grammar | Pinyin | Traditional Characters | Simplified Characters | English | Lesson |
|---------|--------|------------------------|-----------------------|---------|--------|
| **Adjectives** | | | | | |
| Adj | ānjìng | 安静 | 安静 | quiet | 18 |
| Adj | bái | 白 | 白 | white | 3 |
| Adj | bàng | 棒 | 棒 | (coll.) fantastic | 20 |
| Adj | búcuò | 不錯 | 不错 | not bad; pretty good | 4 |
| Adj | chàbuduō | 差不多 | 差不多 | more or less the same | 22 |
| Adj | cháng | 長 | 长 | long | 9s, 15 |
| Adj | chǎo | 吵 | 吵 | noisy | 18 |
| Adj | cháoshī | 潮濕 | 潮湿 | wet; humid | 10s |
| Adj | cōngming | 聰明 | 聪明 | bright; intelligent; clever | 15 |
| Adj | cuò | 錯 | 错 | wrong | 4, 12 |
| Adj | dà | 大 | 大 | big; old | 3 |
| Adj | dān | 單 | 单 | one; single; odd | 14 |
| Adj | duǎn | 短 | 短 | short | 9s |
| Adj | duì | 對 | 对 | right; correct | 4 |
| Adj | duō | 多 | 多 | many; much | 7 |
| Adj | è | 餓 | 饿 | hungry | 12 |
| Adj | fāngbiàn | 方便 | 方便 | convenient | 6 |
| Adj | fěnhóngsè | 粉红色 | 粉红色 | pink | 9s |
| Adj | fēnmíng | 分明 | 分明 | distinct | 22 |
| Adj | gānjìng | 乾淨 | 干净 | clean | 18s |
| Adj | gāo | 高 | 高 | tall | 2 |
| Adj | gāosù | 高速 | 高速 | high speed | 11 |
| Adj | gāoxìng | 高興 | 高兴 | happy; pleased | 5 |
| Adj | gōnggòng | 公共 | 公共 | public | 11 |
| Adj | gòu | 夠 | 够 | enough | 12 |
| Adj | guàn | 慣 | 惯 | be accustomed to; be used to | 23 |
| Adj | guì | 貴 | 贵 | honorable | 1 |
| Adj | guì | 貴 | 贵 | expensive | 9 |
| Adj | hǎo | 好 | 好 | fine; good; nice; O.K. | 1, 3 |

| Grammar | Pinyin | Traditional Characters | Simplified Characters | English | Lesson |
|---|---|---|---|---|---|
| Adj | hǎo | 好 | 好 | (indicates that something is ready) | 12 |
| Adj | hǎochī | 好吃 | 好吃 | good to eat; delicious | 5s, 12 |
| Adj | hǎohē | 好喝 | 好喝 | good to drink; tasty | 5s |
| Adj | hǎokàn | 好看 | 好看 | good-looking | 5s, 7n |
| Adj | hǎowán(r) | 好玩(兒) | 好玩(儿) | fun | 5s |
| Adj | héfǎ | 合法 | 合法 | legal | 21s |
| Adj | hēi | 黑 | 黑 | black | 9 |
| Adj | héshì | 合適 | 合适 | suitable | 9 |
| Adj | hóng | 紅 | 红 | red | 9 |
| Adj | huá | 滑 | 滑 | slippery | 22 |
| Adj | huài | 壞 | 坏 | bad | 16 |
| Adj | huáng | 黃 | 黄 | yellow | 9 |
| Adj | huī | 灰 | 灰 | gray | 9s |
| Adj | jí | 急 | 急 | anxious; impatient; urgent | 23 |
| Adj | jiǎndān | 簡單 | 简单 | simple | 20 |
| Adj | jiànkāng | 健康 | 健康 | healthy | 16 |
| Adj | jìn | 近 | 近 | near | 8, 14 |
| Adj | jǐnzhāng | 緊張 | 紧张 | nervous; anxious | 11 |
| Adj | jiǔ | 久 | 久 | a long time; for a long time | 4 |
| Adj | jiù | 舊 | 旧 | old; used | 21s, 22 |
| Adj | júhóngsè | 橘紅色 | 桔红色 | orange | 9s |
| Adj | kài | 可愛 | 可爱 | cute; lovable | 15 |
| Adj | kě | 渴 | 渴 | thirsty | 12 |
| Adj | kèqi | 客氣 | 客气 | polite | 6 |
| Adj | kù | 酷 | 酷 | cool | 15f |
| Adj | kuài | 快 | 快 | quick; fast | 7 |
| Adj | kuàilè | 快乐 | 快乐 | happy | 11 |
| Adj | là | 辣 | 辣 | spicy; hot | 12 |
| Adj | lán | 藍 | 蓝 | blue | 9s, 11 |
| Adj | lèi | 累 | 累 | tired | 17s, 23 |
| Adj | lěng | 冷 | 冷 | cold | 10 |
| Adj | liángkuai | 涼快 | 凉快 | pleasantly cool (weather) | 10 |
| Adj | lǜ | 綠 | 绿 | green | 9s, 11 |
| Adj | máfan | 麻煩 | 麻烦 | troublesome | 11 |
| Adj | mǎn | 滿 | 满 | full | 22 |
| Adj | màn | 慢 | 慢 | slow | 7 |
| Adj | máng | 忙 | 忙 | busy | 3 |
| Adj | měi | 美 | 美 | beautiful | 22 |
| Adj | měishì | 美式 | 美式 | American style | 20 |
| Adj | mēn | 悶 | 闷 | stuffy | 10 |
| Adj | nán | 難 | 难 | difficult | 7 |
| Adj | nánshòu | 難受 | 难受 | hard to bear; uncomfortable | 20 |

| Grammar | Pinyin | Traditional Characters | Simplified Characters | English | Lesson |
|---------|--------|------------------------|-----------------------|---------|--------|
| Adj | nuǎnhuo | 暖和 | 暖和 | warm (weather) | 10 |
| Adj | pàng | 胖 | 胖 | fat | 20 |
| Adj | piányi | 便宜 | 便宜 | cheap; inexpensive | 9 |
| Adj | piàoliang | 漂亮 | 漂亮 | pretty | 5 |
| Adj | qíng | 晴 | 晴 | sunny; clear | 10s |
| Adj | qīngchu | 清楚 | 清楚 | clear | 8 |
| Adj | qítā de | 其他的 | 其他的 | other | 13 |
| Adj | rè | 熱 | 热 | hot | 10 |
| Adj | róngyì | 容易 | 容易 | easy | 7 |
| Adj | shòu | 瘦 | 瘦 | thin; lean; slim | 20s, 23 |
| Adj | shuài | 帥 | 帅 | handsome | 7 |
| Adj | shūfu | 舒服 | 舒服 | comfortable | 10 |
| Adj | sù | 素 | 素 | vegetarian; of vegetables | 12 |
| Adj | suān | 酸 | 酸 | sour | 12 |
| Adj | tèbié | 特別 | 特別 | special | 7g, 20 |
| Adj | tián | 甜 | 甜 | sweet | 12 |
| Adj | tóng | 同 | 同 | same; alike | 17 |
| Adj | wǎn | 晚 | 晚 | late | 3 |
| Adj | wēixiǎn | 危險 | 危险 | dangerous | 20 |
| Adj | xiǎo | 小 | 小 | small; little | 2 |
| Adj | xīn | 新 | 新 | new | 8 |
| Adj | xíng | 行 | 行 | all right; O.K. | 6 |
| Adj | xīnkǔ | 辛苦 | 辛苦 | hard; toilsome | 23 |
| Adj | xīnxiān | 新鮮 | 新鲜 | fresh; novel | 19 |
| Adj | yǎng | 癢 | 痒 | itchy | 16 |
| Adj | yídìng | 一定 | 一定 | certain; definite | 15 |
| Adj | yīn | 陰 | 阴 | overcast | 10s |
| Adj | yíyàng | 一樣 | 一样 | same; alike | 9 |
| Adj | yònggōng | 用功 | 用功 | hard-working; diligent | 15 |
| Adj | yǒumíng | 有名 | 有名 | famous; well-known | 23s |
| Adj | yuán | 圓 | 圆 | round | 20 |
| Adj | yuǎn | 遠 | 远 | far | 14 |
| Adj | zǎo | 早 | 早 | Good morning!; early | 7 |
| Adj | zāogāo | 糟糕 | 糟糕 | in a terrible mess; too bad | 10 |
| Adj | zhōng | 中 | 中 | medium | 9 |
| Adj | zhòng | 重 | 重 | serious | 16 |
| Adj | zhòngyào | 重要 | 重要 | important | 19 |
| Adj | zǐ | 紫 | 紫 | purple | 9s |

**Adverbs**

| Grammar | Pinyin | Traditional Characters | Simplified Characters | English | Lesson |
|---------|--------|------------------------|-----------------------|---------|--------|
| Adv | bié | 別 | 別 | don't | 6 |
| Adv | bié (de) | 別(的) | 別(的) | other | 4 |
| Adv | bǐjiào | 比較 | 比较 | relatively; fairly | 22s |
| Adv | bù | 不 | 不 | not; no | 1 |

| Grammar | Pinyin | Traditional Characters | Simplified Characters | English | Lesson |
|---|---|---|---|---|---|
| Adv | cái | 才 | 才 | not until; only then; (indicates that the time is early); (indicates a condition) | 5, 17, 23 |
| Adv | chàbuduō | 差不多 | 差不多 | almost; nearly | 23 |
| Adv | cháng | 常 | 常 | 常常 | 23 |
| Adv | chángcháng | 常常 | 常常 | often | 4 |
| Adv | chàyidiǎn | 差一點 | 差一点 | nearly; barely | 23 |
| Adv | cónglái | 從來 | 从来 | always; at all times | 22s |
| Adv | dāngrán | 當然 | 当然 | of course | 20 |
| Adv | dàochù | 到處 | 到处 | everywhere | 22s |
| Adv | dōu | 都 | 都 | both; all; (used as an emphatic expression) | 2, 14 |
| Adv | duō | 多 | 多 | how many/much; to what extent | 3 |
| Adv | duōbàn | 多半 | 多半 | mostly; the greater part | 21s |
| Adv | fēicháng | 非常 | 非常 | very; extraordinarily | 18 |
| Adv | gāng | 剛 | 刚 | just (indicates the immediate past) | 19 |
| Adv | gǎnkuài | 趕快 | 赶快 | right away; quickly; hurriedly | 16 |
| Adv | gèng | 更 | 更 | even more | 10 |
| Adv | hái | 還 | 还 | also; too; as well | 3 |
| Adv | háiyǒu | 還有 | 还有 | also there are | 3 |
| Adv | hǎo | 好 | 好 | (indicates something is easy) | 21 |
| Adv | hěn | 很 | 很 | very | 3 |
| Adv | jí (le) | 極(了) | 极(了) | extremely | 12 |
| Adv | jiù | 就 | 就 | the very one (indicating verification of something mentioned before) | 6 |
| Adv | jiù | 就 | 就 | (indicates that something takes place sooner than expected) | 7 |
| Adv | jiù | 就 | 就 | (indicating physical immediacy) | 14 |
| Adv | jiù | 就 | 就 | just; only | 17 |
| Adv | kuài | 快 | 快 | fast; quickly | 5 |
| Adv | kuài | 快 | 快 | soon; be about to; before long | 11 |
| Adv | lǎoshi | 老是 | 老是 | always; invariably | 19 |
| Adv | mǎshàng | 馬上 | 马上 | right away | 20s |
| Adv | méi | 沒 | 没 | not | 2 |
| Adv | nàme | 那麼 | 那么 | that; so; so much; to that degree | 14 |
| Adv | píngcháng | 平常 | 平常 | usually | 7 |
| Adv | ránhòu | 然後 | 然后 | then | 11 |
| Adv | suíshēn | 隨身 | 随身 | (carry) on one's person | 23 |
| Adv | tài...(le) | 太...(了) | 太...(了) | too; extremely | 3 |
| Adv | tèbié | 特別 | 特別 | especially | 7g, 20 |
| Adv | xiān | 先 | 先 | first; before | 11 |

▼▼▼▼▼▼▼▼▼▼▼▼▼▼▼▼▼▼▼▼▼▼▼▼▼▼▼▼▼▼▼▼▼▼▼▼▼▼▼▼▼▼▼▼▼▼▼▼▼▼▼▼▼▼▼

| Grammar | Pinyin | Traditional Characters | Simplified Characters | English | Lesson |
|---|---|---|---|---|---|
| Adv | yě | 也 | 也 | too; also | 1 |
| Adv | yídìng | 一定 | 一定 | certainly; definitely | 15 |
| Adv | yígòng | 一共 | 一共 | altogether | 9 |
| Adv | yǐjīng | 已經 | 已经 | already | 8 |
| Adv | yìqǐ | 一起 | 一起 | together | 5 |
| Adv | yìzhí | 一直 | 一直 | straight; continuously | 14 |
| Adv | yòu | 又 | 又 | again | 10 |
| Adv | zài | 再 | 再 | again | 3 |
| Adv | zài | 再 | 再 | in addition | 12 |
| Adv | zài | 再 | 再 | then and only then | 13 |
| Adv | zǎojiù | 早就 | 早就 | long since; long ago | 17 |
| Adv | zhēn | 真 | 真 | really | 7 |
| Adv | zhèngzài | 正在 | 正在 | in the middle of (doing something) | 8 |
| Adv | zhǐ | 只 | 只 | only | 4 |
| Adv | zhǐhǎo | 只好 | 只好 | have to; be forced to | 14s |
| Adv | zuì | 最 | 最 | (an adverb of superlative degree; most, -est) | 8 |
| Adv | zuìhǎo | 最好 | 最好 | had better | 10 |
| Adv | zuìhòu | 最後 | 最后 | finally; the last; final | 11, 17 |

**Auxiliary Verbs**

| Grammar | Pinyin | Traditional Characters | Simplified Characters | English | Lesson |
|---|---|---|---|---|---|
| AV | bìxū | 必须 | 必须 | must | 13 |
| AV | děi | 得 | 得 | must; to have to | 6 |
| AV | huì | 会 | 会 | to know how to; can; will | 8, 10 |
| AV | kěnéng | 可能 | 可能 | maybe | 13 |
| AV | kěyǐ | 可以 | 可以 | can; may | 5 |
| AV | néng | 能 | 能 | can; to be able to | 8 |
| AV | xiǎng | 想 | 想 | to want to; to think | 4 |
| AV | yào | 要 | 要 | will; to be going to | 6 |
| AV | yào | 要 | 要 | to want to; to have a desire for | 9 |
| AV | yīnggāi | 应该 | 应该 | should | 15 |
| AV | yuànyì | 原意 | 原意 | to be willing | 20 |
| AV | zhǔnbèi | 准备 | 准备 | to prepare, to plan | 18 |

**Common Expressions**

| Grammar | Pinyin | Traditional Characters | Simplified Characters | English | Lesson |
|---|---|---|---|---|---|
| CE | bié kèqi | 別客氣 | 别客气 | Don't be so polite! | 6 |
| CE | bú duì | 不對 | 不对 | It's wrong; incorrect | 14 |
| CE | bù hǎoyìsi | 不好意思 | 不好意思 | to feel embarrassed | 11 |
| CE | bú kèqi | 不客氣 | 不客气 | You are welcome. Don't be (so) polite. | 6 |
| CE | bú xiè | 不謝 | 不谢 | Don't mention it. Not at all. You're welcome. | 7 |
| CE | bú yòng | 不用 | 不用 | need not | 6g, 9 |
| CE | duì bu qǐ | 對不起 | 对不起 | I'm sorry. | 5 |

| Grammar | Pinyin | Traditional Characters | Simplified Characters | English | Lesson |
|---|---|---|---|---|---|
| CE | duì le | 對了 | 对了 | That's right! | 4s |
| CE | duō dà | 多大 | 多大 | how old | 3 |
| CE | gōngxǐ fācái | 恭喜發財 | 恭喜发财 | Congratulations and may you make a fortune! | 11n |
| CE | guì xìng | 貴姓 | 贵姓 | What is your honorable surname? | 1 |
| CE | hǎohāor | 好好兒 | 好好儿 | all out; to one's heart's content | 17 |
| CE | hǎojiǔ | 好久 | 好久 | a long time | 4 |
| CE | huí jiàn | 回見 | 回见 | See you soon | 13f |
| CE | huítóu jiàn | 回頭見 | 回头见 | See you soon | 13f |
| CE | liǎ | 倆 | 俩 | two (people) | 17 |
| CE | méi shìr | 沒事兒 | 没事儿 | no problem; it's O.K. | 8f |
| CE | méi wèntí | 沒問題 | 没问题 | no problem | 6, 6f |
| CE | míngr jiàn | 明兒見 | 明儿见 | See you tomorrow | 13f |
| CE | nǎli | 哪里 | 哪里 | You flatter me. Not at all. (a polite reply to a compliment) | 7, 7f |
| CE | nǐ hǎo | 你好 | 你好 | How do you do? Hello! | 1 |
| CE | qǐng wèn | 請問 | 请问 | May I ask... | 1 |
| CE | shéi ya | 誰呀 | 谁呀 | Who is it? | 5f |
| CE | shì ma | 是嗎 | 是吗 | Really? | 5f, 5n |
| CE | suàn le | 算了 | 算了 | Forget it. Never mind. | 4 |
| CE | tónglù | 同路 | 同路 | to go the same way | 14 |
| CE | xièxie | 謝謝 | 谢谢 | thank you | 3 |
| CE | yí lù shùnfēng | 一路順風 | 一路顺风 | Have a good trip; Bon voyage | 23 |
| CE | yì yán wéi dìng | 一言為定 | 一言为定 | that settles it; that's settled | 17 |
| CE | yǒu shíhou | 有時候 | 有时候 | sometimes | 4 |
| CE | yǒu yìdiǎnr | 有一點兒 | 有一点儿 | a little; somewhat | 7 |
| CE | yǒu yìsi | 有意思 | 有意思 | interesting | 4 |
| CE | zàijiàn | 再見 | 再见 | good-bye; see you again | 3 |
| CE | zǎo ān | 早安 | 早安 | Good morning! | 7n |
| CE | zǎo zhīdao | 早知道 | 早知道 | had known earlier | 14 |
| CE | zěnme le | 怎麼了 | 怎么了 | What's the matter? | 16f |

## Conjunctions

| Grammar | Pinyin | Traditional Characters | Simplified Characters | English | Lesson |
|---|---|---|---|---|---|
| Conj | búdàn..., érqiě | 不但...而且 | 不但...而且 | not only..., but also | 10 |
| Conj | búguò | 不過 | 不过 | however; but | 11 |
| Conj | chúle...yǐwài | 除了...以外 | 除了...以外 | in addition to; besides | 8 |
| Conj | dànshì | 但是 | 但是 | but | 6 |
| Conj | gēn | 跟 | 跟 | and | 7 |
| Conj | háishi | 還是 | 还是 | or | 3 |
| Conj | háishi | 還是 | 还是 | had better | 11 |
| Conj | háiyǒu | 還有 | 还有 | furthermore | 18 |
| Conj | hé | 和 | 和 | and | 2 |
| Conj | huòzhě | 或者 | 或者 | or | 11 |

| Grammar | Pinyin | Traditional Characters | Simplified Characters | English | Lesson |
|---------|--------|------------------------|------------------------|---------|--------|
| Conj | kěshì | 可是 | 可是 | but | 3 |
| Conj | lìngwài | 另外 | 另外 | in addition | 19 |
| Conj | nà | 那 | 那 | in that case; then | 4 |
| Conj | nàme | 那么 | 那么 | then; in that case | 19 |
| Conj | rúguǒ | 如果 | 如果 | if | 13 |
| Conj | suīrán | 虽然 | 虽然 | although | 9 |
| Conj | suǒyǐ | 所以 | 所以 | so | 4 |
| Conj | wèile | 为了 | 为了 | for the sake of | 20 |
| Conj | yàoburán | 要不然 | 要不然 | otherwise | 16 |
| Conj | yàoshi | 要是 | 要是 | if | 6 |
| Conj | yàoshi…jiù.. | 要是…就… | 要是…就… | if…then… | 21 |
| Conj | yīnwei | 因为 | 因为 | because | 3 |
| Conj | yuè lái yuè | 越来越… | 越来越… | more and more | 16 |
| Conj | zàishuō | 再说 | 再说 | (coll.) moreover | 16 |

## Exclamations

| Excl | āi | 哎 | 哎 | (expresses surprise) | 14 |
|------|-----|-----|-----|----------------------|-----|

## Interjections

| Interj | wèi/wéi | 喂 | 喂 | (on telephone) Hello!; Hey! | 6, 6f, 6n |
|--------|---------|-----|-----|------------------------------|-----------|

## Measure Words

| M | bǎ | 把 | 把 | (a measure word for chairs, etc.) | 18 |
|---|------|-----|-----|-----------------------------------|-----|
| M | bàng | 磅 | 磅 | pound (measure of weight) | 15s |
| M | bēi | 杯 | 杯 | cup; glass | 5 |
| M | běn | 本 | 本 | (a measure word for books) | 13 |
| M | chǐ | 尺 | 尺 | foot (measure of length) | 15s, 23c |
| M | cì | 次 | 次 | time; (a measure word for occurrence) | 10 |
| M | cùn | 寸 | 寸 | inch | 15s |
| M | diǎn | 點 | 点 | o'clock | 3 |
| M | diǎn(r) | 點(兒) | 点(儿) | a little; a bit; some | 5 |
| M | diǎnzhōng | 點鐘 | 点钟 | o'clock | 3 |
| M | dǐng | 頂 | 顶 | (a measure word for hat) | 9s |
| M | fēn | 分 | 分 | minute | 3s |
| M | fēn | 分 | 分 | 1/100 of a kuai; cent | 9 |
| M | fēng | 封 | 封 | (a measure word for letters) | 8 |
| M | gè | 個 | 个 | (a common measure word) | 2 |
| M | gōngfēn | 公分 | 公分 | centimeter | 15s |
| M | gōngjīn | 公斤 | 公斤 | kilogram | 15s, 23 |
| M | gōnglǐ | 公里 | 公里 | kilometer | 18s, 23c |
| M | hào | 號 | 号 | number in a series; day of the month; size | 3 |
| M | jiā | 家 | 家 | (a measure word for companies) | 21 |
| M | jiàn | 件 | 件 | (a measure word for shirts, dresses, jackets, coats, luggage, etc.) | 9, 23 |

| Grammar | Pinyin | Traditional Characters | Simplified Characters | English | Lesson |
|---------|--------|------------------------|-----------------------|---------|--------|
| M | jiǎo | 角 | 角 | dime | 9g |
| M | jié | 節 | 节 | (a measure word for class periods) | 6, 6n |
| M | jīn | 斤 | 斤 | half a kilogram (Chinese unit of weight) | 23c |
| M | kè | 刻 | 刻 | quarter (hour); 15 minutes | 3 |
| M | kè | 克 | 克 | gram | 23c |
| M | kǒu | 口 | 口 | (a measure word for people) | 2n |
| M | kuài | 塊 | 块 | colloquial term for the basic Chinese monetary unit | 9 |
| M | lǐ | 里 | 里 | half a kilometer (Chinese unit of length) | 23c |
| M | liǎng | 兩 | 两 | (unit of weight, = 50 grams) | 12 |
| M | liàng | 輛 | 辆 | (a measure word for vehicles) | 11s |
| M | máo | 毛 | 毛 | 1/10 of a kuai (similar to the U.S. dime) | 9 |
| M | mén | 門 | 门 | (a measure word for academic courses) | 6n, 6c |
| M | mǐ | 米 | 米 | meter | 23c |
| M | pán | 盤 | 盘 | (a measure word); plate; dish; coil | 12, 13 |
| M | piān | 篇 | 篇 | (a measure word for essays, articles, etc.) | 8 |
| M | piàn | 片 | 片 | tablet; slice | 16 |
| M | píng | 瓶 | 瓶 | bottle | 5 |
| M | shù | 束 | 束 | a bunch of (flowers, etc.) | 19 |
| M | shuāng | 雙 | 双 | a pair of | 9 |
| M | tào | 套 | 套 | suite; set | 18 |
| M | tiáo | 條 | 条 | (a measure word for long, thin objects) | 9 |
| M | wǎn | 碗 | 碗 | bowl | 12 |
| M | wèi | 位 | 位 | (a polite measure word for people) | 6 |
| M | xiē | 些 | 些 | some | 12 |
| M | yīnglǐ | 英里 | 英里 | mile | 18 |
| M | yí xià | 一下 | 一下 | (a measure word used after a verb indicating short duration) | 5 |
| M | yuán | 元 | 元 | Chinese dollar | 9g |
| M | zhāng | 張 | 张 | (a measure word for flat objects) | 2 |
| M | zhī | 支 | 支 | (a measure word for pens and long items) | 9g |
| M | zhī | 隻 | 双 | (a measure word for bird, shoe, etc.) | 9g |

| Grammar | Pinyin | Traditional Characters | Simplified Characters | English | Lesson |
|---|---|---|---|---|---|
| M | zhǒng | 種 | 种 | kind | 16 |
| M | zuò | 座 | 座 | (a measure word for mountains, etc.) | 22 |
| **Nouns** | | | | | |
| N | āyí | 阿姨 | 阿姨 | aunt; mother's younger sister | 22 |
| N | bàba | 爸爸 | 爸爸 | dad; father | 2 |
| N | Bǎishìkělè | 百事可乐 | 百事可乐 | Pepsi | 5s |
| N | báitiān | 白天 | 白天 | daytime | 20s |
| N | bān | 班 | 班 | class | 15 |
| N | bànfǎ | 办法 | 办法 | method; way | 13s, 16 |
| N | bàngōngshì | 办公室 | 办公室 | office | 6 |
| N | bàngqiú | 棒球 | 棒球 | baseball | 4s |
| N | bānjī | 班機 | 班机 | scheduled flight | 21 |
| N | bàntiān | 半天 | 半天 | half day; a long time | 20 |
| N | bào | 報 | 报 | newspaper | 8 |
| N | bǎoxiǎn | 保險 | 保险 | insurance | 16 |
| N | bàozhǐ | 報紙 | 报纸 | newspaper | 18 |
| N | bāyuè | 八月 | 八月 | August | 3g |
| N | běi | 北 | 北 | north | 14 |
| N | běibian(mian) | 北邊(面) | 北边(面) | north side | 14s |
| N | bēizi | 杯子 | 杯子 | cup | 18s |
| N | běnzi | 本子 | 本子 | notebook | 7s |
| N | bǐ | 筆 | 笔 | pen | 7 |
| N | bì | 幣 | 币 | currency | 19 |
| N | biān | 邊 | 边 | side | 22 |
| N | biànhuà | 變化 | 变化 | change | 22s |
| N | biǎo | 錶 | 表 | watch | 3s |
| N | biǎodì | 表弟 | 表弟 | (younger male) cousin | 23 |
| N | biǎogē | 表哥 | 表哥 | (older male) cousin | 23 |
| N | biǎojiě | 表姐 | 表姐 | (older female) cousin | 15 |
| N | biérén | 別人 | 别人 | others; other people; another person | 4 |
| N | bǐfang | 比方 | 比方 | example | 22 |
| N | bīng | 冰 | 冰 | ice | 22s |
| N | bìng | 病 | 病 | illness | 16 |
| N | bìngrén | 病人 | 病人 | patient | 16 |
| N | bǐsàbǐng | 比薩餅 | 比萨饼 | pizza | 12s |
| N | bízi | 鼻子 | 鼻子 | nose | 15 |
| N | bóbo | 伯伯 | 伯伯 | uncle; father's elder brother | 22 |
| N | Bōshìdùn | 波士頓 | 波士顿 | Boston | 22s |
| N | bù | 部 | 部 | part; section | 22 |
| N | bùshǒu | 部首 | 部首 | radical | Intro. |
| N | cài | 菜 | 菜 | (of food) dish; course | 12 |
| N | cānguǎn(r) | 餐館(兒) | 餐馆(儿) | restaurant | 22s |

| Grammar | Pinyin | Traditional Characters | Simplified Characters | English | Lesson |
|---------|--------|------------------------|-----------------------|---------|--------|
| N | cāntīng | 餐廳 | 餐厅 | dining room; cafeteria | 8 |
| N | cèsuǒ | 廁所 | 厕所 | rest room, toilet | 16 |
| N | chá | 茶 | 茶 | tea | 5 |
| N | chǎng | 場 | 场 | field | 14 |
| N | chángpáo | 長袍 | 长袍 | long gown | 9c |
| N | chángshòu | 長壽 | 长寿 | longevity | 3c |
| N | chángshòu miàn | 長壽麵 | 长寿面 | longevity noodles | 3c |
| N | chángtú | 長途 | 长途 | long distance | 21s, 23 |
| N | chē | 車 | 车 | vehicle; car | 11 |
| N | chéng | 城 | 城 | city | 14 |
| N | chéngshì | 城市 | 城市 | city | 22 |
| N | chènshān | 襯衫 | 衬衫 | shirt | 9 |
| N | chēzhàn | 車站 | 车站 | (bus, train, etc.) stop; station | 11 |
| N | chū | 初 | 初 | beginning | 21 |
| N | chuán | 船 | 船 | boat; ship | 11s |
| N | chuáng | 床 | 床 | bed | 2g, 8 |
| N | chuānghu | 窗戶 | 窗戶 | window | 22s |
| N | chúfáng | 廚房 | 厨房 | kitchen | 18 |
| N | chūnjià | 春假 | 春假 | spring break | 22 |
| N | chūntiān | 春天 | 春天 | spring | 10 |
| N | chūzhōng | 初中 | 初中 | junior high (grades 7–9) | 2c |
| N | chūzū qìchē | 出租汽車 | 出租汽车 | taxi | 11 |
| N | cídài | 磁帶 | 磁带 | audio tape; magnetic tape | 13n |
| N | cídiǎn | 詞典 | 词典 | dictionary | 13s |
| N | cù | 醋 | 醋 | vinegar | 12 |
| N | dàgē | 大哥 | 大哥 | oldest brother | 7g |
| N | dàjiě | 大姐 | 大姐 | oldest sister | 7g |
| N | dānchéng | 單程 | 单程 | one-way trip | 21 |
| N | dānrénchuáng | 單人床 | 单人床 | single bed | 18 |
| N | dānxíngdào | 單行道 | 单行道 | one-way street | 14 |
| N | dāo | 刀 | 刀 | knife | 12c |
| N | dǎoyóu | 導 | 导 | tour guide | 22 |
| N | dàxiǎo | 大小 | 大小 | size | 9 |
| N | dàxué | 大學 | 大学 | university; college | 2c |
| N | dàxuéshēng | 大學生 | 大学生 | college student | 2 |
| N | dàyī | 大衣 | 大衣 | overcoat | 9s |
| N | dé | 德 | 德 | virtue | 22 |
| N | Déguórén | 德國人 | 德国人 | German people/person | 1s |
| N | dēng | 燈 | 灯 | light | 14 |
| N | dēngjīkǒu | 登機口 | 登机口 | boarding gate (China) | 23c |
| N | dēngjīmén | 登機門 | 登机门 | boarding gate (Taiwan) | 23c |
| N | dēngjīzhèng | 登機證 | 登机证 | boarding pass | 23 |
| N | Déwén | 德文 | 德文 | the German language | 6s |
| N | diǎn | 點 | 点 | o'clock | 3 |

▼▼▼▼▼▼▼▼▼▼▼▼▼▼▼▼▼▼▼▼▼▼▼▼▼▼▼▼▼▼▼▼▼▼▼▼▼▼▼▼▼▼▼▼▼

| Grammar | Pinyin | Traditional Characters | Simplified Characters | English | Lesson |
|---------|--------|------------------------|------------------------|---------|--------|
| N | diàn | 電 | 电 | electricity | 4 |
| N | diàn | 店 | 店 | store; shop | 14 |
| N | diànchē | 電車 | 电车 | cable car; trolley bus; tram | 11s |
| N | diànhuà | 電話 | 电话 | telephone | 6 |
| N | diànnǎo | 電腦 | 电脑 | computer | 8 |
| N | diànshì | 電視 | 电视 | TV | 4 |
| N | diǎnxin | 點心 | 点心 | light refreshments | 23s |
| N | diànyǐng | 電影 | 电影 | movie | 4 |
| N | diànyǐngyuàn | 電影院 | 电影院 | movie theater | 14s |
| N | diǎnzhōng | 點鐘 | 点钟 | o'clock | 3 |
| N | diànzǐ jìsuànjī | 電子計算機 | 电子计算机 | computer | 8n |
| N | dìdi | 弟弟 | 弟弟 | younger brother | 2 |
| N | dìfang | 地方 | 地方 | place | 14 |
| N | dìtiě | 地鐵 | 地铁 | subway | 11 |
| N | dìtú | 地圖 | 地图 | map | 14 |
| N | dōng | 東 | 东 | east | 14 |
| N | dōngběi | 東北 | 东北 | northeast | 14s |
| N | dōngbian(mian) | 東邊(面) | 东边(面) | east side | 14s |
| N | dōngnán | 東南 | 东南 | southeast | 14s |
| N | dōngtiān | 冬天 | 冬天 | winter | 10 |
| N | dòngwù | 動物 | 动物 | animal | 18 |
| N | dōngxi | 東西 | 东西 | things; objects | 9 |
| N | dòufu | 豆腐 | 豆腐 | beancurd; tofu | 12 |
| N | duì | 隊 | 队 | team | 20s |
| N | duìmiàn | 對面 | 对面 | opposite side | 22 |
| N | duìxiàng | 對象 | 对象 | boyfriend or girlfriend | 17s |
| N | dùzi | 肚子 | 肚子 | stomach | 16 |
| N | èrgē | 二哥 | 二哥 | second oldest brother | 7g |
| N | èrjiě | 二姐 | 二姐 | second oldest sister | 7g |
| N | èryuè | 二月 | 二月 | February | 3g |
| N | érzi | 兒子 | 儿子 | son | 2 |
| N | Éwén | 俄文 | 俄文 | the Russian language | 6s |
| N | Fǎguórén | 法國人 | 法国人 | French people/person | 1s |
| N | fàn | 飯 | 饭 | meal; (cooked) rice | 3 |
| N | fángdōng | 房東 | 房东 | landlord | 18 |
| N | fāngfǎ | 方法 | 方法 | method | 13s |
| N | fángjiān | 房間 | 房间 | room | 17 |
| N | fànguǎnr | 飯館 | 饭馆 | restaurant | 12 |
| N | fāngxiàng | 方向 | 方向 | direction | 14s |
| N | fángzi | 房子 | 房子 | house | 17 |
| N | fángzū | 房租 | 房租 | rent | 18 |
| N | fántǐzì | 繁體字 | 繁体字 | traditional character | 7c |
| N | fànzhuō | 飯桌 | 饭桌 | dining table | 18 |
| N | Fǎwén | 法文 | 法文 | the French language | 6s |

| Grammar | Pinyin | Traditional Characters | Simplified Characters | English | Lesson |
|---|---|---|---|---|---|
| N | fāyīn | 發音 | 发音 | pronunciation | 8 |
| N | Fǎyǔ | 法語 | 法语 | French (language) | 14s |
| N | fèi | 費 | 费 | fee; expenses | 18 |
| N | fēijī | 飛機 | 飞机 | airplane | 11 |
| N | fēijīchǎng | 飛機場 | 飞机场 | airport | 11 |
| N | fēijīpiào | 飛機票 | 飞机票 | plane ticket | 12f |
| N | fēn | 分 | 分 | minute | 3s |
| N | fēng | 風 | 风 | wind | 20s, 22 |
| N | fēngjǐng | 風景 | 风景 | scenery | 22 |
| N | fěnhóngsè | 粉紅色 | 粉红色 | pink | 9s |
| N | fùjìn | 附近 | 附近 | vicinity, neighborhood, nearby area | 18 |
| N | fùmǔ | 父母 | 父母 | parents; father and mother | 22 |
| N | fùqin | 父親 | 父亲 | father | 22 |
| N | fùshí | 副食 | 副食 | non-staple food | 12c |
| N | fúwù | 服務 | 服务 | service | 19 |
| N | fúwùtái | 服務台 | 服务台 | service counter | 23 |
| N | fúwùyuán | 服務員 | 服务员 | service person; waiter; waitress | 9n, 12 |
| N | gāngbǐ | 鋼筆 | 钢笔 | fountain pen | 7s |
| N | gāngqín | 鋼琴 | 钢琴 | piano | 15 |
| N | gǎnlǎn | 橄欖 | 橄榄 | olive | 4s |
| N | gǎnlǎnqiú | 橄欖球 | 橄榄球 | American style football (used in Taiwan) | 4s |
| N | gǎnmào | 感冒 | 感冒 | cold | 16s |
| N | gāo | 高 | 高 | (a surname) | 2 |
| N | gāosù gōnglù | 高速公路 | 高速公路 | super highway; highway | 11 |
| N | Gāoxióng | 高雄 | 高雄 | Kaohsiung (a city in Taiwan) | 22s |
| N | gāozhōng | 高中 | 高中 | senior high (grades 10–12) | 2c |
| N | gē | 歌 | 歌 | song | 4 |
| N | gè dì | 各地 | 各地 | various places | 21 |
| N | gēge | 哥哥 | 哥哥 | older brother | 2 |
| N | gējù | 歌劇 | 歌剧 | opera | 17 |
| N | gèzi | 個子 | 个子 | size; height; stature | 20s |
| N | gōng'ānjú | 公安局 | 公安局 | public security bureau | 19c |
| N | gōnggòng qìchē | 公共汽車 | 公共汽车 | bus | 11 |
| N | gōngkè | 功課 | 功课 | schoolwork; homework | 7 |
| N | gōnglù | 公路 | 公路 | highway; road | 11 |
| N | gōngsī | 公司 | 公司 | company | 21 |
| N | gōngyù | 公寓 | 公寓 | apartment | 18 |
| N | gōngyuán | 公園 | 公园 | park | 10 |
| N | gōngzuò | 工作 | 工作 | work; job | 5 |
| N | gōngzuòzhèng | 工作證 | 工作证 | employee's card; I.D. card | 13c, 21s |
| N | gǒu | 狗 | 狗 | dog | 15 |
| N | guǎnggào | 廣告 | 广告 | advertisement | 18 |

| Grammar | Pinyin | Traditional Characters | Simplified Characters | English | Lesson |
|---|---|---|---|---|---|
| N | guànjūn | 冠軍 | 冠军 | champion; first place | 20s |
| N | guànxǐshì | 盥洗室 | 盥洗室 | bathroom; restroom | 18n |
| N | guójì | 國際 | 国际 | international | 20 |
| N | guójiā gōngyuán | 國家公園 | 国家公园 | national park | 21s |
| N | guòmǐn | 過敏 | 过敏 | allergy | 16 |
| N | guǒzhī | 果汁 | 果汁 | fruit juice | 15 |
| N | hǎigǎng | 海港 | 海港 | harbor; seaport | 22s |
| N | háizi | 孩子 | 孩子 | child | 2 |
| N | hànbǎobāo | 漢堡包 | 汉堡包 | hamburger | 12s |
| N | hángkōng | 航空 | 航空 | aviation | 21 |
| N | hángkōng gōngsī | 航空公司 | 航空公司 | airline | 21 |
| N | Hánguórén | 韓國人 | 韩国人 | Korean people/person | 1s |
| N | hánjià | 寒假 | 寒假 | winter vacation | 11 |
| N | Hánwén | 韓文 | 韩文 | the Korean language | 6s |
| N | Hànyǔ | 漢語 | 汉语 | the Chinese language | 6n |
| N | Hànzì | 漢字 | 汉字 | Chinese character | 7 |
| N | hào | 號 | 号 | day of the month; number; size | 3, 9 |
| N | hào | 號 | 号 | number (bus route) | 11n |
| N | hàomǎ | 號碼 | 号码 | number | 17 |
| N | hé | 河 | 河 | river | 22 |
| N | hēibǎn | 黑板 | 黑板 | blackboard | 14s |
| N | hónglǜdēng | 紅綠燈 | 红绿灯 | traffic light | 14 |
| N | hóngyè | 紅葉 | 红叶 | red autumn leaves | 10 |
| N | hóu | 猴 | 猴 | monkey | 15c |
| N | hòubian(mian) | 後邊(面) | 后边(面) | back | 14s |
| N | hǔ | 虎 | 虎 | tiger | 15c |
| N | huā | 花 | 花 | flower | 19 |
| N | huà | 話 | 话 | speech; talk; words | 6 |
| N | huà | 畫 | 画 | painting | 22s |
| N | huánggua | 黃瓜 | 黄瓜 | cucumber | 12 |
| N | huángméi | 黃梅 | 黄梅 | rainy season | 10c |
| N | huàzhuāngshì | 化粧室 | 化妆室 | restroom | 18n |
| N | huǒchē | 火車 | 火车 | train | 11s |
| N | huódòng | 活動 | 活动 | activity | 14 |
| N | huódòng zhōngxīn | 活動中心 | 活动中心 | activity center | 14 |
| N | hùzhào | 護照 | 护照 | passport | 21 |
| N | jī | 機 | 机 | machine | 11 |
| N | jī | 雞 | 鸡 | chicken; rooster | 12s, 15c |
| N | jì | 季 | 季 | season | 22 |
| N | jiā | 家 | 家 | family; home | 2 |
| N | jià | 假 | 假 | vacation; holiday | 21 |
| N | jià | 價 | 价 | price | 21 |

| Grammar | Pinyin | Traditional Characters | Simplified Characters | English | Lesson |
|---------|--------|------------------------|-----------------------|---------|--------|
| N | jiācháng dòufu | 家常豆腐 | 家常豆腐 | home-style tofu | 12 |
| N | jiājù | 傢俱 | 家具 | furniture | 18 |
| N | jiákè | 夾克 | 夹克 | jacket | 9s |
| N | jiànkāng | 健康 | 健康 | health | 16 |
| N | jiǎntǐzì | 簡體字 | 简体字 | simplified character | 7c |
| N | jiǎo | 腳 | 脚 | foot/leg (of person, animal; table, etc.) | 15s, 20 |
| N | jiàoshì | 教室 | 教室 | classroom | 8 |
| N | jiǎozi | 餃子 | 饺子 | dumplings | 12 |
| N | jiātíng | 家庭 | 家庭 | family | 23s |
| N | jiāxiāng | 家鄉 | 家乡 | hometown | 22 |
| N | jīchǎng | 機場 | 机场 | airport | 11 |
| N | jìchéngchē | 計程車 | 计程车 | taxi (in Taiwan) | 11s |
| N | jiějie | 姐姐 | 姐姐 | older sister | 2 |
| N | jièshūzhèng | 借書證 | 借书证 | library ID; library card | 13 |
| N | jǐ ge yuè | 幾個月 | 几个月 | several months | 22 |
| N | jìhuà | 計劃 | 计划 | plan | 21 |
| N | jìjié | 季節 | 季节 | season | 22s |
| N | jīn | 金 | 金 | (a surname); gold | 14 |
| N | jìnbù | 進步 | 进步 | progress | 8 |
| N | jīng | 京 | 京 | capital (of a country) | 14 |
| N | jīngjì | 經濟 | 经济 | economy | 22 |
| N | jīngjù | 京劇 | 京剧 | Peking (Beijing) opera | 17c |
| N | jīpiào | 機票 | 机票 | plane ticket; airplane ticket | 21 |
| N | jìsuànjī | 計算機 | 计算机 | calculator; computer | 8n |
| N | jiǔ | 酒 | 酒 | wine; any alcoholic beverage | 5 |
| N | jiǔyuè | 九月 | 九月 | September | 3 |
| N | júhóngsè | 橘紅色 | 桔红色 | orange | 9s |
| N | kāfēi | 咖啡 | 咖啡 | coffee | 5 |
| N | kāfēisè | 咖啡色 | 咖啡色 | coffee color; brown | 9 |
| N | kāishǐ | 開始 | 开始 | in the beginning | 7, 8 |
| N | kǎlā'ōukēi | 卡拉OK | 卡拉OK | karaoke | 15c |
| N | Kāngxī Zìdiǎn | 康熙字典 | 康熙字典 | Kangxi Dictionary | Intro. |
| N | kǎoshì | 考試 | 考试 | test | 6 |
| N | kǎoyā | 烤鴨 | 烤鸭 | roast duck | 12s |
| N | kǎ(piàn) | 卡(片) | 卡(片) | card | 13 |
| N | kè | 課 | 课 | class; lesson | 6 |
| N | Kěkǒukělè | 可口可乐 | 可口可乐 | Coke | 5s |
| N | kělè | 可乐 | 可乐 | cola | 5 |
| N | kètīng | 客廳 | 客厅 | living room | 18 |
| N | kèwén | 課文 | 课文 | text of a lesson | 7 |
| N | kòng(r) | 空(兒) | 空(儿) | free time | 6 |
| N | kǒu | 口 | 口 | mouth | 2n |
| N | kuàicān | 快餐 | 快餐 | fast food | 12s |

| Grammar | Pinyin | Traditional Characters | Simplified Characters | English | Lesson |
|---|---|---|---|---|---|
| N | kuàixìn | 快信 | 快信 | express letter | 19 |
| N | kuàizi | 筷子 | 筷子 | chopsticks | 12c |
| N | kuàngquánshuǐ | 礦泉水 | 矿泉水 | mineral water | 5s |
| N | kùzi | 褲子 | 裤子 | pants | 9 |
| N | Lādīngwén | 拉丁文 | 拉丁文 | Latin | 6s |
| N | láihuí | 來回 | 来回 | round trip; back and forth | 21 |
| N | lánqiú | 籃球 | 篮球 | basketball | 4s, 20 |
| N | lǎojiā | 老家 | 老家 | hometown; ancestral home | 22 |
| N | lǎoshī | 老師 | 老师 | teacher | 1 |
| N | lǐ | 李 | 李 | plum | 1 |
| N | liǎn | 臉 | 脸 | face | 15 |
| N | lǐbài | 禮拜 | 礼拜 | week | 3g |
| N | lǐbàisì | 禮拜四 | 礼拜四 | Thursday | 3g |
| N | lín | 林 | 林 | (a surname) | 15 |
| N | lìqi | 力氣 | 力气 | strength | 17 |
| N | lǐtou | 里頭 | 里头 | inside | 14 |
| N | liúxuéshēng | 留學生 | 留学生 | student studying abroad | 19 |
| N | liùyuè | 六月 | 六月 | June | 3g |
| N | lǐwù | 禮物 | 礼物 | gift | 15 |
| N | lóng | 龍 | 龙 | dragon | 15c |
| N | lóushàng | 樓上 | 楼上 | upstairs | 13s |
| N | lóuxià | 樓下 | 楼下 | downstairs | 13 |
| N | lù | 路 | 路 | road; path | 11 |
| N | lù | 路 | 路 | number (bus route) | 11n |
| N | lǚguǎn | 旅館 | 旅馆 | hotel | 21s |
| N | lùkǒu | 路口 | 路口 | intersection | 14 |
| N | lùshang | 路上 | 路上 | on the way | 23 |
| N | lǜshī | 律師 | 律师 | lawyer | 2 |
| N | lùxiàng | 錄像 | 录像 | video recording | 10 |
| N | lǚxíngshè | 旅行社 | 旅行社 | travel agency | 21 |
| N | lǚxíng zhīpiào | 旅行支票 | 旅行支票 | traveler's check | 19s |
| N | lùyīn | 錄音 | 录音 | sound recording | 7 |
| N | lùyīndài | 錄音帶 | 录音带 | audio tape | 13 |
| N | mǎ | 馬 | 马 | (a surname); horse | 16 |
| N | mǎguà | 馬褂 | 马褂 | Mandarin jacket | 9c |
| N | mǎlù | 馬路 | 马路 | road | 22s |
| N | māma | 媽媽 | 妈妈 | mom; mother | 2 |
| N | máobǐ | 毛筆 | 毛笔 | writing brush | 7s |
| N | máoyī | 毛衣 | 毛衣 | sweater | 9s |
| N | màozi | 帽子 | 帽子 | hat | 9s |
| N | Měiguórén | 美國人 | 美国人 | American people/person | 1 |
| N | Měijīn | 美金 | 美金 | U. S. currency | 19s |
| N | mèimei | 妹妹 | 妹妹 | younger sister | 2 |

| Grammar | Pinyin | Traditional Characters | Simplified Characters | English | Lesson |
|---|---|---|---|---|---|
| N | Měishì zúqiú | 美式足球 | 美式足球 | American style football (used in mainland China) | 4s, 20c, 20n |
| N | Měiyuán | 美元 | 美元 | U. S. currency | 19 |
| N | mén | 門 | 门 | door; (a measure for academic courses) | 6n, 13 |
| N | ménkǒu | 門口 | 门口 | doorway | 23 |
| N | miàn | 麵 | 面 | noodles | 3c |
| N | mǐfàn | 米飯 | 米饭 | cooked rice | 12 |
| N | míngr | 明兒 | 明儿 | tomorrow | 12 |
| N | míngxìnpiàn | 明信片 | 明信片 | postcard | 19 |
| N | míngzi | 名字 | 名字 | name | 1 |
| N | mǔqin | 母親 | 母亲 | mother | 22 |
| N | nǎinai | 奶奶 | 奶奶 | paternal grandmother | 23 |
| N | nàli | 那里 | 那里 | there | 18 |
| N | nán | 男 | 男 | male | 2 |
| N | nán | 南 | 南 | south | 14 |
| N | nánbian(mian) | 南邊(面) | 南边(面) | south side | 14s |
| N | nánháizi | 男孩子 | 男孩子 | boy | 2 |
| N | nánpéngyou | 男朋友 | 男朋友 | boyfriend | 15s |
| N | nǎo | 腦 | 脑 | brain | 8 |
| N | nèi | 內 | 内 | within; inside | 21 |
| N | nián | 年 | 年 | year | 3 |
| N | niánjí | 年級 | 年级 | grade in school | 6 |
| N | niánjì | 年紀 | 年纪 | age | 3n, 17s |
| N | niánqīngrén | 年輕人 | 年轻人 | young people | 20s |
| N | niú | 牛 | 牛 | cow; ox | 12 |
| N | niúròu | 牛肉 | 牛肉 | beef | 12 |
| N | nǚ | 女 | 女 | female | 2 |
| N | nǚ'ér | 女兒 | 女儿 | daughter | 2 |
| N | nǚhái | 女孩 | 女孩 | girl | 15f |
| N | nǚháizi | 女孩子 | 女孩子 | girl | 2 |
| N | nǚpéngyou | 女朋友 | 女朋友 | girlfriend | 15 |
| N | pāi | 拍 | 拍 | racket | 20 |
| N | páiqiú | 排球 | 排球 | volleyball | 4s |
| N | pángbiān | 旁邊 | 旁边 | side | 14 |
| N | péngyou | 朋友 | 朋友 | friend | 1s, 7 |
| N | piào | 票 | 票 | ticket | 11 |
| N | píjiǔ | 啤酒 | 啤酒 | beer | 5 |
| N | pīngpāngqiú | 乒乓球 | 乒乓球 | table tennis | 20s |
| N | píngxìn | 平信 | 平信 | regular mail | 19 |
| N | píxiāng | 皮箱 | 皮箱 | leather suitcase | 23 |
| N | Pútáoyáwén | 葡萄牙文 | 葡萄牙文 | the Portuguese language | 6s |
| N | qián | 錢 | 钱 | money | 9, 21 |
| N | qián | 前 | 前 | forward; ahead | 14 |

▼▼▼▼▼▼▼▼▼▼▼▼▼▼▼▼▼▼▼▼▼▼▼▼▼▼▼▼▼▼▼▼▼▼▼▼▼▼▼▼▼▼▼

| Grammar | Pinyin | Traditional Characters | Simplified Characters | English | Lesson |
|---|---|---|---|---|---|
| N | qiānbǐ | 鉛筆 | 铅笔 | pencil | 7s |
| N | qiánbian(mian) | 前邊(面) | 前边(面) | front | 14s |
| N | qiáng | 墙 | 墙 | wall | 14s |
| N | qiánmian | 前面 | 前面 | ahead; in front of | 14 |
| N | qiānzhèng | 簽證 | 签证 | visa | 21 |
| N | qìchē | 汽車 | 汽车 | automobile | 11 |
| N | qìhòu | 氣候 | 气候 | weather | 22 |
| N | qīnqi | 親戚 | 亲戚 | relative | 22 |
| N | qípáo | 旗袍 | 旗袍 | Manchu-style dress | 9c |
| N | qìshuǐ(r) | 汽水(兒) | 汽水(儿) | soft drink; soda pop | 5s, 15 |
| N | qiú | 球 | 球 | ball | 4 |
| N | qiūtiān | 秋天 | 秋天 | autumn; fall | 10 |
| N | qīyuè | 七月 | 七月 | July | 3g |
| N | qúnzi | 裙子 | 裙子 | skirt | 9s |
| N | rén | 人 | 人 | people; person | 1 |
| N | rénkǒu | 人口 | 人口 | population | 22 |
| N | rénmín | 人民 | 人民 | people | 19 |
| N | Rénmínbì | 人民幣 | 人民币 | RMB (Chinese currency) | 19 |
| N | rì | 日 | 日 | day; the sun | 3 |
| N | Rìběnrén | 日本人 | 日本人 | Japanese people/person | 1s |
| N | rìchéng | 日程 | 日程 | itinerary | 21 |
| N | rìjì | 日記 | 日记 | diary | 8 |
| N | Rìwén | 日文 | 日文 | the Japanese language | 6s, 14 |
| N | ròu | 肉 | 肉 | meat | 12 |
| N | sài | 賽 | 赛 | game; match; competition | 20 |
| N | sāngē | 三哥 | 三哥 | third oldest brother | 7g |
| N | sānjiě | 三姐 | 三姐 | third oldest sister | 7g |
| N | sānyuè | 三月 | 三月 | March | 3g |
| N | shāchénbào | 沙塵暴 | 沙尘暴 | sand-and-dust storms | 22c |
| N | shāfā | 沙發 | 沙发 | sofa | 18 |
| N | shān | 山 | 山 | mountain; hill | 22 |
| N | shāng | 傷 | 伤 | injury | 20 |
| N | shàngbian(mian) | 上邊(面) | 上边(面) | top | 14s |
| N | shānshuǐ | 山水 | 山水 | landscape | 22s |
| N | shé | 蛇 | 蛇 | snake; serpent | 15c |
| N | shēngāo | 身高 | 身高 | height | 15s |
| N | shēngcí | 生詞 | 生词 | new words | 7 |
| N | shēnghuó | 生活 | 生活 | life | 22 |
| N | shēngrì | 生日 | 生日 | birthday | 3 |
| N | shēngyīn | 聲音 | 声音 | sound | 13s |
| N | shēntǐ | 身體 | 身体 | body; health | 16 |
| N | shì | 事 | 事 | matter; affair; business | 3 |
| N | shì | 視 | 视 | vision | 4 |
| N | shíchā | 時差 | 时差 | time difference | 20s |

| Grammar | Pinyin | Traditional Characters | Simplified Characters | English | Lesson |
|---|---|---|---|---|---|
| N | shí'èryuè | 十二月 | 十二月 | December | 3g |
| N | shīfu | 師傅 | 师傅 | master craftsman; skilled worker | 9n, 12 |
| N | shíhou | 時候 | 时候 | (a point in) time; moment; (a duration of) time | 4 |
| N | shìjiè | 世界 | 世界 | world | 20s |
| N | shì nèi | 室內 | 室内 | in the room; indoor | 21n |
| N | shíyàn | 實驗 | 实验 | experiment | 13 |
| N | shíyànshì | 實驗室 | 实验室 | laboratory | 13 |
| N | shíyīyuè | 十一月 | 十一月 | November | 3g |
| N | shíyuè | 十月 | 十月 | October | 3g |
| N | shǒu | 手 | 手 | hand | 20 |
| N | shǒubiǎo | 手錶 | 手表 | wristwatch | 9n |
| N | shǒudū | 首都 | 首都 | capital | 22 |
| N | shòuhuòyuán | 售貨員 | 售货员 | shop assistant; salesclerk | 9 |
| N | shǒujī | 手機 | 手机 | cellular phone | 23s |
| N | shǒushi | 首飾 | 首饰 | jewelry | 19 |
| N | shǒutào | 手套 | 手套 | gloves | 9n |
| N | shǒuzhǐ | 手指 | 手指 | finger | 15 |
| N | shū | 書 | 书 | book | 4 |
| N | shǔ | 鼠 | 鼠 | rat | 15c |
| N | shù | 樹 | 树 | tree | 22 |
| N | shūdiàn | 書店 | 书店 | bookstore | 14 |
| N | shuǐ | 水 | 水 | water | 5 |
| N | shuǐguǒ | 水果 | 水果 | fruit | 15 |
| N | shūjià | 書架 | 书架 | bookshelf | 18 |
| N | shǔjià | 暑假 | 暑假 | summer vacation | 11s, 12 |
| N | shūzhuō | 書桌 | 书桌 | desk | 18 |
| N | sìyuè | 四月 | 四月 | April | 3g |
| N | suānlàtāng | 酸辣湯 | 酸辣汤 | hot-and-sour soup | 12 |
| N | suì | 歲 | 岁 | year of age | 3 |
| N | suìshù | 歲數 | 岁数 | year of age | 3n |
| N | sūnzi | 孫子 | 孙子 | paternal grandson | 23 |
| N | sùshè | 宿舍 | 宿舍 | dormitory | 8 |
| N | tái | 台 | 台 | (TV, radio) channel | 20 |
| N | tái | 台 | 台 | stand; table; platform | 23 |
| N | táifēng | 颱風 | 台风 | typhoon | 22s |
| N | tàijíquán | 太極拳 | 太极拳 | Tai Chi | 20s, 20c |
| N | tàitai | 太太 | 太太 | wife; Mrs. | 1s |
| N | tāng | 湯 | 汤 | soup | 12 |
| N | táng | 糖 | 糖 | sugar | 12 |
| N | tángcùyú | 糖醋魚 | 糖醋鱼 | fish in sweet and sour sauce | 12 |
| N | tángjiě | 堂姐 | 堂姐 | (older female) cousin | 15n |
| N | tiān | 天 | 天 | day | 3 |

| Grammar | Pinyin | Traditional Characters | Simplified Characters | English | Lesson |
|---|---|---|---|---|---|
| N | tián | 田 | 田 | (a surname); field | 14 |
| N | tiānqì | 天氣 | 天气 | weather | 10 |
| N | tíngchēchǎng | 停車場 | 停车场 | parking lot | 23 |
| N | tīnglì | 聽力 | 听力 | listening comprehension | 20 |
| N | tǐzhòng | 體重 | 体重 | weight (of a person) | 15s |
| N | tóngxué | 同學 | 同学 | classmate | 3 |
| N | tóu | 頭 | 头 | head | 16s |
| N | tù | 兔 | 兔 | rabbit; hare | 15c |
| N | tuǐ | 腿 | 腿 | leg | 15 |
| N | túshūguǎn | 圖書館 | 图书馆 | library | 5 |
| N | túshūguǎnyuán | 圖書館員 | 图书馆员 | librarian | 13 |
| N | T-xùshān | T-恤衫 | T-恤衫 | T-shirt | 9s |
| N | wàigōng | 外公 | 外公 | maternal grandfather | 22 |
| N | wàiguó | 外國 | 外国 | foreign country | 4 |
| N | wàipó | 外婆 | 外婆 | maternal grandmother | 22 |
| N | wàitào | 外套 | 外套 | coat; jacket | 9s |
| N | wàitou (bian, mian) | 外頭(邊/面) | 外头(边/面) | outside | 14s |
| N | wǎn | 晚 | 晚 | evening; night | 3 |
| N | wǎnfàn | 晚飯 | 晚饭 | dinner; supper | 3 |
| N | wáng | 王 | 王 | king | 1 |
| N | wǎngqiú | 網球 | 网球 | tennis | 4s, 20 |
| N | wǎnhuì | 晚會 | 晚会 | evening party | 19s |
| N | wàzi | 襪子 | 袜子 | socks | 9s |
| N | wèijīng | 味精 | 味精 | monosodium glutamate (MSG) | 12 |
| N | wèishēngjiān | 衛生間 | 卫生间 | bathroom; restroom | 18n |
| N | wèizi | 位子 | 位子 | seat | 12 |
| N | wén | 文 | 文 | language; script; written language | 6 |
| N | wénhuà | 文化 | 文化 | culture | 22 |
| N | wèntí | 問題 | 问题 | question; problem | 6 |
| N | wòshì | 臥室 | 卧室 | bedroom | 18 |
| N | wǔ | 舞 | 舞 | dance | 4 |
| N | wǔfàn | 午飯 | 午饭 | lunch; midday meal | 8 |
| N | wǔhuì | 舞會 | 舞会 | dance; ball | 15 |
| N | wǔjiào | 午覺 | 午觉 | nap | 7s |
| N | wǔyuè | 五月 | 五月 | May | 3g |
| N | xī | 西 | 西 | west | 14 |
| N | xiàbian(mian) | 下邊(面) | 下边(面) | bottom | 14s |
| N | xiàn | 線 | 线 | line | 1, 11 |
| N | xiāngxià | 鄉下 | 乡下 | countryside | 22 |
| N | xiànjīn | 現金 | 现金 | cash | 19s |
| N | xiānsheng | 先生 | 先生 | Mr.; husband; teacher | 1 |
| N | xiǎojie | 小姐 | 小姐 | Miss; young lady | 1 |

| Grammar | Pinyin | Traditional Characters | Simplified Characters | English | Lesson |
|---|---|---|---|---|---|
| N | xiǎoshuō | 小說 | 小说 | fiction; novel | 18s |
| N | xiǎoxué | 小學 | 小学 | elementary school; grade school | 2c, 20s |
| N | xiàtiān | 夏天 | 夏天 | summer | 10 |
| N | Xībānyáwén | 西班牙文 | 西班牙文 | the Spanish language | 6s |
| N | xīběi | 西北 | 西北 | northwest | 14s |
| N | xībian(mian) | 西邊(面) | 西边(面) | west; west side | 14s, 22 |
| N | Xīcān | 西餐 | 西餐 | Western food | 12 |
| N | xié | 鞋 | 鞋 | shoes | 9 |
| N | xiè | 謝 | 谢 | (a surname) | 10 |
| N | xíguàn | 習慣 | 习惯 | habit | 8 |
| N | Xīlàwén | 希臘文 | 希腊文 | the Greek language | 6s |
| N | xìn | 信 | 信 | letter (mail) | 8 |
| N | xīnán | 西南 | 西南 | southwest | 14s |
| N | xìng | 姓 | 姓 | surname | 1 |
| N | xíngli | 行李 | 行李 | baggage | 23 |
| N | xīngqī | 星期 | 星期 | week | 3 |
| N | xīngqī'èr | 星期二 | 星期二 | Tuesday | 3g |
| N | xīngqīliù | 星期六 | 星期六 | Saturday | 3g |
| N | xīngqīrì | 星期日 | 星期日 | Sunday | 3g |
| N | xīngqīsān | 星期三 | 星期三 | Wednesday | 3g |
| N | xīngqīsì | 星期四 | 星期四 | Thursday | 3 |
| N | xīngqītiān | 星期天 | 星期天 | Sunday | 3g |
| N | xīngqīwǔ | 星期五 | 星期五 | Friday | 3g |
| N | xīngqīyī | 星期一 | 星期一 | Monday | 3g |
| N | xìngqu | 興趣 | 兴趣 | interest | 16s |
| N | xīnnián | 新年 | 新年 | new year | 11 |
| N | Xīn Táibì | 新台幣 | 新台币 | NT (New Taiwan dollar) | 19s |
| N | xìnyòng | 信用 | 信用 | trustworthiness; credit | 13 |
| N | xìnyòngkǎ | 信用卡 | 信用卡 | credit card | 13 |
| N | xǐshǒujiān | 洗手間 | 洗手间 | restroom | 18n |
| N | xīwàng | 希望 | 希望 | hope | 8 |
| N | Xīyī | 西醫 | 西医 | Western medicine | 16c |
| N | xǐzǎojiān | 洗澡間 | 洗澡间 | bathroom | 18 |
| N | xīzhuāng | 西裝 | 西装 | suit | 9s |
| N | xuě | 雪 | 雪 | snow | 10s, 22 |
| N | Xuěbì | 雪碧 | 雪碧 | Sprite | 5s |
| N | xuéqī | 學期 | 学期 | school term; semester/quarter | 8 |
| N | xuésheng | 學生 | 学生 | student | 1 |
| N | xuéshēng cāntīng | 學生餐廳 | 学生餐厅 | students' dining hall | 18c |
| N | xuéshēngzhèng | 學生證 | 学生证 | student ID | 13 |
| N | xuéxiào | 學校 | 学校 | school | 5 |
| N | xuéyuàn | 學院 | 学院 | college | 2c |
| N | yājīn | 押金 | 押金 | security deposit | 18 |

| Grammar | Pinyin | Traditional Characters | Simplified Characters | English | Lesson |
|---|---|---|---|---|---|
| N | yáng | 羊 | 羊 | sheep; goat | 15c |
| N | yángròu | 羊肉 | 羊肉 | mutton; lamb | 12s |
| N | yǎnjing | 眼睛 | 眼睛 | eye | 14 |
| N | yǎnjìng | 眼鏡 | 眼镜 | eyeglasses; glasses | 9n |
| N | yánjiūshēng | 研究生 | 研究生 | graduate student | 13s |
| N | yánjiūshēngyuàn | 研究生院 | 研究生院 | graduate school (China) | 23c |
| N | yánjiūsuǒ | 研究所 | 研究所 | graduate school (Taiwan); research institute | 23s, 23c |
| N | yánjiūyuàn | 研究院 | 研究院 | research institute (Taiwan) | 23c |
| N | yǎnlèi | 眼淚 | 眼泪 | tear | 16 |
| N | yánsè | 顏色 | 颜色 | color | 9 |
| N | yào | 藥 | 药 | medicine | 16 |
| N | yàodiàn | 藥店 | 药店 | pharmacy, drug store | 16 |
| N | yè | 夜 | 夜 | night | 7 |
| N | yéye | 爺爺 | 爷爷 | paternal grandfather | 23 |
| N | Yìdàlìwén | 意大利文 | 意大利文 | the Italian language | 6s |
| N | yīfu | 衣服 | 衣服 | clothes | 9 |
| N | yīguì | 衣柜 | 衣柜 | wardrobe; closet | 22s |
| N | yǐng | 影 | 影 | shadow | 4 |
| N | Yīngguórén | 英國人 | 英国人 | British people/person | 1s |
| N | Yīngwén | 英文 | 英文 | the English language | 2 |
| N | yíngyèyuán | 營業員 | 营业员 | clerk | 19 |
| N | yínháng | 銀行 | 银行 | bank | 19 |
| N | yìnxiàng | 印象 | 印象 | impression | 17 |
| N | yīnyuè | 音乐 | 音乐 | music | 4 |
| N | yīnyuèhuì | 音乐會 | 音乐会 | concert | 8 |
| N | yīshēng | 醫生 | 医生 | doctor; physician | 2 |
| N | yìsi | 意思 | 意思 | meaning | 4 |
| N | yīyuàn | 醫院 | 医院 | hospital | 14s |
| N | yīyuè | 一月 | 一月 | January | 3g |
| N | yǐzi | 椅子 | 椅子 | chair | 18 |
| N | yòng | 用 | 用 | use | 8 |
| N | yòu | 右 | 右 | right | 14 |
| N | yòubian | 右邊(兒) | 右边(儿) | right side | 14s, 22 |
| N | yóudiànjú | 郵電局 | 邮电局 | post and telecommunication office | 19n |
| N | yóujú | 郵局 | 邮局 | post office | 19 |
| N | yóukè | 遊客 | 游客 | visitor (to a park, etc.); tourist | 22s |
| N | yóupiào | 郵票 | 邮票 | stamp | 19 |
| N | yú | 魚 | 鱼 | fish | 12 |
| N | yǔ | 語 | 语 | speech | 6n |
| N | yuánzhūbǐ | 圓珠筆 | 圆珠笔 | ballpoint pen | 7c |
| N | yuánzǐbǐ | 原子筆 | 原子笔 | ballpoint pen | 7c |
| N | yùbào | 預報 | 预报 | forecast | 10 |

| Grammar | Pinyin | Traditional Characters | Simplified Characters | English | Lesson |
|---|---|---|---|---|---|
| N | yuè | 月 | 月 | month | 3 |
| N | Yuènánrén | 越南人 | 越南人 | Vietnamese people/person | 1s |
| N | yǔfǎ | 語法 | 语法 | grammar | 7 |
| N | yún | 雲 | 云 | cloud | 10s |
| N | yùndòng | 運動 | 运动 | sports | 14 |
| N | yùndòngfú | 運動服 | 运动服 | sportswear | 20 |
| N | yùshì | 浴室 | 浴室 | bathroom | 18n |
| N | yǔyán | 語言 | 语言 | language | 13 |
| N | zǎofàn | 早飯 | 早饭 | breakfast | 3s, 8 |
| N | zhájī | 炸雞 | 炸鸡 | fried chicken | 12s |
| N | zhàn | 站 | 站 | (bus, train, etc.) stop; station | 11 |
| N | zhāng | 張 | 张 | (a surname) | 2 |
| N | zhàopiàn | 照片 | 照片 | picture; photo | 2 |
| N | zhēn | 針 | 针 | needle | 16 |
| N | zhèn | 鎮 | 镇 | town | 22 |
| N | zhèngjiàn | 證件 | 证件 | identification | 13 |
| N | zhèngzhì | 政治 | 政治 | politics | 22 |
| N | zhǐ | 紙 | 纸 | paper | 2g, 7s, 18 |
| N | zhīpiào | 支票 | 支票 | check | 19 |
| N | zhíyuán | 職員 | 职员 | staff member; office worker | 13 |
| N | zhōng | 鐘 | 钟 | clock | 3 |
| N | Zhōngcān | 中餐 | 中餐 | Chinese food | 12 |
| N | Zhōngguóchéng | 中國城 | 中国城 | Chinatown | 14 |
| N | Zhōngguófàn | 中國飯 | 中国饭 | Chinese food | 12c |
| N | Zhōngguóhuà | 中國話 | 中国话 | Chinese (language) | 14s |
| N | Zhōngguórén | 中國人 | 中国人 | Chinese people/person | 1 |
| N | Zhōngguózì | 中國字 | 中国字 | Chinese character | Intro. |
| N | Zhōnghuá | 中華 | 中华 | China (Airlines) | 21 |
| N | zhōngjiān | 中間 | 中间 | middle | 14 |
| N | Zhōngshān zhuāng | 中山裝 | 中山装 | Sun Yatsen suit | 9c |
| N | zhōngtóu | 鐘頭 | 钟头 | hour | 13 |
| N | Zhōngwén | 中文 | 中文 | the Chinese language | 6 |
| N | zhōngxīn | 中心 | 中心 | center | 14 |
| N | zhōngxué | 中學 | 中学 | middle school | 2c, 20s |
| N | Zhōngyī | 中醫 | 中医 | Chinese medicine | 16c |
| N | zhōu | 週 | 周 | week | 3g |
| N | zhōu | 州 | 州 | state | 21s |
| N | zhōu'èr | 週二 | 周二 | Tuesday | 3g |
| N | zhōurì | 週日 | 周日 | Sunday | 3g |
| N | zhōuyī | 週一 | 周一 | Monday | 3g |
| N | zhū | 豬 | 猪 | pig; boar | 15c |
| N | zhuānyè | 專業 | 专业 | major (in college); specialty | 8 |

| Grammar | Pinyin | Traditional Characters | Simplified Characters | English | Lesson |
|---------|--------|------------------------|-----------------------|---------|--------|
| N | zhuōzi | 桌子 | 桌子 | table | 12 |
| N | zhūròu | 豬肉 | 猪肉 | pork | 12s |
| N | zhǔshí | 主食 | 主食 | staple food | 12c |
| N | zì | 字 | 字 | character | 7 |
| N | zìdiǎn | 字典 | 字典 | dictionary | 13 |
| N | zū | 租 | 租 | rent | 11, 18 |
| N | zuǐ | 嘴 | 嘴 | mouth | 15 |
| N | zuǒ | 左 | 左 | left | 14 |
| N | zuǒbian(r) | 左邊(兒) | 左边(儿) | left side | 14s, 22 |
| N | zuòwei | 座位 | 座位 | seat | 23 |
| N | zúqiú | 足球 | 足球 | soccer | 4s, 20 |

**Noun Phrases**

| | | | | | |
|---|---|---|---|---|---|
| NP | jiànkāng bǎoxiǎn | 健康保險 | 健康保险 | health insurance | 16 |
| NP | shèngcài | 剩菜 | 剩菜 | leftovers | 16 |
| NP | zhè jǐ tiān | 這幾天 | 这几天 | the past few days | 11 |

**Numerals**

| | | | | | |
|---|---|---|---|---|---|
| Nu | bā | 八 | 八 | eight | Intro. |
| Nu | bǎi | 百 | 百 | hundred | 9 |
| Nu | bàn | 半 | 半 | half; half an hour | 3 |
| Nu | duō | 多 | 多 | (indicating "more than") | 18 |
| Nu | èr | 二 | 二 | two | Intro. |
| Nu | jǐ | 幾 | 几 | some; a few (an indefinite number, usually less than ten) | 6 |
| Nu | jiǔ | 九 | 九 | nine | Intro. |
| Nu | liǎng | 兩 | 两 | two; a couple of | 2 |
| Nu | líng | 零 | 零 | zero | 3g |
| Nu | liù | 六 | 六 | six | Intro. |
| Nu | qī | 七 | 七 | seven | Intro. |
| Nu | qiān | 千 | 千 | thousand | 21 |
| Nu | sān | 三 | 三 | three | Intro. |
| Nu | shí | 十 | 十 | ten | Intro. |
| Nu | shí'èr | 十二 | 十二 | twelve | 3 |
| Nu | shíbā | 十八 | 十八 | eighteen | 3 |
| Nu | sì | 四 | 四 | four | Intro. |
| Nu | wàn | 萬 | 万 | ten thousand | 21s |
| Nu | wǔ | 五 | 五 | five | Intro. |
| Nu | yī | 一 | 一 | one | Intro. |
| Nu | yì | 億 | 亿 | hundred million | 21s |
| Nu | yìbǎiwàn | 一百萬 | 一百万 | one million | 22s |

**Particles**

| | | | | | |
|---|---|---|---|---|---|
| P | a | 啊 | 啊 | (a sentence-final particle of exclamation, interrogation, etc.) | 6 |

| Grammar | Pinyin | Traditional Characters | Simplified Characters | English | Lesson |
|---|---|---|---|---|---|
| P | ba | 吧 | 吧 | (a "suggestion" particle; softens the tone of the sentence to which it is appended) | 5 |
| P | de | 的 | 的 | (a possessive, modifying, or descriptive particle) | 2 |
| P | de | 得 | 得 | (a structural particle) | 7 |
| P | de | 地 | 地 | (used after an adjective to form an adverb) | 23 |
| P | guo | 過 | 过 | (indicating past experience) | 14 |
| P | le | 了 | 了 | (a particle indicating superlative degree) | 3 |
| P | le | 了 | 了 | (a dynamic particle; a sentence particle) | 5g, 8g, 10g |
| P | na | 哪 | 哪 | (modification of sound of 啊) | 20 |
| P | ne | 呢 | 呢 | (indicates an action is in progress) | 15 |
| P | ya | 呀 | 呀 | (an interjectory particle used to soften a question) | 5 |
| P | zhe | 著 | 着 | (indicating a static state) | 22 |

**Proper Nouns**

| | | | | | |
|---|---|---|---|---|---|
| PN | Bái | 白 | 白 | (a surname) | 3 |
| PN | Bái Jiànmíng | 白健明 | 白健明 | (a person's name) | 17 |
| PN | Běijīng | 北京 | 北京 | Beijing | 10s |
| PN | Bìshèngkè | 必勝客 | 必胜客 | Pizza Hut | 12s |
| PN | Chángjiāng | 長江 | 长江 | Yangtze river | 10c |
| PN | Chén | 陳 | 陈 | (a surname) | 1n |
| PN | Chóngqìng | 重慶 | 重庆 | Chongqing | 10c |
| PN | Déguó | 德國 | 德国 | Germany | 1s |
| PN | Dōngjīng | 東京 | 东京 | Tokyo | 14 |
| PN | Éguó | 俄國 | 俄国 | Russia | 6s |
| PN | Fǎguó | 法國 | 法国 | France | 1s |
| PN | Fēilǜbīn | 菲律賓 | 菲律宾 | the Philippines | 6s |
| PN | Gāo | 高 | 高 | (a surname) | 2 |
| PN | Hā'ěrbīn | 哈爾濱 | 哈尔滨 | Harbin | 10c |
| PN | Hǎilún | 海倫 | 海伦 | Helen | 15 |
| PN | Hǎinán | 海南 | 海南 | Hainan | 10c |
| PN | Hànchéng | 漢城 | 汉城 | Seoul | 21 |
| PN | Hánguó | 韓國 | 韩国 | Korea | 6s, 21 |
| PN | Huáshèngdùn | 華盛頓 | 华盛顿 | Washington | 21 |
| PN | Jiālìfúníyà | 加利福尼亞 | 加利福尼亚 | California | 22n |
| PN | Jiānádà | 加拿大 | 加拿大 | Canada | 10s |
| PN | Jiāzhōu | 加州 | 加州 | (abbr.) California | 21s, 22 |
| PN | Jiùjīnshān | 舊金山 | 旧金山 | San Francisco | 22 |
| PN | Kěndéjī | 肯德基 | 肯德基 | KFC | 12s |

| Grammar | Pinyin | Traditional Characters | Simplified Characters | English | Lesson |
|---|---|---|---|---|---|
| PN | Kūnmíng | 昆明 | 昆明 | Kunming | 10c |
| PN | Lǐ | 李 | 李 | (a surname) | 1 |
| PN | Liú | 劉 | 刘 | (a surname) | 1n |
| PN | Lǐ Yǒu | 李友 | 李友 | (a personal name) | 1 |
| PN | Luòshānjī | 洛杉磯 | 洛杉矶 | Los Angeles | 21 |
| PN | Màidāngláo | 麥當勞 | 麦当劳 | McDonald's | 12s |
| PN | Mǎláixīyà | 馬來西亞 | 马来西亚 | Malaysia | 6s |
| PN | Máotái | 茅台 | 茅台 | Maotai (name of a liquor) | 5c |
| PN | Másàizhūsè | 麻賽諸塞 | 麻塞诸塞 | Massachusetts | 22n |
| PN | Mázhōu | 麻州 | 麻州 | (abbr.) Massachusetts | 22 |
| PN | Měiguó | 美國 | 美国 | America | 1 |
| PN | Mòxīgē | 墨西哥 | 墨西哥 | Mexico | 6s |
| PN | Nánjīng | 南京 | 南京 | Nanjing | 10c |
| PN | Niǔyuē | 紐約 | 纽约 | New York | 17 |
| PN | Pútáoyá | 葡萄牙 | 葡萄牙 | Portugal | 6s |
| PN | Rìběn | 日本 | 日本 | Japan | 1s |
| PN | Shànghǎi | 上海 | 上海 | Shanghai | 10 |
| PN | Táiběi | 台北 | 台北 | Taipei | 10 |
| PN | Tàiguó | 泰國 | 泰国 | Thailand | 6s |
| PN | Táinán | 台南 | 台南 | Tainan (a city in Taiwan) | 19 |
| PN | Táiwān | 台灣 | 台湾 | Taiwan | 10 |
| PN | Táizhōng | 台中 | 台中 | Taichung | 10s |
| PN | Wáng | 王 | 王 | (a surname) | 1 |
| PN | Wáng Péng | 王朋 | 王朋 | (a personal name) | 1 |
| PN | Wēngēhuá | 溫哥華 | 温哥华 | Vancouver | 10s |
| PN | Wǔhàn | 武漢 | 武汉 | Wuhan | 10c |
| PN | Xiānggǎng | 香港 | 香港 | Hong Kong | 10s, 21 |
| PN | Xiāngshān | 香山 | 香山 | (a mountain near Beijing) | 22s |
| PN | Xiǎo Bái | 小白 | 小白 | Little Bai | 3 |
| PN | Xiǎo Gāo | 小高 | 小高 | Little Gao | 2 |
| PN | Xiǎo Lǐ | 小李 | 小李 | Little Li | 3 |
| PN | Xiǎo Zhāng | 小張 | 小张 | Little Zhang | 2 |
| PN | Xiàwēiyí | 夏威夷 | 夏威夷 | Hawaii | 6s |
| PN | Xībānyá | 西班牙 | 西班牙 | Spain | 6s |
| PN | Xīběi | 西北 | 西北 | Northwest (Airlines) | 21 |
| PN | Xiè | 謝 | 谢 | (a surname) | 10 |
| PN | Xīlà | 希臘 | 希腊 | Greece | 6s |
| PN | Xīngbākè | 星巴克 | 星巴克 | Starbucks | 5c |
| PN | Yìdàlì | 意大利 | 意大利 | Italy | 6s |
| PN | Yìndù | 印度 | 印度 | India | 6s |
| PN | Yīngguó | 英國 | 英国 | Britain; England | 1s |
| PN | Yìwén | 意文 | 意文 | (a given name) | 8 |
| PN | Yuènán | 越南 | 越南 | Vietnam | 6s |
| PN | Zhāng | 張 | 张 | (a surname) | 1n |

| Grammar | Pinyin | Traditional Characters | Simplified Characters | English | Lesson |
|---|---|---|---|---|---|
| PN | Zhījiāgē | 芝加哥 | 芝加哥 | Chicago | 21 |
| PN | Zhōngguó | 中國 | 中国 | China | 1 |
| PN | Zhōngguó Mínháng | 中國民航 | 中国民航 | Air China | 21 |
| PN | Zhōngguó yínháng | 中國銀行 | 中国银行 | Bank of China | 19 |

**Pronouns**

| Grammar | Pinyin | Traditional Characters | Simplified Characters | English | Lesson |
|---|---|---|---|---|---|
| Pr | biérén | 別人 | 别人 | others; other people | 4 |
| Pr | dàjiā | 大家 | 大家 | everybody | 7 |
| Pr | gè | 各 | 各 | each; every | 21 |
| Pr | nà/nèi | 那 | 那 | that | 2 |
| Pr | nàr | 那兒 | 那儿 | there | 8 |
| Pr | nǐ | 你 | 你 | you | 1 |
| Pr | nín | 您 | 您 | you (singular; polite) | 1 |
| Pr | tā | 他 | 他 | he; him | 2 |
| Pr | tā | 她 | 她 | she | 2 |
| Pr | tā | 它 | 它 | it | 19 |
| Pr | wǒ | 我 | 我 | I; me | 1 |
| Pr | wǒmen | 我們 | 我们 | we | 3 |
| Pr | yǒude | 有的 | 有的 | some | 21 |
| Pr | zhè/zhèi | 這 | 这 | this | 2 |
| Pr | zhège | 這個 | 这个 | this | 10 |
| Pr | zhèlǐ | 這里 | 这里 | here | 19 |
| Pr | zhème | 這麼 | 这么 | so; such | 7 |
| Pr | zhèr | 這兒 | 这儿 | here | 9 |
| Pr | zhèxiē | 這些 | 这些 | these | 12 |
| Pr | zhèyàng | 這樣 | 这样 | so; like this | 10 |
| Pr | zìjǐ | 自己 | 自己 | oneself | 11 |

**Prefixes**

| Grammar | Pinyin | Traditional Characters | Simplified Characters | English | Lesson |
|---|---|---|---|---|---|
| prefix | dì | 第 | 第 | (a prefix for ordinal numbers) | 7 |

**Prepositions**

| Grammar | Pinyin | Traditional Characters | Simplified Characters | English | Lesson |
|---|---|---|---|---|---|
| Prep | bǎ | 把 | 把 | (indicating a thing is disposed of) | 13 |
| Prep | bèi | 被 | 被 | (used to introduce the agent) | 20 |
| Prep | bǐ | 比 | 比 | (a comparison marker) | 10 |
| Prep | cóng | 從 | 从 | from | 14 |
| Prep | gěi | 給 | 给 | to; for | 6 |
| Prep | lí | 離 | 离 | from; away | 14 |
| Prep | lián | 連 | 连 | even | 18 |
| Prep | měi | 每 | 每 | every; each (usually followed by a measure word) | 11 |
| Prep | wàng | 往 | 往 | towards | 14 |

▼▼▼▼▼▼▼▼▼▼▼▼▼▼▼▼▼▼▼▼▼▼▼▼▼▼▼▼▼▼▼▼▼▼▼▼▼▼▼▼▼▼▼▼

| Grammar | Pinyin | Traditional Characters | Simplified Characters | English | Lesson |
|---------|--------|------------------------|------------------------|---------|--------|
| Prep | wèi | 為 | 为 | for | 3 |
| Prep | zài | 在 | 在 | at; in; on | 5 |
| **Question Particles** | | | | | |
| QP | ma | 嗎 | 吗 | (an interrogative particle) | 1 |
| QP | ne | 呢 | 呢 | (an interrogative particle) | 1 |
| **Question Pronouns** | | | | | |
| QPr | duō jiǔ | 多久 | 多久 | how long | 13 |
| QPr | duō...na | 多...哪 | 多...哪 | how... | 20 |
| QPr | nǎ/něi | 哪 | 哪 | which | 6 |
| QPr | nǎli | 哪里 | 哪里 | where | 14 |
| QPr | nǎr | 哪兒 | 哪儿 | where | 5 |
| QPr | shéi | 誰 | 谁 | who | 2 |
| QPr | shénme | 什麼 | 什么 | what | 1 |
| QPr | wèishénme | 為什麼 | 为什么 | why | 3 |
| QPr | zěnme | 怎麼 | 怎么 | how; how come (used to inquire about the cause of something, implying a degree of surprise or disapproval) | 7 |
| QPr | zěnmeyàng | 怎麼樣 | 怎么样 | Is it O.K.? What is it like? How does that sound? | 3 |
| **Question Words** | | | | | |
| QW | duōshao | 多少 | 多少 | how much; how many | 9 |
| QW | jǐ | 幾 | 几 | how many | 2 |
| QW | zěnme bàn | 怎麼办 | 怎么办 | what to do | 10 |
| **Suffixes** | | | | | |
| suffix | miàn | 面 | 面 | (used to form a noun of locality) | 14 |
| **Time Words** | | | | | |
| T | bànyè | 半夜 | 半夜 | midnight | 7 |
| T | fēnzhōng | 分鐘 | 分钟 | minute | 13s |
| T | gāngcái | 剛才 | 刚才 | just now; a moment ago | 10 |
| T | hòulái | 後來 | 后来 | later | 8 |
| T | hòunián | 後年 | 后年 | the year after next | 3s |
| T | hòutiān | 後天 | 后天 | the day after tomorrow | 3s, 17 |
| T | jiānglái | 將來 | 将来 | in the future | 15 |
| T | jīnnián | 今年 | 今年 | this year | 3 |
| T | jīntiān | 今天 | 今天 | today | 3 |
| T | kè | 刻 | 刻 | quarter (hour); 15 minutes | 3 |
| T | měitiān | 每天 | 每天 | every day | 11 |
| T | míngnián | 明年 | 明年 | next year | 3s |
| T | míngtiān | 明天 | 明天 | tomorrow | 3 |
| T | píngcháng | 平常 | 平常 | usually | 7 |

| Grammar | Pinyin | Traditional Characters | Simplified Characters | English | Lesson |
|---|---|---|---|---|---|
| T | qiánnián | 前年 | 前年 | the year before last | 3s, 15 |
| T | qiántiān | 前天 | 前天 | the day before yesterday | 3s |
| T | qùnián | 去年 | 去年 | last year | 3s, 6n |
| T | shàngge xīngqī | 上個星期 | 上个星期 | last week | 6n, 7 |
| T | shàngge yuè | 上個月 | 上个月 | last month | 6n |
| T | shàngwǔ | 上午 | 上午 | morning | 6 |
| T | shíjiān | 時間 | 时间 | time | 6 |
| T | wǎnshang | 晚上 | 晚上 | evening; night | 3 |
| T | xiàge xīngqī | 下個星期 | 下个星期 | next week | 6 |
| T | xià(ge)yuè | 下(個)月 | 下(个)月 | next month | 3s |
| T | xiànzài | 現在 | 现在 | now | 3 |
| T | xiǎoshí | 小時 | 小时 | hour | 13s, 16 |
| T | xiàwǔ | 下午 | 下午 | afternoon | 6 |
| T | yǐhòu | 以後 | 以后 | after | 6, 6n, 15 |
| T | yǐqián | 以前 | 以前 | before; ago; previously | 7g, 8 |
| T | zǎoshang | 早上 | 早上 | morning | 8 |
| T | zhōngwǔ | 中午 | 中午 | noon | 6s; 8 |
| T | zhōumò | 週末 | 周末 | weekend | 4 |
| T | zuìjìn | 最近 | 最近 | recently | 8 |
| T | zuótiān | 昨天 | 昨天 | yesterday | 3s, 4 |

**Verbs**

| | | | | | |
|---|---|---|---|---|---|
| V | ài | 愛 | 爱 | to love | 15 |
| V | bǎi | 擺 | 摆 | to place; to put | 22s |
| V | bān | 搬 | 搬 | to move | 16s, 18 |
| V | bàn | 辦 | 办 | to do; to handle | 21 |
| V | bāng | 幫 | 帮 | to help | 6 |
| V | bāngzhù | 幫助 | 帮助 | to help | 7 |
| V | bào | 抱 | 抱 | to hold or carry in the arms | 20 |
| V | bǎozhòng | 保重 | 保重 | to take care (of oneself) | 23 |
| V | bì | 閉 | 闭 | to shut; to close | 14 |
| V | bìng | 病 | 病 | illness; to become ill | 16 |
| V | cāi | 猜 | 猜 | to guess | 16 |
| V | cānjiā | 參加 | 参加 | to take part in | 17 |
| V | chà | 差 | 差 | to be short of; to be lacking | 3s |
| V | chàng | 唱 | 唱 | to sing | 4 |
| V | chāo | 超 | 超 | to exceed; to surpass | 23 |
| V | chāozhòng | 超重 | 超重 | to be overweight | 23 |
| V | chēng | 稱 | 称 | to weigh | 23 |
| V | chéng | 成 | 成 | to become | 17 |
| V | chī | 吃 | 吃 | to eat | 3 |
| V | chuān | 穿 | 穿 | to wear; to put on | 9 |
| V | chuī | 吹 | 吹 | to blow | 20s |
| V | chūzū | 出租 | 出租 | to rent out; to let | 11 |
| V | cún | 存 | 存 | to deposit | 19 |

| Grammar | Pinyin | Traditional Characters | Simplified Characters | English | Lesson |
|---|---|---|---|---|---|
| V | dǎ | 打 | 打 | to hit; to strike | 4 |
| V | dài | 戴 | 戴 | to wear (hat, glasses, etc.) | 9s |
| V | dài | 帶 | 带 | to bring; come with | 13, 18 |
| V | dāng | 當 | 当 | to serve as; to be | 18 |
| V | dānxīn | 擔心 | 担心 | to worry | 20 |
| V | dào | 到 | 到 | to arrive | 8, 11 |
| V | dàoqī | 到期 | 到期 | to become due | 13s |
| V | dǎsǎo | 打掃 | 打扫 | to clean up | 17 |
| V | dǎsuàn | 打算 | 打算 | to plan | 21 |
| V | děng | 等 | 等 | to wait; to wait for | 6 |
| V | dìng | 訂 | 订 | to order | 19 |
| V | dìng | 訂 | 订 | to reserve; to book (a ticket, etc.) | 21 |
| V | diū | 丟 | 丢 | to lose; to throw | 19s |
| V | dǒng | 懂 | 懂 | to understand | 7 |
| V | è | 餓 | 饿 | to starve | 12 |
| V | fá | 罰 | 罚 | to fine; to punish | 13 |
| V | fācái | 發財 | 发财 | to make a fortune | 11c |
| V | fàng | 放 | 放 | to put in; to add | 12 |
| V | fàng | 放 | 放 | to put; to place | 16 |
| V | fàng | 放 | 放 | to let go; to set free | 21 |
| V | fēi | 飛 | 飞 | to fly | 11 |
| V | fèi | 費 | 费 | spend; take (effort) | 17 |
| V | fúwù | 服務 | 服务 | to give service to | 12 |
| V | fùxí | 復習 | 复习 | to review | 7 |
| V | gǎnmào | 感冒 | 感冒 | to have a cold | 16s |
| V | gàosu | 告訴 | 告诉 | to tell | 8 |
| V | gěi | 給 | 给 | to give | 5 |
| V | gōngxǐ | 恭喜 | 恭喜 | to congratulate | 11c |
| V | gōngzuò | 工作 | 工作 | to work | 5 |
| V | guā | 颳 | 刮 | to blow | 22 |
| V | guà | 掛 | 挂 | to hang | 19 |
| V | guàhào | 掛號 | 挂号 | to register | 19 |
| V | guǎi | 拐 | 拐 | to turn | 14 |
| V | guān | 關 | 关 | to close | 13 |
| V | guò | 過 | 过 | to pass; to celebrate (a birthday, a holiday) | 14, 15 |
| V | guòmǐn | 過敏 | 过敏 | to have allergy | 16 |
| V | guòqī | 過期 | 过期 | overdue | 13 |
| V | hǎoxiàng | 好像 | 好像 | to seem; to be like | 12 |
| V | hē | 喝 | 喝 | to drink | 5 |
| V | huā | 花 | 花 | to spend | 11 |
| V | huá | 滑 | 滑 | to slide | 22 |
| V | huà | 畫 | 画 | to paint | 22s |

| Grammar | Pinyin | Traditional Characters | Simplified Characters | English | Lesson |
|---|---|---|---|---|---|
| V | huá bīng | 滑冰 | 滑冰 | to skate | 22s |
| V | huán | 還 | 还 | to return | 13 |
| V | huàn | 換 | 换 | to change; to exchange | 9 |
| V | huānyíng | 歡迎 | 欢迎 | to welcome | 22 |
| V | huí | 回 | 回 | to return | 5 |
| V | huó | 活 | 活 | to live; to be alive | 17 |
| V | jì | 寄 | 寄 | to send by mail | 19 |
| V | jiā | 加 | 加 | to add | 19 |
| V | jiàn | 見 | 见 | to see | 3 |
| V | jiǎnchá | 檢查 | 检查 | to examine | 16 |
| V | jiāo | 教 | 教 | to teach | 7 |
| V | jiāo | 交 | 交 | to pay (rent, tuition, etc.) | 18s |
| V | jiào | 叫 | 叫 | to be called; to call | 1 |
| V | jiào | 叫 | 叫 | to hail/hire (a taxi) | 23 |
| V | jìde | 記得 | 记得 | to remember | 17 |
| V | jiē | 接 | 接 | to meet; to receive | 15 |
| V | jiè | 借 | 借 | to borrow/lend | 13 |
| V | jièshào | 介紹 | 介绍 | to introduce | 5 |
| V | jìn | 進 | 进 | to enter | 5 |
| V | jìnbù | 進步 | 进步 | to make progress | 8 |
| V | juéde | 覺得 | 觉得 | to feel | 4 |
| V | kāi | 開 | 开 | to hold (a meeting, party, etc.) | 6 |
| V | kāi | 開 | 开 | to drive; to operate | 11 |
| V | kāi | 開 | 开 | to open | 13 |
| V | kāishǐ | 開始 | 开始 | to begin; to start | 7, 8 |
| V | kàn | 看 | 看 | to watch; to look | 4 |
| V | kǎo | 考 | 考 | to give or take a test | 6 |
| V | kǎo | 烤 | 烤 | to roast; to bake | 12s |
| V | kǎoshì | 考試 | 考试 | to give or take a test | 6 |
| V | késòu | 咳嗽 | 咳嗽 | to cough | 16s |
| V | kū | 哭 | 哭 | to cry; to weep | 23 |
| V | lái | 來 | 来 | to come | 5 |
| V | láidào | 來到 | 来到 | to arrive; to come | 23 |
| V | liànxí | 練習 | 练习 | to practice | 6 |
| V | liáo | 聊 | 聊 | to chat | 5 |
| V | líkāi | 離開 | 离开 | leave; depart from | 19s |
| V | liú | 留 | 留 | to leave behind | 13 |
| V | liú | 流 | 流 | to flow; to shed | 16 |
| V | lǚxíng | 旅行 | 旅行 | to travel | 17 |
| V | lùyíng | 露營 | 露营 | to camp (out) | 21s |
| V | mǎi | 買 | 买 | to buy | 9 |
| V | mài | 賣 | 卖 | to sell | 9s, 12 |
| V | ná | 拿 | 拿 | to take; to get; to carry | 16, 23 |
| V | niàn | 念 | 念 | to read aloud | 7 |

| Grammar | Pinyin | Traditional Characters | Simplified Characters | English | Lesson |
|---|---|---|---|---|---|
| V | pà | 怕 | 怕 | to be afraid of | 20 |
| V | pǎo | 跑 | 跑 | to run | 20 |
| V | qǐfēi | 起飛 | 起飞 | to take off | 23 |
| V | qǐlai | 起來 | 起来 | to get up | 20s |
| V | qǐng | 請 | 请 | please (a polite form of request) | 1, 6n |
| V | qǐng | 請 | 请 | to treat (somebody); to invite | 3, 6n |
| V | qìngzhù | 慶祝 | 庆祝 | to celebrate | 15s, 17 |
| V | qù | 去 | 去 | to go | 4 |
| V | ràng | 讓 | 让 | to allow or cause (somebody to do something) | 11 |
| V | rènshi | 認識 | 认识 | to know (someone); to recognize | 3 |
| V | sǎo | 掃 | 扫 | to sweep | 17 |
| V | shàng | 上 | 上 | (coll.) to go | 14 |
| V | shēng | 生 | 生 | to give birth to; to be born | 3 |
| V | shèng | 剩 | 剩 | to remain; to be left over | 13 |
| V | shì | 是 | 是 | to be | 1 |
| V | shì | 試 | 试 | to try | 16 |
| V | shìhé | 適合 | 适合 | to suit; to fit | 20s |
| V | shōu | 收 | 收 | to receive | 19 |
| V | shòu | 受 | 受 | to bear; to receive | 20 |
| V | shōushi | 收拾 | 收拾 | to pack; to tidy up | 23 |
| V | shū | 輸 | 输 | to lose (a game, etc.) | 20 |
| V | shǔ | 屬 | 属 | to belong to | 15 |
| V | shuì | 睡 | 睡 | to sleep | 4 |
| V | shuō | 說 | 说 | to say; to speak | 6 |
| V | sǐ | 死 | 死 | to die | 16 |
| V | sòng | 送 | 送 | to take someone (somewhere) | 11 |
| V | suí | 隨 | 随 | to follow; to go along with | 23 |
| V | tán | 彈 | 弹 | to play (a musical instrument) | 15 |
| V | tán | 談 | 谈 | to talk; to chat | 20s |
| V | tǎng | 躺 | 躺 | to lie | 16 |
| V | téng | 疼 | 疼 | to be painful | 16 |
| V | tī | 踢 | 踢 | to kick | 20 |
| V | tí | 提 | 提 | to carry (with the arm down) | 23 |
| V | tiáo | 調 | 调 | to change; to adjust; to mix | 20 |
| V | tiào | 跳 | 跳 | to jump | 4 |
| V | tiē | 貼 | 贴 | to paste; to stick on | 19 |
| V | tígāo | 提高 | 提高 | to improve | 20 |
| V | tīng | 聽 | 听 | to listen | 4 |
| V | tíng | 停 | 停 | to stop; to park | 23 |
| V | tíxǐng | 提醒 | 提醒 | to remind | 23 |
| V | tóngyì | 同意 | 同意 | to agree | 20s |
| V | tóu téng | 頭疼 | 头疼 | to have a headache | 16s |

| Grammar | Pinyin | Traditional Characters | Simplified Characters | English | Lesson |
|---|---|---|---|---|---|
| V | tuì | 退 | 退 | to send back; to return | 19s |
| V | tuōyùn | 托運 | 托运 | to check (baggage); to consign for shipment | 23 |
| V | wán | 完 | 完 | to finish; to run out of | 12 |
| V | wàng | 忘 | 忘 | to forget | 13 |
| V | wán(r) | 玩(兒) | 玩(儿) | to have fun; to play | 5 |
| V | wèn | 問 | 问 | to ask (a question) | 1, 6n |
| V | xiàng | 像 | 像 | to be like; to take after | 15 |
| V | xiǎngniàn | 想念 | 想念 | to miss; to remember with longing | 23s |
| V | xiào | 笑 | 笑 | to laugh; to laugh at | 8 |
| V | xiǎoxīn | 小心 | 小心 | to be careful | 23 |
| V | xiě | 寫 | 写 | to write | 7 |
| V | xiè | 謝 | 谢 | thanks | 10 |
| V | xíguàn | 習慣 | 习惯 | to be accustomed to | 8 |
| V | xǐhuan | 喜歡 | 喜欢 | to like; to prefer | 3 |
| V | xíng | 行 | 行 | to walk; to go | 14 |
| V | xìng | 姓 | 姓 | (one's) surname is... | 1 |
| V | xiūxi | 休息 | 休息 | to rest | 18s |
| V | xīwàng | 希望 | 希望 | to hope | 8 |
| V | xǔ | 許 | 许 | to allow; to be allowed | 18 |
| V | xué | 學 | 学 | to study | 7 |
| V | xuéxí | 學習 | 学习 | to study; to learn | 17 |
| V | xùjiè | 續借 | 续借 | to renew | 13 |
| V | yǎn | 演 | 演 | to show (a film); to perform | 17 |
| V | yǎng | 養 | 养 | to raise | 18 |
| V | yǎng | 癢 | 痒 | to itch | 16 |
| V | yào | 要 | 要 | to want to; to have a desire for | 5 |
| V | yào | 要 | 要 | to need; to cost | 19 |
| V | yíng | 贏 | 赢 | to win | 20 |
| V | yǐwéi | 以為 | 以为 | to think (wrongly) | 22 |
| V | yòng | 用 | 用 | to use | 8 |
| V | yǒu | 有 | 有 | to have; to exist | 2 |
| V | yuē | 約 | 约 | to make an appointment | 10 |
| V | yǔnxǔ | 允許 | 允许 | to allow | 18n |
| V | yùxí | 預習 | 预习 | to preview | 7 |
| V | zài | 在 | 在 | to be present; to be at (a place) | 6 |
| V | zhàn | 站 | 站 | to stand | 15s |
| V | zhǎng | 長 | 长 | to grow | 15n |
| V | zhǎo | 找 | 找 | to look for | 4 |
| V | zhǎo(qián) | 找(錢) | 找(钱) | to give change | 9 |
| V | zhěnglǐ | 整理 | 整理 | to put in order | 17 |
| V | zhīdao | 知道 | 知道 | to know | 6 |
| V | zhòng | 種 | 种 | to seed; to plant | 22 |

▼▼▼▼▼▼▼▼▼▼▼▼▼▼▼▼▼▼▼▼▼▼▼▼▼▼▼▼▼▼▼▼▼▼▼▼▼▼▼▼▼▼▼▼▼▼▼▼

| Grammar | Pinyin | Traditional Characters | Simplified Characters | English | Lesson |
|---------|--------|------------------------|-----------------------|---------|--------|
| V | zhù | 祝 | 祝 | to express good wishes | 8, 11f |
| V | zhù | 住 | 住 | to live | 14 |
| V | zhuǎn | 轉 | 转 | to turn | 14n |
| V | zhuàn | 賺 | 赚 | to earn | 23s |
| V | zhùyì | 注意 | 注意 | to pay attention to | 20s |
| V | zǒu | 走 | 走 | to walk; to go by way of | 11, 21 |
| V | zū | 租 | 租 | to rent | 11, 18 |
| V | zuò | 做 | 做 | to do | 2 |
| V | zuò | 坐 | 坐 | to sit | 5 |
| V | zuò | 坐 | 坐 | to travel by | 11 |

**Verbs Plus Complement**

| Grammar | Pinyin | Traditional Characters | Simplified Characters | English | Lesson |
|---------|--------|------------------------|-----------------------|---------|--------|
| VC | bān chuqu | 搬出去 | 搬出去 | to move out of | 18 |
| VC | chī huài | 吃壞 | 吃坏 | get sick because of food | 16 |
| VC | chūqu | 出去 | 出去 | to go out | 10 |
| VC | cún qǐlai | 存起來 | 存起来 | to store; to save | 19g |
| VC | dé dào | 得到 | 得到 | to gain; to obtain | 20s |
| VC | è sǐ | 餓死 | 饿死 | to starve to death | 16 |
| VC | fàng bu xià | 放不下 | 放不下 | not enough room for… | 18 |
| VC | huílai | 回來 | 回来 | to come back | 6 |
| VC | jì bu zhù | 記不住 | 记不住 | unable to remember | 17s |
| VC | jìnlai | 進來 | 进来 | to come in | 5 |
| VC | jìnqu | 進去 | 进去 | to go in | 6g, 13 |
| VC | kāi dào | 開到 | 开到 | open till … | 13 |
| VC | kāi mǎn | 開滿 | 开满 | to bloom abundantly | 22 |
| VC | kàn bu chūlai | 看不出來 | 看不出来 | can't make out; unable to tell | 20 |
| VC | kàn jiàn | 看見 | 看见 | to see; to catch sight of | 20s |
| VC | lèi huài | 累壞 | 累坏 | to become exhausted | 23 |
| VC | mài wán (le) | 賣完(了) | 卖完(了) | sold out | 12 |
| VC | shōu dào | 收到 | 收到 | to receive | 19 |
| VC | tǎngxià | 躺下 | 躺下 | to lie down | 16 |
| VC | téngsǐ | 疼死 | 疼死 | to really hurt | 16 |
| VC | xiǎng dào | 想到 | 想到 | to have thought of | 19g |
| VC | xiǎng qilai | 想起來 | 想起来 | remember; recall | 17 |
| VC | yā huài | 壓壞 | 压坏 | smash; to get hurt by being crushed | 20 |
| VC | yān sǐ | 淹死 | 淹死 | drown to death | 20 |
| VC | zhǎo bu dào | 找不到 | 找不到 | unable to find | 23 |
| VC | zhǎo dào | 找到 | 找到 | to find (successfully) | 13 |

**Verbs plus Object**

| Grammar | Pinyin | Traditional Characters | Simplified Characters | English | Lesson |
|---------|--------|------------------------|-----------------------|---------|--------|
| VO | bāng máng | 幫忙 | 帮忙 | to help; to do someone a favor | 6 |
| VO | bì yè | 畢業 | 毕业 | to graduate; to finish school | 23s |
| VO | chàng gē | 唱歌 | 唱歌 | to sing (a song) | 4 |
| VO | chī fàn | 吃飯 | 吃饭 | to eat (a meal) | 3 |

| Grammar | Pinyin | Traditional Characters | Simplified Characters | English | Lesson |
|---------|--------|------------------------|-----------------------|---------|--------|
| VO | chū mén | 出門 | 出门 | go on a journey | 23 |
| VO | chū wèntí | 出問題 | 出问题 | run into trouble | 21s |
| VO | cún qián | 存錢 | 存钱 | to deposit money | 19 |
| VO | dǎ diànhuà | 打電話 | 打电话 | to make a phone call | 6 |
| VO | dǎ gōng | 打工 | 打工 | to work part-time; to do manual work | 5s |
| VO | dǎ pēnti | 打噴嚏 | 打喷嚏 | to sneeze | 16s |
| VO | dǎ qiú | 打球 | 打球 | to play ball | 4 |
| VO | dǎ zhé(kòu) | 打折(扣) | 打折(扣) | to give a discount | 21 |
| VO | dǎ zhēn | 打針 | 打针 | get a shot | 16 |
| VO | diǎn cài | 點菜 | 点菜 | to order dishes | 12 |
| VO | fā shāo | 發燒 | 发烧 | to run a fever | 16s |
| VO | fàng jià | 放假 | 放假 | to have a holiday or vacation | 21 |
| VO | fù qián | 付錢 | 付钱 | to pay money | 9 |
| VO | guā fēng | 颱風 | 刮风 | to be windy | 22 |
| VO | guān mén | 關門 | 关门 | to close door | 13 |
| VO | guò shēngrì | 過生日 | 过生日 | celebrate a birthday | 15 |
| VO | huā qián | 花錢 | 花钱 | cost money; spend money | 16 |
| VO | huā shíjiān | 花時間 | 花时间 | cost time | 16 |
| VO | huá xuě | 滑雪 | 滑雪 | (snow) ski | 22 |
| VO | huí jiā | 回家 | 回家 | to go home | 5 |
| VO | jiǎn féi | 減肥 | 减肥 | to lose weight | 20s |
| VO | jiǎng kè | 講課 | 讲课 | to lecture; to teach | 22s |
| VO | jiǎn jià | 減價 | 减价 | to cut a price | 21 |
| VO | jié hūn | 結婚 | 结婚 | to get married | 17s |
| VO | kāi chē | 開車 | 开车 | to drive a car | 11 |
| VO | kāi huì | 開會 | 开会 | to have a meeting | 6 |
| VO | kàn bìng | 看病 | 看病 | to see a doctor; (of a doctor) to see a patient | 16 |
| VO | kàn shū | 看書 | 看书 | to read books; to read | 4 |
| VO | liáo tiān(r) | 聊天(兒) | 聊天(儿) | to chat | 5 |
| VO | lù yīn | 錄音 | 录音 | to record | 7 |
| VO | niàn shū | 念書 | 念书 | to study | 21s |
| VO | pǎo bù | 跑步 | 跑步 | to jog | 20 |
| VO | qǐ chuáng | 起床 | 起床 | to get up | 8 |
| VO | qiāo mén | 敲門 | 敲门 | to knock at the door | 5f |
| VO | qǐng kè | 請客 | 请客 | to invite someone to dinner; to be the host | 4 |
| VO | shàng bān | 上班 | 上班 | go to work | 23s |
| VO | shàng cài | 上菜 | 上菜 | to serve dishes | 12 |
| VO | shàng dàxué | 上大學 | 上大学 | to attend college/university | 20 |
| VO | shàng kè | 上課 | 上课 | to go to class; to start a class | 7 |
| VO | shēng bìng | 生病 | 生病 | get sick | 16 |
| VO | shēng qì | 生氣 | 生气 | to be angry | 16s |

▼▼▼▼▼▼▼▼▼▼▼▼▼▼▼▼▼▼▼▼▼▼▼▼▼▼▼▼▼▼▼▼▼▼▼▼▼▼▼▼▼▼▼▼▼

| Grammar | Pinyin | Traditional Characters | Simplified Characters | English | Lesson |
|---|---|---|---|---|---|
| VO | shòu shāng | 受傷 | 受伤 | to get injured or wounded | 20 |
| VO | shuì jiào | 睡覺 | 睡觉 | to sleep | 4 |
| VO | shuō huà | 說話 | 说话 | to talk | 7 |
| VO | tàn qīn | 探親 | 探亲 | visit relatives | 23 |
| VO | tiào wǔ | 跳舞 | 跳舞 | to dance | 4 |
| VO | tíng chē | 停車 | 停车 | to park (a car, bike, etc.) | 23 |
| VO | wèn lù | 問路 | 问路 | to ask for directions | 14 |
| VO | xià chē | 下車 | 下车 | to get off (a bus, train, etc.) | 11 |
| VO | xiǎng jiā | 想家 | 想家 | miss home; be homesick | 16 |
| VO | xià yǔ | 下雨 | 下雨 | to rain | 10 |
| VO | xiě zì | 寫字 | 写字 | to write characters | 7 |
| VO | xǐ zǎo | 洗澡 | 洗澡 | to take a bath/shower | 8 |
| VO | yǒu kòng(r) | 有空(兒) | 有空(儿) | to have free time | 6 |
| VO | yóu yǒng | 游泳 | 游泳 | to swim | 20 |
| VO | zhǎng jià | 漲價 | 涨价 | to increase in price | 21 |
| VO | zhuǎn jī | 轉機 | 转机 | change planes | 21 |
| VO | zǒu lù | 走路 | 走路 | to walk | 11s, 15 |
| VO | zuò fàn | 做飯 | 做饭 | cook | 15 |

**Unclassified**

| | bàoshang | 報上 | 报上 | in/on the newspaper | 10 |
|---|---|---|---|---|---|
| | bā zhé | 八折 | 八折 | 20% off | 21n |
| | bǐfang shuō | 比方說 | 比方说 | for example | 22 |
| | bìzhe | 閉著 | 闭着 | close; closed | 14 |
| | búbì | 不必 | 不必 | need not | 20s |
| | bú dào | 不到 | 不到 | less than | 21 |
| | bú dòng | 不動 | 不动 | unable to do something | 23 |
| | chūlai | 出來 | 出来 | (indicates achievement of a result) | 20 |
| | chūqu | 出去 | 出去 | (indicating movement outward) | 18 |
| | dào…qù | 到…去 | 到…去 | to go to (a place) | 6 |
| | de | 的 | 的 | (indicating a possessive) | 2 |
| | de shíhou | 的時候 | 的时候 | when…; at the time of… | 8 |
| | dì | 第 | 第 | prefix (prefix for ordinal numbers) | 7 |
| | duì zhé | 對折 | 对折 | 50% off | 21n |
| | duì…guòmǐn | 對…過敏 | 对…过敏 | to be allergic to… | 16 |
| | duì…yǒu xìngqu | 對…有興趣 | 对…有兴趣 | to be interested in… | 16s |
| | fàng shǔjià | 放暑假 | 放暑假 | have summer vacation | 23 |
| | guolai | 過來 | 过来 | (indicating motion towards one) | 23 |
| | hǎo jǐ | 好幾 | 好几 | quite a few | 16 |
| | hóngshāo | 紅燒 | 红烧 | to braise in soy sauce | 12 |
| | Huózhe | 《活著》 | 《活着》 | To Live (name of a movie) | 17 |
| | jiǔzhé | 九折 | 九折 | 10% off | 21 |

| Grammar | Pinyin | Traditional Characters | Simplified Characters | English | Lesson |
|---------|--------|------------------------|-----------------------|---------|--------|
| | la | 啦 | 啦 | (the combination of 了 and 啊) | 22 |
| | lái bu jí | 來不及 | 来不及 | there is not enough time | 13 |
| | liángbàn | 涼拌 | 凉拌 | cold and dressed with sauce | 12 |
| | méi guānxi | 沒關係 | 没关系 | It doesn't matter | 17 |
| | nán de | 男的 | 男的 | male | 7 |
| | qián yì tiān | 前一天 | 前一天 | the day before | 23 |
| | qilai | 起來 | 起来 | (indicates beginning of action) | 20 |
| | qī wǔ zhé | 七五折 | 七五折 | 25% off | 21n |
| | rúguǒ...de huà | 如果...的話 | 如果...的话 | if... | 22 |
| | shénme...dōu | 什麼...都 | 什么...都 | all; any (an inclusive pattern) | 18 |
| | shuǐdiàn | 水電 | 水电 | water and electricity | 18 |
| | shuōdào | 說到 | 说到 | to talk about; to mention | 15 |
| | shǔqī xuéxiào | 暑期學校 | 暑期学校 | summer school | 15 |
| | tīng qilai | 聽起來 | 听起来 | sound like | 22 |
| | tīngshuō | 聽說 | 听说 | It is said that; (I) heard that | 22 |
| | xià | 下 | 下 | next; under | 6 |
| | xià cì | 下次 | 下次 | next time | 10 |
| | yào...le | 要...了 | 要...了 | to be about to... | 23 |
| | yìbiān...yìbiān | 一邊...一邊 | 一边...一边 | (indicates simultaneous actions) | 8 |
| | yìdiǎnr | 一點兒 | 一点儿 | a bit | 10 |
| | yì fáng yì tīng | 一房一廳 | 一房一厅 | one bedroom and one living room | 18 |
| | yí gè rén | 一個人 | 一个人 | alone; by oneself | 18s |
| | yì jiā | 一家 | 一家 | the whole family | 22 |
| | yī...jiù | 一...就 | 一...就 | as soon as..., then... | 14 |
| | yìxiē | 一些 | 一些 | some | 16 |
| | yuán | 元 | 元 | yuan (unit of Chinese currency); Chinese dollar | 9g, 18 |
| | yuè...yuè... | 越...越... | 越...越... | the more...the more... | 19 |
| | zhǎng de | 長得 | 长得 | to grow in such a way as to appear | 15 |
| | zhè jǐ tiān | 這幾天 | 这几天 | the past few days | 11 |
| | zhí fēi | 直飛 | 直飞 | fly directly | 21 |
| | yòu...yòu | 又...又... | 又...又... | both...and... | 10 |

## LESSON 12 ▲ Dining

**Dialogue I: Dining In a Restaurant**

### DIALOGUE I

(在[F]飯館兒)

服務員[1]：請進，請進。

李小姐：　人怎麼這麼多？好像一個位子
　　　　　都[G1]沒有了。

王先生：　請問，還有沒有位子？

服務員：　有，有，有。那張桌子沒有人。

▲▲▲▲▲▲▲▲▲▲▲▲▲▲▲▲▲▲▲▲▲▲▲▲▲▲▲▲▲

服務員：　二位要吃一點(兒)什麼？

李小姐：　老王你點菜吧。

王先生：　好。先給我們三十個餃子，要素的。

服務員：　除了餃子以外，還要什麼？

李小姐：　還要一盤家常豆腐，不要肉，我
　　　　　們吃素。

服務員：　我們的家常豆腐沒有肉。

李小姐：　還要兩碗酸辣湯，請不要放味精。

服務員：　好，兩碗酸辣湯。那喝點(兒)[2]

什麼呢？

王先生： 我要一瓶啤酒。

李小姐： 我很渴，給我一杯可樂。

服務員： 好，三十個餃子，一盤家常豆腐，兩碗酸辣湯，一瓶啤酒，一杯可樂。還要別的嗎？

李小姐： 不要別的了，這些夠了。小姐，我們都餓了，請上菜快一點(兒)。

服務員： 沒問題，菜很快就能做好<sup>(G2)</sup>。

## Dialogue II : Eating in a Cafeteria

### DIALOGUE II

(在學生餐廳)

學生： 請問今天晚飯有什麼好吃的？

師傅<sup>(1)</sup>：中餐還是西餐？

學生： 中餐。

師傅： 我們今天有糖醋魚，酸酸的、甜甜的<sup>(G3)</sup>，好吃極了<sup>(G4)</sup>，你買一個吧。

學生： 好。今天有沒有紅燒牛肉？

師傅： 紅燒牛肉賣完<sup>(G5)</sup>了。今天天氣熱，來<sup>(G6)</sup>個涼拌黃瓜吧？

學生：  好極了。再來二兩⁽²⁾米飯。一共多
　　　少錢？

師傅：  糖醋魚，十塊五，涼拌黃瓜，四塊
　　　五；二兩米飯，五毛錢。一共十五
　　　塊五。

學生：  這是二十塊。

師傅：  找你四塊五。

學生：  對不起，錢你找錯了，這是五塊
　　　五，<u>多找了我一塊錢</u>⁽ᴳ⁷⁾。

師傅：  對不起，謝謝。

學生：  明兒⁽³⁾見。

# LESSON 13 ▲ At the Library

## Dialogue I: Borrowing Audio Tapes

### DIALOGUE I

學生：  我要借這兩盤錄音帶⁽¹⁾。

職員：  請你<u>把</u>⁽ᴳ¹⁾學生證留<u>在</u>⁽ᴳ²⁾這兒。語言
　　　實驗室在樓下，你可以去那兒聽。
　　　還錄音帶的時候，我再把學生證還
　　　給你。

學生： 糟糕<sup>(F)</sup>，學生證我忘了帶了。

職員： 你有沒有其他的證件？

學生： 信用卡可以嗎？

職員： 不行。

學生： 語言實驗室開到幾點？

職員： 我們五點關門。

學生： 只剩半個鐘頭<sup>(2)(G3)</sup>了，可能來不及了，我明天再來吧。

## Dialogue II: Borrowing Books

### DIALOGUE II

學生： 我想要借這四本書。

圖書館員： 請你在這兒等一下，我進去找。

*(A few minutes later.)*

圖書館員： 四本書都找到了。

學生： 謝謝你。

圖書館員： 請你把借書證給我。

學生： 請問，書可以借多久<sup>(G4)</sup>？

圖書館員： 可以借半個月。如果過期，每天罰五毛。

學生：　　　可以續借嗎？

圖書館員：可以。可以續借半個月，可是
　　　　　一個月以後必須還。

學生：　　　可以借字典嗎？

圖書館員：不行。你還要借別的書嗎？

學生：　　　不借別的書了。謝謝，再見！

圖書館員：不謝，再見[F]！

# LESSON 14 ▲ Asking Directions

## Dialogue I: Where Are You Going?

### DIALOGUE I

田小姐：老金，你上哪兒去？

金先生：我想去學校的電腦中心。你知
　　　　道怎麼走嗎？是不是在運動場
　　　　旁邊[G1]？

田小姐：電腦中心沒有[G2]運動場那麼
　　　　[G3]遠。你知道學校圖書館在哪裏
　　　　嗎？

金先生：知道。我住的地方離圖書館不
　　　　太遠。

田小姐：電腦中心離圖書館很近，就在圖

書館和學生活動中心中間。

金先生： 小田，你去哪兒呢？

田小姐： 我想<u>到學校書店去買書</u><sup>(G4)</sup>。

金先生： 書店在什麼地方？

田小姐： 就在學生活動中心裏頭。我們一起走吧。

金先生： 早知道<sup>(F)</sup>同路，<u>我就</u><sup>(G5)</sup>不問路了。

## Dialogue II: Going to Chinatown

### DIALOGUE II

老王： 我沒去<u>過</u><sup>(G6)</sup>中國城，不知道中國城在哪兒。我開車，你得告訴我怎麼走。

老李： 沒問題。

老王： 你帶地圖了沒有？

老李： 不用地圖，中國城我去過很多次，閉著眼睛都能<u>走到</u><sup>(G7)</sup>。你從這兒一直往南開，過三個路口，往西<u>一</u>拐<sup>(1)</sup><u>就</u><sup>(G8)</sup>到了。

老王： 哎，我不知道東西南北。

老李： 那你一直往前開，過三個紅綠燈，往右一拐就到了。

(過了三個路口)

老王： 不對，不對。你看，這個路口是單
行道，只能往左拐，不能往右拐。

老李： 那就是下一個路口。到了，到了，
往右拐，往前開。你看，前面不是
有很多中國字嗎？

老王： 那不是中文，那是日文，我們到了
小東京了。

## LESSON 15 ▲ Birthday Party

**Dialogue I: Inviting Someone to a Party**

DIALOGUE I

(李友給王朋打電話。)

李友： 王朋，你做什麼呢(G1)？

王朋： 我在看書呢(G1)。

李友： 今天小林過生日，晚上我們在小林
家開舞會，你能來嗎？

王朋： 幾點鐘？

李友： 七點鐘。我們先吃飯，吃完飯再唱
歌跳舞。

王朋： 哪些人會去？

李友： 小林的女朋友，我的表姐(1)，還有我們中文班<sup>(2)</sup>的幾個同學。

王朋：　要帶什麼東西？你知道我不會做
　　　　飯。

李友：　汽水兒或者水果都可以。

王朋：　那我帶幾瓶果汁吧。

李友：　你沒有車，要不要我來接你？

王朋：　不用，<u>我住的地方</u><sup>(G2)</sup>離小林那兒不
　　　　遠，我走路去，可以運動一下。

## Dialogue II: Attending a Birthday Party

### DIALOGUE II

(在小林家)

王朋：　小林，祝你生日快樂！

小林：　謝謝。王朋，快進來，李友正在問
　　　　我，你怎麼還<sup>(G3)</sup>沒來！

王朋：　這是送給你的生日禮物<sup>(G2)</sup>。

小林：　你太客氣了，真不好意思。

李友：　王朋，你怎麼現在才來？來，我給
　　　　你們介紹一下，這是我表姐海倫，
　　　　這是她的兒子湯姆。

王朋：　你好，海倫。

海倫：　你好，王朋。李友常常說到你，說你又聰明(1)又用功。

王朋：　哪裏，哪裏。你的中文說得真好，是在哪兒學的(G4)？

海倫：　在暑期學校學的。

王朋：　哎，湯姆長(2)得真可愛(F)！你們看，他正在笑呢。他幾歲了？

海倫：　他是前年生的，屬狗的，下個月就兩歲了。

小林：　你們看，他的眼睛大大的，鼻子高高的，嘴不大也不小，很像海倫。媽媽這麼漂亮，兒子將來一定也很帥。

海倫：　大家都說湯姆的臉長(2)得像我，但是笑的時候很像他爸爸。

王朋：　湯姆的腿很長(2)，一定會長得很高。

李友：　你看看，湯姆的手指這麼長，以後應該讓他學彈鋼琴(G5)。

# LESSON 16 ▲ Seeing a Doctor

## Dialogue I: A Stomachache

### DIALOGUE I

(看病)

病人： 醫生，我肚子疼死(G1)了。

醫生： 你昨天吃什麼東西了？

病人： 我昨天沒時間做飯，吃了一些剩菜。一天上了好幾次(G2)廁所。

醫生： 菜放了幾天了？

病人： 不知道。

醫生： 你躺下。我給你檢查一下。

▲▲▲▲▲▲▲▲▲▲▲▲▲▲▲▲▲▲▲▲▲▲▲▲▲▲

醫生： 你是吃壞肚子了。

病人： 要不要打針？

醫生： 不用打針，吃這種藥就可以。一天三次，一次兩片。

病人： 好！是飯前(1)吃還是飯後吃？

醫生： 飯前吃。不過，你最好二十四小時不吃飯。

病人： 那我不是要餓死了嗎？這個辦法不好！

## Dialogue II: Allergies

**DIALOGUE II**

馬：小謝，你怎麼了[F]？怎麼眼睛紅紅
　　的，是不是想家了？

謝：不是想家。我也不知道為什麼，最近
　　這幾天身體很不舒服。一直流眼淚。
　　眼睛又紅又癢。

馬：你一定是對[G3]什麼過敏了。

謝：我想也是。所以我去藥店買回來[G4]一些
　　藥。已經吃過四、五種了，都沒有用。

馬：把你買的藥拿出來給我看看。

謝：這些就是。

馬：這些藥沒有用。你得趕快去看醫生[1]。
　　要不然病會越來越重。

謝：我這個學期功課很多。看醫生不但花
　　錢，而且得花很多時間。我想再吃點
　　兒別的藥試試。再說[G5]我上次生病，
　　沒去看醫生，最後也好了。

馬：你一定是沒買健康保險，對不對[G6]？

謝：你猜對了。

# LESSON 17 ▲ Dating

## Dialogue I: Seeing a Chinese Movie

### DIALOGUE I

王朋跟李友在同一個學校學習，他們認識已經快三個月了。王朋常常幫助李友練習說中文。上個星期他們參加小林的生日舞會，玩兒得<sup>(G1)</sup>很高興。李友對王朋的印象<sup>(1)</sup>很好，王朋也很喜歡李友，他們成了好朋友。

▲▲▲▲▲▲▲▲▲▲▲▲▲▲▲▲▲▲▲▲▲▲▲▲▲▲▲

王朋： 這個週末學校演<sup>(2)</sup>新電影，我們一起去看，好嗎？

李友： 什麼電影？

王朋： 中國電影《活著》。

李友： 好啊！不過，聽說看電影的人很多，買得到<sup>(G2)</sup>票嗎？

王朋： 票已經買了，我費了很大的力氣才買到。

李友： 好極了！我早就想看這個電影了。還有別人跟我們一起去嗎？

王朋： 沒有，就<sup>(G3)</sup>我們倆。

李友： 好啊。什麼時候？

王朋： 後天晚上八點。

李友： 看電影以前，我請你吃晚飯。

王朋： 好，一言為定<sup>(3)(F)</sup>。

## Dialogue II: Refusing an Invitation

### DIALOGUE II

白健明：喂，請問李友小姐在嗎？

李友：　我就是。請問你是哪一位？

白健明：我是白健明，你還記得我嗎？

李友：　白健明？

白健明：你還記得上個星期小林的生日舞
　　　　會嗎？我就是最後請你跳舞的那
　　　　個人。你想起來了嗎？

李友：　對不起，我想不起來。你怎麼知
　　　　道我的電話號碼？

白健明：是小林告訴我的。

李友：　白先生，你有什麼事嗎？

白健明：我想請你看歌劇，這個週末你有
　　　　空兒嗎？

李友：　這個週末不行，下個星期我有三
　　　　個考試。

白健明：那下個週末怎麼樣？你考完試，
　　　　我們好好兒慶祝慶祝(G4)。

李友：　下個週末也不行，我得幫我媽媽

打掃房子，整理房間。

白健明： 你看[1]下下個週末，好不好？

李友： 對不起，下下個週末更不行了，
我要跟我的男朋友去紐約旅行。

白健明： 沒關係，那就算了吧。

## LESSON 18 ▲ Renting an Apartment

### Narrative: Finding a Better Place

### NARRATIVE

王朋在學校的宿舍住了一個學期了[G1]。他覺得宿舍太吵，睡不好覺。房間太小，連電腦都[G2]放不下[G3]，再說也沒有地方可以做飯，很不方便，所以準備下個學期搬出去住。他找房子找了一個多[G4]星期了，可是還沒有找到。今天早上他在報紙上看到一個廣告，說學校附近有一個公寓出租，離學校只有一英裏，很方便。那套公寓有一個臥室，一個廚房，一個洗澡間，一個客廳，還帶傢俱。王朋覺得那套公寓可能對他很合適。

## Dialogue: Finding a Better Place

### DIALOGUE

王朋：喂，請問你們是不是有公寓出租？

房東：是啊，一房一廳[1]，還帶傢俱。

王朋：有什麼傢俱？

房東：客廳裏有一套沙發、一張飯桌跟四把椅子。臥室裏有一張單人床、一張書桌和一個書架。

王朋：你們那裏安靜不安靜？

房東：非常安靜。

王朋：每個月房租多少錢？

房東：四百五十元。

王朋：水電費多少錢？

房東：水電費不用付。

王朋：要不要付押金？

房東：要多付一個月的房租當押金，搬出去的時候還給你。還有，我們公寓不許[2]養小動物。

王朋：我什麼動物都[G5]不養。

房東：那太好了。你今天下午來看看吧。

王朋：好。

# LESSON 19 ▲ At the Post Office

## Dialogue I: Mailing a Letter

### DIALOGUE I

(在台灣的郵局⁽¹⁾)

留學生： 先生，從台北寄一封信到台南要幾天？

營業員： 平信三、四⁽ᴳ¹⁾天，快信只要一天。

留學生： 我希望越快越好⁽ᴳ²⁾，那就⁽ᴳ³⁾寄快信吧。要貼多少錢的郵票？

營業員： 十二塊錢。

留學生： 這封信很重要。可以掛號嗎？

營業員： 可以。如果掛號，還要再加十四塊。

留學生： 好，那就寄掛號快信。另外，我還要買明信片，一張多少錢？

營業員： 三塊錢。

留學生： 好，我買五張。除了明信片以外，我還⁽ᴳ⁴⁾要買郵票，一張多少錢？

營業員： 一張十塊錢。

留學生： 我要十張。

營業員： 一共一百四十一塊。

## Dialogue II: At a Post Office in Beijing

 **DIALOGUE II**

(在北京的郵局)

白： 張意文下個月過生日，以前我老是送首飾，這次我想送點兒新鮮的東西，你說我應該送什麼？

王： 花最"新鮮"，就送她一束花吧。

白： 她住在上海，花不能寄，怎麼送啊？

王： 郵局有送花的服務，你在北京訂[1]花，過兩、三天，她在上海就收到[G5]了。

白： 那太方便了。

王： 這裏的郵局還可以存錢呢。

白： 真的啊？我爸爸剛從美國給我寄來一張美元支票，我可以把它存在郵局嗎？

王： 不行，不行，郵局除了人民幣以外，別的錢都[G4]不能存。你還是到中國銀行去存吧。

# LESSON 20 ▲ Sports

## Dialogue I: Gaining Weight

### DIALOGUE I

老李： 你看，我的肚子越來越大了。

小林： 你平常吃得那麼多，又不運動，當然越來越胖了。

老李： 那怎麼辦呢？

小林： 如果怕胖，你一個星期運動兩、三次，每次半個小時，肚子就會小了。

老李： 我兩年沒運動了(G1)，做什麼運動呢？

小林： 最簡單的運動是跑步。

老李： 冬天那麼冷，夏天那麼熱，跑步多難受(G2)啊。

小林： 你打網球吧。

老李： 那我得買網球拍、網球鞋，太貴了！

小林： 找幾個人打籃球吧。買個籃球很便宜。

老李： 那每次都得打電話找人，麻煩死了。

小林： 你去游泳吧。不用找人，也不用花很多錢，什麼時候都可以去。

老李：  游泳？多危險哪，淹死了怎麼辦？

小林：  我也沒辦法了。你不願意運動，那
　　　　就胖下去(G3)吧。

## Dialogue II: Watching American Football

### DIALOGUE II

(意文的弟弟思文剛從台灣來，要在美國
上大學，現在住在姐姐家裏學英文。為了
提高英文聽力，他每天都看兩個小時的
電視(G4)。)

意文：  思文，快調到第六台，足球(1)賽開
　　　　始了。

思文：  是嗎？我也喜歡看足球賽。...這是
　　　　什麼足球啊？怎麼不是圓的？

意文：  這不是國際足球，這是美式足球。

思文：  足球應該用腳踢，為什麼那個人用
　　　　手抱著跑起來(G5)了呢？

意文：  美式足球可以用手。

思文：  你看，你看，那麼多人都壓在一起，
　　　　下面的人不是要被(G6)壓壞了嗎？

意文： 別擔心，他們的身體都很棒，而且
　　　還穿著特別的運動服，不容易受傷。

思文： 我看了半天，也看不出誰輸了誰贏
　　　了。還是看別的吧。

意文： 你在美國住半年就會喜歡美式足球
　　　了。我有很多同學一看足球賽，就
　　　常常連飯都不吃了。

## LESSON 21 ▲ Travel

### Dialogue I: Traveling to Taiwan

#### DIALOGUE I

錢： 小白，時間過得真快，還有一個月就
　　　放假了，你有什麼計劃？

白： 我還沒有想好，你呢，老錢？

錢： 我要到台灣去。

白： 真的啊？你要到台灣做什麼？

錢： 我想一邊教英文，一邊學中文，有空
　　　的時候，到台灣各地去看看。

白： 你以前去過台灣沒有[1]？

錢： 沒有，這是第一次。

白： 什麼時候走？

錢： 我打算六月中走，我護照已經辦好
了，可是我的簽證還沒辦。

白： 到台灣的簽證不難辦，可是六月的機
票不好買，你得趕快訂機票。

錢： 昨天報紙上的廣告說西北、中華這兩
家航空公司的機票都在大減價，可是
我忙得沒有時間打電話。

白： 我哥哥在一家旅行社工作，你把你的
旅行日程告訴我，我請他幫你辦。

錢： 好極了，機票能不能打折扣？

白： 這個...我請他給你打九折[2]，但是你得
請我吃飯。

錢： 那沒問題。

白： 一言為定。

錢： 好，一言為定。

## Dialogue II: Traveling to Beijing

### DIALOGUE II

職員： 大中旅行社，你好。

王朋： 你好。小姐，請問六月初到北京的
機票多少錢？

職員：您要買單程票還是來回票？

王朋：我要買一張來回票。

職員：有的<sup>(G1)</sup>航空公司一千<sup>(G2)</sup>多塊錢，有的不到一千。你想買哪家航空公司的？

王朋：哪家的便宜，就買哪<sup>(G3)</sup>家的。

職員：你打算從哪兒走？

王朋：華盛頓。

職員：韓國航空公司的票最便宜。

王朋：韓航怎麼飛？

職員：先從華盛頓飛到芝加哥，在芝加哥轉機到洛杉磯，然後從洛杉磯直飛漢城，在那兒住一夜，然後再飛香港，從香港再飛北京。

王朋：這太麻煩了。有沒有從洛杉磯直飛北京的班機？

職員：有。西北、中國民航都有，但是都比韓航貴兩百多塊<sup>(G4)</sup>。

王朋：我現在訂，什麼時候必須付錢？

職員：一個星期內<sup>(1)</sup>。

王朋： 好，我想想再給你打電話。

職員： 這個星期機票在減價，下個星期就漲
價了。要是你要訂就得快一點兒。

## LESSON 22 ▲ Hometown

**Dialogue I: Describing One's Hometown**

### DIALOGUE I

(李友和住在她對面的王德中在談春假的計
劃。王德中是中國來的留學生。)

王德中： 李友，你春假有什麼計劃？

李友： 我要回家看我的父母(G1)。你呢？

王德中： 我要去加州看我的外公、外婆，
還有阿姨。

李友： 我以為(G2)你在美國沒有親戚呢。

王德中： 我的外公、外婆跟我阿姨住在舊
金山(11)，伯伯一家住在洛杉磯。
你的老家在哪兒？

李友： 在麻州西邊。

王德中： 你家住在大城市嗎？

李友：　　不是，是在鄉下的一個小鎮，人口只有五千，左邊兒有(G3)幾座小山，右邊兒是(G3)一條小河，小河兩邊種著(G4)很多樹，春天的時候，樹上開滿了花兒，美極了。

王德中：　聽起來風景很不錯。

李友：　　是啊。我很喜歡那個地方，那兒一年四季都很好。比方說，春天可以看花兒，夏天可以游泳，秋天可以看紅葉，冬天可以滑雪。

王德中：　真是一個好地方！

李友：　　歡迎你來我家玩兒。

## Dialogue II: Talking about Beijing

### DIALOGUE II

小林：　　王朋，你到美國已經幾個月了，你喜不喜歡現在的生活？

王朋：　　美國好是好(G5)，但是我更喜歡我的家鄉。

小林：　　是嗎？怎麼，你想家啦？

王朋：　　是啊。

小林：　　你的老家在哪兒？

王朋：在北京。

小林：北京怎麼樣？我常聽說北京很好，
　　　可是我還沒有去過呢。

王朋：北京是中國的首都，也是中國的政
　　　治、經濟和文化的中心。

小林：北京的氣候怎麼樣？

王朋：北京在中國的北部，氣候跟這兒差
　　　不多。春、夏、秋、冬，四季分
　　　明。冬天冷，夏天熱，春天常常颳
　　　風，秋天最舒服。

小林：你打算什麼時候回家看看？

王朋：今年暑假。如果你跟小高要去北京
　　　旅行的話，我們可以一起走。

小林：那太好了。你可以當我們的導遊。

## LESSON 23 ▲ At the Airport

### Dialogue I: Checking in at the Airport

**DIALOGUE I**

(放暑假了，王朋要回中國探親[1]，前一天[2]
晚上李友幫他收拾行李。第二天李友開車
送他到機場，出門的時候[G1]，李友提醒他

檢查一下機票和證件。這一天坐飛機的人
很多，停車場差不多都滿了，差一點⑶找
不到停車的地方，李友找了半天才找到一
個。他們停好車以後(G1)，來到了中國民航
的服務台。)

王朋：　　小姐，這是我的機票。

服務員：　先生，請把護照給我看看。你有
　　　　　幾件行李要托運？

王朋：　　兩件。這個小皮箱我隨身帶著。

服務員：　麻煩您拿上來，我稱稱。

李友：　　沒超重吧？

服務員：　沒有。這是您的護照、機票，
　　　　　這是登機證。請到五號門⑷上
　　　　　飛機。

王朋：　　謝謝。

李友：　　飛機要起飛了，你快進去吧。

王朋：　　不急，還有二十分鐘呢。你怎麼哭
　　　　　了呢？別哭，別哭。我一個月就回
　　　　　來了。

李友：什麼"就"回來，你一個月以
　　　後"才"回來。

王朋：回國以後，我會給你打電話。

李友：從中國打長途電話到美國來太貴
　　　了，還是我給你打吧，你常給我寫
　　　信就行了。

王朋：好，我要上飛機了，你多保重。回
　　　家的時候，開車要小心。

李友：我會小心的，你也多保重。一路順
　　　風!

## Dialogue II: Arriving in Beijing

### DIALOGUE II

(王朋的父母跟他的表弟都到北京首都機場
來接他。表弟一看到王朋就高興地(G2)跑了
過來。)

表弟：表哥，路上辛苦了，來，我幫你提
　　　行李。

王朋：不，你拿不動(G3)，還是我自己拿
　　　吧。才(G4)一年不見，你又長高了。

王母：王朋，你好像瘦了一點兒。

王朋：學校功課太忙，沒時間做飯，又吃不慣美國飯，所以瘦了五公斤。

王母：這次回來要多吃一點兒。坐了二十多個鐘頭的飛機，累壞了吧？

王朋：還好<sup>(G5)</sup>。飛機上的服務很好，座位也很舒服。

王父：走吧，我們回家以後，再慢慢兒聊吧。爺爺、奶奶還在家裏等著看孫子呢！

表弟：你們在門口兒等著，我去叫出租汽車。